21 世纪高等学校

经济管理类规划教材 高校系列

U0722386

管理学原理

（第 2 版）

◎ 杨跃之 主编

◎ 李悦 唐娟 于辉 副主编

FUNDAMENTALS OF
MANAGEMENT

(2nd Edition)

人 民 邮 电 出 版 社

北 京

图书在版编目（CIP）数据

管理学原理 / 杨跃之主编. -- 2版. -- 北京：人民邮电出版社，2016.5（2021.6重印）
  21世纪高等学校经济管理类规划教材. 高校系列
  ISBN 978-7-115-41011-5

Ⅰ. ①管… Ⅱ. ①杨… Ⅲ. ①管理学－高等学校－教材 Ⅳ. ①C93

中国版本图书馆CIP数据核字(2015)第271949号

内 容 提 要

本书吸收了国内外管理领域的先进研究成果和实践经验，系统地阐述了管理的一般原理与方法，立足管理实际，注重实践能力培养。全书语言通俗简练，表述深入浅出，案例丰富实用。通过学习本书，学生能够加强对管理理论知识的理解和应用，提高分析问题和实际应用的能力。本书共计 12 章，主要内容包括绪论、管理理论的产生与发展、管理与组织环境、计划、预测与决策、组织、人员配备、激励、沟通、控制、创新和当代管理理论应用的热点课题。

本书既可作为各类本科院校经济管理类专业的教材，也可作为高职高专相关专业的教材，还可作为在职人员的自学教材，供有关专业人员和广大企业管理人员学习和参考。

- ◆ 主　　编　杨跃之
  副 主 编　李 悦 唐 娟 于 辉
  责任编辑　武恩玉
  执行编辑　孙燕燕
  责任印制　沈 蓉 彭志环
- ◆ 人民邮电出版社出版发行　北京市丰台区成寿寺路 11 号
  邮编 100164　电子邮件 315@ptpress.com.cn
  网址 http://www.ptpress.com.cn
  固安县铭成印刷有限公司印刷
- ◆ 开本：787×1092　1/16
  印张：20.25　　　　　　　　　　2016 年 5 月第 2 版
  字数：471 千字　　　　　　　　2021 年 6 月河北第 8 次印刷

定价：48.00 元

读者服务热线：**(010)81055256**　印装质量热线：**(010)81055316**
反盗版热线：**(010)81055315**

前 言　FOREWORD

人类的管理活动历史悠久，源远流长。管理无时不需，无处不在，大到一个国家、政府，小到一个家庭、个人，无不需要有效管理，越来越多的人和组织意识到管理的重要性。管理能力的提高需要管理理论的指导，管理学的产生对人类社会的发展影响深远。我国随着改革开放的不断深化，许多高校都以应用型人才作为培养目标，应用型人才的培养更加注重理论与实践相结合。"管理学原理"是各大高等院校经济类、管理类等专业的专业核心必修课程，也是一门实践性很强的学科。学生通过管理学的学习，既需要掌握一定的基础理论知识，还需要拥有较强的实践能力。因此，从事管理学课程教学工作多年的我们，希望能编写一本立足应用型人才培养目标，注重基础理论与实践案例分析、通俗易懂的管理学教材。

本书总体设计原则是：以就业岗位能力培养为本位，强调知识、能力、素质协调发展，教学内容、教学方法均围绕能力培养来进行设计。

本书特色如下。

（1）定位明确，内容与时俱进。本书紧紧围绕应用型本科教育人才培养模式改革，以理论实用为准，紧密结合市场技术创新，提炼教学内容，使知识体系更趋合理，技能训练更实用。

（2）语言通俗简练，表述深入浅出。本书内容可使学生循序渐进地加深对理论知识的理解和应用，从而提高其实际应用能力。

（3）案例丰富、经典。每一章的教学内容包含许多案例，案例源于企业管理中的典型应用，每一章节就是一个综合练习的分步实现。通过学习和掌握各章的范例练习，学生就可掌握好各章的知识点。

本书由杨跃之任主编，李悦、唐娟、于辉任副主编，编写组成员共同研究商讨教材大纲及内容。其具体分工如下：第一章、第二章、第三章、第七章由杨跃之编写；第四章、第六章、第八章由李悦编写；第九章、第十章由唐娟编写；第五章由杨跃之与李悦共同编写；第十一章由杨跃之与唐娟共同编写；第十二章由于辉编写。杨跃之主要负责全书的案例、习题以及全书统稿。

　　本书是编者根据多年的教学体会，经过多次修订而成的。本书在编写过程中，参考了国内外大量相关的教材、论著和各类网络书刊资料，有些资料未能在主要参考文献中一一列出，在此向作者致以衷心的感谢。

　　由于时间仓促以及编者水平有限，书中疏漏和不足之处在所难免，敬请读者批评指正！

编　者

2015 年 9 月

目 录 CONTENTS

第一章　绪论

通过本章的学习，掌握管理的定义、性质、职能、管理的基本原理和管理学的研究对象，旨在对管理的基本知识概括了解，为后续各章学习奠定基础。

- 知识点：

1. 掌握管理的定义和职能；
2. 理解管理的性质，了解管理系统的构成；
3. 掌握管理者的素质和技能要求；
4. 理解管理的基本原理；
5. 了解管理学的研究对象和研究方法。

- 技能点：

1. 理解并能解释说明管理的基本概念；
2. 认知并能有意识培养自己的管理素质；
3. 理解并能运用管理原理分析与解决管理实际问题。

引导案例 1：什么是管理

春运期间，某火车站人山人海，候车室里人满为患，站外广场也挤满了旅客。车站工作人员在广场上立起一个个开往各地车次的标牌，帮助维持秩序。开往南京的××次标牌下的旅客由于人数太多，早已不成队伍，大家烦躁不安。离开车时间还有半小时的时候，一位年轻的女工作人员微笑地走来，不紧不慢地举起车次牌，声音不大却很悦耳地说："乘××次到南京的旅客请跟我走。"于是，她身后的几百人便开始跟着她蠕动起来。小姑娘高举手中的指示牌，顺着车站广场人群中间那不宽的通道不慌不忙地向前走。这样绕了一大圈之后，小姑娘的身后不再像刚才那么拥挤，队伍开始变得越来越"瘦"，越拉越长，秩序也越来越好。绕场三周后，小姑娘看到身后已是一列有序的纵队，她会心地笑了笑，走到离刚才大家排队不到 3 米的地方，叫开了铁门，旅客秩序井然地走进了站台。

这位小姑娘的行为是否属于管理工作呢？

管理活动作为人类最重要的一项活动，广泛地存在于现实社会生活之中。在人类历史上，自从有了有组织的人类活动，就有了管理活动。大至国家、军队，小至企业、医院、学校、家庭等，凡是一个由两个人以上组成的、有一定目的的集体就都离不开管理，管理是一切有组织的活动中必不可少的组成部分。可以说，对于所有的组织，无论组织所处的地理位置、组织规模的大小、组织的类型，管理是绝对必要的。管理者都在从事计划、组织、沟通、控制、激励等管理工作，但不同类型的组织、处于不同环境的组织、处于组织不同管理层次的管理者的工作内容和工作重点有所不同。

第一节　管理概述

一、管理的定义

管理是含义极其广泛的概念。在我国，"管"在古代指锁钥，如《左传·僖公三十二年》记载："郑人使我掌其北门之管"，后来引申为规范、准则、法规。"理"本意是治玉，如《韩非子·和氏》云："王乃使玉人理其璞，而得宝焉"，引申为处理事务。由于"管"与"理"两字意思相近，又分别从不同侧面反映人类的社会活动，于是人们逐渐把"管""理"两字合为一个词使用，其原始词义为管辖或疏导，表示在权力的范围内，对事物的管束、整治、处理过程。

关于管理的定义，至今没有一个得到公认的统一答案。自 20 世纪初美国的泰罗和法国的法约尔等创立古典管理理论以来，学术界关于管理的概念层出不穷。商务印书馆出版的现代汉语词典定义："管理就是照管并约束。"在当代，管理学者们对管理的定义做了大量的研究，并从不同的角度和侧重点，提出了大量关于管理的定义，下面我们援引其中比较有代表性的管理的定义。

（一）外国管理学家对管理的定义

（1）泰罗的定义：管理是一门怎样建立目标，然后用最好的方法经过他人的努力来达到的艺术。强调对人的管理。

（2）法约尔的定义：管理就是计划，组织、控制、指挥、协调。强调作业过程。

（3）西蒙的定义：管理就是决策。强调管理的核心环节。

（4）马克斯·韦伯的定义：管理就是协调活动。强调管理的本质。

（5）彼得·德鲁克的定义：管理是一种以绩效责任为基础的专业职能。

（6）孔茨的定义：管理涉及在经营组织中创造和保证内部环境，在这个内部环境中，以群体形式组织在一起的个人能有效地工作去达到群体的目标。

（7）斯蒂芬·P. 罗宾斯的定义：管理指的是和其他人一起并且通过其他人来切实有效地完成目标的过程。

课间案例 1：彼得·德鲁克：管理就是责任

彼得·德鲁克认为，管理是一项工作，管理就是责任，管理者必须承担责任，并协助属下做正确的事，以言行一致、树立典范为要求，做出重大的贡献，才能赢得部下的追随。卓有成效的领导者清楚地知道，自己必须为最终的结果负起责任，无论好的结果或不好的结果，他都必须面对，并且全权负责。

美国总统杜鲁门的桌子上摆了一个牌子，上面写着："Book of stop here."意思是"问题到此为止"。在营救驻伊朗的美国大使馆人质的作战计划失败后，当时的美国总统吉米·卡特立即在电视里郑重声明："一切责任在我。"仅仅因为上面那句话，卡特总统的支持率骤然上升了 10%以上。美国最著名的陆军军官学校西点军校的座右铭只有三个词：责任、荣誉和国家。这所纪律严明、竞争无处不在的学校，理念就是：一个负责任的军官才是有竞争力的军官，有竞争力的军官才能为荣誉和国家而战。

（二）中国管理学家对管理的定义

（1）周三多和陈传明：管理是指组织中的如下活动或过程：通过信息获取、决策、计划、组织、领导、控制和创新等职能的发挥来分配、协调包括人力资源在内的一切可以调用的资源，以实现单独的个人无法实现的目标。这一定义有四层含义：第一层含义是，管理的载体是组织，管理不能脱离组织而存在，组织必然存在管理；第二层含义是，管理的过程是信息获取、决策、计划、组织、领导、控制和创新；第三层含义是，管理的对象是包括人力资源在内的一切可以调用的资源；第四层含义是，管理的目的是实现组织既定的目标，而该目标是个人无法实现的。

（2）杨文士和张雁：组织中的管理者，通过实施计划、组织、人员配备、指导与领导、控制等职能来协调他人的活动，使别人同自己一起实现既定目标的活动过程。这一定义着重强调管理过程中人的作用。

（3）徐国华等："通过计划、组织、控制、激励和领导等环节来协调人力、物力和财力资源，以期更好地达到组织目标的过程。"这一定义有三层含义：第一层含义是管理职能有五种——计划、组织、控制、激励和领导；第二层含义是管理的过程是协调人力、物力和财力资源；第三层含义是管理的目的是更好地达到组织目标。

上述对管理的定义是从不同的侧面、角度解释管理某一方面的属性。

（三）本书对管理的定义

管理是指在一定的组织中，通过计划、组织、沟通、控制、激励和创新等职能，协调组织成员的思想和行动，利用组织有限的资源，有效地实现组织目标的过程。

这个定义可以从以下几个方面去理解。

（1）管理的"载体"是"组织"。管理总是存在于一定的组织中。由两个或两个以上的人组成，为一定的共同目标形成的人的集合体就是组织。在现实世界普遍存在着各种各样的组织，每个组织都有管理存在。

（2）管理的目的是有效实现组织的目标。管理作为一项工作的任务就是设计和维持一种体系，使在这一体系中共同工作的人们能够用尽可能少的支出（包括人力、物力、财力等），去实现他们既定的目标。

（3）实现组织目标的手段是计划、组织、沟通、控制、激励和创新。

（4）管理的对象是以人为中心的组织资源与职能活动。组织资源是有限的，管理的本质是协调他人的活动，以完成个人无法实现的组织目标。管理不是个人的活动，它是在一定的组织中实施的。管理的核心是处理组织中的各种人际关系。

二、管理的性质

为了更好地发挥管理的作用，除了完整地掌握管理的定义外，还要正确理解管理的性质。

（一）管理的自然属性与社会属性

所谓二重性是指事物所具有的双重特征。管理也同样具有两种属性，即管理作为合理组织社会生产力所表现出来的自然属性和在一定社会生产关系下所体现的社会属性。管理二重性理论是马克思最早提出的。管理一方面是由于有许多人进行协作劳动而产生的，是由生产社会化引起的，是有效地组织共同劳动所必需的，因此它具有同生产力、社会化大生产相联系的自然属性；只要是社会化的大生产，只要是集体劳动，就要管理。它与企业的生产关系性质无关，不因社会制度的改变而改变，不论在何种社会制度下，企业均有生产力要素的合理组织问题，它是在不同社会制度下，企业共有的职能，具有普遍性和永久性的特征。自然属性也就是管理的第一属性。另一方面，管理又是在一定的生产关系条件下进行的，不同的社会制度、不同的历史阶段、不同的社会文化，必然体现出生产资料占有者指挥劳动、监督劳动的意志，使管理具有特殊性和个性。因此，它具有同生产关系、社会制度相联系的社会属性。管理总在一定的生产关系下进行，这就是管理的社会属性，它是由社会制度、生产关系决定的。

管理的二重性是相互联系、相互制约的。两者统一于生产活动中，如图 1-1 所示。一方面，管理的自然属性总是在一定的社会形式、社会生产关系条件下发挥作用；同时，管理的社会性也不可能脱离管理的自然属性而存在，否则，管理的社会属性也就成为没有内容的形式。另一方面，两者又是相互制约的。管理的自然属性要求具有一定的"社会属性"的组织形式和生产关系与其相适应；

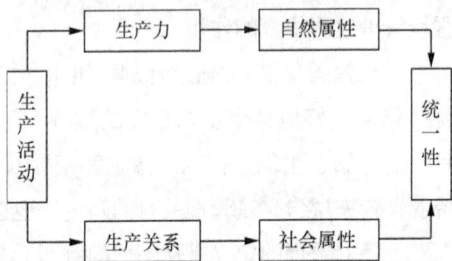

图 1-1 管理二重性

同样，管理的社会属性也必然对管理的科学技术等方面产生积极影响或制约作用。

（二）管理的科学性和艺术性

管理既是一门科学，又是一门艺术，它是科学与艺术的有机结合体。

管理的科学性是指管理作为一个活动过程，存在着一系列基本的客观规律。人们经过无数次的失败和成功，通过从实践中收集、归纳、检测数据，提出假设，验证假设，从中抽象总结出一系列反映管理活动过程中客观规律的管理理论和一般方法。管理是一门科学，是指它以反映管理客观规律的管理理论和方法为指导，有一套分析问题、解决问题的科学的方法论。人们利用这些理论和方法来指导自己的管理实践，又以管理活动的结果来衡量管理过程中所使用的理论和方法是否正确、是否行之有效，从而使管理的科学理论和方法在实践中得到不断地验证和丰富。

管理的艺术性就是实践性，强调管理活动除了要掌握一定的理论和方法外，还要把管理理论灵活运用于实践中。这就是说，仅凭停留在书本上的管理理论，或背诵原理和公式来进行管理活动是不能保证其成功的。管理者必须在管理实践中发挥积极性、主动性和创造性，因地制宜地将管理知识与具体管理活动相结合，才能进行有效的管理。管理的这一特性，对学习管理学和从事管理工作的人员来说是十分重要的，它可以促使人们既注重管理基本理论的学习，又不忽视在实践中因地制宜地灵活运用。这一点，可以说是管理成功的一项重要保证。

从管理的科学性与艺术性可知，有成效的管理艺术是以对它所依据的管理理论的理解为基础的。因此，两者之间不是互相排斥，而是互相补充的关系。

课间案例 2：田忌赛马

齐国的将军田忌经常同齐威王赛马。他们赛马的规矩是：双方各下赌注，比赛共设 3 局，两胜以上为赢家。然而每次比赛，田忌总是输家。高参孙膑给田忌出主意：以自己的下等马对齐威王的上等马，以自己的上等马对齐威王的中等马，以自己的中等马对齐威王的下等马。比赛的结果是，田忌的马虽输了第一局，但连赢了后两局。由于田忌按孙膑的吩咐下了很大的赌注，不仅一次就把以前输给齐威王的都赚了回来，还略有盈余。

三、管理的职能

管理职能是管理者实施管理的功能或程序，即管理者在实施管理中所体现出的具体作用及实施程序或过程。最早系统提出管理各种具体职能的是法国的亨利·法约尔。在 20 世纪初，法国管理学家亨利·法约尔在其著作《工业管理与一般管理》中论述，所有管理者必须实行五种管理职能：计划、组织、指挥、协调、控制。计划职能是指管理者为实现组织目标对工作所进行的筹划活动；组织职能是管理者为实现组织目标而建立与协调组织结构的工作过程；指挥职能是指管理者下达命令激励士气，以有效实现组织目标的行为；协调职能是指管理者处理各种人际关系，以有效实现组织目标的行为；控制职能是指管理者为保证实际工作与目标一致而进行的活动。

1955 年，美国管理学家罗德·孔茨和西里尔·奥唐纳出版了《管理学原理》教科书，这标志着现代管理学的正式诞生。书中把管理的职能分为：计划、组织、人员配备、指导和控制，全书的结构安排基于这种职能划分。在本书中，我们承袭孔茨和奥唐纳等大多数人的做法，按照管理职能编排全书结构。管理职能不是孤立存在的，每一种职能与其他职能相互交叉，创新贯穿于各种管理职能之中。

引导案例 2：诸葛亮挥泪斩马谡

蜀后主建兴六年诸葛亮为实现统一大业，发动了一场北伐曹魏的战争。他命令赵云、邓芝为疑军，占据箕谷，亲率 10 万大军，突袭魏军据守的祁山，任命参军马谡为前锋，镇守战略要地街亭。临行前，诸葛亮再三嘱咐马谡："街亭虽小，关系重大。它是通往汉中的咽喉。如果失掉街亭，我军必败。"并具体指示让他"靠山近水安营扎寨，谨慎小心，不得有误"。

马谡到达街亭后，不按诸葛亮的指令依山傍水部署兵力，却骄傲轻敌，全然不顾副将王平的多次谏阻，自作主张地想将大军部署在远离水源的街亭山上。魏明帝曹睿得知了蜀将马谡占领街亭，立即派骁勇善战、曾多次与蜀军交锋的大将张郃领兵抗击，张郃进军街亭，侦察到马谡舍水上山，心中大喜，立即挥兵切断水源，掐断粮道，将马谡部队围困于山上，然后纵火烧山。蜀军饥渴难忍，军心涣散，不战自乱。结果，张命令乘势进攻，蜀军大败。马谡失守街亭，战局骤变，迫使诸葛亮退回汉中。

马谡大意失街亭，让蜀汉军队丧失了继续进取陕西的最好时机，作为将领，马谡需要负主要责任。为了严肃军纪，诸葛亮下令将马谡革职入狱，斩首示众。临刑前，马谡上书诸葛亮："丞相待我亲如子，我待丞相敬如父。这次我违背节度，招致兵败，军令难容，丞相将我斩首，以诚后人，我罪有应得，死而无怨，只是恳望丞相以后能照顾好我一家妻儿老小，这样我死后也就放心了。"诸葛亮看罢，百感交集，老泪纵横，要斩曾为自己十分器重赏识的将领，心若刀绞；但若违背军法，免他一死，又将失去众人之心，无法实现统一天下的宏愿。于是，他强忍悲痛，让马谡放心去，自己将收其儿为义子。而后，全军将士无不为之震惊。

第二节　管理的基本原理

　　管理原理是指管理活动的根本依据和准则，是管理学的基本理论，是管理学在不同业务领域所应用的概念、理论、准则和方法，反映了管理的基本规律。管理原理体系是现代管理不可缺少的指导思想和管理哲学，是不可违背的管理的基本规律，它们既相互独立，又相互联系、相互渗透，从而构成一个有机的体系。

一、管理的系统原理

　　系统是由若干相互联系、相互作用的部分结合而成的有机整体。系统必须符合三个条件：两个以上的要素、诸要素之间存在一定的联系、要素之间的联系必须产生统一的功能。任何管理的对象都是一个特定的系统。管理就是为了达到一定的目的、实现组织目标而设计并运作好这个系统的活动。管理者必须运用系统理论组织活动，从整体上把握系统运行规律，对管理的各个方面的问题，做系统的分析、综合，进行系统优化，并在组织行为活动的动态过程中，依照组织的活动状态、效果和社会环境的变化，运用系统方法，调节、控制组织系统的运行，最终引导组织系统实现预定目标，这就是管理的系统原理。

（一）管理系统原理的特性

1. 管理系统的目的性

　　管理的本质就是人们为达到组织的目标，对人、财、物等要素实现有效控制的社会实践活动，它的每个过程、每个环节、每种职能以及活动的范围、原则和方法等，都是围绕着组织的目的并为它服务的，这就是管理系统的目的性。

　　管理系统的目的性对管理实践的要求：一是任何管理系统都应有明确的目的，不同的管理系统有不同的目的；二是保证核心目标的唯一性；三是管理者必须通过科学的手段和方法，及时地发现和消除管理系统中与实现目标无关的机构和人员，克服各种不利于实现管理目标的因素。

2. 管理系统的整体性

　　任何管理系统都是由若干相互联系和相互作用的要素所构成的、具有一定结构和功能的整体，这个整体已具有各构成要素本身所没有的性质。

管理系统的整体性对管理实践的要求：一是部分要有机组合成整体，从而产生结构上的质变和功能上的放大；二是要保证管理系统中每个组成部分或子系统的功能发挥都是好的，避免某一组成部分的功能发挥受阻，从而影响到其他部分功能的发挥；三是部分一定要服从整体。

3．管理系统的层次性

任何系统都具有一定的层次性，管理系统一般可分为宏观管理层次、中观管理层次和微观管理层次。

管理系统的层次性对管理实践的要求：一是管理系统的层次性要求管理工作必须建立合理、适度的管理层次和幅度；二是在管理系统中，每一个层次都应有各自的功能，而且责、权、利分明，逐级指挥，逐级负责。

坚持系统原理应遵循的原则是整分合原则和相对封闭原则。

（二）系统管理原则

1．管理的整分合原则

系统原理要求对管理对象整体把握、科学分解、组织综合，这就是管理的整分合原则。具体地说，就是现代管理活动必须从系统原理出发，把任何管理对象、问题，视为一个复杂的具有目的性的组织系统。首先，从整体上把握系统的环境，分析系统的整体性质、功能，确定出总体目标，然后围绕着总目标，进行多方面的合理分解、分工，以构成系统的结构与体系；其次，在分解之后，要对各要素、环节、部分及其活动进行系统综合、协调管理，以实现系统的总目标。整分合原则中，整体是前提，分工是关键，综合是保证。

2．管理的相对封闭原则

任何管理系统虽然都因与外部环境有输入和输出关系而具有开放性，但就其内部而言，必须构成一个各个环节首尾衔接、互相约束、互相促进的连续封闭的回路，这样才能有效地发挥管理中各个环节的功能和作用，从而形成有效的管理，这就是相对封闭原则。应用相对封闭原则的必备条件：管理系统的相对独立性；具有相互制约和相互促进关系的封闭职能机构；具有及时捕捉、传递信息的完善的信息系统。

课间案例 3：蝴蝶效应

20 世纪 70 年代，美国一个名叫洛伦兹的气象学家在解释空气系统理论时说，亚马逊雨林一只蝴蝶翅膀偶尔振动，也许两周后就会引起美国得克萨斯州的一场龙卷风。其原因在于：蝴蝶翅膀的运动，导致其身边的空气系统发生变化，并引起微弱气流的产生。而微弱气流的产生又会引起它四周空气或其他系统产生相应的变化，由此引起连锁反应，最终导致其他系统的极大变化。

从科学的角度来看，"蝴蝶效应"反映了混沌运动的一个重要特征：系统的长期行为对初始条件的敏感依赖性。经典动力学的传统观点认为：系统的长期行为对初始条件是不敏感的，即初始条件的微小变化对未来状态造成的差别也是很微小的。可混沌理论向传统观点提出了挑战，认为在混沌系统中，初始条件的十分微小的变化经过不断放大，对其未来状态会造成极其巨大的差别。我们可以用在西方流传的一首民谣对此做形象的说明。

丢失一个钉子，坏了一只蹄铁；

坏了一只蹄铁，折了一匹战马；

折了一匹战马，伤了一位骑士；

伤了一位骑士，输了一场战斗；

输了一场战斗，亡了一个帝国。

马蹄铁上一个钉子是否会丢失，本是初始条件的十分微小的变化，但其"长期"效应却是一个帝国存与亡的根本差别。这就是军事和政治领域中的所谓"蝴蝶效应"，它同样适用于管理领域。

二、管理的人本原理

管理的人本原理，就是指组织的各项管理活动都必须坚持以"人"为核心，以调动和激发人的积极性和创造性为根本，追求人的全面发展的一项管理原理。人是管理活动的主体，管理活动的目标、组织任务的制定和完成主要取决于人的作用，即人的积极性、主动性和创造性的调动和发挥。没有人在组织中起作用，组织将不成为组织，各种资本物质也会因没有人去组织和使用而成为一堆无用之物。因此，管理主要是人的管理和对人的管理，管理工作的中心任务就在于调动人的积极性，发挥人的主动性，激发人的创造性。因此，人本原理讲求和解决的核心问题是积极性问题。

人本原理对管理实践的要求是：一要树立辩证唯物主义的人本观念。要求每个管理者必须真正从思想上认识到管理工作的根本是做好人的工作，使组织全体人员明确组织目标和自己的责任，积极主动地实现自己的目标；二是认真地研究和认识人，积极地开发和培养人。要有效利用、充分挖掘人们的智能，发挥人在管理中的重要作用，各级管理者必须正确地认识人，实事求是研究人，以科学理论为指导，加强对人的教育和培养；三是充分调动人的积极性，发挥人的能动性。对人的管理，最终目的是最大限度地发挥其积极性、主动性和创造性。

坚持人本原理应遵循的原则是能级原则、动力原则和行为原则。

（一）能级原则

为使管理活动有序、稳定、可靠、高效，必须在组织系统中，建立一定的层次及其相应的标准、规范。把所有组织成员，按其自身的能力素质，科学地安排在相应级别的工作岗位上，做到人尽其才，各尽所能，这就是管理的能级原则。能，在物理学中表示物体做功的能量，在管理学中表示人体的能力；级，即层次，物理学中表示原子的电子层结构，在管理学中表示管理系统内部的结构、秩序和层次。管理的能级是不以人的意志为转移而客观存在的。现代管理就是要产生一个合理的能级，使管理的内容能动地处于相应的能级中。

能级原则对管理实践的要求是：一是管理组织必须按层次具有稳定的能级形态；二是组织中不同的能级有不同的目标；三是用人方面要做到能级对应，职能相称。

（二）动力原则

组织目标的实现，要依赖于由各成员的个人动力所汇聚成的组织整体动力能量的定向、有序、高效的发挥。充分重视并正确地运用动力，使管理活动持续有效地进行，这就是管理的动力原则。动力原则的核心内容：一是动力源，即管理活动中所有可能导致人们投入组织活动的人的种种需求；二是动力机制，即有一种确定的引发、刺激、导向、制约动力源的条件机制。

动力原则对管理实践的要求是：一是物质动力、精神动力和信息动力三种动力要有重点地、综合协调地运用；二是管理者必须通过管理活动，建立一套有效的动力机制，使得个人动力与集体动力的方向尽可能一致；三是正确处理眼前动力与长远动力的关系；四是动力刺激量要适当。

（三）行为原则

对组织成员的行为进行科学的分析，采取有效的管理，以求最大限度地调动人们的积极性，这就是管理的行为原则。行为原则的核心内容：一是对行为的科学分析，二是对人们的行为及其效果进行有效的管理。

行为原则对管理实践的要求：一是尽力满足组织各成员正当、合理的物质和精神方面的客观需要；二是组织成员的行为管理要灵活多样，讲求实效；三是个人都有确定的、可以考核的具体责任，并对其完成、履行责任的结果进行认真验收，使之与个人的种种利益挂钩。

课间案例 4：惠普公司的人本管理

成立于 1939 年的惠普公司是世界最大的信息科技公司之一，2014 年《财富》世界 500 强排名第 50 位，公司资产 105.7 亿美元，销售额 112.3 亿美元，利润为 5.1 亿美元。惠普公司的成功，源于公司"人本管理"的宗旨，具体体现在关心人、重视人、尊重人、信任人。

1. 惠普公司关心人。在惠普公司，领导关心职工，鼓励职工，使职工们感到自己的工作成绩得到了承认，自己受到了重视。与此同时，惠普公司也注重教育职工，鼓励他们把心思放在扎扎实实地做出个人的贡献上面去。

2. 惠普公司信任人。这一点在该公司的"开放实验室备品库"政策里表现得最为突出。实验室备品库是该公司存放电气和机械零件的地方，工程师们可以随意地取用实验室备品库里的物品，不但这样，公司还鼓励他们拿回自己家里去供个人使用！

3. 惠普公司还有其不同于欧美企业的雇用政策，那就是职工一经聘任，决不轻易地辞退。该公司有一次很可能要得到一项利润丰厚的订货合同。但是，要接受这项合同，需要新雇用 12 名职工。创始人休利特从公司得知新雇的人合同工程结束后不能安排合适的工作，最终决定放弃签订这项赚钱的合同。

4. 惠普公司重视职工培训。仅在 1980 年，公司内部就举办过学制、内容、形式不同的各种训练班 1700 多个，其中 4.7 万多名职工中有 2.7 万名参加了这类培训。受训对象从工人到总经理，各种人员都有。受训人员虽然由公司资助受训，但却不对公司承担义务，学完后去留自便，公司并不干预。

5. 惠普公司重视职工福利。公司的福利除基本福利保险退休金外，还有两项特殊福利：一是现金分红制度，即凡在公司任职达半年以上的职工，每年夏初及圣诞节，可得到一份额外收入；另一项特殊福利是股票购买制，即职工任职满 10 年后，公司还另赠 10 股。

6. 惠普公司提倡职工创新。惠普公司注重创新，搞生产的可以停下手中的生产线，让工程师们取走一些部件去进行创新测试。惠普公司鼓励自主创新，采用"目标管理法"时，虽然在目标的确定上是上下级共同讨论，但下级实现目标所采用的具体方法有很大的灵活性。

因此，惠普公司的人本管理给人的感觉就是"员工进了公司后，就像进了温暖的家"。

三、管理的动态原理

在管理活动中，面对瞬息万变的组织环境，人们只有注意把握管理对象运动、变化的情况，及时调节管理的各个环节和各种关系，才能保证管理活动不偏离预定的目标，进而在动态管理中实现最佳效益，这就是管理的动态原理。动态原理包含两层含义：一是管理组织系统内部固有的结构、功能运行状态，随着内部各要素及内部其他条件的变化而适时调整、变化的规律；二是管理组织作为更大系统的子系统，随着大系统的运动而运动，随着大系统的变化而变化的动态规律。

坚持动态原理应遵循的原则是弹性原则和反馈原则。

（一）弹性原则

现代管理的各种因素、环节的密切联系和纷繁变化，使管理者不可能对其未来发展的各种细节都做出超前的精确测定。因此，管理必须保留充分的余地和弹性，以应付各种随时都可能出现的新情况、新变化，从而有效地达到管理的目的，这就是现代管理的弹性原则。正确应用弹性原则的几点要求：倡导"积极弹性"思想，着重提高关键环节的局部弹性，增强组织的整体弹性。

（二）反馈原则

在动态管理中，必须具备健全、灵敏、准确、高效的信息反馈机制，对管理过程中出现的新情况、新问题及时做出信息反馈。一旦发现原先计划、目标与客观情况发展有较大出入，就应做出适时性调整。若将行动结果与原来的目标要求相比较，发现"偏差"，则及时采取有效的纠正措施，以确保组织目标的实现，这就是管理的反馈原则。

四、管理的效益原理

管理是追求效率和效益的过程。在任何管理活动中，都要围绕着提高经济效益和社会效益这个目标，科学、高效地使用各项资源，创造出最大的经济效益和社会效益，这就是管理的效益原理。

（一）效果、效率与效益的关系

效果、效率、效益既相互联系，又相互区别。效果指人们或组织通过某种行为、力量、手段、方式而产生的结果。这种结果其中有的是有效益的，有的是无效益的。效率是指特定的系统在单位时间内的投入与所取得的效果之间的比率。这个比率是一个经常用来衡量管理水平的标准。效益是某种活动所产生的有益效果及其所达到的程度，是效果和利益的总称。它可分为经济效益和社会效益两类，其中经济效益是人们在社会经济活动中所取得的收益性成果；社会效益则是在经济效益之外的对社会生活有益的效果。经济效益和社会效益，两者既有联系又有区别。经济效益是讲求社会效益的基础，而追求社会效益又是促进经济效益提高的重要条件。

（二）效益原理对管理实践的要求

所有的管理都是致力于提高效益，但并不是所有的管理都是有效的。因此，遵循效益原理，就要求管理者把握以下四个方面的内容。

1．确立可持续发展的效益观

可持续性发展与效益原理结合，就是要兼顾需要与可能，在讲究经济效率的同时，保持与生态环境和社会环境的协调发展，既要注重技术的先进性、经济上的合理性，又要注重对社会的效用性和天人合一的和谐性。组织能够正确处理好经济效益和社会效益、局部效益与全局效益、短期效益和长远效益、间接效益和直接效益等方面的关系，把过程与结果、动机与效果有机地结合起来。

2．提高管理工作的有效性

管理的有效性，应是管理的效率、效果和效益的统一。其实现的重要途径是要确立有效管理的评价体系。一是在评价标准上要注意直接的成果和价值的实现；二是在评价内容上应以工作绩效为主，以贡献为主，并分清主、客观条件对工作绩效的影响；三是在评价方法上应综合不同评价主体的评价结果。只有综合不同评价主体的结果，并做到定性与定量相结合，才能保证评价结果的全面性、客观性和公正性。

3．处理好局部利益和全局利益的关系

全局效益是一个比局部效益更为重要的问题。局部效益和全局效益是统一的，有时又是矛盾的。局部效益是全局效益的基础，没有局部效益的提高，全局效益的提高也是难以实现的。如果全局效益很差，局部效益提高就难以持久。因此，当局部效益与整体效益发生冲突时，管理必须把全局效益放在首位，做到局部服从整体。

4．追求组织长期稳定的高效益

管理者要追求组织长期稳定的高效益，一方面，不仅要"正确地做事"，更为重要的是要"做正确的事"。因此，管理者在管理工作中，首要的问题是确定正确的目标方向，搞好组织的战略管理，并在此前提下讲究工作的高效率。只有这样，才能获得较高的经济效益和社会效益。另一方面，管理者必须具有创新精神。如企业管理者不能只满足眼前的经济效益水平，而应该居安思危，不断地推行新产品，以高质量、低成本的优势去迎接市场的挑战。只有不断地积极进行企业的技术改造、技术开发、产品开发和人才开发，才能保证企业有长期稳定的较高的经济效益。

课间案例5：孙冕反盐

由于目光短浅，人们往往为了追求短期的经济效益而忽视长远效益。这种现象，古今皆然。《梦溪笔谈》曾有记载：海州知府孙冕是一个很有经济头脑的人，坚决反对发运使准备在海州设置三个盐场的建议，即使发运使亲自来海州谈盐场设置之事，孙冕也坚决不同意。当地百姓不理解这位知府为何不为老百姓谋利益，便拦住孙冕的轿子，向他诉说设置盐场的好处。孙冕解释道："官家卖盐虽然能获得眼前的利益，但如果盐太多卖不出去，三十年后就会自食恶果，你们要懂得做长远打算。"然而，孙冕的警告并没有引起人们的重视。

他离任后，海州很快就建起了三个盐场。几十年后，当地治安刑事案件明显增加，流寇盗

贼、徭役赋税等都比过去大大增多。由于运输、销售不通畅，囤积的盐日益增加，盐场亏损负债很多，许多人都破了产。这时，百姓才开始明白当初孙冕不同意建盐场的原因，但为时已晚。

五、管理的责任原理

古典观认为，管理的最大责任就是企业经济利益最大化。社会经济观认为，管理的责任不仅是企业经济利益最大化，而且要保护和增加社会财富、社会利益，主要表现在对环境、员工、顾客、竞争对手、投资者以及企业所在社区的责任等。

（一）责任原理的含义

管理的责任原理主要体现在两个方面，微观意义上的责任表现在组织管理过程中，必须在合理分工的基础上明确规定这些部门和个人必须完成的工作任务和必须承担的与此相应的责任；宏观意义上的责任是指管理者在创造利润、对股东承担法律责任的同时，还要承担对员工、消费者、社区和环境的责任，强调要在生产过程中对人的价值的关注，强调对环境、消费者、社会的贡献。

（二）责任原理对管理实践的要求

微观意义上的责任原理对管理实践的要求是：一是明确每个人的职责，做到职责界限明确、职责内容具体、职责落实到人；二是职位设计和权限委授要合理，责任、利益和能力之间的关系要遵守等边三角形定理；三是奖惩要分明、公正而及时，明确工作绩效的考核标准，使得奖惩工作尽可能制度化、规范化。

宏观意义上的责任原理对管理实践的要求是：一是充分利用资源，提高企业经济效益；二是提高员工福利待遇，创建良好工作环境，提供员工培训机会；三是生产优质产品，提供优质服务，满足消费者需求；四是生产过程中采取生态生产技术，节约资源，爱护环境。

引导案例3：子贱为官

孔子的学生子贱有一次奉命担任某地方的官吏。他到任以后，时常弹琴自娱，不管政事，可是他所管辖的地方却治理得井井有条，民兴业旺。这使那位前任官吏百思不得其解，因为他即使每天起早摸黑，从早忙到晚，也没有把地方治好。于是他请教子贱："为什么你能治理得这么好？"子贱回答说："你只靠自己的力量去进行，所以十分辛苦；而我却是借助别人的力量来完成任务。"

第三节　管理者的素质、角色与技能

一、管理者

（一）管理者的定义

传统的观点认为，管理者是运用职位、权力，对人进行统驭和指挥的人。德鲁克认为：

"在一个现代的组织里，每一个知识工作者如果能够由于他们的职位和知识，对组织负有贡献的责任，因而能够实质性地影响该组织经营及达成成果的能力者，即为管理者。"管理者是指履行管理职能，通过协调他人的活动，对实现组织目标负有贡献责任的人。

（二）管理者的类型

按管理层次划分，组织中的管理者一般分为三个层次，即高层管理者、中层管理者和基层管理者。管理人员的基本职能是相同的，即包括计划、组织、沟通、控制、激励与创新等。但由于管理者在组织中所处的层次不同，他们在执行这些职能时也就各有侧重。

高层管理者处于组织的最高层，主要负责组织的战略管理；中层管理者执行组织政策，直接负责或者协助管理基层管理人员及其工作的人；基层管理者也称第一线管理者，他们处于作业人员之上的组织层次中。

不同类型的管理者既有共性也有个性。从组织地位看，管理者都是组织的领导者，管理工作比作业工作更重要，负责协调他人活动以实现组织目标。但从组织规模看，不同的组织规模，管理者的具体工作内容和时间的分布会有所不同；从组织层次看，不同层次的管理者工作重点不同；从组织环境看，不同的组织环境，管理者的管理哲学和管理方式不同。

（三）管理者的性质

1．管理者是具有职位和相应权力的人

管理者的职权是管理者从事管理活动的资格，管理者的职位越高，其权力越大。组织或团体必须赋予管理者一定的职权。如果一个管理者处在某一职位上，却没有相应的职权，那么他是无法进行管理工作的。但实际上，在管理活动中，管理者仅具有法定的权力，是难以做好管理工作的，管理者在工作中应重视"个人影响力"，成为具有一定权威的管理者。所谓"权威"，是指管理者在组织中的威信、威望，是一种非强制性的"影响力"。权威不是法定的，不能靠别人授权。权威虽然与职位有一定的关系，但主要取决于管理者个人的品质、思想、知识、能力和水平；取决于同组织人员思想的共鸣，感情的沟通；取决于相互之间的理解、信赖与支持。这种"影响力"一旦形成，各种人才和广大员工都会被吸引到管理者周围，心悦诚服地接受管理者的引导和指挥，从而产生巨大的力量。

2．管理者是对组织发展负有一定责任的人

任何组织或团体的管理者，都具有一定的职位，都要运用和行使相应的权力，同时也要承担一定的责任。责任是对管理者的基本要求，管理者被授予权力的同时，应该对组织或团体的命运负有相应的责任，对组织或团体的成员负有相应的义务。权力和责任是一个矛盾的统一体，一定的权力又总是和一定的责任相联系。有权无责或有责无权的人，都难以在工作中发挥应有的作用，都不能成为真正的管理者。

课间案例 6：保护堤坝是自己的责任

春秋时期，楚国令尹孙叔敖在苟陂县一带修建了一条又宽又长的南北水渠，足以灌溉沿渠的万顷农田。可是一到天旱，沿堤的农民就在渠水退去的堤岸边种植庄稼，有的甚至还把农作物种到了堤中央。等到雨水一多，渠水上涨，这些农民为了保住庄稼，便偷偷地在堤坝

上挖开口子放水。这样的情况越来越严重，一条辛辛苦苦挖的水渠，被弄得遍体鳞伤，因决口而发生水灾的事情也经常发生，水利变为水害了。

为了减少灾害的损失，每当渠水暴涨成灾时，历代苟陵县的知县便调动军队去修筑堤坝，堵塞漏洞。宋代李若谷出任苟陵县知县时，为了彻底解决决堤修堤这个头疼的问题，便贴出告示说："保护堤坝是自己的责任，今后凡是水渠决口，不再调动军队修堤，只抽调沿渠的百姓，让他们自己把决口的堤坝修好。"这布告贴出以后，再也没有人偷偷地去决堤放水了。

二、管理者的素质

（一）管理者素质的含义

素质，是指在先天禀赋的生理和心理基础上，经过后天的学习和实践锻炼而形成的在工作中经常起作用的那些基础条件和内在要素的总和。管理者的素质是指管理者的与管理相关的内在基本属性与质量。

管理者的素质主要表现为以下几种：政治与文化素质是指管理者的政治思想修养水平和文化基础，主要包括政治坚定性、敏感性、事业心、责任感，思想境界与品德情操，人文修养与广博的文化知识等；基本业务素质是指管理者在所从事工作领域内的知识与能力，包括一般业务素质和专门业务素质；身心素质是指管理者本人的身体状况与心理条件，包括健康的身体，坚强的意志，开朗、乐观的性格，广泛而健康的兴趣等。其中，创新是现代管理者素质的核心。

（二）有效管理者应具备的素质

对一个管理者来说，个人素质是很重要的，因为个人素质与管理能力密切相关，它虽然不是管理能力的决定因素，但管理能力的大小是以素质为基础的。管理者的管理水平直接关系到一个企业的竞争力和企业的发展、企业的前途，而管理者的管理水平又取决于管理者的素质。

1. 管理者必须具备准确设定目标的能力

目标体现的是组织想要得到的结果，以及组织的任务。组织的管理人员必须将目标的数量和质量明确下来，因为这两个方面都最终指导决策者选择合适的行动路线。管理者通过这些目标对下级进行领导，并依据目标的实现情况对各部门进行考核，从而通过这种方式实现组织总体目标。如果管理者无法将目标准确地下达，那么下级部门就无法了解管理者的想法。管理者与员工之间的合作受到限制，直接影响管理者的执行力，目标无法落到实处，阻碍组织成长。

2. 管理者必须具有控制能力

控制是管理过程不可分割的一部分，是组织各级管理人员的一项重要工作内容。无论计划制定得如何周密，由于各种各样的原因，人们在执行的活动中总是会或多或少地出现与计划不一致的现象，所以管理者必须运用驾驭事件的能力，保证行动按计划进行，达到既定的目标。

3. 管理者必须具有沟通才能

首先，管理者应该有沟通的重要性意识。信息是决策的依据，信息的数量和质量直接影响决策水平，信息的沟通在管理活动中是相当重要的。其次，管理者应具备建立组织的沟通渠道的能力，并能在其中起积极主动作用。

4．管理者必须具有良好的思维

管理态度和管理行为都是由管理思维决定的，有什么样的管理思维就有什么样的管理方法。思维过程一般分为观察、比效、分析、综合、归纳。管理本身受各种因素的影响，要想切实有效地进行管理，我们要求管理者在明确的目标前提下有一个系统、缜密的整体规划，在正确的思维模式下对该做什么、怎么做做出正确的判断，以及满意的决策，无疑很大程度上依赖于管理者思维的广阔性、深刻性、敏捷性、灵活性和创新性。所以说，管理者的思维能力是很重要的。

5．管理者必须具有创新精神

管理本身就有创新性这一特点，所以对管理者来说，创新成了必不可少的条件。要想让组织发展壮大，要想让组织适应日新月异的外部环境，就要不断地为组织注入生命源泉，在各个方面，不管是产品本身、生产工艺还是物资设备都应有创造性的见解，或者说为组织带来创造性的新元素。

6．管理者必须具有强大的影响力

作为一个管理者，影响他人的能力是必不可少的。在管理过程中表现为领导、改变、控制他人和群体的能力，简单地说，就是一种人际关系技能。一个具有影响力的管理者，首先是一个受下属信任、喜爱、忠诚和愿意追随的人。也可以说，一个优秀的组织必定有一个具有吸引力的领导者，不管是他的组织能力，还是人格魅力都是受到他人肯定的。其次，是一个具有权威的人，受到下级员工和部门的支持和拥护，他的主张应该是员工的自觉行动。

课间案例7：管理者素质

《孙子兵法》提到将才须具备五方面的素质："将者，智、信、仁、勇、严也。"《十一家注孙子·五皆》解释说："智者，先见而不惑，能谋虑，通权变也；信者，号令一也；仁者，惠抚恻隐，得人心也；勇者，徇义不惧，能果毅也；严者，以威严肃众心也。五者相须，阙一不可。故曹公曰将宣五德备也。" 智者，即聪颖而有智慧，遇事能做出准确无误的判断与及时而合理的决定；信者，即信赖下级并能获得部下信任；仁者，即体贴、爱护下级，时刻把下级挂在心上；勇者，即有勇气，有魄力，处事果断，雷厉风行；严者，即遵守法纪，赏罚分明。

三国时期著名的政治家、思想家、军事家诸葛亮，在他所著的《将器》一文中指出。"将之器，其用大小不同。若洞察其奸，伺其祸，为之众服，此十夫之将；凤兴夜寐，言辞密察，此百夫之将；直而有虑，勇而能斗，此千夫之将；外貌桓桓，中情烈烈，知人勤劳，悉人饥寒，此万夫之将；迎贤进能，日慎一日，诚信宽大，闲于理机，此十万夫之将；仁爱治于天下，信义服邻国，上知天文，中察人事，下识地理，四海之内视为室家，此天下之将。"诸葛亮把不同层次的管理者所应具备的相应素质讲得形象生动，其道理浅显易懂，值得我们深思借鉴。

（三）管理者素质的提高

管理者的良好素质可以通过后天的培养来形成和提高。要使管理者成为管理人才，实现管理的高效，必须提高管理者的素质。从整体上看，管理者素质的提高可以通过以下基本途径。

1．管理者的选聘

选聘主管人员的途径，不外乎有两种：从组织内部提升（"内升制"）和从组织外部招聘（"外求制"）。一个组织选聘主管人员究竟是采用"内升制"，还是采用"外求制"招聘，要根据组织的具体情况而定，因时制宜地选择选聘的途径。一般来说，当组织内有能够胜任空缺职位的人选时，应先从内部提升；当空缺的职位不很重要，并且组织已有既定发展战略时，应当考虑从内部提升。然而，当组织急需一个关键性的主管人员，而组织内又无能胜任这一重要职位的人选时，就需从外部招聘。在通常情况下，选拔主管人员往往是采用内部提升和外部招聘相结合的途径，将从外部招聘来的人员先放在较低的岗位上，然后根据其表现再行提升。

2．管理者的培训

培训的具体内容一般包括三个方面：政治思想教育，管理业务知识，管理能力。培训方法主要有理论培训和职务轮换。培训中应注意培训工作必须与组织目标相结合。培训工作既有受训者，也有培训者，培训者的来源无非是组织内部或外部两种。一般情况下，在对下级主管人员进行培训时，主要是依靠组织内各级主管人员作为培训者。由于上级主管人员和下级主管人员同处于一个组织中，因而他们能结合组织的具体问题进行培训，便于下级主管人员的理解和接受。同时，他们的经验对下级也有直接的指导作用，便于下级主管人员的借鉴和运用。组织内的各级主管人员是最好的培训者。但是，在涉及理论方面的培训时，一般多向组织外部聘请一些专家学者作为培训者。

课间案例8：升迁带来的问题

宏远公司是一家拥有400多名员工的软件开发公司，招聘了刚刚MBA毕业的吴静。吴静理论基础扎实，实践工作能力强，有开拓性，人际关系也很好。她进入公司后工作表现令领导很满意，三个月后就破格提升为部门主管。而其他同样的员工往往要干一年以上才可能晋升到这个位置。在吴静任职的第三年年初，她由于出色的工作表现，被任命为一项尖端项目的开发负责人。这项工作非常重要，而且正面临与A公司的竞争。新的任命刚两个月，宏远公司老总意外地接到这个项目组中五位专家的辞呈，他们竟然有可能去A公司工作。老总找他们谈话，询问离职原因。他们对吴静的工作予以肯定，但是他们不满意她居然比他们这些在公司干了七八年的人升迁得快得多。因此，他们要到其他公司去显示才干，与她一较高低！

三、管理者的角色

（一）彼得·德鲁克关于管理者角色的定义

美国著名管理学家彼得·德鲁克1955年提出"管理者角色"的概念。德鲁克认为，管理是一种无形的力量，这种力量是通过各级管理者体现出来的。所以，管理者扮演的角色或者说责任大体上分为三类。

1. 管理一个组织

为此，管理者必须做到：一是确定该组织是干什么的，应该有什么目标，如何采取积极的措施实现目标；二是谋取组织的最大效益；三是"为社会服务"和"创造顾客"。

2. 管理管理者

组织的上、中、下三个层次中，人人都是管理者，同时人人又都是被管理者，因此管理者必须做到：一是确保下级的设想、意愿、努力能朝着共同的目标前进；二是培养集体合作精神；三是培训下级；四是建立健全的组织结构。

3. 管理人和工作

管理者必须认识到两个假设前提：一是关于人，要正确认识到"个体差异、完整的人、行为有因、人的尊严"对处理各类各级人员相互关系的重要性；二是关于工作，其性质是不断急剧变动的，既有体力劳动又有脑力劳动，而且脑力劳动的比例会越来越大。

（二）亨利·明茨伯格关于管理者角色的定义

亨利·明茨伯格是经理角色学派的创始人。经理角色学派是 20 世纪 70 年代在西方出现的一个管理学派，它是以对经理所担任的角色分析为中心来考察经理的职务和工作的。明茨伯格认为，对于管理者而言，只有从经理的角色出发，才能够找出管理学的基本原理并将其应用于经理的具体实践中去。亨利·明茨伯格在《管理工作的本质》中论述管理者扮演着十种角色，这十种角色又可进一步归纳为三大类：人际角色、信息角色和决策角色，如图 1-2 所示。

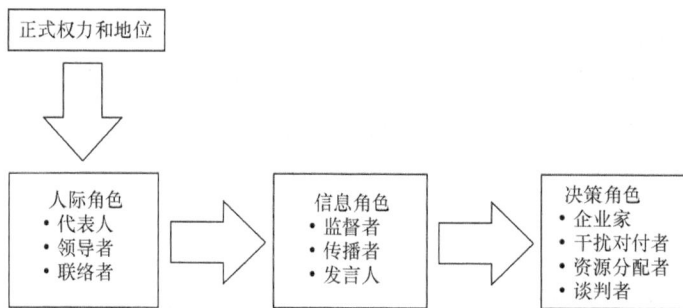

图 1-2　管理者的角色

1. 人际角色

人际角色直接产生自管理者的正式权力基础，管理者在处理与组织成员和其他利益相关者的关系时，他们就在扮演人际角色。人际角色又包括代表人角色、领导者角色和联络者角色。

（1）代表人角色。作为所在单位的管理者，管理者必须行使一些具有礼仪性质的职责。如管理者有时出现在社区的集会上、参加社会活动，或宴请重要客户等，这时，管理者行使着代表人的角色。

（2）领导者角色。由于管理者对所在单位的成败负重要责任，他们必须在工作小组内扮演领导角色。对这种角色而言，管理者和员工需要一起工作并通过员工的努力来确保组织目标的实现。

（3）联络者角色。管理者无论是在与组织内的个人和工作小组一起工作时，还是在与外部利益相关者建立良好关系时，都起着联络者的作用。管理者必须对重要的组织问题有敏锐的洞察力，从而能够在组织内外建立关系和网络。

2．信息角色

在信息角色中，管理者负责确保和其一起工作的人员具有足够的信息，从而能够顺利完成工作。由管理责任的性质决定，管理者既是所在单位的信息传递中心，也是组织内其他工作小组的信息传递渠道。整个组织的人依赖于管理结构和管理者，以获取或传递必要的信息，以便完成工作。管理者必须扮演的信息角色，具体又包括监督者、传播者、发言人三种角色。

（1）监督者角色。管理者持续关注组织内外环境的变化以获取对组织有用的信息。管理者通过接触下属来收集信息，并且从个人关系网中获取对方主动提供的信息。根据这种信息，管理者可以识别组织的潜在机会和威胁。

（2）传播者角色。管理者把他们作为信息监督者所获取的大量信息分配出去。

（3）发言人角色。管理者必须把信息传递给单位或组织以外的个人。

3．决策角色

在决策角色中，管理者处理信息并得出结论。如果信息不用于组织的决策，这种信息就会失去其应有的价值。决策角色具体又包括企业家、干扰对付者、资源分配者、谈判者四种角色。

（1）企业家角色。管理者密切关注组织内外环境的变化和事态的发展，以便发现机会，并对所发现的机会进行投资。

（2）干扰对付者角色。它是指管理者必须善于处理冲突或解决问题，如平息客户的怒气、同不合作的供应商进行谈判，或者对员工之间的争端进行调解等。

（3）资源分配者角色。管理者决定组织资源用于哪些项目。

（4）谈判者角色。管理者把大量时间花费在谈判上，管理者的谈判对象包括员工、供应商、客户和其他工作小组。

上述角色形成了一个整体，它们是互相联系、密不可分的。没有哪种角色能在不触动其他角色的情况下脱离这个框架。在任何情形下，人际的、信息的和决策的角色都不可分离。这些角色表明，经理从组织的角度来看是一位全面负责的人，但事实上却要担任一系列的专业化工作，既是通才又是专家。

课间案例 9：张瑞敏——海尔的战略决策者

2000 年，参加完达沃斯论坛之后的张瑞敏在海尔内部刊上发表了一篇名为《新经济之我见》的文章，其主旨大致是——不触网就得死。2005 年，张瑞敏宣布"1000 天流程再造"。经历了 2006 年、2007 年的业绩个位数增长之后，2008 年稍有起色，张瑞敏又抛出了新的理论——倒三角架构下的商业模式转型。2012 年 12 月 26 日海尔再度提出转型——正式实施网络化战略，其中最大的变化在于，将过去封闭的传统企业组织变成一个开放的生态平台，与上下游的关系从零和博弈变成利益共享。2014 年年初，海尔将管理用户数据和设备连接的

Uhome 做成一个向第三方品牌开放的平台，并改名为 U+。只要符合海尔通信协议标准的设备，就可接入 U+。2015 年 4 月，U+APP 上线。2015 年 4 月 29 日，张瑞敏接受《财经》专访时说：我对互联网的理解，不是企业要成为互联网，企业只不过是互联网无数结点中的一个。如果企业将自己定位成互联网结点，那么你必须开放。为了适应商业模式的变革，企业必须做两个方面的改变：一是战略，二是组织结构。我们的战略一定要变成人单合一，企业变成一个创业平台，部门和组织变成自组织。

四、管理者的技能

根据罗伯特·卡茨的研究，管理者在行使管理职能时需要具备以下三种技能。

1．概念技能

概念技能指对事物的洞察、分析、判断、抽象和概括的能力，其内容包括：对复杂环境和管理问题的观察、分析能力；对全局性的、战略性的、长远性的重大问题处理与决断的能力；对突发性紧急处境的应变能力等。其核心是一种观察力和思维力。

2．人际技能

人际技能指与组织中上、下、左、右的人打交道的能力，其内容包括：联络、处理和协调组织内外人际关系的能力；激励和诱导组织内工作人员的积极性和创造性的能力；正确地指导和指挥组织成员开展工作的能力；善于团结他人，增强向心力、凝聚力的能力等。

3．技术技能

技术技能指管理者掌握与运用某一专业领域内的知识、技术和方法的能力，其内容包括运用管理者所监督的专业领域中的过程、惯例、技术和工具的能力。

显然，各个层次的管理人员都需要在一定程度上掌握这三种技能。但是，这些技能对不同管理层次的管理者的相对重要性是不同的。技术技能的重要性依据管理者所处的组织层次从低到高逐渐下降，而概念技能则相反，如图 1-3 所示。当然，这种管理技能和组织层次的联系并不是绝对的，组织规模大小等一些因素对此也会产生一定的影响。

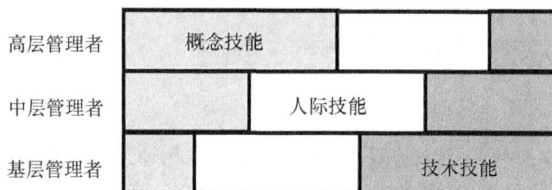

图 1-3　不同层次对管理技能需要的比例

引导案例 4：管理学是不是一门科学

李强是国内某著名电器企业集团所属的电子研究所的高级工程师，在企业高级管理研讨班学习期间遇见老朋友王华所长，两个人就管理问题展开讨论。李强说："我觉得管理学根本不是一门科学，因为它没有科学基础。拿我现在做的工作来说，我正在设计一套人工模拟系统，我知道自己在做什么，也知道自己该怎么做，因为我有电子学、工程学、计算技术和其他可以利用的科学知识。可是，作为这个项目的总负责人，能否做好整个项目的管理工作，我没多少把握，因为没有管理的科学理论来指导我。"王华说："我记得你曾经向我借过两本管理学方面的书看过，没有得到什么启发吗？"李强说："我看过几本管理方面的书，只是，管理人员必须在一个封闭的系统基础上进行管理，管理人员能够做的也就是亲切地同他的下属人员商量每件小事，同时制定严格的规章制度、工作程序，使下属人员不会做错。我看不出管理上有更多的科学。现在有那么多的管理学书本、文章，有那么多的管理学派和理论，莫衷一是。与数学、物理学这些精确的科学相比，管理学远不能称为科学。"听了李强的话，一直强调管理知识有用又重要的王华觉得有些彷徨了。

第四节　管理学的研究对象与研究方法

管理学是指人类长期从事管理实践活动的科学总结，是以企业组织为重点，研究管理活动过程及其基本规律和一般方法的科学。

管理学作为一门学科的基本思想和体系，最初由亨利·法约尔首先提出。

一、管理学的研究对象

从管理的二重性出发，着重从三个方面研究管理学。

（一）生产力方面

管理学主要研究生产力诸要素之间的关系，即合理组织生产力的问题。研究如何合理配置组织中的人、财、物，使各要素充分发挥作用的问题；研究如何根据组织目标的要求和社会的需要，合理地使用各种资源，以求得最佳的经济效益和社会效益的问题。

（二）生产关系方面

管理学主要研究如何正确处理组织中人与人之间的相互关系问题；研究如何建立和完善组织机构以及各种管理体制等问题；研究如何激励组织内成员，从而最大限度地调动各方面的积极性和创造性，为实现组织目标而服务。

（三）上层建筑方面

管理学主要研究如何使组织内部环境与其外部环境相适应的问题；研究如何使组织的规章制度与社会的政治、经济、法律、道德等上层建筑保持一致的问题，从而维持正常的生产关系，促进生产力的发展。

二、管理学的研究方法

（一）唯物辩证法

管理学产生于管理的实践活动，是管理实践经验的科学总结和理论概括。研究和学习管理学，必须坚持实事求是的态度，深入管理实践，进行调查研究，总结实践经验并用判断和推理的方法，使管理实践上升为理论。在学习和研究中，还要认识到一切现象都是相互联系和相互制约的，一切事物也都是不断发展变化的。因此，还必须运用全面的历史观点，去观察和分析问题，重视管理学的历史，考察它的过去、现状及其发展趋势，不能固定不变地看待组织及组织的管理活动。

（二）系统方法

要进行有效的管理活动，必须对影响管理过程中的各种因素及其相互之间的关系，进行总体的、系统的分析研究，这样才能形成管理的可行的基本理论和合理的决策活动。总体的、系统的研究和学习方法，就是用系统的观点来分析、研究和学习管理的原理和管理活动。

（三）比较研究法

管理学研究不仅要做纵向的历史考察，还要进行横向的比较研究。通过对世界各国的管理思想、管理理论、管理模式、管理方法和技术的全面比较和分析，寻其异同，权衡优劣，取长补短。比较研究法还可鉴别出哪些管理思想和方法是根植于一国文化之中、不可移植的，哪些是具有共性的、可以移植的，可以洋为中用。

（四）调查研究法

调查研究法即在现实的管理过程中，通过观察、调查、试验、实践，掌握第一手资料，进行归纳、分析、综合，从中找出规律性的东西来。这种方法既适用于从事实际管理的人，也适用于进行理论研究的人。他们可以以调查者、观察者的身份进行实地参观、访问，也可以用问卷等方式进行调查，其研究结论可靠性大。

（五）理论联系实际的方法

理论联系实际的方法，具体说可以是案例的调查和分析、边学习边实践，以及带着问题学习等多种形式。理论联系实际还有一个含义，就是在学习和研究管理学时，要注意管理学的二重性，既要吸收工业发达国家管理中科学性的东西，又要去其糟粕；既要避免盲目照搬，又要克服全盘否定；要从我国国情出发加以取舍和改造，有分析、有选择地学习和吸收。在学习和研究外国的管理经验时，至少要考虑到四个不同：即社会制度的不同、生产力发展水平的不同、自然条件的不同、民族习惯和传统的不同。我们要从我国实际出发吸取外国的科学成果，通过实践，在不断地总结自己实践经验的基础上形成和发展具有中国特色的社会主义管理学理论。

课间案例 10：管理学研究方法

20 世纪 50 年代末期，赫茨伯格和同事们对匹兹堡附近一些工商业机构的约 200 位专业人士作了一次调查。在调查访问后他发现，使职工感到满意的都是属于工作本身或工作内容方面的；使职工感到不满的，都是属于工作环境或工作关系方面的。赫茨伯格据此调查结果提出了著名的"双因素理论"。

1927 年冬，埃尔顿·梅奥应邀参加了开始于 1924 年的霍桑实验，在霍桑实验的基础上，埃尔顿·梅奥分别于 1933 年和 1945 年出版了《工业文明的人类问题》和《工业文明的社会问题》两部名著，提出了有别于古典管理理论的"人际关系学说"，揭示出工业生产中的个体具有社会属性，生产率不仅同物质实体条件有关，而且还同工人的心理、态度、动机，同群体中的人际关系以及管理者与被管理集体的关系密切相关。

快乐阅读

鲇鱼效应

"鲇鱼效应"又称为"头鱼理论"。德国动物学家霍斯特在研究中发现了一个有趣的现象：鲇鱼因个体弱小而常常群居，并以强健者为自然首领。然而，如果将一只较为强健的鲇鱼脑后控制行为的部分割除，此鲇鱼便失去自制力，行动也发生紊乱，但是其他鲇鱼却仍会像从前一样盲目追随！

作为管理者应从"鲇鱼效应"中得到启示：经理人就是一个企业的核心脊梁，必须为企业的发展承担责任。企业、部门与团队，以及任何组织，只要出现了问题，经理人就应该承担不可推卸的责任。鲇鱼的首领行动紊乱导致整个鲇鱼群行动紊乱。同样，在一个企业或者组织中，只要经理人出现问题，那么整个企业或者组织也就不可避免地会出现问题。

复习思考题

一、名词解释

1. 管理
2. 系统原理
3. 整分合原则
4. 人本原理
5. 动态原理
6. 效益原理
7. 责任原理
8. 概念技能
9. 人际技能
10. 管理学
11. 弹性原则
12. 反馈原则

二、选择题

1. 对企业资源进行计划、组织、管理、控制，以有效地实现组织目标的过程称为（　　　）。

   A. 管理　　　　　　B. 组织　　　　　　C. 战略计划　　　　　　D. 激励

2. 在组织中，最有潜力、最为重要的资源是（　　　）。

   A. 人力　　　　　　B. 物力　　　　　　C. 财力　　　　　　D. 信息

3. 管理活动的本质是（　　　）。

   A. 对人的管理　　　　　　　　　　　　B. 对物的管理

   C. 对资金的管理　　　　　　　　　　　D. 对技术的管理

4. 某位管理人员把大部分时间花在直接监督下属人员工作上，他一定不会是（　　）。

    A. 工长　　　　　　B. 总经理　　　　　　C. 领班　　　　　　D. 车间主任

5. 管理的载体是（　　）。

    A. 管理者　　　　　B. 技术　　　　　　C. 工作　　　　　　D. 组织

6. 管理同生产力、社会化大生产相联系而表现出的属性是（　　）。

    A. 政治属性　　　　B. 社会属性　　　　C. 自然属性　　　　D. 文化属性

7. 著名管理学家西蒙说过（　　）。

    A. 管理就是决策　　　　　　　　　　B. 管理就是控制

    C. 决策就是管理　　　　　　　　　　D. 管理就是指挥

8. 洞察事务、抽象形成概念的能力对（　　）最重要。

    A. 高层管理者　　　B. 中层管理者　　　C. 基层管理者　　　D. A、B 一样

9. 亨利·明茨伯格认为，管理者扮演的十大角色可以归入三大类，即（　　）。

    A. 管理角色、人际角色与信息角色　　　B. 人际角色、信息角色与决策角色

    C. 人际角色、信息角色与技术角色　　　D. 管理角色、决策角色与技术角色

10. 将观点设想出来并加以处理以及将关系抽象化的管理能力是指（　　）。

    A. 技术能力　　　　B. 人际能力　　　　C. 概念能力　　　　D. 决策能力

11. 在特定专业领域内使用有关的程序、技术、知识、方法完成组织任务的能力称为（　　）。

    A. 人际技能　　　　B. 技术技能　　　　C. 概念技能　　　　D. 以上均不是

12. 只有管理活动和作业活动并存于一个组织之中，才能保证组织目标的圆满实现。不过管理人员和作业人员是有区别的，其主要不同有（　　）。

    A. 管理人员是指从事管理工作的人员

    B. 从事作业工作的人员不参与管理工作

    C. 管理人员要对作业人员的最终结果负责

    D. 管理人员要通过自己的努力和他人的努力来实现组织目标

13. 根据彼得·德鲁克的观点，管理者所扮演的角色可分为（　　）。

    A. 管理一个组织　　B. 管理管理者　　　C. 管理人和工作　　D. 管理各种资源

14. 管理是一种社会现象或文化现象，它的存在必须同时具备两个必要条件（　　）。

    A. 两个人以上的集体活动　　　　　　B. 一致认可的、自觉的目标

    C. 目标、机构、资源、信息　　　　　D. 目标和管理者

15. 系统必须符合的条件有（　　）。

    A. 有两个以上的要素　　　　　　　　B. 诸要素之间有共同的特征

    C. 诸要素之间存在一定的联系　　　　D. 要素之间的联系必须产生统一的功能

16. 强调发挥人的作用为核心的管理原则是（　　）。

    A. 能级原则　　　　B. 弹性原则　　　　C. 反馈原则　　　　D. 整分合原则

17. 管理者素质的核心是（　　）。

    A. 沟通能力　　　　B. 管理能力　　　　C. 创新能力　　　　D. 控制能力

18. 下列属于人本管理观点的是（　　　）。

    A. 职工是企业的主体

    B. 人是"经济人"，给职工足够的物质刺激即可

    C. 职工参与是有效管理的关键

    D. 服务于人是管理的根本目的

19. 坚持动态原理应遵循的原则是（　　　）。

    A. 能级原则　　　　　B. 弹性原则　　　　　C. 反馈原则　　　　　D. 整分合原则

20. 管理学的性质有（　　　）。

    A. 综合性　　　　　　B. 应用性　　　　　　C. 艺术性　　　　　　D. 新兴性

三、判断题

（　　　）1. 不同社会制度的国家中，管理也具有共性。

（　　　）2. 营利性组织比非营利性组织更需要加强管理。

（　　　）3. 管理是随着私有制、阶级和国家的出现而出现的。

（　　　）4. 管理的艺术性就是指在管理实践活动中灵活运用管理知识和技能。

（　　　）5. 管理既是一门科学又是一门艺术。

（　　　）6. 管理学研究的是管理活动的普遍规律性，是各专业管理的基础理论。

（　　　）7. 管理学是指人类长期从事管理实践活动的科学总结，是以企业组织为重点，研究管理活动过程及其基本规律和一般方法的科学。

（　　　）8. 管理弹性一般分为局部弹性和整体弹性，局部弹性是整体弹性的基础，整体弹性是局部弹性的综合。

（　　　）9. 动态原理强调人在管理中的核心地位和作用，把人的因素放在首位。

（　　　）10. 人际技能对于所有层次管理的重要性大体相同。

（　　　）11. 对于高层管理者而言，概念技能是最重要的技能。

（　　　）12. 管理是任何组织所必须的活动，因此，任何社会中管理的性质都是相同的。

（　　　）13. 若将行动结果与原来的目标要求相比较，发现"偏差"，则及时采取有效的纠正措施，以确保组织目标的实现，这就是管理的反馈原则。

（　　　）14. 管理只有在效率高、目标正确的前提下，才能产生效益。

（　　　）15. 高层管理者处于组织的最高层，主要负责执行组织政策。

（　　　）16. 不同的组织环境，管理者的管理哲学和管理方式不同。

（　　　）17. 管理者的培训方法主要有理论培训和职务轮换。

（　　　）18. 管理者在处理与组织成员和其他利益相关者的关系时，扮演的是人际角色。

（　　　）19. 高层管理人员必须对组织活动的各个方面都有所了解。

（　　　）20. 管理的对象是以人为中心的组织资源与职能活动。

四、简答题

1. 简述管理的基本特征。

2. 简述管理二重性的内容及其相互关系。

3. 简述如何正确应用弹性原则。

4. 简述彼得·德鲁克关于管理概念的观点。

5. 简述西蒙关于管理概念的观点。

五、论述题

1. 管理中效率与效果哪个更重要？为什么？

2. 如何理解管理的科学性与艺术性？

3. 管理活动具有哪些基本职能？它们之间的关系是什么？

4. 一个有效的管理者需要扮演哪些角色？具备哪些技能？

5. 什么是管理学？其具有哪些学科特点？

6. 管理学的研究对象是什么？

7. 什么是系统?什么是系统原理？管理可从系统原理中得到哪些启示？

8. 如何理解人本原理？结合现实，谈谈坚持人本原理应遵循哪些原则。

9. 如何理解效益原理？组织应如何追求效益？

10. 什么是责任原理？组织管理中应如何贯彻责任原理？

六、案例分析题

案例1. 致远公司的责任制度

致远公司是一家建材分销公司，下设若干销售门市部。公司刚成立时，制定了明确的责任制度，运转尚属顺利。随着时间的推移，员工中相互推诿的事情时有发生，但在处理这种事情时，又很难判定谁应承担责任，以致有的事情就不了了之。为了推进民主管理，公司力争让下属参与某些重要决策。他们引进了高级小组制度，从每一个销售门市部挑选一名非管理者，共挑出 5 人，公司主管人员每月与他们开一次会，讨论各种问题的解决方法和执行策略。尽管如此，人们的积极性并没有充分地调动起来。经过两年的经营，公司的营业收入虽有了一定的增长，但企业利润增长缓慢，员工的工作积极性没有预想中的高。管理人员不明白这种现象的根本原因所在。

思考题：

① 致远公司制定了明确的责任制度，却又出现责任不清问题，请分析原因。

② 从人本管理角度分析，致远公司应该如何调动员工的积极性？

案例2. 远翔有限公司管理者提升的困境

远翔有限公司最近几年在选拔中层管理者问题上出现了两难困境。公司高层管理者认为许多管理决策需要在对生产线和生产过程完全了解的基础上做出，因此，公司一直严格地从内部提升中层管理者。但后来发现这些被提拔到中层管理职位的从基层来的员工缺乏相应的适应他们新职责的知识和技能。

为了解决这种困境，公司决定从外部招聘优秀人员。通过一个职业招聘机构，公司得到了许多有良好工商管理专业训练的毕业生作为候选人。公司从中录用了一些，先放在基层管理职位，以备经过一段锻炼后提升为中层管理人员，但让公司领导意想不到的是，这些经过锻炼成长较快的人都离开了该公司。公司又只好回到以前的政策，从内部提拔，但又碰到了过去同样素质欠佳的老问题。不久，就有几个重要职位上的中层管理人员将退休，亟待有称职的后继者来填补这些空缺。面对这一问题，公司想请些咨询专家来出些主意。

思考题：

① 远翔公司招聘中层管理者困难的原因是什么？

② 远翔公司内部提升基层干部到中层和从外部招聘专业对口的大学毕业生，各有何利弊？

③ 如果你是咨询专家，你会给公司提出什么建议？

案例3. 刘明的管理方式

刘明是一家拥有职工2000多人的公司总经理，办事认真努力。刘明把全部的时间和心血都花在了公司，每天从公司的高层决策、人事安排，到职工的生活起居，无事不包。因为这样，刘明在公司的威信很高，大家有事都找他，他也有求必应。在公司，刘明事必躬亲，大事小事都要过问，交给下属的一些工作，总担心下面办不好，常要插手过问，有时弄得下面的管理人员不知如何是好，心里憋气。但大家都了解刘明的性格，并为他的好意所动，不便直说。随着市场环境的变化，公司的生产经营状况每况愈下，成本费用急剧上升，效益不断下滑，急得刘明常常难以入眠。不久，刘明决定在全厂推行成本管理，厉行节约，他自己以身作则，率先垂范。但职工并不认真执行，浪费的照样浪费，考核成了一种毫无实际意义的表面形式。刘明常感叹职工没有长远眼光，却总也拿不出有力的监管措施。最近，公司决定与一家外国公司合作，由外方提供一流的先进设备，公司负责生产。这种设备在国际上处于先进水平，国内一流，如果合作成功，公司不仅能摆脱困境，而且可能使公司的生产、技术和管理都跃上一个新台阶，因此大家都对此充满了信心。经多方努力，合作的各项准备工作已基本就绪，就等双方举行签字仪式。仪式举行的前几天，刘明忙于各种琐事累得病倒了。晚上，刘明带病出席签字仪式，但最终没能支撑下去，中途被送进医院。外方在了解事情的经过后，一方面为刘明的敬业精神所感动，同时也对刘明的管理能力表示怀疑，决定推迟合作事宜。刘明出院后，职工们都对他另眼相看，他在公司的威信也从此大为下降。对此，刘明有苦难言，满脸的无奈。

思考题：

① 优秀的管理者应具备哪些素质？你认为刘明是一名优秀的管理者吗？

② 你认为一名高层管理者的主要工作是什么？

案例4. 马丁的管理技能

成立于1833年的马丁吉他公司，是世界上最好的乐器制造商之一。虽然每把吉他价格超过10 000美元，但其爱好者仍然趋之若鹜。这家家族企业第六代首席执行官是克里斯琴·弗雷德里克·马丁四世，他秉承了吉他的制作手艺，甚至遍访公司在全世界的经销商，为他们举办培训讲座。马丁吉他公司成功的关键是关注产品质量。马丁吉他公司自创办起始终坚持对质量的承诺，不仅如此，公司还在质量管理中长期坚持生态保护政策。因为制作吉他需要用到天然木材，公司非常审慎和负责地使用这些传统的天然材料，并鼓励引入可再生的替代木材品种。基于对顾客的研究，马丁公司向市场推出了采用表面有缺陷的天然木材制作的高档吉他，然而，这在其他厂家看来几乎是无法接受的。

马丁公司使新老传统有机地整合在一起。虽然设备和工具逐年更新，雇员始终坚守着高标准的优质音乐原则。所制作的吉他要符合这些严格的标准，就要求雇员极为专注和耐心。随着竞争市场的发展，低端市场在整个吉他产业的销售额中占 65%。马丁推动公司在秉承质量的前提下探寻新的发展方向，20 世纪 90 年代末，马丁公司开始在低端市场上销售每件价格低于 800 美元的吉他。马丁曾说过："马丁公司只是崇拜它的过去而不尝试任何新事物的话，那恐怕就不会有值得崇拜的马丁公司了。"首席执行官马丁的出色管理，促使马丁公司销售收入持续增长。雇员们描述他的管理风格为既友好、事必躬亲，又严格、直截了当。虽然马丁吉他公司不断开拓新的市场，但从未放松过对尽其所能制作顶尖产品的承诺。在马丁的管理下，这种承诺决不会动摇。

思考题：

① 根据罗伯特·卡茨的管理技能理论，你认为哪种管理技能对马丁最重要？并说明你的理由。

② 根据明茨伯格的管理者角色理论，说明以下三种情况，马丁分别在扮演什么管理角色：

A. 当马丁访问马丁公司世界范围的经销商时；

B. 当马丁评估新型吉他的有效性时；

C. 当马丁使员工坚守公司的长期原则时。

③ 马丁宣布："如果马丁公司只是崇拜它的过去而不尝试任何新事物的话，那恐怕就不会有值得崇拜的马丁公司了。"这句话对全公司的管理者履行计划、组织、管理和控制职能意味着什么？

第二章　管理理论的产生与发展

☑ 学习目标

通过本章的学习，掌握管理的起源和管理理论发展的各个阶段，旨在对管理理论发展每个阶段的主要流派及其管理思想的基本知识概括了解，并用管理理论分析实际管理问题。

- 知识点：
1. 了解中国古代的管理思想与实践；
2. 掌握古典管理理论的内容；
3. 掌握现代管理理论的主要思想；
4. 掌握现代管理理论的主要内容和特点。

- 技能点：
1. 具有应用现代管理理念和理论分析与处理实际管理问题的能力；
2. 能够从管理思想的高度认识与分析我国的经济改革。

引导案例 1：有效管理的方式

在一个管理经验交流会上，有两个公司的经理分别论述了他们各自对如何进行有效管理的看法。

A 经理认为，公司首要的资产是员工，只有员工们都把公司当成自己的家，都把个人的命运与公司的命运紧密联系在一起，才能充分发挥他们的智慧和力量为公司服务。因此，管理者有什么问题，都应该与员工们商量解决；平时要十分注重对员工需求的分析，有针对性地给员工提供学习、娱乐的机会和条件；每月的黑板报上应公布当月过生日的员工的姓名，并祝他们生日快乐；如果哪位员工生儿育女了，公司应派车接送，经理应亲自送上贺礼。在A 公司，员工们都普遍把公司当成自己的家，全心全意地为公司服务，公司日益兴旺发达。

B 经理则认为，只有实行严格的管理，才能保证实现公司目标所必需的各项活动的顺利进行。因此，公司要制定严格的规章制度和岗位责任制，建立严密的控制体系；注重上岗培训；实行计件工资制等。在 B 公司，员工们都非常注意遵守规章制度，努力工作以完成任务，公司发展迅速。

管理的活动或实践自古以来就存在，它是随人类集体协作、共同劳动而产生的。因此，可以说管理是一种社会现象或文化现象。只要有人类社会存在，就会有管理存在。人类进行有效的管理实践，大约已有 7000 年的历史，早在公元前 5000 年，生活在幼发拉底河流域的闪米尔人就开始了最原始的劳作记录，这是有据可考的人类历史上最早的管理活动。在公元前 17 世纪中国的商代，国王就已经统率几十万军队作战，管理上百万分工不同的奴隶进行生产劳动。

只要存在管理活动，就会有人对管理活动的实践进行思考，从而有可能在此基础上形成某种管理思想。早期一些著名的管理实践和管理思想大都散见于埃及、中国、意大利等国的史籍和许多宗教文献之中。虽然管理思想和人类历史一样悠久深远，但管理学作为一门独立的学科却只有近百年的历史。

第一节　管理理论的产生

一、中国古代管理思想与实践

中国是四大文明古国之一，在其发展的各个历史时期，都蕴涵着丰富的管理思想。5000年的文化、根深蒂固的儒家思想都是中国的文化背景，因而在研究现代管理思想的时候，不能不首先研究中国传统的管理思想。我国古代有些管理思想是先于西方几千年提出来的，有些管理思想至今还具有借鉴意义。

我国古代的管理思想及理论框架基本形成于先秦至汉代这一时期。古代管理思想主要体现在先秦到汉代的诸子百家思想中，如儒家、道家、法家、兵家、商家等。许多古代经典著作，如《论语》《道德经》《孙子兵法》《九章算术》《三国演义》《红楼梦》等，充分反映了我国古代成功的管理思想和经验。

从宏观的角度看，我国古代管理思想大致可分为三个部分：治国、治生和治身。治国主要是处理整个社会、国家管理关系的活动，即"治国之道"。它是治理整个国家、社会的基本思路和指导思想，是对行政、军事、人事、生产、市场、田制、货币、财赋、漕运等方面管理的学问；治生是在生产发展和经济运行的基础上通过官、民的实践逐步积累起来的，它包括农副业、手工业、运输、建筑工程、市场经营等方面的管理学问；治身主要是研究谋略、用人、选才、激励、修身、公关、博弈、奖惩等方面的学问。

中国古代出现了许许多多的思想家，有着极为丰富的管理思想。其中，老子的"道法自然""无为而治"等许多思想对中外管理思想的发展产生了深刻影响；孔子的以仁为核心、以礼为准则、以和为目标的以德治国思想是其管理思想的精髓，成为中国传统思想的主流；孟子的性善论的人性观、施"仁政"的管理准则以及"修其身而天下平"等思想，对中国管理思想的完善与发展做出了重要贡献；孙子是中国古代著名的军事家，其军事思想和管理思想主要体现在他的传世之作《孙子兵法》中，"不战而屈人之兵""上兵伐谋""必以全争于天下""出其不意，攻其不备""唯民是保"等思想至今仍为管理者们所运用；管子的"以人为本"的思想、"与时变"的发展理念与创新精神、德能并举、"德"与"能"不可偏废的选贤标准等许多管理思想，无不透射出永恒的智慧之光。

中国在两千多年的封建社会中，中央集权的国家管理制度、财政赋税的管理、官吏的选拔与管理、人口田亩管理、市场与工商业管理、漕运驿递管理、文书与档案管理等方面，历朝历代都有新的发展，出现了许多杰出的管理人才。他们在军事、政治、财政、文化教育与外交等领域，显示了卓越的管理才能，积累了宝贵的管理经验。战国时期著名的"商鞅变法"是通过变法提高国家管理水平的一个范例；文景之治使国家出现了政治安定、经济繁荣的局面；万里长城的修建，充分反映了当时测量、规划设计、建筑和工程管理等的高超水平，体现了工程指挥者所具有的高度管理智慧；都江堰等大型水利工程，将防洪、排灌、航运综合规划，显示了我国古代工程建设与组织管理的高超水平；丁渭主持的"一举三得"皇宫修建工程堪称运用系统管理、统筹规划的典范。另外，还有许多令人赞叹的管理实践都体现了中国古人高超的管理智慧。

综观中国古代管理实践可以看出，管理实践的成功与否主要取决于管理者或决策者的素质高低。管理者的个人知识、能力和经验越丰富，越有可能进行卓有成效的管理活动。否则，管理就可能缺乏成效，甚至失败。因此，管理实践是和个人经验分不开的，它是一种典型的经验管理。

课间案例 1：丁渭的"一箭三雕"

中国古代管理实践的典型范例之一是丁渭的"一箭三雕"。宋真宗祥符年间，因皇城失火，宏伟的昭君宫殿被烧毁，大臣丁渭受命全权负责宫殿的修复。这是一项浩大的工程，需要解决很多问题，特别是运输问题。丁渭提出了一个巧妙的"一箭三雕"方案：先在宫殿前的街道挖沟，取出的泥土烧砖烧瓦；再把京城附近的汴水引入沟渠中，形成一条运河，用船把各地的木材石料等建筑材料运至宫前；最后沟渠撤水，把清墟的碎砖烂瓦和建筑垃圾就地回填，修复了原来的街道。这个蕴涵着运筹学思想的方案合理、高效地同时解决了三个问题，是中国古代管理实践的典型范例。除此之外，还有长城、京杭大运河、都江堰等伟大工程，都是古代管理实践的典范。

二、西方管理思想与理论的形成

西方文化起源于古希腊、古罗马、古埃及、古巴比伦等文明古国，他们在公元前 6 世纪左右即建立了高度发达的奴隶制国家，在文化、艺术、哲学、数学、物理学、天文学、建筑等方面都对人类做出了辉煌的贡献。埃及金字塔、罗马水道、巴比伦"空中花园"等伟大的古代建筑工程与中国的长城并列为世界奇观。这些古国在国家管理、生产管理、军事、法律等方面也都曾有过许多光辉的实践。在奴隶社会，管理思想与实践主要体现在指挥军队作战、治国施政和管理教会等实践活动中。古巴比伦人、古埃及人及古罗马人在这方面都有过重要贡献。西方古代管理思想散见于埃及、巴比伦的史籍与宗教文献之中。西方的管理思想与实践也有着悠久的历史，但受人类历史发展程度和社会实践深入程度的限制，这些思想孤立、零散，显得肤浅、简单，缺乏理论的系统性和深刻性。

（一）西方古代的管理思想与实践

1. 古埃及人的管理思想与实践

首先，在国家制度上，古埃及人建立了以国王、法老为首的一整套专制体制的管理机构。国王掌握行政、司法、军事大权。法老拥有许多农庄，全国土地都属于他。国家统一后，开始统一管理灌溉系统，观测、记录尼罗河的水位，以便发展农业生产。法老下面设有各级官吏，最高的是宰相。宰相下设一批大臣，分别管理财政、水利建设和各地的事务。这些机构和人员的设立，说明他们已经有了自上而下的管理者的责任和权力规定，有了较严格的国家管理机构和体制的管理思想。

其次，埃及金字塔的修建，也反映了古埃及时代在管理方面的重大成就。其中，最有代表性的是建于公元前 27 世纪的胡夫金字塔。据估计，埃及人在修建这个金字塔上花费了 10 万人次 20 年以上的劳动。这表明：他们已经有了分工和协作的思想；较好地把科学技术运用于劳动过程，体现了较严密的组织制度。

最后，从埃及人的著作中也可以发现许多管理思想。成书于公元前 2700 年左右，并在公元前 1500 年时已作为埃及学校教材的《普塔——霍特普教诲书》，里面就包涵着丰富的管理思想。

2．古巴比伦的管理思想

古巴比伦王国于公元前 1894 年由阿摩利人建立，它是以两河流域为中心的古代东方的奴隶制国家。在当时建立的乌尔王朝，就以成文法典来管理国家。当时的法典就经商、物价控制、刑事处罚等做了不少规定。其中，尤以汉穆拉比王（公元前 1792—前 1750）颁布的《汉穆拉比法典》，较为集中地体现了巴比伦王国的管理思想。

从法典的内容来看，已经详细地涉及了工资、控制、债权、债务、财产、商业活动、租金、责任、行为等内容，从多方面反映了当时古巴比伦人的管理思想。

3．希伯莱人的管理思想

公元前 15 世纪左右，希伯莱人居住在巴勒斯坦地区。希伯莱人在征服自然、管理国家的过程中，萌生了许多管理思想。他们的管理思想主要反映在《圣经》中。摩西是希伯莱人的领袖，他在立法、人际关系、人员选择和训练方面都很出色。摩西的岳父曾对摩西的管理方法提出了批评，认为摩西处理政务事必躬亲，并不利于管理。他提出三点建议：第一，制定法令，昭告民众；第二，建立等级委任制度；第三，责成各级管理人分级管理，只有最重要的政务才提交摩西。这些建议表明现代管理理论的例外原则、授权原则、管理幅度原则等早在古代已有萌芽。

4．古希腊的管理思想

古希腊是欧洲古代文化的发源地，公元前 5 世纪—前 4 世纪，随着古希腊经济的强盛，奴隶制度的确立，管理水平不断提高，出现了如苏格拉底、色诺芬、柏拉图、亚里士多德等思想家，他们的伟大思想对后人影响很大。苏格拉底当时已认识到管理的普遍性，而色诺芬的《家庭管理》一书，是古希腊流传下来的、专门论述经济的第一部著作。在这本书中，他详细地论述了奴隶主应如何加强对奴隶的管理，从而使自己的财富不断增加的经济思想；书中提出了劳动管理的思想并分析了分工的重要性等。

5．古罗马的管理思想

古罗马在世界史上是最大的奴隶制国家之一，最初形成于意大利半岛的罗马城，后逐步扩张为横跨欧、亚、非三大洲的奴隶制大国。

首先，从罗马奴隶制的建立过程中我们可以看出，他们对国家的政治体制已经有了集权、分权再到集权的实践，不仅与不同的国家体制相适应，还建立了相应的管理机构。

其次，一些奴隶主思想家在其政治、军事、经济、法律等著作中，也体现出了较为丰富的管理思想。这些思想的突出代表作是贾图的《论农业》，这本书中的主要管理思想有三点：第一，认为农业是古罗马人最重要的职业，主张奴隶主必须认真经营农业，用心管好自己的农庄；第二，强调对奴隶的严格管理；第三，明确提出管家要经过挑选并规定了管家的职责。

课间案例2：有关管理思想的最早记载

有关管理思想的最早记载，是《圣经》中的一个例子。希伯莱（今以色列）人的领袖摩西在率领希伯莱人摆脱埃及人的奴役而出走的过程中，他的岳父叶忒罗对他处理政务事必躬亲，东奔西忙的做法提出了批评，并向他建议，一要制定法令，昭告民众；二要建立等级、授权委任管理；三要责成专人专责管理，问题尽量处理在下面，只有最重要的政务才提交摩西处理。叶忒罗可以说是人类最早的管理咨询人员。他建议摩西采用的，就是我们现在常用的授权原则和例外原则，同时也体现了现代管理当中的管理幅度原理。

（二）西方封建社会的管理思想与实践

1．西欧封建社会的组织结构

在西欧封建社会建立和发展的过程中，其社会组织结构始终是围绕着集权—分权这一核心来形成的。随着封建社会的发展，其内部终于形成了一整套等级制度，成为西欧封建社会组织的特点。它主要是通过由上而下的分级授权来体现的，即由拥有最高权力的国王，把除自己留用外的土地封给大诸侯，条件是要为国王提供军事和财税等方面需要的服务。各大诸侯又以同样的方式从自己的封臣那里获得各种服务。这种逐级分封的制度形成了一种连续的等级制，形成公、侯、伯、子、男等爵位和骑士、采邑，骑士、采邑又有他的从属门户，这构成了由上至下的"金字塔"式结构。

2．威尼斯的工商管理

威尼斯位于亚德里亚北海岸，到10世纪末，已成为一个富庶的商业国家。当时威尼斯的金币"松卡特"几乎成为全欧的通用货币，从而威尼斯商人也远近闻名。威尼斯的商业管理最突出的两个方面是商业组织类型和会计制度。商业组织类型主要为合伙企业和合资企业，其类型已经和现代企业类型比较接近。在15世纪早期，威尼斯商业企业中就开始用复式簿记，设立了日记账和分类账，实行了成本控制和会计控制。威尼斯的工业管理以兵工厂为代表，主要包括流水线的出现、严格的会计管理制度、对成本的分析与核算、较健全的人事管理制度、存货控制的技术和标准化等。

课间案例3：威尼斯兵工厂管理

威尼斯在1436年建立了政府的造船厂，即兵工厂。威尼斯的兵工厂后来成为当时世界上最大的工厂，占有陆地和水面面积60英亩（1英亩=6.072市亩），雇用一两千个工人。许多由于规模庞大而产生的问题（会计、材料排列、工人的纪律等）都有效地解决了。政府与工厂的关系是控制与授权经营的关系，兵工厂的管理体现了互相制约和平衡。兵工厂虽然由三位正副厂长正式负责，但作为威尼斯元老院同兵工厂之间的联系环节的特派员也有很大的影响，元老院本身也常常直接管理或干预兵工厂的事务。特派员和厂长们主要从事和财务管理、采购类似的职能工作，以致无法指挥实际的造船工作。造船厂中各个巨大的作业部门由工长和技术顾问来领导。政府给工厂下达明确的生产任务。工厂内部的管理已具有相当的水平，兵工厂在成品部件的编号和储存、安装舰只的装配线、人事管理、部件的标准化、会计控制、存货控制、成本控制等方面积累了管理经验。

（三）资本主义早期的管理思想

产业革命前后到 19 世纪，是西方管理思想发展中的一个重要时期。由于资本主义社会的初步形成和产业革命的顺利进行，对管理提出了新的要求。这一时期虽然没有形成完整的管理理论，但许多著名的经济学家、思想家、工程学者对管理思想进行了积极的探索。

1. 亚当·斯密

亚当·斯密（1723—1790）是英国古典政治经济学体系的创立者。其管理思想主要是关于劳动组织的分工理论和"经济人"的观点。亚当·斯密认为劳动分工和合理组织能够使生产形成专业化、标准化和简单化趋势，从而可以提高劳动生产率。他对分工理论的系统论述，为以后的管理思想发展产生了深远的影响。

亚当·斯密在研究经济现象时的基本论点是所谓"经济人"观点，即经济现象是具有利己主义的人们的活动所产生的。他认为：人们在经济活动中，追求的完全是私人利益。但每个人的私人利益又受其他人利益限制。这就迫使每个人必须顾及其他人的利益。由此产生了相互的共同利益，进而产生了社会利益。社会利益正是以个人利益为立足点的。这种经济人的观点，正是资本主义生产关系的反映，同样对以后资本主义管理思想的发展，产生了深远的影响。

2. 大卫·李嘉图

大卫·李嘉图（1772—1823）是英国古典政治经济学的主要代表人物。其代表作为 1817 年出版的《政治经济学及赋税原理》。在这部著作中，他以劳动价值论为基础，研究工资、利润和地租，论述了资本主义经营管理的中心问题。他认为：劳动者创造的价值是工资、利润、地租的源泉。因此工资越低，利润越高；工资越高，利润就越低。从而揭示了资本主义经营管理的中心和实质就是剥削。

3. 罗伯特·欧文

罗伯特·欧文（1771—1858）是 19 世纪初英国卓越的空想社会主义者。从 1800 年开始，他在苏格兰新纳拉克经营一家纺织厂，在这个工厂里，他实行了前所未有的实验，推行了许多改革办法。他改善了工厂的工作条件：把长达十几个小时的劳动日缩短为十个半小时；严禁未满 9 岁的儿童参加劳动；提高工资；免费供应膳食；建设工人住宅区，改善工作和生活条件；开设工厂商店，按成本出售职工必需品；设立幼儿园和模范学校；创办互助储金会和医院、发放抚恤金等。这些改革的目标是探索既能改善工作生活条件，又有利于工厂所有者的方法。其结果确实改善了工人的生活，也使工厂获得了丰厚的利润。欧文这一系列改革的指导思想体现了他对人的因素的重视。他认为：人是环境的产物，对人的关心至少应同对无生命的机器关心一样多。

欧文的管理理论和实践突出了人的地位和作用，实际上是人际关系和行为管理理论的思想基础，对以后的管理产生了相当大的影响，因而被后人尊称为"人事管理之父"。

4. 查尔斯·巴贝奇

查尔斯·巴贝奇（1792—1871）是英国有名的数学家，剑桥大学数学教授，他的好学精神引导他研究了不少手工业工场和工厂的实际问题，从而促使他在经济学和管理思想上也做出了让人称赞的贡献。

巴贝奇指出分工可以提高劳动生产率，认为工人与工厂主之间能够存在利益的共同点。由此，他竭力提倡一种工资加利润分成的报酬制度，主张工人的收入应该由三个部分组成：按工作性质所确定的固定工资，按对生产率所做出的贡献分得的利润，为增进生产率提出建议而应得的奖金。按生产率高低来确定报酬的制度，是巴贝奇的一个重大贡献。

（四）西方早期管理理论的形成

人类对管理活动中出现的现象和问题加以研究和探索，经过长期的积累和总结，对管理活动有了初步的认识和见解，从而开始形成一些朴素、零散的管理思想。随着社会的发展、科学技术的进步，人们对管理思想加以提炼和概括，找出管理活动中带有规律性的东西。并将其作为一种假设，结合科学技术的发展，在管理活动中进行检验，对检验结果加以分析研究，从中找出属于管理活动普遍原理的东西。这些原理经过抽象和综合就形成了管理理论。这些管理理论又被应用于管理活动，指导管理活动，同时对这些管理理论进行实践检验，这就是管理理论的形成过程。从中我们可以看出，管理活动、管理思想和管理理论三者之间的关系：管理活动是管理思想的根基，管理思想来自管理活动中的经验；管理理论是管理思想的提炼、概括和升华，管理理论本身是较成熟、系统化程度较高的管理思想，但不是所有管理思想都是管理理论；管理理论对管理活动有指导意义的同时又要经得住管理活动的检验。

中国早期管理思想博大精深，但管理理论最早出现于西方。18世纪到19世纪中期，欧洲逐渐成为世界的中心。随着工业革命以及工厂制度的发展，工厂以及公司的管理越来越突出，也有很多的实践。许多理论家，特别是经济学家，在其著作中越来越多地涉及有关管理方面的问题。这些著作和总结，为即将出现的管理运动打下了基础，是研究管理思想发展的重要参考文献。这一时期的著作，大体上有两类：一类偏重于理论的研究，即管理职能、原则；另一类则偏重于管理技术、方法的研究。有关管理职能、原则方面的经济学家及其著作主要有亚当·斯密的《国富论》（1776年）、塞缪尔·纽曼的《政治经济学原理》（1835年）、约翰·斯图亚特·穆勒的《政治经济学原理》（1848年）、艾尔弗雷德·马歇尔的《工业经济学原理》（1892年）。大体上来说，所涉及的管理问题，主要有四个方面：（1）关于工商关系；（2）关于分工的意义及其必然性，劳动的地域分工、劳动的组织分工、劳动的职业分工；（3）关于劳动效率与工资的关系，所谓"劳动效率递减等级论"；（4）关于管理的职能。

从19世纪末20世纪初开始直到现在这一历史阶段，随着生产力的高度发展和科学技术的飞快进步，经过管理学者们的不断研究、观察和实践，甚至亲自实践，使对管理的科学认识不断丰富和具体，从而对其进行概括和抽象，这才逐渐地形成管理理论，管理作为一门科学才真正蓬勃地兴起。19世纪末才出现科学管理的开端，甚至第一次使用了"科学管理"这一术语。在短短几年内，人们对管理的认识已经有了新的变化，把它看成对人类经济活动有影响的一门完整学科。管理原理这一主题开始从工业界扩散到大学的课堂，管理也终于成为一个独立的研究领域。

引导案例 2：古罗马军威

宗教信仰和荣誉感的双重影响使古罗马军队严格遵守规范，所有古罗马士兵都把金光闪闪的金鹰徽视作他们最愿意为此献身的目标，危险时刻抛弃神圣的金鹰徽被认为是最可鄙的行为。

古罗马士兵在第一次服役时，要在庄严的仪式中宣誓，保证不背离规范，服从上级指挥，为皇帝和帝国的安全而牺牲自己的生命。同时，罗马士兵也深知他们行为的后果。一方面，他们可以在指定的服役期满之后享有固定的军饷、可以获得不定期的赏赐以及一定的报酬，这些都在很大程度上减轻了军队生活的困难程度；当然，另一方面，由于怯懦或不服从命令而企图逃避严厉的处罚，也不是不可能的事。军团百人队队长有权用拳打士兵以做惩罚，司令官则有权判处士兵以死刑。古罗马军队的一句最固定不变的格言是：好的士兵害怕长官的程度应该远远超过害怕敌人的程度。这种做法使古罗马军团作战勇猛顽强、纪律严明，显然，单凭野蛮人一时的冲动是做不到这一点的。

在西方，这种管理方法总结为一句格言："胡萝卜加大棒。"拿破仑说得更形象："我有时像狮子，有时像绵羊。我的全部成功秘密在于：我知道什么时候我应当是前者，什么时候是后者。"总之，是一句话："软硬兼施，恩威并济。"

第二节　古典管理理论

一、泰罗科学管理理论

（一）科学管理理论的创始人泰罗

弗雷德里克·温斯洛·泰罗（1856—1915）生于美国宾夕法尼亚州的一个富有的律师家庭。中学毕业后考上哈佛大学法律系，但不幸因眼疾而被迫辍学。1875 年，泰罗入一家小机械厂当徒工，1878 年转入费城米德瓦尔钢铁厂当机械工人，他在该厂一直干到 1897 年。在此期间，由于工作努力，表现突出，他很快先后被提升为车间管理员、小组长、工长、技师、制图主任和总工程师，并在业余学习的基础上获得了机械工程学学士学位。为了改进管理，他在米德瓦尔钢铁厂进行各种试验。1898 年至 1901 年，泰罗受雇于宾夕法尼亚的伯利恒钢铁公司。1901 年以后，泰罗把大部分时间用在写作和演讲上。1906 年担任美国机械工程师学会主席。

泰罗一生的著作和文章很多。在管理方面的主要著作和论文有：1895 年的《计件工资制》、1903 年的《工场管理》、1906 年的《大学和工厂中训练和方法的比较》；1909 年的《制造业者为什么不喜欢大学毕业生》、1912 年的《效率的福音》《科学管理的原理和方法》《科学管理》。泰罗的科学管理理论主要反映在这些通过实践和实验总结出来的著作中。

（二）科学管理的含义

泰罗科学管理的中心问题是提高劳动生产率。只有提高劳动生产率，劳资双方才能达到共同繁荣：生产工人获得最高的工资，资方获得最大的利润。只有这样，才能进一步提高劳资双方对扩大再生产的兴趣。为了提高劳动生产率，泰罗主张必须用科学管理代替传统管理，把科学方法应用于一切管理问题，使生产管理活动规范化、制度化，彻底地改变单凭经验的传统管理方式，以适应劳动高度专业化、社会化的客观要求。

根据泰罗的论述，可以得出关于科学管理的完整含义：科学管理是一种新的管理思想和管理方法的统一。作为一种管理思想，科学管理号召劳资双方进行一场伟大的思想革命，以和谐的精神合作来代替对抗和斗争。作为一种管理方法，科学管理强调一切管理活动都必须建立在调查、试验、研究和分析的基础上，工人以科学的工作方法从事生产活动，管理人员以科学的管理方法从事管理活动，而不是只凭经验办事。科学管理正是通过管理思想和管理方法的新的转变，以保证提高劳动生产率的。

（三）科学管理理论的内容

从泰罗科学管理的主要著作中，我们可以看出泰罗的科学管理有三个基本出发点：一是谋求最高的工作效率；二是谋求取得最高工作效率的重要手段；三是要求管理人员和工人双方实行重大精神变革。泰罗根据这三个出发点，在他的管理著作中，详细地描述了科学管理理论的内容。

1. 工作定额原理

要制定出有科学依据的工人的"合理日工作量"，就必须通过各种试验和测量，进行劳动动作研究和工作研究。其方法是选择合适且技术熟练的工人；研究这些人在工作中使用的基本操作或动作的精确序列，以及每个人所使用的工具；用秒表记录每一基本动作所需时间，加上必要的休息时间和延误时间，找出做每一步工作的最快方法；消除所有错误动作、缓慢动作和无效动作；将最快、最好的动作和最佳工具组合在一起，成为一个序列，从而确定工人"合理的日工作量"，即工作定额。

课间案例4：搬运生铁块试验

1898 年，泰罗在伯利恒钢铁公司进行科学管理实验。一个搬运原材料的工作小组，工人每天搬运的铁块重量有 12～13 吨，当时的标准工资是每天挣 1.15 美元，对工人的奖励和惩罚的方法就是找工人谈话或者开除，有时也可以选拔一些较好的工人到车间里做等级工，并且可得到略高的工资。后来，泰罗观察研究了 75 名工人，从中挑出了 4 个，又对这 4 个人进行了研究，调查了他们的背景习惯和抱负，最后挑了一个叫施密特的人。泰罗要求这个人按照他的要求工作，每天给他 1.85 美元的报酬。通过仔细地研究，使其转换各种工作因素，来观察它们对生产效率的影响。例如，有时工人弯腰搬运，有时他们又直腰搬运，后来他又观察了行走的速度，持握的位置和其他的变量。通过长时间的观察试验，并把劳动时间和休息时间很好地搭配起来，工人每天的工作量可以提高到 47 吨，同时并不会感到太疲劳。他也采用了计件工资制，工人每天搬运量达到 47 吨后，工资也升到 1.85 美元。这样施密特开始工作后，第一天很早就搬完了 47 吨，拿到了 1.85 美元的工资。

2. 挑选第一流的工人

泰罗指出，健全的人事管理基本原则是使工人的能力同工作相适应，企业管理当局的责任在于为雇员找到最合适的工作，培训他们成为第一流的工人，激励他们尽最大的力量来工作。为了挖掘人的最大潜力，还必须做到人尽其才。因此，对任何一项工作必须挑选出"第一流的工人"即头等工人，然后再对第一流的人利用作业原理和时间原理进行动作优化，以使其达到最高效率。泰罗所说的第一流的工人，就是指那些最适合又最愿意干某种工作的人。所谓挑选第一流工人，就是指在企业人事管理中，要把合适的人安排到合适的岗位上。只有做到这一点，才能充分发挥人的潜能，才能促进劳动生产率的提高。对于如何使工人成为第一流工人，泰罗不同意传统的由工人挑选工作，并根据各自可能进行自我培训的方法，而是提出管理人员要主动承担这一责任，科学选择并不断地培训工人。

3．标准化原理

泰罗认为，在科学管理的情况下，要想用科学知识代替个人经验，一个很重要的措施就是实行工具标准化、操作标准化、劳动动作标准化、劳动环境标准化等标准化管理。这是因为，只有实行标准化，才能使工人使用更有效的工具，采用更有效的工作方法，从而达到提高劳动生产率的目的；只有实现标准化，才能使工人在标准设备、标准条件下工作，才能对其工作成绩进行公正合理的衡量。所以，泰罗认为标准化对劳资双方都是有利的，不仅每个工人的产量大大增加，工作质量大为提高，得到更高的工资，而且使工人建立一种用科学的工作方法，使公司获得更多利润的制度。

课间案例 5：铁铲试验

伯利恒钢铁公司有一个铲运小组，由于工人每天都自己带铁铲上班干活，因而铁铲的大小也就各不相同，而且因为铲不同的原料时用的都是相同的工具，所以在铲煤沙时重量如果合适的话，在铲铁砂时就过重了。泰罗通过实验研究发现，每个工人的平均负荷是 21 磅。根据试验的结果，泰罗针对不同的物料设计出了不同形状和规格的铁铲。于是，泰罗在公司建立了一间大库房，库房配备了一些不同型号的铁铲，每种铁铲只适合铲特定的物料，以后工人上班时都不自带铁铲，而是根据物料情况从公司领取特制的标准铁铲。这不仅使工人的每铲负荷都达到了 21 磅，也是为了让不同的铲子适合不同的情况，大大提高工作效率。同时，他还设计了一种有两种标号的卡片，一张说明工人在工具房所领到的工具和该在什么地方干活，另一张说明他前一天的工作情况，上面记载着干活的收入。工人取得白色纸卡片时，说明工作良好，取得黄色纸卡片时就意味着要加油了，否则的话就要被调离。将不同的工具分给不同的工人，就要进行事先的计划，要有人对这项工作专门负责，需要增加管理人员。但尽管这样，工厂也是受益很大的，据说这一项变革可为工厂每年节约 8 万美元。堆料场的工人从 400～600 名降为 140 名，平均每人每天的操作量提高到 59 吨，工人的日工资从 1.15 美元提高到 1.88 美元。这是工具标准化的典型事例。

4．差别计件工资制

在差别计件工资制提出之前，泰罗详细研究了当时资本主义企业中所推行的工资制度，如日工资制和一般计件工资制等，其中也包括对在他之前由美国管理学家亨利·汤提出的劳资双方收益共享制度和弗雷德里克·哈尔西提出的工资加超产奖金的制度。经过分析，泰罗认为，现行工资制度所存在的共同缺陷，就是不能充分调动职工的积极性，不能满足效率最高的原则。于是，泰罗在 1895 年提出了一种具有很大刺激性的报酬制度——"差别计件工资制"方案。其主要内容是：按照工人是否完成定额而采用不同的工资率。如果工人能够保质保量地完成定额，就按高的工资率付酬，以资鼓励；如果工人的生产没有达到定额就将全部工作量按低的工资率付给，并给以警告，如不改进，就要被解雇。例如，某项工作定额是 10 件，每件完成给 0.1 元。又规定该项工作完成定额工资率为 125%，未完成定额率为 80%。那么，如果完成定额，就可得工资为 10 × 0.1 × 125% = 1.25（元）；如未完成定额，哪怕完成了 9 件，也只能得工资为 9 × 0.1 × 80% = 0.72（元）。实行差别计件工资制度，既能克服消极怠工的现象，更重要的是能调动工人的积极性，从而促使工人大大提高劳动生产率。

5. 计划职能同执行职能分开

泰罗把计划的职能和执行的职能分开，改变了凭经验工作的方法，而代之以科学的工作方法，即找出标准，制定标准，然后按标准办事。要确保管理任务的完成，应由专门的计划部门来承担制定标准的工作。

具体来说，计划部门要从事全部的计划工作并对工人发布命令，其主要任务是：进行调查研究并以此作为确定定额和操作方法的依据；制定有科学依据的定额和标准化的操作方法和工具；拟订计划并发布指令和命令；把标准和实际情况进行比较，以便进行有效的控制等工作。在现场，工人或工头则从事执行的职能，按照计划部门制定的操作方法的指示，使用规定的标准工具，从事实际操作，不能自作主张、自行其是。泰罗的这种管理方法使得管理思想的发展向前迈出了一大步，将分工理论进一步拓展到管理领域。

6. 职能工长制

泰罗不但提出将计划职能与执行职能分开，而且提出实行"职能工长制"。泰罗认为在军队式组织的企业里，工业机构的指令是从经理经过厂长、车间主任、工段长、班组长而传达到工人的。在这种企业里，工段长和班组长的责任是复杂的，需要相当的专门知识和各种天赋的才能，所以只有本来就具有非常素质并受过专门训练的人，才能胜任。泰罗认为这种"职能工长制"有三个优点：对管理者的培训所花费的时间较少；管理者的职责明确，因而可以提高效率；由于作业计划已由计划部门拟订，工具与操作方法也已标准化，车间现场的职能工长只需进行指挥监督，因此非熟练技术的工人也可以从事较复杂的工作，从而降低整个企业的生产费用。尽管泰罗认为职能工长制有许多优点，但后来的事实也证明，这种单纯"职能型"的组织结构容易形成多头领导，造成管理混乱。所以，泰罗的这一设想虽然对以后职能部门的建立和管理职能的专业化有较大的影响，但并未真正实行。

7. 例外原则

所谓例外原则，就是指企业的高级管理人员把一般日常事务授权给下属管理人员，而自己保留对例外事项，一般也是重要事项的决策权和控制权。这种例外原则至今仍然是管理中极为重要的原则之一。

泰罗认为，规模较大的企业不能只依据职能原则来组织和管理，而必须应用例外原则。这种以例外原则为依据的管理控制方式，后来发展为管理上的授权原则、分权化原则和实行事业部制等管理体制。

（四）泰罗科学管理理论的特点

列宁认为："泰罗制一方面是资产阶级剥削的最巧妙的残酷手段；另一方面是一系列丰富的科学成就。"

1. 首先采用实验方法研究管理问题，开创实证式管理研究先河

泰罗走进工厂，深入车间，做了大量著名的实验，短则一周数天，长则竟可达 26 年，如其金属切削实验。这就如同培根和伽利略首先在科学、哲学上引进实验方法，使得近代科学、哲学可以进入真正的科学层面一样，使得管理学由杂谈变成了一门真正的严肃、严谨的科学。而其实证方法，则为管理学研究开辟了一片无限广阔的新天地。

2. 开创单个或局部工作流程的分析，是流程管理学的鼻祖

泰罗的创造性贡献还在于他首先选取整个企业经营管理的现场作为管理中的某一个局部，从小到大地来研究管理。这样一种方法与实证方法相配合，是一种归纳研究方法，即由许多具体案例或实验结果归纳提升成为整体性结论。对像管理学等应用性或实践性科学来讲，归纳法比演绎法具有更加突出的重要性。而其对单一或局部工作流程的动作研究和时间研究，合起来即为流程效率研究，更为后世所效法，成为研究和改进管理工作的主要方法。

3. 率先提出经验管理法可以为科学管理法所代替

泰罗的管理理论之所以被尊称为科学管理理论，原因在于他首次突破了管理研究的经验途径这一局限性视野，首次提出要以效率、效益更高的科学性管理，来取代传统小作坊师傅个人经验传带或个人自己积累经验的经验型管理。这就告诉我们，经验对于管理虽然是重要的、基础性的，但却远非决定性的和唯一性的。任何工作和业务流程，通过科学的讨论，更能够接近并在一定程度上达到完美。从此，人们认识到在管理上引进科学研究方法的重要性和必要性。

4. 率先提出工作标准化思想，是标准化管理的创始人

泰罗以作业管理为核心的管理理论，其目的是达到现实生产条件下最大生产效率，但其研究成果却是以标准化，各个环节和要素的标准化为表现形式。这是一个很重要的标准量化管理的研究成果，开启了标准化管理的先河。现在的许多标准如 ISO、GMP 等大量标准化管理体系，其沿用的仍然是泰罗的思想方法和工作方法。标准化管理已经成为现代管理，不仅仅是生产管理的一个普遍性核心构成部分。

5. 首次将管理者和被管理者的工作区分开来

泰罗在工作和研究中认识到，强调分工和专业化对提高生产效率是重要的，因此，他首先提出了管理者和被管理者的工作其实是不一样的。简单地说，管理者主要在计划，而被管理者主要在执行，另外，管理者还要进行例外管理。泰罗甚至设计出了一种职能工长制管理模式，以实现其管理理论。把管理从生产中分离出来，是管理专业化、职业化的重要标志。

泰罗在管理理论方面做了许多重要的开拓性工作，为现代管理理论奠定了基础。由于他的杰出贡献，他被后人尊称为"科学管理之父"，这个称号并被铭刻在他的墓碑上。但泰罗的科学管理是适应历史发展的需要而产生的，同时也受到历史条件和个人行为的限制。他研究管理的内容比较窄，企业的财务、销售、人事等方面的活动都没有涉及。泰罗把人看成会说话的机器，只能按照管理人员的决定、指示、命令执行劳动，扼杀了员工的创造力。

课间案例6：联合包裹公司的科学管理

联合包裹公司（UPS）雇用了15万名员工，平均每天将900万个包裹发送到美国各地和180个国家。为了实现他们的宗旨"在邮运业中办理最快捷的运送"，UPS的管理当局系统地培训员工，使他们尽可能高效率地工作。让我们以送货司机的工作为例，介绍一下他们的管理风格。

UPS的工业工程师们对每一位司机的行驶路线进行了时间研究，并对每种送货、暂停和取货活动都设立了标准。这些工程师们记录了红灯、通行、按门铃、穿院子、上楼梯、中间休息喝咖啡的时间，甚至上厕所的时间，将这些数据输入计算机中，从而给出每一位司机每天工作的详细时间标准。为了完成每天取送130件包裹的目标，司机们必须严格遵循工程师设定的程序。当他们接近发送站时，他们松开安全带，按喇叭，关发动机，拉起紧急制动，把变速器推到1挡上，为送货完毕后的离开做好准备，这一系列动作严丝合缝。然后，司机从驾驶室很快到地面上，右臂夹着文件夹，左手拿着包裹，右手拿着车钥匙。他们看一眼包裹上的地址就要把它记在脑子里，然后以每秒3英尺的速度快步跑到顾客的门前，先敲一下门以免浪费时间找门铃。送完货后，他们在回到卡车上的路途中完成登记工作。

这种看起来有点烦琐的刻板的时间表能否带来高效率？毫无疑问！生产率专家公认，UPS是世界上效率最高的公司之一。举例来说，联邦捷运公司平均每人每天不过取送80件包裹，而UPS却是130件。在提高效率方面的不懈努力，为UPS的净利润提高产生了积极的影响。虽然这是一家未上市的公司，但人们普遍认为它是一家获利丰厚的公司。联合包裹公司（UPS）为获得最佳效率所采用的程序并不是UPS创造的，他们实际上是科学管理的成果。

二、法约尔一般组织管理理论

泰罗等人以探讨工厂提高效率为重点进行科学管理研究的同时，法国的法约尔则以管理过程和管理组织为研究重点，着重研究管理的组织和管理的活动过程。

亨利·法约尔（1841—1925），出生于法国，1860年从圣艾蒂安国立矿业学院毕业后进入康门塔里——福尔香堡采矿冶金公司，成为一名采矿工程师，并在此度过了整个职业生涯。从采矿工程师后任矿井经理直至公司总经理，由一名工程技术人员逐渐成为专业管理者，他在实践中逐渐形成了自己的管理思想和管理理论，对管理学的形成和发展做出了巨大的贡献。1916年，法约尔发表了《工业管理和一般管理》一书，提出了他的一般组织管理理论。法约尔对管理理论的突出贡献是：从理论上概括出了一般管理的职能、要素和原则，把管理科学提到一个新的高度，使管理科学不仅在工商业界受到重视，而且，对其他领域也产生了重要影响。

法约尔是第一个概括和阐述一般管理理论的管理学家。他的理论概括起来大致包括以下内容。

（一）企业的基本活动与管理的五项职能

任何企业都存在着六种基本的活动，而管理只是其中之一。这六种基本活动是：技术活动（指生产、制造、加工等活动）；商业活动（指购买、销售、交换等活动）；财务活动（指资金的筹措和运用）；安全活动（指设备维护和职工安全等活动）；会计活动（指货物盘存、成本统计、核算等）；管理活动（其中又包括计划、组织、指挥、协调和控制五项职能活动）。管理活动仅属于经营活动的一种，它包括的五个要素，有各自不同的内容。计划：就是预测未来，制定行动方案；组织：就是形成事业的物质和社会的双重结构；指挥：指挥的主要任务是让各方面组织发挥作用；协调：指企业的一切工作都要和谐地配合，以便经营可以顺利进行；控制：保证计划的顺利实施。管理活动处于核心地位，即企业本身需要管理，其他五项属于企业的活动也需要管理。

（二）法约尔的 14 条管理原则

① 分工。根据传统的"劳动专业化"原则，分工可以提高劳动生产率。法约尔认为，管理工作也应该分工，适用于职能的专业化和权限的划分。

② 职权与职责。职权是发号施令的权利和要求服从的威望。职权与职责是相互联系的，在行使职权的同时，必须承担相应的责任，有权无责或有责无权都是组织上的缺陷。

③ 纪律。纪律是管理所必须的，是对协定的尊重。就是说，组织内所有成员通过各方所达成的协议对自己在组织内的行为进行控制。它对企业的成功与否极为重要，要尽可能做到严明、公正。

④ 统一指挥。组织内每一个人只能服从一个上级并接受他的命令。

⑤ 统一领导。它指一个组织，对于目标相同的活动，只能有一个领导、一个计划。

⑥ 个人利益服从整体利益。个人和小集体的利益不能超越组织的利益。当两者不一致时，主管人员必须想办法使它们一致起来。

⑦ 个人报酬。报酬与支付的方式要公平，给雇员和雇主以最大可能的满足。

⑧ 集中化。这主要指权力的集中或分散的程度问题。要根据各种情况，包括组织的性质、人员的能力等，来决定"产生全面的最大收益"的那种集中程度。

⑨ 等级链。等级链指管理机构中，最高一级到最低一级应该建立关系明确的职权等级系列，这既是执行权力的线路，也是信息传递的渠道。一般情况下不要轻易地违反它。但在特殊情况下，为了克服由于统一指挥而产生的信息传递延误，组织中不同等级路线中相同层次的人员在上级同意且知情的情况下直接联系，以便及时沟通信息，快速解决问题。这就是法约尔提出的"跳板"原则，也称为"法约尔桥"。

⑩ 秩序。秩序指组织中的每个成员应该规定其各自的岗位，"人皆有位，人称其职"。

⑪ 公正。主管人员对其下属仁慈、公平，就可能使其下属对上级表现出热心和忠诚。

⑫ 人员的稳定。如果人员不断变动，工作将得不到良好的效果。

⑬ 首创精神。这是提高组织内各级人员工作热情的主要源泉。

⑭ 团结精神。团结精神指必须注意保持和维护每一集体中团结、协作、融洽的关系，特别是人与人之间的相互关系。

法约尔强调指出，以上 14 条原则在管理工作中不是死板和绝对的东西，这里全部是尺度问题。在同样的条件下，几乎从不两次使用同一原则来处理事情，应当注意各种可变因素的影响。因此，这些原则是灵活的，是可以适应于一切需要的，但其真正的本质在于懂得如何运用它们。这是一门很难掌握的艺术，它要求智慧、经验、判断和注意尺度。

（三）管理者的素质与训练

法约尔认为对管理者素质的要求，在身体方面应包括健康、精力、风度；在智力方面应包括理解与学习的能力、判断力、思想活跃、适应能力；在精神方面应包括干劲、坚定、乐于负责、首创精神、忠诚、机智、庄严；在教育方面应包括对不属于职责范围内的事情的一般了解；此外，还包括经验等内容。他还是一位概括和阐述一般管理理论的先驱者，是伟大的管理教育家，他认为管理者的管理能力可以通过管理教育提高。后人尊称他为"管理过程之父"。

三、韦伯行政组织理论

马科斯·韦伯是德国著名的社会学家，他对法学、经济学、政治学、历史学和宗教学都有广泛的兴趣。他在管理理论上的研究主要集中在组织理论方面，其主要贡献是提出了所谓理想的行政组织体系理论，这集中反映在他的代表作《社会组织与经济组织》一书中。

权力与权威是一切社会组织形成的基础。韦伯认为组织中存在三种纯粹形式的权力与权威：一是法定的权力与权威，它是依靠组织内部各级领导职位所具有的正式权力而建立的；二是传统的权力，是由于古老传统的不可侵犯性和执行这种权力的人的地位的正统性形成的；三是超凡的权力，它是凭借对管理者个人特殊的、神圣英雄主义或模范品德的崇拜而形成的。在这三者之中，韦伯最强调的是组织必须以法定的权力与权威作为行政组织体系的基础。

韦伯认为理想的行政组织体系的特点有：组织的成员之间有明确的任务分工，权利义务明确规定；组织内各职位，按照登记原则进行法定安排，形成自上而下的等级系统；组织是按照明文规定的法规、规章组成；组织中人员的任用，要根据职务的要求，通过正式的教育培训，考核合格后任命，严格掌握标准；管理与资本经营分离，管理者应成为职业工作者，而不是所有者；组织内人员之间的关系是工作与职位关系，不受个人感情影响。

这种高度结构的、正式的、非人格化的理想行政组织体系是人们进行强制控制的合理手段，是达到目标、提高效率的最有效形式。这种组织形式在精确性、稳定性、纪律性和可靠性方面都优于其他组织形式，能适用于所有的各种管理工作及当时日益增多的各种大型组织，如教会、国家机构、军队、政党、经济企业和各种团体。韦伯的这一理论，对泰罗、法约尔的理论是一种补充，对后来的管理学家们，尤其是组织理论学家则有很大的影响。他被尊称为"组织理论之父"。

四、对古典管理理论的评价

（一）主要贡献

① 古典管理理论明确了管理的重要性，认为管理是任何有组织的社会的一个独特因素。他们把管理看作协调集体、努力达到集体目的的过程。它如同法律、医学等一样，应该有一定的原则可遵循，而这些原则是可以用科学方法来发现的。

② 古典管理理论分析了管理过程，明确了各项职能。在泰罗把计划职能与执行职能分离开来的基础上，法约尔把管理划分为五个要素，实际上也就是管理的五项职能。虽然它们之间的相互关系还缺乏逻辑的明确性，但是为后来管理理论的研究和提高打下了基础，指出了一种研究方向。

③ 古典管理理论提出了实现管理职能必须遵循的原则、准则。他们认为：实现各项职能

绝不是随意进行的，而应该按照科学的原则和指导路线进行。

④ 古典管理理论提出了管理的重要组织形式。传统的组织形式来源于当时军队的直线组织结构。泰罗与此相反，尝试建立职能制的组织结构，但未能广泛采用。法约尔则在军队的直线组织结构形式的基础上，提出了直线—参谋组织结构的基本概念，促进了组织形式的发展。

（二）主要局限性

① 古典管理理论是研究怎样管理别人的科学。他们对人的看法虽然在程度上不一致，但都把人看成"经济人"，是"生产工具""活的机器"，一种"机械因素"。这些观点，反映了资本主义生产关系状况。

② 古典管理理论基本倾向是独裁式的管理。他们强调上下级系统不得破坏，劳动者只能听命于管理人员的训练、安排。韦伯理想的行政组织体系是这种类型组织结构的最极端的表现形式，虽然它有许多可取之处，但也可能导致下列三个后果：第一，由于过分强调组织形式的作用，极端不尊重人格，完全忽视了组织成员间不拘形式的相互交往的关系和感情作用，而将使人与人之间的关系趋向淡薄；第二，过分重视成文的法律制度，完全忽视了管理活动应根据环境的变化而灵活地进行；第三，长期实行这样只注意形式高度的组织化，不仅使成员的行为刻板、谨小慎微，组织缺乏弹性、僵化，而且往往会使组织成员颠倒组织目标与法规制度的关系，把尊重规章制度变成目的，而认不清组织的真正目标。

③ 古典管理理论把组织看成一个封闭系统；组织功能的改善和职能的提高，仅依靠组织的合理化。当时在一定程度上对各个企业生产出直接的成果，是有效的。各个企业为了谋求最好地解决它的任务，不断加强和改善企业内部组织，使企业的组织性达到相当高的程度。但另一方面，却很少考虑外部环境的影响，没有人把外部环境同组织的生存发展、变化联系起来进行研究。

引导案例3：商鞅守诺

商鞅准备在秦国变法，制定新的法律。为了使百姓相信新法律是能够坚决执行的，他便在京城南门口放置一根大木头，对围观者说："谁要能将这根木头从南门搬到北门，就赏他五十两银子！"大多数人都不相信有这等好事，因为对一个健康的成人来说，扛木头去北门不是一件难事，他们都怕商鞅的许诺不能兑现。就在大家犹豫不决时，有一个人却扛起木头，从南门一直走到北门，商鞅当场兑现许诺，赏给他五十两银子。这样一来，人们都相信商鞅是一个说话算数的人，在推行他所立的新法的时候也就自觉遵守了。

第三节　现代管理理论

以"科学管理"理论和组织管理理论为代表的古典管理理论的广泛流传和实际运用，大大提高了效率。但古典管理理论多着重于生产过程、组织控制方面的研究，较多地强调科学性、精密性、纪律性，而对人的因素注意较少，把工人当作机器的附属品，这就激起了工人的强烈不满。工人阶级反对资产阶级剥削压迫的斗争日益高涨，经济的发展和周期性危机的加剧，使得西方资产阶级感到再依靠传统的管理理论和方法已不可能有效地控制工人来达到提高生产率和利润的目的。一些管理学家和心理学家也意识到社会化大生产的发展需要有与之相适应的新的管理理论。于是，一些学者开始从生理学、心理学、社会学等方面出发研究企业中有关人的一些问题，行为管理理论就应运而生。这是继古典管理理论之后管理学发展的一个重要阶段，也是现代管理学的一个重要组成部分。

行为管理理论的三位先驱者是：（1）雨果·芒斯特伯格（1863—1916），德国人，工业心理学创始人之一。1892 年，他在哈佛大学创办了一个心理学实验室，通过实验发现经理人员运用心理学去挑选和激励雇员是重要的；（2）玛丽·福莱特（1868—1933），她特别注意研究对成年人的教育和业余指导，她认为一个组织应该给职工和管理人员以更多的民主；（3）莉莲·吉尔布雷斯（1878—1972），她注重研究个体行为，还把管理风格划分为三种类型（传统的管理风格、过渡的管理风格和科学的管理风格），并仔细研究了每种类型。

一、人际关系学说

（一）梅奥及其霍桑试验

乔治·埃尔顿·梅奥（1880—1949），原籍澳大利亚的美国行为科学家。1924—1932 年，美国国家研究委员会和西方电气公司合作，梅奥在西方电气公司所属的霍桑工厂，为测定各种有关因素对生产效率的影响程度而进行了一系列试验，由此产生了人际关系学说。

1．工作场所照明试验（1924—1927）

研究人员希望通过试验得出照明强度对生产率的影响，但试验结果却发现，照明强度的变化对生产率几乎没有什么影响。

该试验看来以失败告终，但从中可以得出两个结论：（1）工作场所的照明只是影响工人生产率的微不足道的因素；（2）由于牵涉因素较多，难以控制，且其中任何一个因素都足以影响试验的结果，所以照明对产量的影响无法准确衡量。

2．继电器装配室试验（1927.8—1928.4）

从这一阶段起，梅奥参加了试验。一名观察员被指派加入这个工人小组，记录室内发生的一切，以便对影响工作效果的因素进行控制。在试验中，梅奥分期改善工作条件，如改进材料供应方式、增加工间休息、供应午餐和茶点、缩短工作时间、实行集体计件工资制等。这些女工们在工作时间可以自由交谈，观察员对她们的态度也很和蔼。这些条件的变化使产量上升。但一年半后，取消了工间休息和供应的午餐和茶点，恢复每周工作 6 天，产量仍维持在高水平上。

经过研究，发现其他因素对产量无多大影响，而监督和指导方式的改善能促使工人改变工作态度、增加产量，于是梅奥决定进一步研究工人的工作态度和可能影响工人工作态度的其他因素。这成为霍桑试验的一个转折点。

3．大规模访谈（1928—1931）

研究人员在上述试验的基础上进一步在全公司范围内进行访问和调查，访问人数达 2 万多人次。结果发现，影响生产力的最重要因素是工作中发展起来的人群关系，而不是待遇和工作环境。每个工人的工作效率的高低，不仅取决于他们自身的情况，还与其所在小组中的同事有关，任何一个人的工作效率都要受他的同事们的影响。

4．接线板接线工作室试验（1931—1932）

在这一阶段有许多重要发现：（1）大部分成员都自行限制产量。公司规定的工作定额为每天焊接 7312 个接点，但工人们只完成 6090～6600 个接点，原因是怕公司再提高工作定额以保护工作速度较慢的同事。（2）工人对不同级别的上级持不同态度。把小组长看作小组的成员，对小组长以上的上级，级别越高，越受工人的尊敬，但工人对他的顾忌心理也越强。（3）成员中存在小派系。工作室存在派系，每个派系都有自己的一套行为规范。谁要加入这个派系，就必须遵守这些规范。派系中的成员如果违反这些规范，就要受到惩罚。

通过历时近 8 年的霍桑试验，梅奥等人认识到，人们的生产效率不仅受到生理方面、物理方面等因素的影响，还受到社会环境、社会心理等方面的影响，这个结论的获得是相当有意义的。这对"科学管理"只重视物质条件，忽视社会环境、社会心理对工人的影响来说，是一个重大的修正。

（二）人际关系学说的内容

根据霍桑试验，梅奥于 1933 年出版了《工业文明中人的问题》一书， 1945 年出版了《工业文明的社会问题》一书，提出了与古典管理理论不同的新观点，主要归纳为以下几个方面。

1．职工是"社会人"，而不是单纯追求金钱收入的"经济人"

作为复杂社会系统的成员，金钱并非刺激积极性的唯一动力，他们还有社会、心理方面的需求。人重要的是同别人合作，人的思想和行为更多地由感情来引导。因此，社会和心理因素等反面所形成的动力，对效率有更大影响。

2．"正式组织"中存在着"非正式组织"（见图 2-1）

在组织内部，人们在共同工作的过程中，由于具有共同的社会感情而形成非正式组织。这种非正式组织对成员来说有特殊的感情、规范和倾向，左右着成员的行为。古典管理理论仅注重正式组织的作用，这是不够的。非正式组织不仅存在，而且同正式组织是相互依存的关系，对生产率的提高有很大的影响。梅奥等人认为，管理者要充分重视非正式组织的作用，注意在正式组织的效率逻辑和非正式组织的感情逻辑之间保持平衡，以便管理者同工人之间、工人相互之间能互相协作，提高生产效率。

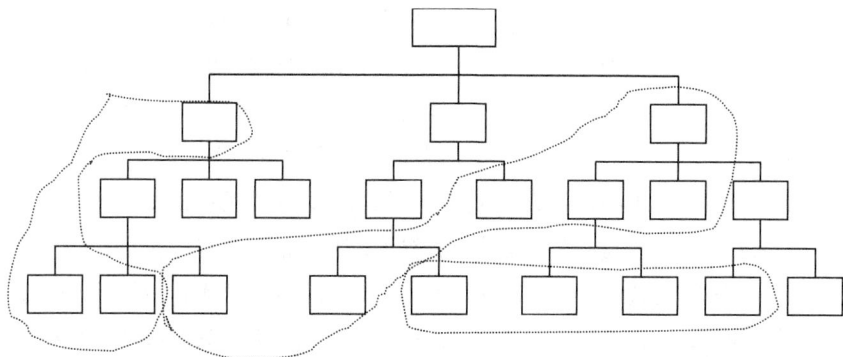

图 2-1　正式组织中的非正式组织

3．新型的领导在于提高工人的满足度，从而达到提高劳动生产率的目的

劳动生产率的高低，主要取决于工人的士气，即工作的积极性、主动性与协作精神。而士气的高低，则取决于社会因素特别是人际关系对工人的满足程度，即他的工作是否被上级、同伴和社会所承认。满足程度越高，士气就越高，劳动生产率也就越高。所以，领导的职责在于提高士气，善于倾听和沟通下属职工的意见，使正式组织的经济需求和工人的非正式组织的社会需求之间保持平衡。这样就可以解决劳资之间乃至整个"工业文明社会"的矛盾和冲突，提高效率。

梅奥等人的人际关系学说的问世，开辟了管理和管理理论的一个新领域，并且弥补了古典管理理论的不足，更为以后行为管理理论的发展奠定了基础。

二、行为管理理论

梅奥的人际关系学说是行为管理理论发展的第一阶段。20世纪50年代以后，行为管理理论得到了新的发展。20世纪60年代以后，被称为组织行为学，其研究对象可分为三个层次：一是个体行为理论，有关人的需要、动机和激励理论以及有关企业中的人性理论；二是团体行为理论，团体发展动向的各种因素以及这些因素的相互作用和相互依存的关系；三是组织行为理论，有关领导理论和组织变革与发展理论。

行为管理理论应用于管理学，主要是对工人在生产中的行为以及这些行为产生的原因进行分析研究。它研究的内容包括：人的本性和需要、行为的动机，特别是生产中的人际关系。现代行为管理理论主要代表人物有马斯洛、赫兹伯格、麦格雷戈等。

（一）马斯洛的需要层次理论

亚伯拉罕·马斯洛（1908—1970），出生于纽约市布鲁克林区，美国社会心理学家、人格理论家和行为科学家，人本主义心理学的主要发起者和理论家，心理学第三势力的领导人，曾任美国人格与社会心理学会主席和美国心理学会主席，是《人本主义心理学》和《超个人心理学》两个杂志的首任编辑。马斯洛的主要著作有《激励与个性》（1954年）、《存在心理学探索》（1962年）、《科学心理学》（1967年）和《人性能达到的境界》（1970年）。马斯洛在1954年的《激励与个性》中提出了需要层次理论（见图2-2），主要包括两方面的内容。

（1）马斯洛认为，人是有需要的动物，人的需要是有层次的，从低级到高级分为以下几点。①生理需要：是指食欲、性欲、住房等个人生存的基本要求，如吃、穿、住等。人要生存下去，这些需要就必须得到起码的满足。②安全需要：是指心理上和物质上的安全保证，如不遭盗窃的威胁，预防危险事故，职业有保证，有社会保险、退休基金等。③社会需要：人在社会生活中，总有进行社交的愿望。人需要友谊、爱和群体的归属感，人际交往需要彼此同情、互助和赞许。如果这种需要得不到满足，就会损害一个人的心理健康。④尊重需要：每个人都有自尊的需求和希望他人尊重自己的需求，前者包括自由、自尊、自豪等，后者包括地位、荣誉和被尊重等，满足这些后会给人带来自信和声誉。人们必须感到自己是很重要的，因为只有这样才能提高一个人的自信心。⑤自我实现需要：是指通过自己努力，实现自己对生活的期望，从而对生活和工作真正感到有意义，随着其他需要基本满足和人们文化教育水平的提高，这种需要会变得越来越重要。

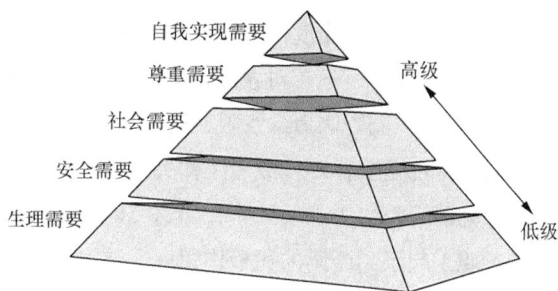

图 2-2 马斯洛需要层次理论

（2）人的需要是依次要求、依次满足的，是逐级上升的。低一级需要得到基本满足后，高一级需要成为行为驱动力。某一特定时期，多种需要同时并存，其中主导需要主导人的行为，起着主导的激励作用。激励某人，就要了解此人目前所处的需要层次，着重满足这一层次或更高层次的需要。

马斯洛提出人的需要有一个从低级向高级发展的过程，这在某种程度上是符合人类需要发展的一般规律的。一个人从出生到成年，其需要的发展过程，基本上是按照马斯洛提出的需要层次进行的。马斯洛的需要层次理论指出了人在每一个时期，都有一种需要占主导地位，而其他需要处于从属地位。这一点对于管理工作具有启发意义。但马斯洛过分地强调了遗传在人的发展中的作用，认为人的价值就是一种先天的潜能，而人的自我实现就是这种先天潜能的自然成熟过程，社会的影响反而束缚了一个人的自我实现。这种观点，忽视了社会生活条件对先天潜能的制约作用。

课间案例 7：不知足歌

终日忙碌只为饥，才得饱来又思衣；

绫罗绸缎置几件，出门又少宝马骑；

买下宝马并良驹，家中又缺美貌妻；

娶下娇妻并美妾，恨无田地少根基；

置下良田千万顷，缺少官职被人欺；

县丞主簿不愿做，五品六品还嫌低；

官至朝中为宰相，还想龙庭去登基；

一朝贵为天之子，还想长生不老期；

人心不足蛇吞象，一棺长盖抱恨归。

（二）赫茨伯格的双因素激励理论

弗雷德里克·赫茨伯格（1923—2000），美国著名的心理学家和行为科学家，犹他大学的特级管理教授。曾获得纽约市立学院的学士学位和匹兹堡大学的博士学位，曾在美国和其他 30 多个国家从事管理教育和管理咨询工作。双因素激励理论是赫茨伯格最主要的成就，最初发表于 1959 年出版的《工作的激励因素》一书。在 1966 年出版的《工作与人性》一书中对 1959 年的论点从心理学角度做了理论上的探讨和阐发。1968 年他在《哈佛商业评论》上发表了《再论如何激励职工》一文，从管理学角度再次探讨了该理论的内容。

赫茨伯格抛弃了传统的观点：满意——（对立面）——不满意，提出新观点：满意——没有满意——没有不满意——不满意。调查认为：使职工感到满意的因素都是工作的性质和内容方面的，而使他们不满意的因素都是工作环境或者工作关系方面的。赫茨伯格把前面的因素称为激励因素，后者称为保健因素。（1）保健因素：当这类因素得到改善时，职工的不满就会消除，但是，保健因素对职工起不到激励的积极作用。保健因素包括企业的政策与行政管理、监督、与上级的关系、与同事的关系、工作安全、个人生活、工作条件等。（2）激励因素：这些因素具备时可以起到明显的激励作用，当这类因素不具备时，也不会造成职工的极大不满。激励因素包括工作上的成就感、受到重视、提升、工作本身的性质、个人发展的可能性、职责。赫茨伯格认为，激励因素是以工作为中心的，即以对工作本身是否满意，工作中个人是否有成就、是否得到提升为中心的。而保健因素则与工作的外部环境有关，属于保证工作完成的基本条件。

（三）弗鲁姆的期望理论

美国著名心理学家和行为科学家维克托·弗鲁姆于 1964 年在《工作与激励》中提出期望理论，又称作"效价—手段—期望理论"。

弗鲁姆认为，人总是渴求满足一定的需要并设法达到一定的目标。这个目标在尚未实现时，表现为一种期望，这时目标反过来对个人的动机又是一种激发的力量，而这个激发力量的大小，取决于目标价值（效价）和期望概率（期望值）的乘积。用公式表示就是激励（motivation）取决于行动结果的价值评价（即"效价" valence）和其对应的期望值（expectancy）的乘积：激励水平（M）=效价（V）×期望值（E）。M 表示激发力量，是指调动一个人的积极性，激发人内部潜力的强度。V 表示目标价值（效价），这是一个心理学概念，是指达到目标对于满足他个人需要的价值。同一目标，由于每一个人所处的环境不同、需求不同，其需要的目标价值也就不同。同一个目标对每一个人可能有三种效价：正、零、负。效价越高，激励力量就越大。E 是期望值，是人们根据过去经验判断自己达到某种目标的可能性是大还是小，即能够达到目标的概率。目标价值大小直接反映人的需要动机强弱，期望概率反映人实现需要和动机的信心强弱。如果个体相信通过努力肯定会取得优秀成绩，期望值就高。这个公式说明：假如一个人把某种目标的价值看得很大，估计能实现的概率也很高，那么这个目标激发动机的力量越强烈。

怎样使激发力量达到最佳值，弗鲁姆提出了人的期望模式：个人努力→个人成绩（绩效）→组织奖励（报酬）→个人需要。

在这个期望模式中的四个因素，需要兼顾几个方面的关系。

（1）努力和绩效的关系。这两者的关系取决于个体对目标的期望值。期望值又取决于目标是否适合个人的认识、态度、信仰等个性倾向，及个人的社会地位、别人对他的期望等社会因素，即由目标本身和个人的主客观条件决定。

（2）绩效与奖励的关系。人们总是期望在达到预期成绩后，能够得到适当的合理奖励，如奖金、晋升、提级、表扬等。组织的目标，如果没有相应的有效的物质和精神奖励来强化，时间一长，积极性就会消失。

（3）奖励和个人需要的关系。奖励什么要适合各种人的不同需要，要考虑效价。要采取多种形式的奖励，满足各种需要，最大限度地挖掘人的潜力，最有效地提高工作效率。

（4）需要的满足与新的行为动力的关系。当一个人的需要得到满足之后，他会产生新的需要和追求新的期望目标。需要得到满足的心理会促使他产生新的行为动力，并对实现新的期望目标产生更高的热情。

课间案例8：王刚为什么辞职

王刚研究生毕业，应聘到加力科技公司研发部当技术员，业务能力强，深得领导赏识。短短两年时间，王刚就取得了好几个研发项目的成功。今年年初，公司有一个非常重要的研发任务，领导找到王刚说："你如果把这项任务完成得好，明年的主管技术员的位子就是你的了。"王刚果然不负众望，率领团队顺利取得研发任务的成功，给公司带来很高的利润。但领导似乎忘记了当时的许诺，提了一个资历比王刚老的技术员当了主管。王刚辞职了，他私下里对朋友说："我其实并不十分在意主管的位子，但在一个不守信用的领导手下做事是我无法忍受的。"

（四）麦格雷戈的X理论—Y理论

道格拉斯·麦格雷戈，美国著名的行为科学家，人性假设理论的创始人，管理理论的奠基人之一，X理论—Y理论管理大师。1957年11月，麦格雷戈在美国《管理评论》杂志上发表了《企业的人性方面》一文，提出了有名的"X理论—Y理论"，该文1960年以书的形式出版。

麦格雷戈把传统的管理观点叫作X理论。X理论的特点，是管理者对人性做了一个假定——人性丑恶，其主要内容是：①人生下来就厌恶工作，只要可能就逃避工作；②人生下来就缺乏进取心，工作不愿负责任，宁愿被领导，没有什么抱负；③人生下来就习惯于明哲保身，反对变革，把对安全的要求看得高于一切；④人缺乏理性，容易受外界和他人的影响，做一些不适宜的举动；⑤人生下来就以自我为中心，无视组织的需要，所以对多数人必须使用强迫以至惩罚、胁迫的办法，去驱使他们工作，方可达到组织目标；⑥只有极少数人，才具有解决组织问题所需的想象力与创造力。基于上述假设，X理论得出这样一个结论，管理人员的职责和相应的管理方式是：应用职权，发号施令加以金钱报酬来收买员工的效力和服从。

与X理论消极的人性观点相对照，麦格雷戈提出了Y理论。Y理论对于人性假设是正面的，假定人性本善，其主要内容是：①人生来并不一定厌恶工作，要求工作是人的本能；②人追求的需要与组织的需要并不矛盾，并非必然对组织的目标产生抵触和消极态度，只要管理适当，人们能够把个人目标与组织目标统一起来；③人对于自己所参与的工作目标，能够实行自我管理和自我指挥；④大多数人都具有解决组织问题的丰富想象力和创造力。

根据以上假设，相应的管理措施为：管理者的重要任务是创造一个使人得以发挥才能的工作环境，发挥出职工的潜力，并使职工在为实现组织的目标贡献力量时，也能达到自己的目标；对人的激励主要是给予来自工作本身的内在激励，让他担当具有挑战性的工作，担负更多的责任，促使其工作做出成绩，满足其自我实现的需要。

麦格雷戈在《企业的人性方面》一书中把 Y 理论称为"个人目标与组织目标的结合"。他认为关键不在于采用强硬的或温和的方法，而在于要在管理思想上从 X 理论变为 Y 理论。X 理论的假设是静止地看人，现在已经过时了；Y 理论则是以动态的观点来看人，但这一理论也有很大的局限性。

课间案例 9：只管三个人

美国著名的艾森豪威尔将军是第二次世界大战中盟军的指挥官，在诺曼底登陆以前，一次他在英国打高尔夫球，新闻记者采访他："前线战势紧急，您怎么还有心情在这里打球啊？"艾森豪威尔说："我不忙，我只管三个人：大西洋有蒙哥马利，太平洋有麦克阿瑟，喏，在那边捡球的是马歇尔。"其实，艾森豪威尔手下有百万大军，诺曼底登陆也是事关重大，是第二次世界大战的转折点。难道他真的只管三个人吗？不是。关键的是他懂得如何让下属参与。

（五）约翰·莫尔斯和杰伊·洛尔斯的超 Y 理论

超 Y 理论是 1970 年由美国管理心理学家约翰·莫尔斯和杰伊·洛尔斯根据"复杂人"的假定，提出的一种新的管理理论。它主要见于 1970 年《哈佛商业评论》杂志上发表的《超 Y 理论》一文和 1974 年出版的《组织及其他成员：权变法》一书中。该理论认为，没有什么一成不变的、普遍适用的最佳的管理方式，必须根据组织内外环境自变量和管理思想及管理技术等因变量之间的函数关系，灵活地采取相应的管理措施，管理方式要适合工作性质、成员素质等。超 Y 理论在对 X 理论和 Y 理论进行实验分析比较后，提出一种既结合 X 理论和 Y 理论，又不同于 X 理论和 Y 理论的理论。它是一种主张权宜应变的经营管理理论。其实质是要求将工作、组织、个人、环境等因素做最佳的配合。主要观点：管理方式要由工作性质、成员素质等来决定，不同的人对管理方式的要求不同。有人希望有正规化的组织与规章条例来要求自己的工作，而不愿参与问题的决策去承担责任，这种人欢迎以 X 理论来指导工作。有的人则需要更多的自治责任和发挥个人创造性的机会，这种人则欢迎用 Y 理论来指导工作。

（六）威廉·大内的 Z 理论

日本学者威廉·大内在比较了日本企业和美国企业不同的管理特点之后，参照 X 理论和 Y 理论，提出了所谓 Z 理论，将日本的企业文化管理加以归纳。Z 理论强调管理中的文化特性，主要由信任、微妙性和亲密性组成。主要观点：认为企业管理当局与职工的利益是一致的，两者的积极性可融为一体。管理的主要内容：①企业对职工的雇佣应是长期的而不是短期的；②上下结合制定决策，鼓励职工参与企业的管理工作；③实行个人责任制；④上下级之间关系要融洽；⑤对职工要进行知识全面的培训，使职工有多方面工作的经验；⑥相对缓慢的评价和稳步提拔；⑦控制机制要较为含蓄而不正规，但检测手段要正规。

根据这种理论，管理者要对员工表示信任，而信任可以激励员工以真诚的态度对待企业、对待同事，使他们为企业忠心耿耿地工作。微妙性是指企业对员工的不同个性的了解，以便根据各自的个性和特长组成最佳搭档或团队，提高劳动效率。而亲密性强调个人感情的作用，提倡在员工之间应建立一种亲密和谐的伙伴关系，为了企业的目标而共同努力。

X 理论和 Y 理论基本回答了员工管理的基本原则问题，Z 理论将东方国度中的人文感情揉进了管理理论。我们可以将 Z 理论看作对 X 理论和 Y 理论的一种补充和完善。在员工管理中根据企业的实际状况灵活掌握制度与人性、管制与自觉之间的关系，因地制宜地实施最符合企业利益和员工利益的管理方法。

（七）沙因关于人类特性的四种假设

埃德加·沙因，美国心理学家和行为科学家，他研究的主要领域是组织发展和职业问题，1965 年在《组织心理学》中提出有关人类特性的四种假设如下。

1．经济人假设

这一假设的内容有四点：①人是由经济诱因来引发工作动机的，目的在于获得最大的经济利益；②经济诱因在组织的控制之下，人被动地在组织的操纵、激励和控制之下从事工作；③人以一种更合乎理性的、精打细算的方式行事；④人的情感是非理性的，会干预人对经济利益的合理追求，组织必须设法控制个人的感情。

2．社会人假设

这一假设有四个方面的内容：①人类工作的主要动机是社会需要；②工业革命和工作合理化的结果，使得工作变得单调而无意义，而必须从工作的社会关系中去寻求工作的意义；③非正式组织的社会影响比正式组织的经济诱因对人有更大的影响力；④人们对领导者的期望是能承认并满足他们的社会需要。

3．自我实现人假设

这一假设有四点内容：①人的需要有低级和高级区别，其目的是达到自我实现的需要，寻求工作上的意义；②人们力求在工作上有所成就，实现自治和独立，发展自己的能力和技术，以适应环境；③人们能够自我激励和自我控制，外来的激励和控制会对人产生一种威胁，造成不良后果；④个人的自我实现同组织目标的实现是一致的。

4．复杂人假设

这一假设有五个方面的内容：①人的工作动机是复杂的，变动性很大；②一个人在组织中可以学到新的需求和动机；③人在不同的组织和不同的部门中可能有不同的动机模式；④一个人是否感到满足、肯为组织尽力决定于他本身的动机构造和他同组织之间的相互关系；⑤人可以依自己的动机、能力及工作性质对不同的管理方式做出不同的反应。

（八）对行为管理理论的评价

行为管理理论，主张改进劳动条件，培训劳动者的生产技能，提高劳动者工作的质量，以便更好地开发、利用和保护人力资源。很多行为科学家强调"人是第一位的""不能把工厂、企业看成机器的堆积，而必须看成人的组织。"行为管理理论的积极作用是重视人力资源的开发和利用，科学技术和经济发展使得资本主义国家中的劳动生产率得到了较快的提高，缩短了每周的工作时间，对工人阶级很有利。

行为管理理论的局限性主要表现在三个方面：第一，过于重视非正式组织的作用，忽视组织的作用；第二，过分强调感情因素对人的行为的支配作用，忽视了人的理性；第三，对经济人的假设过分否定。总体上看，行为科学的研究未能超出维护资本主义制度的界限，只是在资本主义的生产关系前提下来研究问题，以资产阶级的思想体系作指导，在一些问题上具有形而上学的成分，有的具有实用主义观点。

课间案例10：沈大伟辞职

名牌大学高材生沈大伟，在一家公司工作八年后跳槽到英发公司，公司黄经理是一个有名的识才领导，在沈大伟调来公司报到时，门口挂了横幅"热烈欢迎沈大伟工程师"几个大字，这是黄经理亲自吩咐办公室主任落实的，黄经理还亲自接见了沈大伟，并逐一介绍其他领导。沈大伟非常感动，觉得终于遇见了"伯乐"，心里暗自决心认真工作。

沈大伟在工程部负责技术工作，工作诚恳负责，技术能力强，很快就成为公司有口皆碑的"四大金刚"之一，名字仅排在厂技术部主管之后。一次无意中听见同事聊天才知道，自己的工资和公司仓库管理员的工资不相上下。因为答应安排的宿舍楼还没有竣工，一家三口还挤在拥挤的出租房里。沈大伟的心里有些不平衡，但认为这种局面会尽快改变的。

终于，公司的宿舍楼建好了，等着搬新家的沈大伟却受到了黄经理的"亲切接见"，"这次房子因为有些老员工闹事要房子，你孩子还小，先将就一下。""沈工程师，公司有意培养你入党，我当你的入党介绍人。""最近公司有一个大项目，我决定让你来负责。"家没有搬成，沈大伟的工作任务更重了。

一年后，公司有一个申报高级职称的机会。按照条件，沈大伟肯定当仁不让，但让沈大伟意想不到的是一个快要退休的老同志评上了职称。他想找一下黄经理，谁知，经理却先来找他了："你年轻，机会有的是，这次这位老同事再不评就没有机会了。"

第二天一大早，黄经理在办公桌上发现了沈大伟留下的辞职信。

三、现代管理流派

现代管理理论产生与发展的时期为20世纪30年代到70年代，但管理理论显著发展是始于第二次世界大战之后。现代管理理论产生与发展的基本脉络：第一，管理理论的分散化。进入20世纪50年代以后，现代管理思想的发展异常活跃，众多的学者，从不同方向、不同角度，采用不同方法研究管理问题，各树一帜，建立了许多管理理论学派，形成了管理理论研究的分散化。美国管理学者孔茨和奥唐奈将这种现象称为"热带的丛林"。第二，管理理论的集中化趋势。进入20世纪60年代后，管理理论的研究又出现一种集中化的趋势，学者们先提出系统管理理论，力求建立统一的管理理论；后来又提出更加灵活地适应环境变化的权变管理理论。

（一）社会系统学派

社会系统学派的代表人物主要是切斯特·巴纳德。切斯特·巴纳德（1886—1961），美国的高级经理人员和管理学家，曾任新泽西贝尔电话公司总经理，他在组织理论研究方面做出了很大贡献，1938年发表《经理的职能》，被称为美国管理文献中的经典著作。这一学派管理思想的核心是把有一定目的的群体关系或行为，都看成一个人们在意见、力量、愿望和思想等方面广泛协作的社会系统，以此为基点来论述企业内部平衡和对外部环境如何适应的管理问题。

社会系统理论认为，一个协作系统的正式组织，不论其级别高低和规模大小，都必须有三个基本要素才能维持：共同目标、协作意愿和信息联系。巴纳德认为，在企业管理中，经理人员的职能是由组织的本质、特征和过程决定的，经理人员作为组织和协调的中心，就是要"领会组织的整体及其有关的整个形势，进行内部平衡和外部适应的综合，以便组织的永续和发展。"具体地讲，经理人员应执行五项职能：建立和维持信息联系的系统；招募和选拔称职的工作人员，并使他们协调有效地进行工作；规定组织的目标；授权；决策。

巴纳德在提出正式组织系统的三个基本要素和经理人员的五个职能的同时，也注意到了非正式组织的职能。巴纳德认为，非正式组织没有正式的机构，常常并不能自觉地认识到共同的目的。非正式组织对正式组织的影响可能是积极的，也可能是消极的。这两个方向相反的影响对组织系统的效力和效率来说都存在。巴纳德发现，非正式组织起着三种作用：①信息交流；②通过对协作意愿的调节，维持正式组织内部的团结；③维护个人品德和自尊心的感觉。巴纳德指出，在非正式组织存在的情况下，完全依靠权力机构来使下属服从命令的做法是不明智的，管理者应当重视同下属的交往，这种交往是履行权力的积极过程。

（二）决策理论学派

决策理论学派的代表人物是美国的经济学家和社会学家赫伯特·西蒙与詹姆士·马奇。他们以社会系统理论为基础，吸收了行为科学、系统理论、运筹学和计算机科学的有关成果，创立了决策理论学派。这一学派的基本管理思想是：企业管理问题的主要研究对象不是作业而是决策；决策贯穿管理的全过程，管理就是决策；应该按"令人满意"的准则来决策，而不是按"最优化"准则来决策。

西蒙在《管理决策新科学》一书中提出了"管理的关键是决策"，决策贯穿管理的全过程、决策程序就是全部的管理过程，以及企业中所有成员都是"决策人"的思想，突出了决策的重要性并扩大了决策的时空范围。

（三）经验学派

经验学派的主要代表人物有彼得·德鲁克、欧内斯特·戴尔、艾尔弗雷德·斯隆、威廉·纽曼等。经验学派，也称经验主义学派。这一学派的基本管理思想是：有关企业管理的科学应该从企业管理的实际出发，特别是以企业的管理经验为主要研究对象，将其加以理论和概括化，然后传授给管理人员或向企业经理提出实际的建议。简言之，他们认为，管理学就是研究管理经验。通过研究管理中的成功经验或失误，就能理解管理问题，也自然就学会了进行有效的管理。

（四）权变学派

权变学派的主要代表人物是美国的管理学者约翰·莫尔斯、杰伊·洛尔斯和弗莱德·E. 菲德勒等。权变学派也称权变理论学派，有的管理学者还称之为因地制宜理论。权变管理即权宜管理和应变管理的合称。这一学派基本的管理思想是：在企业管理中，没有什么一成不变、普遍适用的，"最好的"管理理论和管理方法，企业管理必须随企业所处的内外条件变化而随机应变。管理者应做什么以及怎么做，取决于当时的既定情况。权变理论学派的理论基础是"超 Y 理论"。

（五）管理科学学派

管理科学学派的管理思想，基本可归结为注重定量模型研究和应用，以求得管理的程序化和最优化的思想观点。他们认为，管理就是利用数学模型和程序系统来表示管理的计划、组织、控制、决策等职能活动的合乎逻辑的程序，求出最优的解答，以达到企业的目标。管理科学就是制定用于管理决策的数学或统计模式，并把这种模式通过电子计算机应用于企业管理的理论和方法体系。

管理科学学派建立和使用数学模型的逻辑步骤即一般程序是：①提出问题并阐述问题；②建立数学模型；③解出模型答案，从而取得使系统达到最佳效益的数量值；④检查模型及它的解的实际意义，深入了解这个解法的价值及模型对实际预测的准确程度；⑤对所求的解进行控制；⑥把方案付诸实施。

四、现代管理理论的特点

现代管理理论是近代所有管理理论的综合，是一个知识体系，是一个学科群。它的基本目标就是要在不断急剧变化的现代社会面前，建立起一个充满创造活力的自适应系统。要使这一系统能够得到持续高效率、低消耗地输出高功能，不仅要求要有现代化的管理思想和管理组织，而且还要求有现代化的管理方法和手段来构成现代管理科学。

纵观管理学各学派，虽各有所长，各有不同，但不难寻求其共性。管理学的共性实质上也就是现代管理学的特点，可概括如下。

（一）强调系统化

强调系统化就是运用系统思想和系统分析方法来指导管理的实践活动，解决和处理管理的实际问题。系统化，就要求人们要认识到一个组织就是一个系统，同时也是另一个更大系统中的子系统。所以，应用系统分析的方法，就是从整体角度来认识问题，以防止片面性和受局部的影响。

（二）重视人的因素

由于管理的主要内容是管人，而人又是生活在客观环境中，虽然他们也在一个组织或部门中工作，但是，他们在其思想、行为等诸方面，可能与组织不一致。重视人的因素，就是要注意人的社会性，对人的需要予以研究和探索，在一定的环境条件下，尽最大可能满足人们的需要，以保证组织中全体成员齐心协力地为完成组织目标而自觉做出贡献。

（三）重视"非正式组织"的作用

非正式组织是人们以感情为基础而结成的集体，这个集体有约定俗成的信念，人们彼此感情融洽。利用非正式组织，就是在不违背组织原则的前提下，发挥非正式群体在组织中的积极作用，从而有助于组织目标的实现。

（四）广泛地运用先进的管理理论和方法

随着社会的发展，科学技术水平的迅速提高，先进的科学技术和方法在管理中的应用越来越显得重要。所以，各级主管人员必须利用现代的科学技术与方法，来促进管理水平的提高。

（五）重视理论联系实际

现代管理理论来自众多的人们的实践，并将不断发展。主管人员要乐于接受新思想、新技术，并运用于自己的管理实践，把诸如质量管理、目标管理、价值分析、项目管理等新成果运用于实践，并在实践中创造出新的方法，形成新的理论，促进管理学的发展。

📖 快乐阅读

波特定理

波特定理是指总盯着下属的失误，是一个领导者的最大失误。批评人之前应该先把他的优点提出来，就是铺平了批评的道路。在管理学中，根据把人的本性看作向善的或向恶的两种不同认识，形成了两种不同的理论：X 理论和 Y 理论。Y 理论认为人是向善的，所以管理应以激励为主，通过激励来达到激发员工的工作热情，提高工作效率的目的。X 理论认为人是向恶的，管理应以惩罚为主，通过严惩来达到规范员工行为，使员工在外在制度规范的约束下，集中精力工作，提高工作效率。

在很多时候，当下属犯了错误时，领导者都会严词批评一番，有时甚至将员工骂得狗血淋头。在他们看来，似乎这样才会起到杀一儆百的作用，才能体现规章制度的严肃性，才能显示出领导管理者的威严。其实，有的时候过于关注员工的错误，尤其是一些非根本性的错误的话，会大大挫伤员工的积极性和创造性，甚至产生对抗情绪，这样就会产生非常恶劣的效果。所以，在管理事务中，我们要学会宽容下属的错误。但宽容并不等于做"好好先生"，而是设身处地地替下属着想。在批评的同时不忘肯定部下的功绩，以激励其进取心，并有效避免伤害其自尊和自信。一个懂得如何顾全部下面子的管理者不仅会使批评产生预期的效果，而且还能得到部下的大力拥戴。

📚 复习思考题

一、名词解释

1. "经济人"观点

2. 跳板原则

3. 例外原则

4. 统一指挥

5. 非正式组织

6. 激励因素

7. 保健因素

8. X 理论

9. Y 理论

10. 超 Y 理论

二、选择题

1. "经济人"假设是（　　）的理论基石。

    A. 权变管理   B. 科学管理   C. 经验管理   D. 行为管理

2. 泰罗之所以被西方管理学界称为"科学管理之父"，是因为泰罗（　　）。

    A. 认为人是"经济人"   B. 将科学的方法引入管理领域

    C. 实行"合理的日工作量"制度   D. 推行差别计件工资制

3. 科学管理中能体现权力下放的分权尝试的原则是（　　）。

    A. 差别计件工资制   B. 职能原则   C. 例外原则   D. 工时研究

4. 管理学作为一门学科的基本思想和体系，最早由（　　）提出。

    A. 法约尔   B. 泰罗   C. 梅奥   D. 弗鲁姆

5. 主张实施管理教育的创始人是（　　）。

    A. 法约尔   B. 泰罗   C. 梅奥   D. 欧文

6. 梅奥通过霍桑试验得出结论，人是（　　）。

    A. 经济人   B. 社会人   C. 理性人   D. 复杂人

7. 人际关系学说的创始人是（　　）。

    A. 法约尔   B. 泰罗   C. 梅奥   D. 巴纳德

8. 梅奥在总结霍桑试验的基础上得出的结论有（　　）。

    A. 职工是"经济人"

    B. 人的需要是有层次的

    C. 职工是"社会人"

    D. 新型的领导能力在于提高职工的满意程度

9. 关于管理中的例外原则，以下哪种理解最为合适？（　　）

    A. 上级将一般日常事务全部交给下级去处理，自己只从事重大的、非程序化问题的决策

    B. 上级只接受下级关于超出标准的例外情况的报告

    C. 上级将一般的日常事务全权交由下级独立处理，自己只保留对例外事项的决定和监督权

    D. 上级在授予下级日常事务处理权的同时，保留对其执行结果的监督权，然后集中精力处理例外事件

10. 提出管理的14条原则的人是（　　）。

    A. 甘特   B. 泰勒   C. 法约尔   D. 韦伯

11. 某厂长曾经这样说："走得正，行得端，领导才有威信，说话才有影响，群众才能信服，才能对我行使权力颁发'通行证'。"这位厂长强调了领导力量来源于（　　）。

    A. 法定权力   B. 奖惩权力   C. 专家权力   D. 个人权力

12. 统一指挥原则是指（　　）。

    A. 每人只能有一个上司   B. 权责对等

    C. 责任不可委认   D. 一项工作只能有一个目标

13. 根据马斯洛的需求层次论，下列需求按照从低到高顺序排列的是（   ）。

    （1）就业保障   （2）上司对自己工作的表扬   （3）工作的挑战性

    （4）同乡联谊会   （5）满足生存的食品

    A.（5）（1）（4）（2）（3）   B.（5）（4）（1）（2）（3）

    C.（5）（4）（1）（3）（2）   D.（5）（1）（3）（4）（2）

14. 马斯洛需求层次论中最基本的需求是（   ）。

    A. 生理需求   B. 安全需求   C. 社会需求   D. 尊重需求

15. 当某人力图同他人交往，建立亲近和睦关系时，表现出的是（   ）。

    A. 生理需求   B. 安全需求   C. 社会需求   D. 尊重需求

16. 巴纳德代表的是（   ）。

    A. 决策理论学派   B. 社会合作学派

    C. 社会系统学派   D. 管理过程学派

17. 巴纳德认为组织存在的基本条件是（   ）。

    A. 共同目标   B. 协作意愿   C. 信息联系   D. 制定计划

18. 强调管理方式或方法应该随着环境的不同而改变的管理学派是（   ）。

    A. 决策学派   B. 系统管理学派   C. 权变理论学派   D. 经验学派

19. 行政组织理论的代表人物是（   ）。

    A. 泰罗   B. 法约尔   C. 韦伯   D. 梅奥

20. 决策理论学派的代表人物是（   ）。

    A. 法约尔   B. 西蒙   C. 梅奥   D. 巴纳德

21. 提出期望理论的管理学家是（   ）。

    A. 泰罗   B. 赫茨伯格   C. 弗鲁姆   D. 马斯洛

22. 认为只有基于 Y 理论的管理方式，才能取得好的成效的著名管理学家是（   ）。

    A. 马斯洛   B. 梅奥   C. 麦格雷戈   D. 赫茨伯格

23. 下列属于 X 理论的假设的有（   ）。

    A. 承担责任   B. 有自律能力   C. 喜爱安稳   D. 发展自我潜能

24. 下列哪些因素属于赫茨伯格归纳的激励因素？（   ）。

    A. 工作上的成就   B. 薪金   C. 地位

    D. 责任   E. 工作环境   F. 进步

25. 下列因素中属于保健因素的有（   ）。

    A. 工资   B. 工作条件

    C. 地位   D. 承担责任

26. 从期望理论中，我们得到的最重要的启示是（   ）。

    A. 目标效价高低是激励是否有效的关键

    B. 期望概率的高低是激励是否有效的关键

    C. 存在着负效价，应引起领导者注意

    D. 应把目标效价和期望概率进行优化组合

三、判断题

（　　）1. 我国古代的管理思想及理论框架基本形成于先秦至汉代这一时期。

（　　）2. 我国古代的管理思想中的"治身"主要是研究谋略、用人、选才、激励、修身、公关、博弈、奖惩等方面的学问。

（　　）3. 我国古代管理思想中的"治生"主要包括农副业、手工业、运输、建筑工程、市场经营等方面的管理学问。

（　　）4. 中国古代的管理实践主要是一种科学管理。

（　　）5. 管理活动是管理思想的根基，管理思想来自管理活动中的经验。

（　　）6. 泰罗认为，应该满足员工的社会、心理方面的需要，从而激发其积极性。

（　　）7. 法约尔认为，管理活动包含了技术活动、商业活动、财务活动、安全活动和会计活动。

（　　）8. 法约尔认为，管理人员的权力有职务权力和个人权力之分，一个好的管理者以他的个人权力来补充他的职务权力。

（　　）9. 韦伯认为组织中存在三种纯粹形式的权力与权威，在这三者之中，组织必须以法定的权力与权威作为行政组织体系的基础。

（　　）10. 赫兹伯格认为管理者应首先确保足够的保健因素，然后创造机会为职工提供激励因素。

（　　）11. 双因素激励理论认为，工资、政策等因素具有强大的激励功能。

（　　）12. 权变管理学派理论的核心是在现实中不存在一成不变、普遍适用的理想化的管理理论和方法，采用什么样的管理理论、方法及技术取决于组织环境。

（　　）13. 梅奥等人认为，重视"非正式组织"的作用，有利于解决"管理人员的逻辑"与"工人的逻辑"之间的冲突。

（　　）14. 梅奥等人认为，提高劳动生产率起首要作用的是提高工人的士气。

（　　）15. 麦格雷戈认为，Y理论是"个人目标与组织目标的结合"，他能使组织成员在实现个人目标的同时最好地实现组织目标。

（　　）16. "人际关系学说"采用的是以"人"为中心的管理方式，而古典管理理论采用的是以"物"为中心的管理方式。

（　　）17. 超Y理论的主要观点是管理方式要由工作性质、成员素质等来决定，不同的人对管理方式的要求不同。

（　　）18. 梅奥等人认为，"非正式组织"对组织发展有积极作用，但巴纳德认为"非正式组织"对组织发展只有消极作用。

（　　）19. 决策理论学派认为，应该按"令人满意"的准则来决策，而不是按"最优化"准则来决策。

（　　）20. 巴纳德认为，管理人员的创造性和能力是决定组织是否有效的内在因素，而人的管理能力是可以通过管理教育提高的。

四、简答题

1. 简述法约尔"跳板原则"的主要内容。

2. 简述人际关系学说的主要内容。

3. 简述马斯洛的需求层次论。

4. 简述赫茨伯格的双因素激励理论。

5. 简述麦格雷格的 X 理论—Y 理论。

6. 简述沙因关于人类特性的四种假设。

五、论述题

1. 为什么把泰罗称为"科学管理之父"，其科学管理理论的主要内容是什么，如何评价泰罗的科学管理理论？

2. 理解法约尔关于管理的概念、职能及其 14 项基本原则。

3. 人际关系学说的主要内容是什么？

4. X 理论和 Y 理论有什么不同？结合实际谈谈如何有效地运用 X 理论和 Y 理论。

5. 试比较"经济人"假设和"社会人"假设的差异所在，并结合实际谈谈他们对企业管理的影响。

6. 比较分析马斯洛的需求层次论与赫茨伯格的双因素激励理论。

7. 巴纳德组织理论的主要内容是什么？如何评价？

8. 联系实际谈谈权变理论的应用。

六、案例分析题

案例 1. 小吴会揭榜吗

小吴是一家研发公司的普通技术人员。一天，公司张榜通知，宣布谁能解决车间工艺上久拖未决的一个技术问题，颁发奖金 8000 元。小吴看了通知，心理开始思考：这问题刚好和他在大学里写毕业论文时选的课题一样，工作以后自己对它又很感兴趣，私下搜集了一些数据，查过一些参考文献，并做了一些相关的研究工作。去钻研这问题，要费一番脑筋，但还是有点吸引力的，并且可以接受锻炼、增长知识，应该可以去试一试。但小吴转念一想，解决了它是对公司的一个贡献，但跟他的抱负比，只能算小事一件罢了，何况这方面的收获也不会太大；8000 元的奖金自己也不是很在乎，别人会不会认为我是喜欢出风头。但自己也没有把握一定能解决，万一我揭榜但最后没有成功，同事会怎样看我？当然……对了，最要紧的是这事的成功与否，对他跟组里同事的关系会有什么影响？这一点小吴是十分关心的。哎呀，真要搞成了，那人家会不会说我"财迷心窍"，会不会有人妒忌我、讥讽我或暗自给我下绊子，那就得不偿失了。如果失败了，多么丢脸，人家会笑话我"不自量力"的……他反复推敲斟酌，拿不定主意：去揭榜，还是不揭？

现在根据他这一番考虑，用期望理论模型的术语和概念来加以表达，归纳在下表中：

奖酬 R	取值范围	给公司做贡献	工作本身兴趣与挑战	荣誉	与同事关系	奖金
绩效期望 E1	0～1			0.5		
奖酬期望 E2i	−1～+1	0.2	0.3	0.5	−0.8	1
奖酬效价 Vi	0～1	0.8	0.5	0.2	1	0.2

思考题：

小吴到底会不会揭榜？积极性有多高？请用期望理论加以分析。

案例2. 万明的困惑

美味冰淇淋工厂专门生产一种奶油特别多的冰淇淋。在过去的4年中，每年的销售量都稳步递增。但是，今年的情况发生了较大变化，到8月，累计销量比去年同期下降17%，生产量比所计划的少15%，缺勤率比去年高20%，迟到早退现象也有所增加。厂长万明认为这种情况的发生，很可能与自己的管理方式有关，但他不能确定发生这些问题的原因，也不知道应该怎样去改变这种情景。他决定去请教管理专家。

思考题：

具有不同管理思想的管理专家，会认为该厂的问题出在哪里，并提出怎样的解决方法？

案例3. 立恒公司的管理

立恒公司是一家电器生产企业，多年来在市场上有不错的表现，得到了消费者的认可。2014年，公司张总经理退休，董事会聘任年轻有为的李志强先生为公司新的总经理。临别时，张总告诉李志强："我们公司过去之所以取得良好的业绩，在市场的竞争中保持相当大的优势和市场份额，全依赖于公司员工上下一条心，有很强的凝聚力，只要万众一心，就没有战胜不了的困难。"对于张总的一番话，李志强颇为赞同，深感自己责任的重大，因为自己过去虽然也做过一些高级管理工作，但大都与业务有关，如何激励员工保持组织的凝聚力，的确未曾很好实践过，也缺乏经验。李志强走马上任后对公司各方面做了调查研究，召开了一些职能部门管理人员、公司一般员工的座谈会了解情况。一个月后，一个增强企业内部和谐氛围，增强员工协作与努力的方案在李志强的脑海中形成了，于是他召开了总经理办公会议，讨论他的方案。"各位同事，立恒公司在各方面取得了骄人的业绩，管理制度非常完善，这些成绩的取得应归功于公司很强的凝聚力，每个员工把公司看作是自己的家，把公司的事业看作是自己的事业来努力。这方面我们应该继续努力。我也注意到成绩的背后、经验的背后还有一些问题尚未解决，如员工间、部门间因工作产生的纠纷近来时有出现，纠纷出现是正常的，问题是解决的方法。我们提出一个解决员工间、部门间工作纠纷的新方案。具体地说，就是纠纷双方自己坐下来协商解决，即自我管理。我请了行为管理学者在公司一个专门的大房间做了特定布置，凡发生工作纠纷的各方请自动一起到那个房间坐一坐，我相信，最终一定是各方心情愉快，纠纷圆满解决。"李志强的话刚结束，大家议论纷纷，好像天方夜谭一般，充满了迷惑。"这样吧，我先带大家参观一下这个房间，然后我们再接着开会。"便起身招呼大家跟他走。大家来到了那间神秘的大房间，有一位工作人员打开了门，让大家进去。原来这间大房间被分隔成四小间，一间套一间。进入这大房间先得进第一小间，第一小间迎面立着的一个屏风上装有一大块玻璃镜，绕过镜子几步就进入第二小间；第二小间的门口挂一个大沙袋，非得推着它人才能进去；第三小间的墙上挂满公司历年所获各种奖状、公司优秀员工的事迹与照片、公司各年业绩的图示等；第四小间就是几个沙发和小桌椅，旁边还有可自取的咖啡、茶、饮料等，似乎就是一个小会议室，另还有一扇门可供外出。李志强带着他们回到会议室，大家议论了开来……

思考题：

① 李志强总经理的新方案是基于什么理论？他这么做的原因是什么？

② 试分析行为管理学者把房间分隔成四小间的目的和功效是什么。

③ 联系实际谈谈解决员工之间和部门间的矛盾和冲突还有什么更好的方法。

案例4. 泰润公司的管理方式

泰润公司的利润在行业中一直处于上游地位，然而近一年来泰润公司的利润一直在下降，而同行们的利润却在不断上升。公司总裁李成泰先生对这一问题极为关注，他亲自到各个部门走访了解情况，考察公司的方方面面。经过一个多月的调查走访，李成泰召开各部门经理会议，把他的调查结果和得出的结论连同一些可能的解决方案告诉他们。

李成泰说："我一直在调查我们公司利润下降的原因，我们目前开展的各项工作看起来都是正确的。比方说，推销策略帮助公司保持住了在同行中应有的份额。我们的产品和竞争对手的一样好，我们的价格也不高，公司的推销工作看来是有效的，我认为这些方面没有什么需要改变的。"他继续评论道："公司有健全的组织结构、良好的产品研究和发展规划，公司的生产工艺在同行中也占领先地位。可以说，我们的运营状况是良好的。但是，我们面临的现实问题是公司利润在下滑。这些年，为了提高员工的工作积极性，我们一直在加薪，现在我们公司的平均工资在同行业中已经很高了，但是我们的生产效率没能和我们的工资水平一样提高。车间工人一直没有能生产足够的产量，可以把利润维持在原有的水平上。"李成泰顿了顿，继续说："我的意见是要回到第一个原则。近几年来，我们对工人的需求注意得太多，而对生产率的需要却注意不够。我们的公司是为股东创造财富的，不是工人的俱乐部。公司要生存下去，就必须要创造利润。我在上大学时，管理学教授们十分注意科学管理先驱们为获得更高的生产率所使用的方法，这就是为了提高生产率而广泛地采用了刺激性工资制度。在我看来，我们可以回到管理学的第一原则去，如果我们工人的工资取决于他们的生产率，那么工人就会生产更多。管理学先辈们的理论在今天一样地在指导我们。"

思考题：

泰润公司利润减少的原因可能有哪些？科学管理理论在当今的管理实践中有何现实指导意义？

第三章 管理与组织环境

学习目标

本章主要是研究管理与组织环境的关系，从组织环境的含义着手，分析了内外部环境对组织的影响，并阐述了组织应适应环境而生存的道理。

- ● 知识点：
1. 掌握组织环境的含义；
2. 理解内外部环境与组织管理的关系；
3. 掌握内外部环境对组织的影响；
4. 理解管理者如何适应组织外部环境和建设组织内部环境。

- ● 技能点：
1. 理解并能解释组织环境对管理的影响；
2. 认知并能有意识培养适应环境的能力。

引导案例1：美洲鹰的故事

美洲鹰生活在加利福尼亚半岛上，由于美洲鹰的价钱不菲，加上当地人的大量捕杀，以及工业文明对生态环境的破坏，美洲鹰终于绝迹了。

可是，近年来，一名美国科学家、美洲鹰的研究者阿·史蒂文，竟在南美安第斯山脉的一个岩洞里发现了美洲鹰。这一惊人的发现让全世界的生物科学家对美洲鹰的未来又有了新的希望。一只成年的美洲鹰的两翼自然展开后长达三米，体重达 20 千克。由于加利福尼亚半岛上的食物充足，将美洲鹰养成了这样一种巨鸟，它锋利的爪子可以抓住一只小海豹飞上天空。令人奇怪的是，就是这样一种驰骋在海洋上空的庞然大物，竟然能生活在南美安第斯山脉的狭小而拥挤的岩洞里。

阿·史蒂文在对岩洞的考察时发现，那里布满了奇形怪状的岩石，岩石与岩石之间的空隙仅 15.24 厘米宽，有的甚至更窄。有些岩石像刀片一样锋利，别说是这么大的庞然大物，就是一般的鸟类也难以穿越，那么，美洲鹰究竟是怎样穿越这些小洞的呢？为了揭开谜底，生物学家阿·史蒂文利用现代科技手段在岩洞中捕捉了一只美洲鹰。阿·史蒂文用许多树枝将鹰围在中间，然后用铁蒺藜做成一个直径 15.24 厘米的小洞让它飞出来。美洲鹰的速度惊人无比，生物学家阿·史蒂文只能从录像的慢镜头上仔细观看，结果发现它在钻出小洞时，双翅紧紧地贴在肚皮上，双脚直直地伸到尾部，与同样伸直的头部成一条直线，看上去就像一截细小而柔软的面条。它是用以柔克刚的方式轻松地穿越了蒺藜洞。

显然，在长期的岩洞生活中，它们练就了能够缩小自己身体的本领。在研究中，生物学家阿·史蒂文还进一步发现，每只美洲鹰的身上都结满了大小不等的痂，那些痂也跟岩石一般硬。可见，美洲鹰在学习穿越岩洞时也受过很多伤，在一次又一次的疼痛中，它们终于锻炼出了这套特殊本领。为了生存，美洲鹰只能将身体缩小，来适应狭窄而恶劣的环境，不然就很难生存！

在人类产生之前，客观自然界就存在着。人类通过社会活动形成了组织，与组织及组织活动相关的、在组织系统之外的一切物质和条件的集合体成为组织环境。任何组织都不是孤立存在的。组织作为一个与外界环境保持密切联系的开放系统，需要与外界环境不断地进行各种资源、信息和能量的交换，其运行和发展不可避免地受到种种环境力量的影响。组织是在不断与外界交流信息的过程中得到发展和壮大的。组织环境调节着组织结构设计与组织绩效的关系，影响组织的有效性，是组织管理活动的内在与外在的客观条件。

第一节　组织与环境的关系

一、组织环境的特点

组织环境是指所有潜在影响组织运行和组织绩效的因素或力量。一般来讲，以组织界线（系统边界）来划分，可以把环境分为外部环境和内部环境；如果根据环境系统的特性来划分，则可将环境划分为简单—静态环境、复杂—静态环境、简单—动态环境和复杂—动态环境四种类型。组织管理者决策要以环境为依据，通过对组织所处环境的研究，分析组织生存的内外环境因素，揭示环境变化的规律，预测其变化的趋势，主动地去适应环境。同时，又要在了解、掌握环境状况及其发展趋势的基础上，通过努力去影响环境，使环境有利于组织的生存和发展。环境的特点有以下几个方面。

（一）客观性

组织环境是客观存在的，它不随着组织中人们的主观意志为转移，不管你想不想、愿意不愿意，组织环境都是客观存在的，而且它的存在客观地制约着组织的活动。作为组织环境基础的自然的和社会的各种条件是物质实体或物质关系，它们是组织赖以存在的物质条件，对组织来说也是一种客观存在的东西。

（二）系统性

组织环境是由与组织相关的各种外部事物和条件相互有机联系所组成的整体，它也是一个系统。我们可以将它称为组织的外部系统。组成这个系统的各种要素，如自然条件、社会条件等相互关联，形成一定的结构，表现出组织环境的整体性。组织所处的社会是一个大系统，组织的外部环境和内部环境构成了不同层次的子系统。任何子系统都要遵循它所处的更大系统的运动规律，并不断进行协调和运转。人们的管理活动就是在这种整体性的环境背景中进行的。

（三）动态性

组织环境的各种因素是不断变化的，各种组织环境因素又在不断地重新组合，不断形成新的组织环境。组织系统既要从组织环境中输入物质、能量和信息，也要向组织环境输出各种产品和服务，这种输入和输出的结果必然要使组织环境发生或多或少的变化，使得组织环境本身总是处于不断的运动和变化之中。这种环境自身的运动就是组织环境的动态性。组织环境处于经常的发展变化之中，使组织内部要素与各种环境因素的平衡经常被打破，以致导致了组织结构的变化。因此，组织必须及时修订自己的经营方案，以适应不断变化的环境，通过调整组织系统输入/输出的结果，来促使组织环境更加有序化，朝着有利于组织系统生存和发展的方向运动。组织环境的客观性、系统性、动态性等特征说明了组织环境本身就是一个有着复杂结构的运动着的系统。正确分析组织所面临的环境中的各种组成要素及其状况，这是任何一个管理者进行成功的管理活动所不可缺少的前提条件。

二、组织与环境的关系

组织环境对组织的形成、发展和灭亡有着重大的影响。组织环境为某些组织的建立起到积极的促进作用，如蒸汽机技术的出现导致了现代工厂组织的诞生。某些环境的变化为组织的发展提供了有利条件。相反，由于某些组织未能适应环境的变化，因而已不复存在。在当代和未来，组织的目标、结构及其管理等只有变得更加灵活，才能适应环境多变的要求。

组织与环境的关系，不只是组织对环境做出单方面的适应性反应，组织对环境也具有积极的反作用。主要表现为：组织主动地了解环境状况，获得及时、准确的环境信息；通过调整自己的目标，避开对自己不利的环境，选择适合自己发展的环境；通过自己的力量控制环境的状况和变化，使之适应自己活动和发展，而无需改变自身的目标和结构；可以通过自己的积极活动创造和开拓新的环境，并主动地改造自身，建立组织与环境新的相互作用关系。另外，组织对环境的反作用也有消极的一面，即对环境的破坏。这种消极的反作用又会影响组织的正常活动和发展。

引导案例2：鲶鱼效应

西班牙人爱吃沙丁鱼，但沙丁鱼非常娇贵，极不适应离开大海后的环境。当渔民们把刚捕捞上来的沙丁鱼放入鱼槽运回码头后，用不了多久沙丁鱼就会死去。而死掉的沙丁鱼味道不好，销量也差，倘若抵港时沙丁鱼还存活着，鱼的卖价就要比死鱼高出若干倍。为延长沙丁鱼的活命期，渔民想方设法让鱼活着到达港口。后来渔民想出一个法子，将几条沙丁鱼的天敌鲶鱼放在运输容器里。因为鲶鱼是食肉鱼，放进鱼槽后，鲶鱼便会四处游动寻找小鱼吃。为了躲避天敌的吞食，沙丁鱼自然加速游动，从而保持了旺盛的生命力。如此一来，沙丁鱼就一条条活蹦乱跳地回到渔港。

第二节　组织外部环境

组织外部环境是指组织所处的社会环境，是对组织各项活动具有直接或间接作用的各种条件和因素的总和。外部环境影响着组织的管理系统。组织的外部环境，实际上也是管理的外部环境。与组织内部环境相比，组织外部环境具有复杂性、交叉性、变动性等特征。

一、宏观外部环境

宏观环境也叫一般环境或社会大环境，主要指可能影响组织的广泛的自然环境、经济环境、政治环境、技术环境和社会文化环境等。与具体环境相比，这些领域的变化对组织的环境影响都是相对间接的，但是管理者在执行其管理职能时，必须考虑这些宏观环境是指那些对管理者的决策和行动产生直接影响并与实现组织目标直接相关的因素。

（一）自然环境

自然环境是组织存在和发展的各种自然条件的总和，包括组织所处的地理位置、资源禀赋状况等自然因素。这些自然条件主要是组织所存在的地理位置以及这一地理位置上的地形、气候、土壤、山林、水源、动植物、陆地和水中的矿藏等自然物，这些自然物相互联系和作用，组成了整体性的结构。

自然环境主要是指地理位置是制约组织活动，特别是企业经营的一个重要因素，当国家在经济发展的某个时期对某些地区采取倾斜政策时尤为如此。组织运作成本、产品质量、未来生存与发展直接受制于所处资源禀赋状况，当组织所需资源稀缺时，组织如何通过自身努力摆脱这一处境，关乎组织的生存与发展。

组织活动不仅受自然环境的影响，也对自然环境的变化负责。组织管理者当前应注意自然环境面临的难题和趋势，如资源短缺加剧、环境污染严重、能源成本上升等，积极投入生态平衡机制重建和环境保护中去，从而为组织自身发展拓展空间。

（二）经济环境

在当代社会，任何组织的管理者都要面临经济环境的挑战，尤其是经济组织更是与经济环境有着密切的关系。经济环境主要包括经济发展水平、速度，国民经济结构，产业结构，国家的经济法令和经济政策，社会经济发展战略和计划，人民的生活消费结构和消费水平，市场的供求状况以及社会基础设施等。

以企业为例，经济环境变化对它的影响更为直接、更为重要。其中最主要的是经济周期波动和政府采取的相应经济政策。在经济高速增长时期，企业往往有更多的发展机会，因而企业可以增加投资，扩大生产或经营规模。而经济停滞或衰退时期则不然。国家实施信贷紧缩的经济政策会导致企业流动资金紧张，周转困难，投资难以实施；而政府采取积极的财政政策，支出的增加则可能给企业创造良好的市场前景，资金链运转顺畅。通常，利率、通胀率、汇率、居民可支配收入及证券市场指数等因素的改变意味着经济环境的变化。组织对此要密切关注。一般而言，经济发展良好，企业也会处于有利地位；反之，市场不景气，企业可能就缺乏生机。

（三）技术环境

任何组织都存在于一定的技术环境之中，都与一定的技术存在着联系，一定的技术赋予了一定组织为社会服务或贡献的手段。一个组织所拥有的技术先进与否，直接影响组织的生存与发展。技术环境主要指组织所在国家或地区的技术进步状况，以及相应的技术条件、技术政策和技术发展的动向与潜力等。技术水平、技术条件、技术过程的变化，必然引发管理思想、管理方式与方法的更新。

我们生活在一个技术不断变化的时代。当前，一场以电子技术和信息处理技术为中心的新技术革命正在迅猛发展，任何人、任何组织都可以明显感觉到这场技术革命对人们工作、生活和组织活动的影响。为适应这一变化，组织正在建立起大规模、反应敏捷、反馈速度快的管理信息系统，以提升组织自身的竞争能力。

（四）社会文化环境

社会文化环境是由一定的集体或社会中人民的初始态度、要求、期望、智力与教育程度、信念及习惯组成的，主要包括人口数量、年龄结构、职业结构、民族构成和特性、生活习惯、道德风尚，以及国家的历史和历史上形成的文化传统。社会文化环境的安定与否，对组织的发展有极大影响。组织必须通过社会文化环境研究，了解现实的、不断变化的社会文化环境对组织活动的期待，并通过自身努力，寻求与之协调，避免冲突。

改革开放以来，我国社会文化环境发生了巨大变化。这些变化打破了传统习惯，使人们重新审视自己的追求、生活方式、生活状态与价值取向，人们对生活品位、消费倾向、理财方式与偏好需求等进行了调整，从而使组织面临着越来越大的挑战。在此形势下，组织应当加强对社会文化环境的研究。

（五）政治环境

政治环境是指对组织活动具有现实的或潜在的作用与影响的政治力量、政治制度、政治体制、方针政策，同时也包括对组织活动具有限制调解作用的法律和法规等。国家政局稳定，有利于组织管理部门增强投资信心，制定长期发展目标和计划，反之，则会动摇投资信心，使得管理人员只注重眼前短期利益。另外，国际关系融洽，会促进合资企业与跨国公司的建立，扩大管理活动范围。促进或约束组织行为的法律，也就会更对组织起直接作用。

组织必须通过政治环境研究，了解国家和政府目前禁止组织干什么，允许组织干什么，鼓励组织干什么，从而使组织活动与政治环境保持和谐，受到政府的保护和支持。如在中国，组织处理员工待遇问题正受到越来越多的政治环境影响。有关法律对员工的最低待遇、社会保障、劳动保护、解雇等方面给予了更多限制，如果组织违反了这些法律规定，将会受到员工维权反应，组织将可能被诉诸法律。

课间案例1：房地产企业战略转型迎存量时代

告别快速扩张期后，我国楼市步入"存量房时代"。面对市场环境新格局，房地产企业已经提出战略转型计划，将未来的主要发展目光投向存量房市场，并推广合伙人制等组织架构的变革。

1. 瞄准存量房。作为地产业老大，万科最早提出房地产步入"白银时代"的观点。如今，这已成为地产业界的共识。对于身处"白银时代"的房企而言，以开发为中心的业务正在向以运营及应用为中心的业务方向转型。万科于2013年时就曾提出由传统的住宅开发商向"城市配套服务商"转型，经过一年多的探索和尝试，公司转型思路逐渐清晰。"随着城镇化发展，房地产的机会仍然存在，但大拆大建的时代已经过去。从存量上看，过去建造的大量房屋实现内部装修环保，这个市场规模将非常大。因此，住宅产业化、精装修等都是万科的业务方向。"万科董事长王石表示。2015 年万科独立出三个事业部，其中之一是物业管理业务，万科已经陆陆续续对外签订了一些物业管理合同。预计万科自己开发和承接同行的物业管理在未来十年要发展到 6000 万客户数量。

2. 回归一二线城市。随着楼市进入存量房时代，去库存已经成为房企的主要目标。针对三四线城市的过剩风险，一二线城市正成为房企的"避风港"，标杆房企开始全面回归一二线城市。就大型房企而言，在经营策略上已经实现了向一二线城市的回归。除了一线城市住宅市场外，棚户区改造也开始成为房企关注的重点。

3. 开启组织变革。除了经营转型外，组织结构的变革也成为当前房企的热门话题。早在 2014 年 5 月，万科即推出了事业合伙人持股计划，公司正以合伙人机制为核心，推动组织架构变革。

专家表示，房地产市场环境发生重大改变，行业步入新阶段，开发商传统业务模式和组织架构都面临着转型和变革。

二、微观外部环境

微观外部环境也称具体环境或任务环境，是指与特定组织直接发生联系的那些环境要素，包括竞争对手、顾客、资源供应者、政府管理部门、工会、新闻传播媒介和其他利益代表团体（如消费者协会、妇联）等。它由对组织绩效产生积极或消极影响的关键顾客群或要素组成。与宏观外部环境相比，具体环境对特定组织的影响更为明显，也更容易为组织管理者所识别、影响和控制。当然，不同的组织所面临的具体环境不一样，而且会随着组织所提供产品或服务的范围及其所选择的细分市场面的变化而发生改变。

（一）供应商

组织要生存发展，必须依靠一定的人力、物力和财力。但是，组织本身并不一定具备这些条件，因此，组织需要从外界环境中获得这些要素。供应商提供这些要素的数量、质量、价格和时间，直接影响组织的效率、效益、成本，甚至是正常运行。组织管理者需要处理好与供应商的关系，形成强有力的战略联盟，减少供应商这一因素变化带来的不确定性，并寻求以尽可能低的成本来保证所需投入的稳定供应，提升组织运作的有效性。

（二）顾客

顾客是组织服务的对象，是吸收组织产出的主体，是组织活动的出发点和归宿，组织的一切活动都应以满足顾客的需要为中心。以企业为例，按照需求和购买目的不同，其顾客可以分为：消费者市场、生产者市场、中间商市场、非营利组织市场、政府市场和国际市场等。

对于一个组织来说，顾客代表着不确定性。顾客构成、偏好、需求等方面都会发生变化，从而对组织的各方面活动产生影响，甚至制约着组织的发展。因此，顾客是组织具体环境中的重要因素。

（三）竞争对手

所有的组织都不可避免地有一个或多个竞争者，完全垄断的组织是不存在的，也是国家法律不允许的。任何组织的管理者都不能忽视自己的竞争者，它们的行为会对组织管理者的决策产生影响，组织管理者应当在对自己的竞争者进行充分研究的基础上，采取相应行动。

值得注意的是，竞争者不仅包括现实的竞争者，还包括潜在的竞争者。普遍存在的现象是，现实的竞争者通常会引起组织管理者的高度关注，而潜在的竞争者常常被忽视。竞争者的存在对组织的生存发展产生压力，同时也是一种促进，组织正是在竞争压力下产生发展的动力，实现组织的目标。因此，管理人员必须保持清醒的头脑，仔细研究分析该组织的竞争状况及竞争对手实力并及时采取适宜的竞争策略。

（四）有关的社会公众

社会公众是一个内涵广泛的概念，通常是指所有实际上或潜在的关注、影响一个组织达到其目标的社会组织、各类媒体、社区居民等。组织与这些公众的关系直接或间接地影响组织行为，组织必须努力和社会公众建立良好的关系。

社会组织是社会公众的重要组成部分，目前发展很快，社会影响力也越来越大。社会组织通常是指具有特殊利益的集团，它们时刻关注组织的行为，并通过向组织施加压力来迫使组织管理者改变其决策。例如，绿色环保组织、卫生组织、消费者保护协会、慈善机构等。各类媒体是指报社、杂志社、电视台、广播电台、互联网等大众传播媒介。社区居民是指组织活动涉及范围的居民。组织是否在媒体和居民心中留有良好印象，会直接影响组织的盈利能力和社会形象，也会对组织的长期发展产生影响。

因此，企业的管理者也必须理顺同这些部门组织之间的关系，在它们的监督约束下进行管理活动，如图 3-1 所示。

外部环境是存在于组织界限以外的一切与本组织发生相互作用的因素，从总体上来说是不易控制的，因此它的影响是相当大的，有时甚至能影响到整个组织结构的变动。对外部环境做分析，目的是要寻找出在这个环境中可以把握住哪些机会，必须要回避哪些风险，以便抓住机遇，健康发展。组织作为一个开放的系统，必然时刻与环境进行物质、能量、信息的交换。在多数情况下，外部环境是特定组织

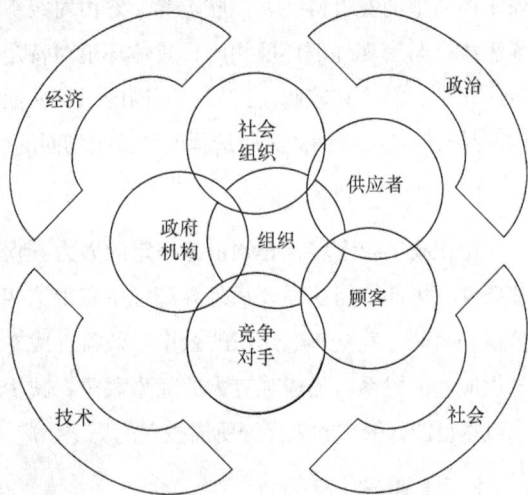

图 3-1　组织的环境

的管理者无法影响和控制的，因此，适应和利用是更常用的应对策略。

三、外部环境对组织的作用

（一）外部环境对组织的决定性作用

外部环境对组织的决定性作用首先表现为外部环境是组织存在的前提，没有以社会化大生产为技术前提的商品经济运行，就无组织而言。从组织的工作环境来看，没有消费需

求及各种生产要素的市场供给，组织就不可能生存；从一般环境的角度来看，组织与其具体工作环境关系的确立与运行，又毕竟是以一定物质生产关系为基础、为核心，各方面社会关系有机结合、交互作用的结果。我们知道，具体的要素环境直接地决定组织的生存与发展，而任何具体要素环境又总是一般外部环境的组成部分。因此，外部环境对组织具有决定性作用。

（二）外部环境对组织的制约作用

外部环境对组织的制约作用主要是指外部环境作为外在条件对组织生存发展的限制与约束。这里仅以法律环境为例说明外部环境对组织的制约。在市场经济条件下，国家调整组织内部、组织与组织之间、组织与消费者及社会各界、组织与政府之间，以及涉外经济活动的利益关系和商务纠纷，主要是通过法律手段和经济手段。这样，组织的生产经营活动就必然面临大量的国内和国际法律环境。国内与组织经营管理直接关联的基本框架，大体上包括关于组织营销与竞争行为的法律、组织社会责任的法律、组织内部关系的法律等。此外，还有涉外经济活动的法律规范、国际惯例等。可以这么说，组织生活在庞大而复杂的法律环境之中。这些法律规范体系以一定的标准衡量组织进入市场运行的资格；衡量组织在市场中动作的合法性，制止和惩罚"犯规动作"。由此可见，法律规范对规范和控制组织行为具有重要制约作用。

（三）外部环境对组织的影响作用

外部环境对组织的影响作用主要是指某一事物行为对他事物或周围的人或社会行为的波及作用。如习俗观念，甚至伦理道德对组织经营也有重要影响。不同的民族文化或同一文化区域人们的不同观念，都对组织经营产生重要影响。

课间案例2：海尔集团的成功

1984年海尔的前身青岛电冰箱总厂亏空147万元，现在，海尔是全球大型家电第一品牌，2012年集团全球营业额1631亿元，在全球17个国家拥有7万多名员工，海尔的用户遍布世界100多个国家和地区。海尔的成功之路堪称中国企业发展史上一个罕见的成功案例。回顾海尔的发展历史，不难发现，海尔的每一次战略转变和产品、组织结构调整都是在深入了解企业所处的环境基础上进行适应环境的调整。

1. 名牌战略阶段（1984—1991）：我国全民所有制企业改革启动阶段，海尔的名牌之路始于质量管理，其采取日清管理法，就是对每人、每天做的事进行控制和清理，使整个质量保证是优质。在保证产品质量的同时，时刻关注员工素质及消费者偏好。在此期间，始终只做冰箱一种产品。

2. 多元化战略阶段（1992—1998）：1992年，在邓小平同志南巡讲话鼓舞下，市场形势一片大好，海尔转向多样化发展战略。以吃休克鱼、海尔管理模式、低成本扩张方式，迅速构建起国际化大公司的规模。为适合多元化企业战略要求，海尔在武汉、重庆等地建立工业园，建立以产品为基础的事业部制结构。总部负责集中筹划集团发展目标，各分部负责相应区域产品的生产、销售，实行独立经营、独立核算。总部与分部间权责明确，体现权力的下放，组织结构不断趋向于扁平化。

3. 国际化战略阶段（1998—2005）：2001 年 11 月 10 日，我国终于成为世贸组织新成员，标志着我国的对外开放进入了一个崭新的历史阶段。作为中国企业国际化先行者，海尔"国际化即本土化"的做法是，当地设计、当地制造、当地销售，以及当地融资、当地融智。这一阶段的企业组织结构形式是事业分部数量的增加，企业组织结构更加趋向于扁平化、网络化、多样化。

4. 全球化品牌战略阶段（2006—2009）：2006 年，海尔把"全球化品牌战略"作为自己新的战略方向。品牌不光是质量保证，同时需满足消费者差异化需求及个性化服务需求。为此，海尔选择以市场链为基础面向顾客需求的生产流程再造，并确立相应报酬激励制度，以提高企业活力。在"零库存"以及"差异化生产服务"思想指导下，体现企业组织结构的柔性化、多样化、网络化。

四、管理者如何适应组织外部环境

（一）了解与认识外部环境

管理者要能动地适应环境，首先要了解、认识外部环境，这是环境管理的基础。管理者要把对环境的了解与掌握纳入重要管理事项；要通过各种渠道搜集有关环境的信息，掌握关于环境的各种因素与变量，把握环境发展变化的趋势与规律；对各种环境变量做到心中有数，始终保持对环境的动态监视与整体把握。

（二）分析与评估外部环境

在掌握组织外部环境大量信息，对组织外部环境充分了解的基础上，要对各种环境因素进行深入的分析与评估。要划分与确定环境因素的类型，确定环境对组织与管理影响的领域、性质及程度的大小。例如，根据一些因素与组织之间的联系，将环境区分为一般环境和任务环境；还可以根据环境的变化程度，将组织所面临的环境分为稳定环境和动态环境两类。在对环境科学评估、正确分类的基础上，要研究与选择对待不同外部环境的办法，动态地适应外部环境。

引导案例 3：迪士尼的成功——企业文化的力量

迪士尼的成功最重要的就是乐园的注册商标"米老鼠"具有不可抗拒的魔力，而魔力来源于迪士尼公司企业文化的无穷力量。迪士尼乐园呈现给公众的是一座巨大的舞台，优于他人之处就是训练其工作人员在这座舞台上进行逼真的表演。

迪士尼公司每位新受雇的人员都必须先在瓦尔特迪士尼大学中接受传统方式的培训。当训练人在班上讲述米老鼠、白雪公主等这些奇妙的形象时，他是在向新来的人敞开瓦尔特迪士尼有关这座梦幻王国的想象。训练人制造一种气氛，似乎瓦尔特本人就在房间里，正欢迎新的工作人员来到他的领地。其目的是使这些新的工作人员感到自己是这位乐园奠基人的合作者，和他共同来创造世界上最美妙的地方。员工们首先学习的是，要对游客友好、客气、彬彬有礼、有求必应。迪士尼公司精心安排训练的每一个细节，目的是要使其工作人员明了，迪士尼世界首先是一个表演企业。在传统的培训方式完成之后，新的工作人员进入乐园实习三天。

对迪士尼的人员来说，列队通过大街是最长和最苦的差事，但他们的步法、姿势整齐一致，对游客来说实在是一种地道的款待。乐园强调，不在演员名单上的人，绝不允许偷看一个除掉面具的角色，那种头戴面具的印象必须永远保持，这些演员接到指示在任何情况下都不准破坏角色的形象。迪士尼被称为完美画面里的活动，但这里的一切并非目力所及。迪士尼世界全部舞台实际是在舞台之下，乐园之下的地面一层是称作地下乐园的隧道网络，设置在这条地下隧道中的是一个控制灯光的计算机中心，一家为工作人员设立的咖啡店和一处藏衣室。每天一早提供干干净净的戏装给演员，由于众多的节目和大量的库存，这里还是世界上最大的藏衣室。躲在这谢绝一切游人的地下隧道之中，工作人员可以像在真实天地中那样自如地行动，然而他们一旦被送出隧道，穿过僻静角落中不显眼的门洞进入上面的魔幻王国，他们就要忘记自己的真实身份，进行表演。

时间流逝，魔幻王国仍盛况空前，人们一旦步入园内就仿佛真的回到了童年时代。

第三节 组织内部环境

组织内部环境是指管理的具体工作环境，主要包括组织资源、组织文化、组织结构。组织的内部环境对组织的正常运行发展有重要的作用，管理者应重视组织内部环境的建设与维护。

一、组织资源

组织资源是组织拥有的，或者可以直接控制和运用的各种要素，这些要素既是组织运行和发展所必需的，又是通过管理活动的配置整合，能够起到增值的作用，为组织及其成员带来利益的。

按照组织资源的内容，我们可以把组织的重要资源分为人力资源、关系资源、信息资源、金融资源、形象资源和物质资源六大类。

（一）人力资源

人是管理对象中的核心要素。从组织角度来看，人力资源是那些属于组织成员、为组织工作的各种人员的总和。进一步说，人力资源是指组织成员所蕴藏的知识、能力、技能以及他们的协作力和创造力。管理者要在人与人之间的互动关系中，通过科学的领导和有效的激励，最大限度地调动人的积极性，以保证目标的实现。

（二）金融资源

金融资源是指拥有的资本和资金。金融资源最直接地显示了组织的实力，其最大的特点在于它能够方便地转化为其他资源，也就是说，它可以被用来购买物质资源和人力资源等。要保证职能活动正常进行，经济、高效地实现组织目标，就必须对金融资源进行科学的管理。

（三）关系资源

关系资源是组织与其各类公众良好而广泛的联系，组织的关系资源也决定了组织的舆论状态和形象状态，它们构成了组织最重要的无形资源。

（四）信息资源

在信息社会的今天，信息已成为极为重要的管理对象。现代管理者，特别是高层管理者，已越来越多地不再直接接触事物本身，而是同事物的信息打交道。信息既是组织运行、实施管理的必要手段，又是一种能带来效益的资源。管理者必须高度重视，并科学地管理好信息。从信息的流向来看，信息资源可以分为"外部内向"和"内部外向"信息资源两种。"外部内向"信息资源是指组织所了解掌握的，对组织有用的各种外部环境信息。"内部外向"信息资源是指组织的历史、传统、社会贡献、核心竞争能力、信用等信息。

（五）形象资源

组织形象是社会公众对组织的总看法和总评价。组织形象有其内涵和外显两大方面，良好组织形象应该是内外统一的。

（六）物质资源

物质资源包括组织拥有的土地、建筑物、设施、机器、原材料、产成品、办公用品，等等。一般来讲，物质资源是可以直接用货币单位来计量的。物质资源是社会组织开展职能活动，实现目标的物质条件与保证。通过科学的管理，充分发挥物资资源的作用，也是管理者的一项经常性工作。

二、组织文化

组织文化是组织在长期的实践活动中所形成的，并且为组织成员普遍认可和遵循的具有本组织特色的价值观念、团体意识、工作作风、行为规范和思维方式的总和。

（一）组织文化的含义与结构

从广义上说，组织文化是指组织在社会实践过程中所创造的物质财富和精神财富的总和。从狭义上说，组织文化是指在一定的社会政治、经济、文化背景条件下，组织在社会实践过程中所创造并逐步形成的独具特色的共同思想、作风、价值观念和行为准则。它主要体现为组织在活动中所创造的精神财富。组织文化作为一个整体系统，其结构与内容是由以精神文化为核心的三个层次构成的，如图 3-2 所示。

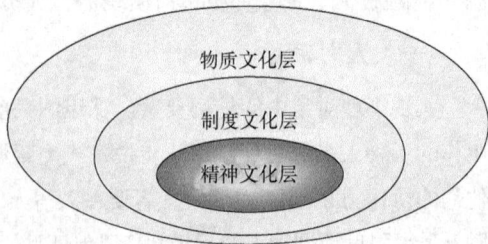

图 3-2　企业文化三个层次

物质文化层包括组织开展活动所需的基本物质基础，如企业产生经营的物质技术条件，诸如厂容、厂貌、机器设备，产品的外观、质量、服务，以及厂徽、厂服等；制度文化层包括具有本组织文化特色的，为保证组织活动正常进行的组织领导体制、各种规章制度、道德规范和员工行为准则的总和，如企业中的厂规、厂纪，各种工作制度和责任制度，以及人际交往的方式等；精神文化层是指组织在长期活动中逐步形成的，并为全体员工所认同的共有意识和观念，包括组织的价值观念、组织精神、组织道德。三个层次之间的关系是：精神文化层决定了制度文化层和物质文化层，制度文化层是精神文化层与物质文化层的中介，物质文化层和制度文化层是精神文化层的体现。三者密不可分，相互影响，相互作用，共同构成组织文化的完整体系。

（二）组织文化的内容

1. 经营哲学

经营哲学也称企业哲学，是一个企业特有的从事生产经营和管理活动的方法论原则。它是指导企业行为的基础。一个企业在激烈的市场竞争环境中，面临着各种矛盾和多种选择，要求企业有一个科学的方法论来指导，有一套逻辑思维的程序来决定自己的行为，这就是经营哲学。例如，日本松下公司"讲求经济效益，重视生存的意志，事事谋求生存和发展"，这就是它的战略决策哲学。

2. 价值观念

所谓价值观念，是人们基于某种功利性或道义性的追求而对人们（个人、组织）本身的存在、行为和行为结果进行评价的基本观点。可以说，人生就是为了价值的追求，价值观念决定着人生追求行为。价值观不是人们在一时一事上的体现，而是在长期实践活动中形成的关于价值的观念体系。企业的价值观，是指企业职工对企业存在的意义、经营目的、经营宗旨的价值评价和为之追求的整体化、个异化的群体意识，是企业全体职工共同的价值准则。只有在共同的价值准则基础上，才能产生企业正确的价值目标。有了正确的价值目标才会有奋力追求价值目标的行为，企业才有希望。因此，企业价值观决定着职工行为的取向，关系企业的生死存亡。

3. 企业精神

企业精神是企业文化的核心，在整个企业文化中起着支配的地位。企业精神以价值观念为基础，以价值目标为动力，对企业经营哲学、管理制度、道德风尚、团体意识和企业形象起着决定性的作用。可以说，企业精神是企业的灵魂。

企业精神通常用一些既富含哲理，又简洁明快的语言予以表达，便于职工铭记在心，时刻用于激励自己；也便于对外宣传，容易在人们脑海里形成印象，从而在社会上形成个性鲜明的企业形象。

4. 企业道德

企业道德是指调整该企业与其他企业之间、企业与顾客之间、企业内部职工之间关系的行为规范的总和。它是从伦理关系的角度，以善与恶、公与私、荣与辱、诚实与虚伪等道德范畴为标准来评价和规范企业。企业道德与法律规范和制度规范不同，不具有那样的强制性和约束力，但具有积极的示范效应和强烈的感染力，当被人们认可和接受后具有自我约束的力量。因此，它具有更广泛的适应性，是约束企业和职工行为的重要手段。

5. 企业形象

企业形象是企业通过外部特征和经营实力表现出来的，被消费者和公众所认同的企业总体印象。由外部特征表现出来的企业的形象称表层形象，如招牌、门面、徽标、广告、商标、服饰、营业环境等，这些都给人以直观的感觉，容易形成印象；通过经营实力表现出来的形象称深层形象，它是企业内部要素的集中体现，如人员素质、生产经营能力、管理水平、资本实力、产品质量等。表层形象是以深层形象为基础，没有深层形象这个基础，表层形象就是虚假的，也不能长久地保持。流通企业由于主要是经营商品和提供服务，与顾客接触较多，因而表层形象显得格外重要，但这决不是说深层形象可以放在次要的位置。

（三）组织文化的功能

1．导向功能

组织文化的导向功能，是指组织文化能对组织整体和组织每个成员的价值取向及行为取向起引导作用，使之符合组织所确定的目标。组织文化只是一种软性的理智约束，通过组织的共同价值观不断地向个人价值观渗透和内化，使组织自动生成一套自我调控机制，以一种适应性文化引导着组织的行为和活动。

2．约束功能

组织文化的约束功能，是指组织文化对每个组织员工的思想、心理和行为具有约束和规范的作用。组织文化的约束不是制度式的硬约束，而是一种软约束，这种软约束等于组织中弥漫的组织文化氛围、群体行为准则和道德规范。

3．凝聚功能

组织文化的凝聚功能，是指当一种价值观被该组织员工共同认可之后，它就会成为一种黏合剂，从各个方面把其成员团结起来，从而产生一种巨大的向心力和凝聚力。而这正是组织获得成功的主要原因，"人心齐，泰山移"，凝聚在一起的员工有了共同的目标和愿景，才能推动组织不断前进和发展。

4．激励功能

组织文化的激励功能，是指组织文化具有使组织成员从内心产生一种高昂情绪和发奋进取精神的效应，它能够最大限度地激发员工的积极性和首创精神。组织文化强调以人为中心的管理方法。它对人的激励不是一种外在的推动而是一种内在引导，它不是被动消极地满足人们对实现自身价值的心理需求，而是通过组织文化的塑造，使每个组织员工从内心深处为组织拼搏的献身精神。

5．调适功能

组织文化的调适功能，是指组织文化可以帮助新进成员尽快适应组织，使自己的价值观和组织相匹配。在组织变革的时候，组织文化也可以帮助组织成员尽快适应变革后的局面，减少因为变革带来的压力和不适应。

6．辐射功能

组织文化的辐射功能，是指组织文化一旦形成较为固定的模式，它不仅会在组织内发挥作用，对本组织员工产生影响，而且也会通过各种渠道对社会产生影响。组织文化向社会辐射的渠道是很多的，但主要可分为利用各种宣传手段和个人交往两大类。一方面，组织文化的传播对树立组织在公众中的形象有帮助；另一方面，组织文化对社会文化的发展有很大的影响。

课间案例 3：生生不息的华为文化

华为技术有限公司 2014 年销售收入 2882 亿元（465 亿美元），净利润 279 亿元（45 亿美元），《财富》世界 500 强中华为排行全球第 285 位，2015 年被评为"新浪科技 2014 年度风云榜年度杰出企业"。成立于 1988 年的华为，经过 20 多年的艰苦创业，建立了良好的组织体系和技术网络，产品和解决方案已经应用于全球 170 多个国家，服务全球运营商 50 强中的 45 家及全球 1/3 的人口。

华为不仅在企业经营领域取得了巨大发展，而且形成了强有力的企业文化。因为华为人深知，资源是会枯竭的，唯有文化才能生生不息。在企业物质资源十分有限的情况下，只有靠文化资源，靠精神和文化的力量，才能战胜困难，获得发展。在以前的媒体宣传中，外界总认为华为的企业文化就是总裁任正非的众多管理思想，如"毛泽东思想""狼性文化""军事化管理"等一系列新式的企业管理文化，集中体现在"华为基本法"中。实际上，在全球化运营的发展时期，华为真正的企业文化在于其核心价值观，华为 2012 年总结了"以客户为中心，以奋斗者为本"的企业文化。具体如下所述。

（1）成就客户：为客户服务是华为存在的唯一理由，客户需求是华为发展的原动力。

（2）艰苦奋斗：华为没有任何稀缺的资源可依赖，唯有艰苦奋斗才能赢得客户的尊重和信赖。坚持奋斗者为本，使奋斗者获得合理的回报。

（3）自我批判：只有坚持自我批判，才能倾听、扬弃和持续超越，才能更容易尊重他人和与他人合作，实现客户、公司、团队和个人的共同发展。

（4）开放进取：积极进取，勇于开拓，坚持开放与创新。

（5）至诚守信：诚信是华为最重要的无形资产，华为坚持以诚信赢得客户。

（6）团队合作：胜则举杯相庆，败则拼死相救。

三、组织结构

（一）组织结构系统

组织结构，是指为了实现组织的目标，在组织理论指导下，经过组织设计形成的组织内部各个部门、各个层次之间固定的排列方式，即组织内部的构成方式。组织结构是组织在职、责、权方面的动态结构体系，其本质是为实现组织战略目标而采取的一种分工协作体系，组织结构必须随着组织的重大战略调整而调整。一个现代化的、健全的组织机构一般包括如下子系统。

1．决策子系统

组织的领导体系和各级决策机构及其决策者组成决策子系统。各级决策机构和决策者是组织决策的核心。

2．指挥子系统

指挥子系统是组织活动的指令中心，在各职能单位或部门，其负责人或行政首脑与其成员组成垂直形态的系统。行政首脑的主要任务是实施决策机构的决定，负责指挥组织的各项活动，保证各项活动顺利而有效地进行。指挥子系统的设计应从组织的实际出发，合理确定管理层次，并根据授权原则，把指挥权逐级下授，建立多层次、有权威的指挥系统，来行使对组织各项活动的统一指挥。

3．参谋—职能子系统

参谋—职能子系统是参谋或职能部门组成的水平形态的系统。各参谋或职能部门，是行政首脑的参谋和助手，分别负责某一方面的业务活动。设计参谋—职能子系统，要根据实际需要，按照专业分工原则，设置必要的参谋或职能机构，并规定其职责范围和工作要求，以保证有效地开展各方面的管理工作。

4．执行子系统、监督子系统和反馈子系统

决策中心决定组织的大政方针，指挥中心是实施计划的起点，而执行子系统、监督子系统和反馈子系统是使计划得以正确无误地推行的机构。指挥中心发出指令，这个指令一方面通向执行机构，同时又发向监督机构，使其监督执行的情况。反馈机构通过对信息系统的处理，比较效果与指令的差距后，返回指挥中心。这样，指挥中心便可以根据情况发出新的指令。执行机构必须确切无误地贯彻执行指挥中心的指令。为了保证这一点，就应有监督机构监督执行情况，而反馈子系统是反映执行的效果。执行子系统、监督子系统和反馈子系统必须互相独立，不能合而为一。

（二）组织结构模式的影响因素

1．组织环境

组织面临的环境特点，对组织结构中职权的划分和组织结构的稳定有较大的影响。如果组织面临的环境复杂多变，有较大的不确定性，就要求在划分权力时给中下层管理人员较多的经营决策权和随机处理权，以增强组织对环境变动的适应能力。如果组织面临的环境是稳定的、可把握的，对生产经营的影响不太显著，则可以把管理权较多地集中在组织领导手里，设计比较稳定的组织结构，实行程序化、规模化管理。

2．组织规模

一般而言，组织规模小，管理工作量小，为管理服务的组织结构也相应简单；组织规模大，管理工作量大，需要设置的管理机构多，各机构间的关系也相对复杂。可以说，组织结构的规模和复杂性是随着组织规模的扩大而相应增大的。

3．组织战略目标

组织战略目标与组织结构之间是作用与反作用的关系，有什么样的组织战略目标就有什么样的组织结构。同时，组织的结构又在很大程度上对组织的战略目标和政策产生很大的影响。组织在进行组织结构设计和调整时，只有对本组织的战略目标及其特点，进行深入的了解和分析，才能正确选择组织结构的类型和特征。

4．信息沟通

信息沟通贯穿于管理活动的全过程，组织结构功能的大小，在很大程度上取决于它能否获得信息、能否获得足够的信息以及能否及时地利用信息。

总之，组织结构设计必须认真研究上述四个方面的影响因素，并与之保持相互衔接和相互协调。究竟应主要考虑哪个因素，需根据组织具体情况而定。一个较大的组织，其整体性

的结构模式和局部性的结构模式可以是不同的。

四、管理者如何建设组织内部环境

（一）管理者应掌握准确的内部环境信息

信息是决策的依据。管理者应注重组织内部环境信息的收集，以便及时掌握员工、团队及整个组织的发展过程及发展趋势。并在正确信息的指引下，了解内部环境的状态及走向，以便及时制定或调整管理决策。

（二）管理者应为组织设立合适的目标

管理者应把握全局，为组织设立合适的工作任务与目标，明确组织行为准则及价值观，开阔视野，确立组织长期发展的方向，使组织行为有所引导。

（三）管理者应进行适合的组织机构设计

组织结构的优劣对组织效率的提高有很大的影响，管理者应搭建合理的组织架构并根据实际情况随时予以调整；管理者应创造和谐、平等、鼓励创新的组织氛围，营造大家庭的气氛，激励每一位员工真正融入组织中，实现个人与组织的双重价值。

（四）管理者应正确处理组织人际关系

管理的核心是处理各种人际关系。管理者应着力构建有本组织特色的组织文化，以文化促进步、促发展；努力提高自身业务水平与领导修养，注重领导艺术，关心组织成员的需求，建立和谐的人际关系。

组织内部环境的作用可能会给组织造成风险，也可能会形成挑战，还可能会提供机会，更会造成改变。管理者必须处于一种警醒的状态，感知组织内部环境各个因素的改变或改变的趋势，并迅速做出反应，对组织进行调节。对变化的敏感，可以帮助管理者准确进行预测和发挥作用。有效地预见，可加强管理者的控制力度，使控制的方向有了指引，管理更为科学，结果也更加切合组织目标。管理者对组织内部环境的变化在一些情况下要让自身去适应、去接受，但在另一些情况下，管理者可以着手改变组织内部环境的一些状况，动用强大的管理行政手段，辅以内部宣传教育等措施，对内部进行感化及规整，使所有变化均在管理者掌握范围内，不至于偏离组织最本质的原则。

📖 快乐阅读

蘑菇管理

蘑菇管理是指初入职者被置于阴暗的角落（不受重视的部门，或打杂跑腿的工作），浇上一头大粪（无端的批评、指责、代人受过），任其自生自灭（得不到必要的指导和提携）。这是许多组织对待初出茅庐者的一种管理方法，相信很多人都有过这样一段蘑菇的经历，这不一定是什么坏事，尤其是当一切刚刚开始的时候，当几天蘑菇，能够消除我们很多不切实际的幻想，让我们更加接近现实，看问题也更加实际。一个组织，一般对新进的人员都是一视同仁，从起薪到工作都不会有大的差别。无论你是多么优秀的人才，在刚开始的时候，都只能从最简单的事情做起。蘑菇的经历，对于成长中的年轻人来说，就像蚕茧，是羽化前必须经历的一步。所以，如何高效率地走过生命的这一段，从中尽可能汲取经验，成熟起来，并树立良好的值得信赖的个人形象，是每个刚入社会的年轻人必须面对的课题。

复习思考题

一、名词解释

1. 组织环境
2. 社会文化环境
3. 组织结构
4. 企业精神
5. 组织文化
6. 企业形象

二、选择题

1. 组织环境大致分为（　　）。
    A. 外部环境及内部环境　　　　　　B. 政治环境及经济环境
    C. 全面环境及不全面环境　　　　　D. 好环境及坏环境
2. 组织环境的特点有（　　）。
    A. 客观性　　　　B. 系统性　　　　C. 稳定性　　　　D. 动态性
3. 管理者面临的宏观外部环境主要包括（　　）。
    A. 经济性环境　　　B. 技术性环境　　　C. 社会性环境
    D. 政治法律环境　　E. 伦理道德环境
4. 组织外部环境具有（　　）等特征。
    A. 复杂性　　　　B. 交叉性　　　　C. 适应性　　　　D. 变动性
5. 管理者面临的微观外部环境主要包括（　　）。
    A. 供应商　　　　B. 顾客　　　　C. 竞争对手　　　　D. 有关社会公众
6. 管理者面临的微观外部环境中最重要的是（　　）。
    A. 供应商　　　　B. 顾客　　　　C. 竞争对手　　　　D. 有关社会公众
7. 组织决策的核心是（　　）。
    A. 指挥子系统　　B. 决策子系统　　C. 参谋子系统　　D. 执行子系统
8. 管理者面临的内部环境主要包括（　　）。
    A. 组织资源　　　B. 组织文化　　　C. 组织结构　　　D. 组织规模
9. 组织中最重要的资源是（　　）。
    A. 金融资源　　　B. 人力资源　　　C. 关系资源　　　D. 物质资源

10. 企业文化的核心是（　　）。

    A. 经营哲学　　　　B. 价值观念　　　　C. 企业精神　　　　D. 企业形象

三、判断题

（　　）1. 组织环境是指所有潜在影响组织运行和组织绩效的因素或力量。

（　　）2. 组织文化具有激励功能，却没有约束功能。

（　　）3. 管理者必须在适应环境和改造环境的实践中使自己成熟起来。其中，适应环境指的是组织外部环境，改造环境指的是组织内部环境。

（　　）4. 如果组织环境的构成要素变化很小，我们称为稳定环境。

（　　）5. 一般而言，经济发展良好，企业也会处于有利地位；反之，市场不景气，企业可能就缺乏生机。

（　　）6. 任何组织的运行和发展不可避免地受到种种环境力量的影响。

（　　）7. 在多数情况下，外部环境是特定组织的管理者无法影响和控制的，因此，适应和利用是更常用的应对策略。

（　　）8. 组织的发展主要取决于组织管理者对组织的管理，与组织外部环境没有多大关系。

（　　）9. 外部环境对组织的决定性作用首先表现为外部环境是组织存在的前提，没有以社会化大生产为技术前提的商品经济运行，就无组织而言。

（　　）10. 组织文化的约束功能，是指组织文化对每个组织员工的思想、心理和行为具有约束和规范的作用。

（　　）11. 如果组织面临的环境是稳定的、可把握的，就要求在划分权力时给中下层管理人员较多的经营决策权和随机处理权，以增强组织对环境变动的适应能力。

（　　）12. 组织文化中精神文化层决定了制度文化层和物质文化层。

四、简答题

1. 简述组织环境的特点。

2. 简述组织外部环境的内容。

3. 简述组织内部环境的内容。

4. 简述外部环境对组织的作用，联系实际谈谈组织如何适应外部环境。

5. 简述影响组织结构模式的因素。

6. 简述管理者如何建设组织内部环境。

五、案例分析题

案例 1. 永华集团如何适应环境

永华集团在全国有 3000 多家分支机构。该集团被业界认为是创新银行业务的佼佼者，而且被认为有一个得力的领导团体。在整个 20 世纪 80 年代，这家银行机构几乎每年都是行业利润的领跑者。尽管永华集团在金融业拥有强大的实力，而且具有良好的管理力量，但它近年来随着世界范围银行业危机的进一步蔓延——许多银行纷纷倒闭，企业生存也面临困难和危机，特别在以下三个领域，一直困扰着永华集团：政府债权交易中糟糕的业绩、公司若干分部的困境和投资银行业拓展势力的失败。永华集团的管理者宣布，虽然公司最近并没有财政困难，但公司希望通过积极主动的行为能够避免未来出现的问题，因而进行了经济规模收缩。作为紧缩的一部分，公司决定裁剪1000个职位。这样做的结果肯定会遭遇员工的抵制，必须提前想好应对措施，将不良影响降到最低。不出所料，公司雇员反映十分强烈，并有两名雇员试图自杀以示抗议。在职员工工作压力增大，也导致了工作事故和失误的显著增加。幸亏永华集团之前对困难进行了充分的分析，并提前采取措施去帮助雇员应付面临的不确定性，最后取得了较好的效果。

思考题：
① 永华集团是怎样应付环境的变化的？
② 永华集团内部出现的这些问题应该怎样处理？

案例2. 海尔公司的企业文化

海尔集团CEO张瑞敏说，海尔是一本书，是一部创业、改革的发展史，一部管理的百科全书，一部企业文化专著。海尔成功的妙诀是企业文化的建造和更新，用张瑞敏的话说，就是"有生于无，无形财富可以变成有形财富"。海尔文化有七个层次。

（1）表层海尔文化：海尔标志、海尔中心大楼、海尔广告、海尔样品展室、海尔园区绿化、可爱的海尔兄弟商标……（2）浅层次海尔文化：海尔员工礼貌、素养、标准蓝色着装、迅速反应、马上行动的作风……（3）中层海尔文化：①产品：注重环保、用户至上的海尔产品、"大地瓜"、"小小神童"洗衣机、"宽带电压"、瘦长的"小王子"电冰箱等所体现的"乡情"及其文化、科技内涵。②服务：海尔的客户需求调查、海尔生产线现场参观、工业旅游专线的设计、售后服务"用户永远都是对的"理念的建立和实施、无搬动服务及24小时安装到位的服务项目……（4）深层海尔文化：OEC管理模式，"市场链"管理模式，定额淘汰、竞争上岗的组织平台，创自主管理班组做法……（5）里层海尔文化：管理理念，包括"有缺陷的产品就是废品"的质量理念；适应中国国情的"吃休克鱼，用文化激活休克鱼"的企业兼并理念；"东方亮了，再亮西方"的市场扩张理念；"首先卖信誉，其次卖产品"的营销理念；"人人是人才，赛马不相马"的人才观；"用户永远是对的"和把"用户的烦恼降到零"的售后服务理念；"先难后易，先创名牌，后创汇"的国际市场战略；"用户的难题就是我们开发的课题"和"要干就干"最好的科研开发理念；海尔的企业斜坡球体定律等，可谓丰富多彩，全面系统，配套协调。（6）内层海尔文化：海尔愿景，进入世界500强……（7）海尔文化内核：也就是海尔的哲学和价值观，那就是"敬业报国，追求卓越""真诚到永远"。

思考题：
① 你认为海尔的企业文化系统是完整的吗？为什么？
② 海尔的企业文化是否是全体海尔人共建的？
③ 在海尔文化的七个层次中，哪一层次最关键、最重要？

案例3. 福特和通用的角逐

1903年福特汽车公司成立，1908年开始生产福特"T"型车，"T"型车的特点是结构紧凑、设计简单、坚固、驾驶容易、价格较低，这种车的出现成为福特公司垄断局面的开始。1913 年，福特采用了汽车装配的流水生产法并实行汽车零件的标准化，当年产量增加到 13 万辆，1914 年增加到 26 万辆，1923 年增加到 204 万辆，在美国汽车生产中形成了垄断的局面。可是，福特创始人亨利坚信公司组织只是一种"形式"，企业无需管理人员和管理。随着环境变化，其他竞争者兴起，汽车有了不同档次的需要，科技、产供销、财务、人事等管理日趋复杂，个人管理难以适应这种要求。只过了几年，到 1927 年，福特已丧失了市场垄断地位，以后的 20 年，逐年亏本，直到第二次世界大战期间都无法进行有力的竞争。当时它的强劲对手通用汽车公司，从 20 世纪 20 年代开始就走着一条与福特经验相反的路子。通用原是一些竞争不过福特的小公司拼凑起来的。在建立之初，这些小公司作为通用的一部分，各自为政，组织机构不健全，公司的许多工作集中在少数人身上。这不仅使这些领导人忙于事务，无暇考虑公司的方针政策，并且限制了各级人员的积极性。

1920 年后，新接任的总裁小斯隆在大整顿、大改组过程中，建立起了一套组织结构和处理问题的方法。他根据市场不同层次顾客的需要，确定产品方向，加强专业化协作，谋取大规模生产；按照经营和协调控制的原则建立管理体制，组织坚强的领导班子，加强研发工作，使技术保持先进；加强产供销管理，做好工资福利和人事管理，建立起财务管理制度等。这些措施大大提高了公司组织管理水平，从而使通用的市场占有率于 1926 年至 1927 年从 10％一跃达到 43％，此后多年均占 50％以上。而福特则每况愈下，到 1944 年，福特二世接管该公司时公司已濒临破产。于是，当时 26 岁的福特二世向他的对手通用学习，着手进行斯隆所做的事，创建了一套管理组织和领导班子，结果五年后就在国内外重新获得了发展和力量，成为通用汽车公司的主要竞争者。

思考题：

请从环境角度分析福特开始获得成功而后又濒临破产的原因。

第四章　计划

学习目标

作为管理活动的起点和归宿，计划在管理职能中，有着独特的地位和作用。本章从计划的含义入手，阐述了计划的类型、职能、编制方法与程序等相关内容。

- 知识点：

1. 掌握计划的含义和特征；

2. 了解计划的类型，理解计划职能的内容；

3. 掌握计划编制的程序与方法。

- 技能点：

1. 理解计划的编制方法；

2. 掌握计划书的编制过程。

引导案例1：你要到哪里去？

童话故事《爱丽丝漫游奇境记》中，主人公是一个叫爱丽丝的小姑娘，她在一个很奇妙的地方流连忘返，结果迷路了。她很着急，哭了起来。这时走过来一只兔子，小姑娘就向这只兔子求助，说："我迷了路，请你告诉我，我应该怎么走？"兔子说："你怎么走这并不重要，重要的是你要到哪里去。你如果不知道自己要到哪里，知道怎么走又有什么意义呢？"兔子的回答很具有哲理，并成为了很多管理学教材的一句经典台词。

现实生活和工作中，如果人们总是斤斤计较于眼前得失，总是忽略长远成败，那么得到的终将是短暂的欢愉；企业也是如此，只有精心谋略，长期计划，事前拟订好了企业发展的计划，梳理好了发展的步骤，才有可能使得企业在竞争中取得胜利，成为行业巨人。

第一节　计划概述

一、计划的定义

《礼记·中庸》中说："凡事预则立，不预则废"，意思是说：要想成就任何一件事，必须要有明确的目标，认真的准备和周密的安排。没有准备的盲目行动，只能是虽忙忙碌碌却一事无成，这里强调了做事之前先制定一个切实可行的计划的重要性。

在现代社会复杂的经济条件下，计划是必不可少的。企业在复杂的生产经营过程中，政治环境、法律环境、市场环境等各种因素瞬息万变，竞争也日益加剧。因此，计划显得尤为重要，而计划的制定与执行的好坏，往往能够决定一个项目的成功与失败，乃至决定整个企业的兴衰存亡。

计划是根据组织内外部的实际情况，权衡客观需要的主观可能，通过科学预测，提出在未来一定时期内组织所要达到的目标以及实现目标的方法。它包括对组织所拥有的和可能拥有的人力、物力、财力所进行的设计和谋划，为组织找到合适的实现组织目标的途径。计划是实现目标的手段，只要目标设置合理，而且对实现这些目标的工作进行了科学计划并得到切实执行，那么就能实现预期的结果，取得最佳的经济效益和社会效益。

二、计划的内容

计划是全部管理职能中最基本的一个职能，因为计划既包括选定组织和部门的目标，又包括确定实现这些目标的途径。管理者围绕着计划规定的目标，去从事组织工作、人员配备、指导与领导以及控制工作等活动，以达到预定的目标，取得最佳的经济效益和社会效益。

计划工作的任务最终通过计划工作的内容得以实现。通常而言，计划所涉及的主要内容可以通俗地概括为以下 7 个方面：即做什么？（What）、为什么做？（Why）、何时做？（When）、何地做？（Where）、谁去做？（Who）、怎么做？（How）和成本多少？（How much），简称为"5W2H"。

做什么？（what），就是要明确计划工作的具体任务和要求，明确每一个时期的中心任务和工作重点。例如，企业生产计划的任务主要是确定生产哪些产品、生产多少，合理安排产品投入和产出的数量和进度，在保证按期、按质和量完成订货合同的前提下，使得生产能力得到尽可能充分的利用。

为什么做？（Why）是指要明确计划工作的宗旨、目标和战略，并论证其可行性。实践表明，计划工作人员对组织和企业的宗旨、目标和战略了解得越清楚，认识得越深刻，就越有助于他们在计划工作中发挥主动性和创造性。

谁去做？（Who）是指计划不仅要明确规定目标、任务、地点和进度，还应规定由哪个主管部门负责。例如，在市场调研、新产品开发，产品试生产和正式投产等环节，应在计划中明确任务承担者和负责人，规定每个阶段由哪个部门主要责任，哪些部门协助，各阶段交接时，由哪些部门的哪些人员参加鉴定和审核等。

何地做？（Where）是指规定计划的实施地点或场所，了解计划实施的环境条件限制，以便合理安排计划实施的空间组织和布局。

何时做？（When）是指规定计划中各项工作的开始和完成的时间进度，以便进行有效的控制和对能力及资源进行平衡。

怎样做？（How）是指制定实现计划的措施以及相应的政策和规则，对资源进行合理分配和集中使用，对生产能力进行平衡，对各种派生计划进行综合平衡等。

成本多少？（How much）是指该项计划预计成本的高低，这一指标关系到企业实施计划过程中成本和效益间的平衡以及企业的最终经营结果。

实际上，一个完整的计划还应包括控制标准和考核指标的制定，即告诉实施计划的部门或人员，做到什么程度，达到什么标准才算是完成了计划。

课间案例1：两个饥饿的人

从前，有两个饥饿的人到一位长者那儿乞讨。长者给了他们一根鱼竿和一篓鲜活硕大的鱼，要他们自己选择。其中，一个人要了一篓鱼，另一个人要了一根鱼竿，于是他们各自离开。得到鱼的人原地就用干柴搭起篝火煮起了鱼，他狼吞虎咽，还没有品出鲜鱼的肉香，转瞬间，连鱼带汤就被他吃了个精光，不久，他便饿死在空空的鱼篓旁。另一个人则提着鱼竿继续忍饥挨饿，一步步艰难地向海边走去，可当他已经看到不远处那片蔚蓝色的海洋时，他浑身的最后一点儿力气也使完了，他也只能眼巴巴地带着无尽的遗憾撒手人间。

另外两个饥饿的人，他们同样得到了长者恩赐的一根鱼竿和一篓鱼。只是他们并没有各奔东西，而是商定共同去找寻大海。他们俩每次只煮一条鱼，经过遥远的跋涉，他们来到了海边。从此，两人开始了捕鱼为生的日子，几年后，他们盖起了房子，有了各自的家庭、子女，有了自己建造的渔船，过上了幸福安康的生活。

三、计划的特点

计划的特点可以概括为六个主要方面，即目的性、首位性、普遍性、效率性、创新性和动态性。

（一）目的性

任何组织都是通过有意识的合作，来完成群体的目标而得以生存的。每一个计划及其派生计划都是旨在促使企业总目标和一定时期目标的实现。计划旨在有效地达到某种目标。美国麦凯－希尔兹协会的经济咨询公司在向美国休斯敦航空公司的政策委员会提供建议时，就指出企业计划的发展，与技术革命一样，也是一场革命运动。计划的性质决定了计划必须设定一个目标，必须在管理工作中居于领先地位。

（二）首位性

计划相对于其他管理职能处于首位，这不仅因为从管理过程的角度来看，计划工作先于其他管理职能，同时因为在某些场合，计划工作是付诸实施的唯一管理职能。计划工作的结果可能得出一个决策，即无需进行随后的组织工作、领导工作及控制等。例如，一个建立新工厂的计划研究结论是不可行的，也就无所谓筹建、组织、领导和控制了。当然，计划工作具有首位性的原因，还在于计划工作影响和贯穿于组织、人员配备、指导和领导以及控制工作中。

（三）普遍性

由于企业各种资源的稀缺，为保证有效利用资源，投入产出最优，通常组织的任何活动都需要事先计划。制定计划是各级管理者的共同职责，组织中各级管理者虽然工作的特点、性质和范围因岗位职能差异存在不同，但各级管理者都需要计划，只是管理层级不同、计划性质和内容不同而已。

（四）效率性

效率性是指组织经营活动过程中投入与产出之间的对比关系。计划工作的任务，不仅是要确保实现目标，而且是要从众多方案中选择最优的资源配置方案，以求得合理利用资源和提高效率。计划工作的效率，是以实现企业的总目标和一定时期的目标所得到的利益，扣除为制定和执行计划需要的费用和其他预计不到的损失之后的总额来测定的。正如美国行为科学家艾得·布利斯提出的布利斯定理指出：用较多的时间为一次工作事前计划，做这项工作所用的总时间就会减少。

对营利性组织来说，效率是指计划的成本收益比率，如果其收益大于成本，就可以称为有效率的；反之，就是没有效率的或效率低的。

（五）创造性

计划是针对需要解决的新问题和可能发生的新变化、新机会而做出决定，因而它是一个创新过程。计划实际上是对管理活动的一种设计，正如一种新产品的成功在于创新一样，成功的计划也依赖于创新。

（六）动态性

所谓计划的动态性，是指任何计划都不是一经制定，就亘古难改的。计划一经批准就要坚持贯彻执行，同时在执行中需进一步的完善。但因为环境条件的变化，诸如国家法律政策、市场竞争的强弱对比等因素常常都不是最初计划制定者能完全预测的，如果发现原计划的某些内容和实际情况不符或客观情况发生变化，就应该在计划的执行过程中根据实际情况及时调整、修改、补充，甚至可以放弃原计划，重新制定，以保证计划实施给组织带来最大效率。

综上所述，计划工作是一个指导性、预测性、科学性和创造性很强的管理活动，但同时又是一项复杂而又困难的工作。企业面临激烈的市场竞争，迫切要求迅速地提高宏观的和微观的管理水平，而提高计划工作的科学性是全面提高管理水平的前提和关键。

课间案例2：五枚金币

美丽的内蒙古草原上，年少的阿巴格和爸爸在草原上迷了路，阿巴格又累又怕，到最后快走不动了。爸爸就从兜里掏出 5 枚硬币，把一枚硬币埋在草地里，把其余 4 枚放在阿巴格的手上，说："人生有 5 枚金币，童年、少年、青年、中年、老年各有一枚，你现在才用了一枚，就是埋在草地里的那一枚，你不能把 5 枚都扔在草原里，你要一点点地用，每一次都用出不同来，这样才不枉人生一世。今天我们一定要走出草原，你将来也一定要走出草原。世界很大，人活着，就要多走些地方，多看看，不要让你的金币没有用就扔掉。"在父亲的鼓励下，阿巴格走出了草原。长大后，阿巴格离开了家乡，但一直记住父亲的话，认真规划自己的人生目标，最终成了一名优秀的船长。

四、计划的作用

组织管理的好坏，能否达到预期目标，主要取决于计划的完善与否。计划对于任何组织都是至关重要的，计划工作的重要性表现在其结果对组织的工作既能起积极作用，也可产生消极影响甚至使组织陷入严重的困境。计划工作的积极意义应当体现在以下几方面。

（一）计划可以为组织提供方向，实现组织内外部的协调

哈罗德·孔茨指出："计划工作是一座桥梁，它把我们所处的此岸和要去的彼岸连接起来，以克服这一天堑。"确实，计划起到了目标与现实之间桥梁的作用，计划工作使组织全体成员有了明确的努力方向，并在未来不确定性和变化的环境中把注意力始终集中在既定目标上，同时，各部门之间相互协调，有序地展开活动。

正确的计划可以明确组织目标，有效指导组织按既定的方向和目标前进，可以增强自觉性，减少盲目性，少走弯路。同时，通过科学的计划体系，还可使各组织部门之间相互协调、有序地开展活动，集中精力关注于对未来的不肯定性和变化的把握，随机应变地制定相应的对策，实现组织与环境的动态协调。

当然，实际工作结果往往也会偏离预期目标，但是计划会给管理者以明确的方向，从而使偏离比没有计划时要小得多。

（二）计划可以为组织提供预测，降低组织风险

计划是面向未来的，是通过科学预测，提出在未来组织所要达到的目标以及实现目标的办法。而未来无论是组织生存的环境还是组织自身都具有一定的不确定性和变化性，尤其是在当今这样一个信息时代，世界正处于瞬息万变之中，社会不断变革，技术不断进步。因此，在计划编制过程中，面对未来的不可控因素，组织应该科学预测各种变化以及变化带来的可能的影响。如果能够依据历史和现状信息对未来变化做出有效预测和准确推断，并据此制定出适合未来组织发展的切实可行的计划，那么就可以有效降低不确定性对组织的消极影响，变不利为有利，减少变化带来的冲击，从而把风险降低到最低限度。

（三）计划可以为组织提供标准，实施有效控制

计划是控制的基础，控制中几乎所有的标准都来自于计划。计划规定了完成任务的具体目标、要求、时间进度等约束条款。如果没有既定的目标和指标作为衡量尺度，管理人员就无法检查目标的实现情况以及纠正偏差，也就无法控制。计划作为检查、评比的尺度，有利于实行标准化、正规化管理，有利于督促、检查与指导，也利于考核评比，总结提高。

组织在实现目标的过程中离不开控制。计划一旦制定，并非意味着所有工作必须一成不变地严格按照计划执行。在一个变化的环境中，计划是需要不断地制定和修订，以适应变化。

（四）计划可以帮助组织减少重复与浪费，提高效率和效益

计划工作的重要任务之一就是要使未来的组织活动均衡发展，为组织资源筹措和整合提供依据。一个严密细致的计划，可以减少未来活动中的随意性，能够避免在今后的活动中由于缺乏依据而进行轻率判断所造成的损失，消除不必要的重复所带来的浪费。同时，还可以有助于组织在最短的时间内完成工作，减少迟滞和等待时间，减少误工损失，有利于组织实行更经济的管理，促使各项工作能够均衡稳定的发展。

（五）计划可以帮助组织激励组织成员，增强组织凝聚力

通常，计划会详细描述组织目标、任务、时间安排和行动方案等内容，计划中的目标往

往具有激励士气的作用。让组织成员明确组织目标是大家共同的目标，只有这一目标顺利完成，组织中每个成员才能获得最大利益，组织才可能对组织成员产生强大的吸引力，从而增强组织的凝聚力。同时，在制定计划时应发扬民主，充分征求组织成员的意见，以增强计划的科学性和可操作性，同时组织成员也愿意积极为自己亲自参与制定的目标而努力工作，组织成员的主人翁意识和归属感也可使组织的运营效率大大提高。

引导案例 2：科宁公司的中短期计划

成功制造了第一个电灯泡的科宁公司，一直由其创始人科尼家族掌管，主要经营玻璃制品生产和加工。然而，随着市场环境的变化，科宁的经营战略出现了许多问题：它的骨干部门——灯泡生产在 30 年前曾占领 1/3 的美国灯泡市场，而今天却丧失了大部分市场；电视显像管的生产也因面临剧烈的竞争而陷入困境。这两条主要产品线都无法再为公司获取利润。面对这种情况，公司既希望开辟新的市场，但又不愿意放弃其传统的玻璃生产和加工。因而，公司最高层领导制定了一个新的战略计划。计划包括三个主要方面：第一，决定缩小类似灯泡和电视显像管这样低产的部门；第二，决定减少因市场周期性急剧变化而浮动的产品生产；第三，开辟具有挑战性又具有巨大潜在市场的产品。

第三方面又包括三个新的领域：一是开辟光波导器生产——用于电话和电缆、电视方面的光波导器和网络系统以及高级而复杂的医疗设备等，希望这方面的年销售量能达到 40 亿美元；第二领域是开辟生物工艺技术，这种技术在食品行业方面大有前途；第三领域是利用原来的优势，继续制造医疗用玻璃杯和试管等，并开拓电子医疗诊断设备，希望在这方面能达到全国同行业中第一或第二的地位。

科宁公司又制定了次一级的目标。例如，目前公司正在搞一条较复杂的玻璃用具生产线，并想向不发达国家扩展业务。很明显，科宁在进行着一个雄心勃勃的发展计划。公司希望通过提高技术、提高效率，以获得更大的利润。

但是，在进行新的冒险计划中，科宁也碰到了许多问题。例如，一方面，如果科宁真要从光波导器和生物控制等方面获得成功的话，就必须扩大其经营领域；另一方面，科宁给人的印象是要保持其原来的基础，而不是在于获取利润。

第二节 计划的类型

由于组织和组织活动的复杂性，组织的计划也表现出相应的复杂性。依据不同的标准划分，形成了种类繁多的不同计划，这些不同类型的计划相互之间并非彼此割裂，而是相互联系、相互作用形成组织的计划体系。

一、按计划内容的表现形式分类

按计划内容的表现形式分类，计划可以分为宗旨、目标、策略、政策、规则、程序、规划和预算等内容。

（一）宗旨

各种有组织的活动，都具有或者至少应该有明确的宗旨。这种宗旨是社会对该组织的基本要求。

（二）目标

一定时期的目标或各项具体目标是在目的或宗旨指导下提出的。它具体规定了组织及其各个部门的经营管理活动在一定时期要达到的具体成果。目标不仅仅是计划工作的终点，而且也是组织工作、人员配备、领导以及控制等活动所要达到的结果。

（三）策略

策略是指对确立组织的长期目标，如何采取行动，分配必需的资源，以达到目标。

（四）政策

政策是指在决策或处理问题时，指导及沟通思想活动的方针和一般规定。政策指明了组织活动的方向和范围，鼓励什么和限制什么，以保证行动同目标一致，并有助于目标的实现。

（五）规则

规则是对在具体场合和具体情况下，允许或不允许采取某种特定行动的规定。规则也是一种计划。规则常常容易与政策和程序相混淆，应特别注意区分。规则不像程序，因为规则指导行动，而不说明时间顺序，我们可以把程序看作是一系列规则的总和。政策的目的是要指导决策，并给管理人员留有酌情处理的余地。虽然规则有时也起指导作用，但是在运用规则中，没有自行处理的权利。

（六）程序

程序就是办事手续，是对所要进行的行动规定时间顺序，以及规定如何处理那些重复发生的问题的方法、步骤。程序是行动的指南。因此，程序是详细列出必须完成某类活动的准确方式。

（七）规划

规划是综合性的计划，它是为实现既定目标、政策、程序、规则、任务分配、执行步骤、使用资源以及其他要素的复合体。因此，规划工作的各个部分的彼此协调需要严格的技能，以及系统的思考和行动的方法。

（八）预算

预算作为一种计划，是一份用数字表示预期结果的报表。预算又被称为"数字化"的规划。例如，财务收支预算，可称为"利润计划"或"财务收支计划"。一个预算计划可以促使上级主管对预算的现金流动、开支、收入等内容进行数字上的整理。预算也是一种控制手段，又因为预算是采用数字形式，所以它使计划工作更细致、更精确。

二、按计划涉及的期限分类

按照计划涉及的时间期限分类，计划可以分为长期计划、中期计划和短期计划。

（一）长期计划

通常，长期计划的期限是 5 年以上，作为战略性计划，其内容主要涉及组织的长远目标和发展方向。战略计划往往是一种长期计划，但长期计划并不一定都是战略计划。

（二）中期计划

中期计划，通常期限是 1～5 年，介于长期计划和短期计划之间。根据组织的长期计划进行编制，主要起到衔接长期计划和短期计划的作用。长期计划以问题为中心，而中期计划以时间为中心，将长期计划的内容细化为每个时段的目标。可以说，中期计划既赋予了长期计划的具体内容，又为短期计划指明了方向。

（三）短期计划

短期计划，通常期限是 1 年、半年甚至更短时间，是根据中长期计划规定的目标和当前的实际情况，对各种活动做出的详细的说明和规定，更具操作性。短期计划比中期计划更为详尽，在执行的过程中灵活选择的范围较小，有效的执行是其最基本也是最重要的要求。

长期计划、中期计划、短期计划相互之间关系主要表现为：长期计划为组织指明方向，中期计划则为组织指明路径，而短期计划则为组织规定行进的步伐。因此，将长期、中期、短期计划结合起来有着极为重要的意义。

三、按制定计划的组织层次分类

按照制定计划的组织层次，计划通常可以分为高层计划、中层计划和基层计划。

（一）高层计划

高层计划着眼于组织整体的、长远的安排，把握全局方向和目标。

（二）中层计划

中层计划一般着眼于组织内部的各个组成部分的定位及相互关系的确定，它既可能包含部门的分目标等战略性质的内容，也可能有各部门的工作方案等作业性质的内容。

（三）基层计划

基层计划着眼于每个岗位、员工，每个工作时间的工作安排和协调。

高层、中层、低层计划是相对而言的，后者一般是前者分解的结果，前者则是后者的纲领和综合。较低层级的计划是较高层级计划的落实和保证。

四、按计划针对的对象分类

按计划针对对象的不同，即广度不同，计划可以分为战略计划和战术计划。

（一）战略计划

战略计划是指应用于整个组织的，为组织未来较长时期（通常为 5 年）设立总体目标和寻求组织在环境中的地位的计划。它是关于企业活动总体目标和战略方案的计划，往往涵盖组织整体各个部门，应用于整个组织，为组织建立全面性目标与整合各部门活动的整套计划。

战略计划通常时间跨度长，涉及范围广；内容抽象、概括，不要求直接的可操作性；方案往往是一次性的，很少能在将来得到再次或重复的使用；计划的前提多是不确定的，战略计划的风险较大。

（二）战术计划

战术计划是有关组织活动具体如何运作的计划，是指各项业务活动开展的作业计划，它规定总体目标如何实现的细节。例如，营销计划、生产计划、财务计划与人事计划等。

战术计划通常期限短，覆盖范围较窄；内容具体、明确，并通常要求具有可操作性；任务是实现根据企业总体目标分解而提出的具体行动目标；其计划的风险程度较低。

两者最大的区别在于：战略计划的重要任务是设立目标，而战术计划则是假设目标已经存在，而提供一种实现目标的方案。

引导案例3：毛毛虫吃苹果

4只喜欢吃苹果的毛毛虫长大了，各自去森林里找苹果吃。

第一只毛毛虫跋山涉水，来到一株苹果树下。它不知道这是一棵苹果树，也不知道树上长满了红红的可口的苹果。它看到其他的毛毛虫往上爬，便稀里糊涂地就跟着往上爬。没有目的，不知终点，更不知自己到底想要哪一种苹果，也没想过怎么样去摘取苹果。最后结局呢？也许找到了一颗大苹果，幸福地生活着；也可能在树叶中迷了路，过着悲惨的生活。

第二只毛毛虫爬到了苹果树下。它知道这是苹果树，也确定它的"虫"生目标就是找到一棵大苹果。问题是它并不知道大苹果会长在什么地方？但它猜想：大苹果应该长在大枝叶上吧！于是它就慢慢地往上爬，遇到分枝的时候，就选择较粗的树枝继续爬。它按这个标准一直往上爬，最后终于找到了一颗大苹果，这只毛毛虫刚想高兴地扑上去大吃一顿，但放眼一看，它发现这颗大苹果是树上最小的一个，上面还有许多更大的苹果。

第三只毛毛虫来到一株苹果树下。这只毛毛虫知道自己想要的就是大苹果，并且研制了一副望远镜。爬树之前用望远镜搜寻了一番，找到了一个很大的苹果。同时，它发现当从下往上找路时，会遇到很多分枝，有各种不同的爬法；但若从上往下找路时，却只有一种爬法。它很细心地从苹果的位置，由上往下反推至目前所处的位置，记下这条确定的路径。于是它开始往上爬，遇到分枝时，它一点也不慌张，因为它知道该往那条路走，而不必跟着一大堆虫去挤破头。最后，这只毛毛虫应该会有一个很好的结局，因为它已经有自己的计划。但是真实的情况往往是，因为毛毛虫的爬行相当缓慢，当它抵达时，苹果不是被别的虫捷足先登，就是苹果已熟透而烂掉了。

第四只毛毛虫可不是一只普通的虫，做事有自己的规划。它知道自己要什么苹果，也知道苹果将怎么长大。因此，当它带着望远镜观察苹果时，它的目标并不是一个大苹果，而是一朵含苞待放的苹果花。它计算着自己的行程，估计当它到达的时候，这朵花正好长成一个成熟的大苹果，它就能得到自己满意的苹果。结果它如愿以偿，得到了一个又大又甜的苹果，从此过着幸福快乐的日子。

第三节　计划的编制

一、计划的编制原理

（一）限定因素原理

所谓限定因素原理，是指妨碍组织目标实现的因素，即在其他因素不变的情况下，仅仅改变这些因素，就可以影响组织目标的实现程度。在计划工作中，越是能够了解和找到对达到所要求目标起限制性和决定性作用的因素，就越是能准确地、客观地选择可行的方案。限定因素原理是决策的精髓，决策的关键就是解决抉择方案所提出的问题，即尽可能地找出和解决限定性的或策略性的因素。

限定因素原理有时又被形象地称作"木桶原理"，说的是由多块木板构成的木桶，其价值在于盛水量的多少，但决定木桶盛水量多少的关键因素不是其最长的板块，而是其最短的板块。这就是说，任何一个组织可能面临着一个共同问题，即构成组织的各个部分往往是优劣不齐的，而劣势部分往往决定整个组织的水平。所以，管理者在制定计划时，越是能够了解对达到目标起主要限制作用的因素，就越能够有针对性地、有效地拟订各种行动方案。

（二）许诺原理

所谓许诺原理，是指在制定计划时要根据完成一定的计划目标和计划任务所需耗费的时间来确定合理的计划期限。这一原理涉及计划期限的问题，任何一项计划都是对完成某项工作所做出的许诺。许诺越大，所需的时间越长，实现目标的可能性就越小；反之亦然。

遵循许诺原理，可以使人们通过考虑"实现决策中所许诺的任务必需花费的时间"来确定合理的计划期限。一般地，计划期限的长短取决于实现决策中所许诺的任务的必需时间。事实上，对于大多数企业来说，计划期限往往是对计划的最严厉的要求。一般来说，经济上的考虑影响到计划期限的选择。每项计划的许诺不能太多，因为许诺越多，计划期限越长。

（三）灵活性原理

所谓灵活性原理，是指计划的灵活性越大，因未来意外事件引起损失的可能性就越小，两者是反比例关系。灵活性原理是计划工作中最主要的原理，它主要针对计划的制定过程，使计划本身具有适应性，要求计划的制定"量力而行，留有余地"。至于计划的执行，则必须严格准确，要"尽力而为，不留余地"。

（四）改变航道原理

所谓改变航道原理，就是指计划实施过程中，在保持行政计划总目标不变的前提下，保证定期检查和调整，使得实现目标的进程能够因环境情况的变化而变化，使计划的执行过程具有应变力。

改变航道原理与灵活性原理不同，灵活性原理是使计划本身具有适应性，而改变航道原理是使计划执行过程具有应变能力。为此，计划工作者就必须经常地检查计划，重新调整、修订计划，以此达到预期的目标。

二、计划的编制程序

通常，科学编制计划所遵循的步骤具有普遍性。在编制各类计划时，可遵循以下步骤。

（一）机会分析

环境的不确定性往往会给组织带来各种机遇和风险。各类组织的活动都要根据市场的需要与社会的要求来决定，这就必须对组织的外部环境与内部条件进行调查研究，分析外部环境带来的机会、威胁以及组织内部的优势、劣势。依据调研所获取的信息预测未来的环境发展趋势，以便顺应和把握环境的发展规律，更好地利用机会，避开威胁，发挥优势，克服劣势。

（二）确定目标

显然，组织在行动之前必须明确目标，明确目标有助于我们顺利获得预期成果，整个组织的活动都要紧紧围绕目标来进行。

组织在未来的计划期内的目标往往不止一个，而是一个目标体系。不同的目标内容和顺序将导致不同的政策和行动，也会有不同的资源分配顺序，因此需对目标进行时间和空间的分解，正确选择目标内容和顺序。同时，应尽可能使用量化目标，便于度量和控制。其指标不仅要有数量指标，还要有质量指标；不仅要有绝对指标，还要有相对指标。

（三）确定前提条件

在明确目标之后，要积极与各方面沟通，收集各方面的信息，明确计划的前提条件。确定前提条件就是要确定整个计划活动所处的未来环境。前提条件既有来自企业内部的，也有来自企业外部的。企业内部的前提条件包括资金实力、人才储备、技术水平、管理水平等，一般是企业能够了解并可以控制的；企业外部的前提条件如经济环境、政府政策、资源供给、市场状况等，是企业不可控且难以准确预测的。这是决策和制定计划的挑战性所在。

（四）确定备择方案

通常完成某项任务总是有许多方法，即每项行动均有异途存在，这叫作异途原理。组织应在进行调查预测的基础上确定目标之后，发掘各种可行的方案才有可能从中抉择出最佳方案。

（五）评价备择方案

对各个备择方案进行评价。评价备择方案的尺度有两个方面：一是评价的标准；二是各个标准的相对重要性，即权数。

（六）选择方案

选择方案是决策的关键。在客观评价的基础上，对多个备选方案进行可行性研究和论证分析，比较长短，评价优劣，进行方案选优。选择的结果往往可能会选择两个方案，并且决定首先采取哪个方案，并将另一个方案也进行细化和完善，作为后备方案。

（七）制定派生计划

完成选择之后，计划工作并未结束，还必须帮助涉及计划内容的各个下属部门制定支持总计划的派生计划。基本计划要靠派生计划来扶持，派生计划是主计划的基础；只有派生计划完成了，主计划才有保证。

（八）编制预算

把决策和计划转化为预算，通过数字来反映整个计划，目的在于合理分配资源。根据各项工作的轻重缓急、对资源的需求以及组织可供资源的多少，就可以确定资源分配。当然配置资源时，要注意留有余地，以确保计划的顺利实现。

课间案例3：法布尔的实验

法国博物学家亨利·法布尔曾做过一项有趣的研究。他研究的是巡游毛虫。这些毛虫在树上排成长长的队伍前进，一条带头，其余跟着。法布尔把一组毛虫放在大花盆的边上，使它们首尾相接，排成一个圆形。这些毛虫开始爬动，像长长的游行队伍，没有头，也没有尾。法布尔在毛虫队伍旁摆了些食物，但毛虫要想得到食物就要解散队伍，不再首尾相连。法布尔预料，毛虫很快会厌倦这种毫无用处的爬行，而转向食物，可毛虫没有这样做。出于本能，毛虫沿着花盆边一直以同样的速度走了7天7夜直到饿死。

三、计划的编制方法

计划制定的效率和质量通常取决于其所采用的计划方法。传统的计划制定比较多地使用综合平衡法，但是面对纷繁多变的外部环境，已经较难适应。而现代计划方法因为大量采用数学成果，如线性规划、概率论、数理统计等，可以帮助确定各种复杂的经济关系，提高综合平衡的准确性，并能用计算机辅助工作，加快计划工作的角度，创造最大化的利润。

（一）滚动计划法

滚动式计划方法是一种定期修订未来计划的方法，其编制方法是：在已编制出的计划的基础上，每经过一段固定的时期（即滚动期，如一年），根据计划的执行情况和环境变化，对原计划进行调整。每次调整时，保持原计划期限不变，并逐期向前推移。这样便能有效结合短期、中期和长期计划。具体而言，用近细远粗的办法制定计划，并根据执行时实际需要逐年对未来做调整和修改。

例如，某公司编制一个三年计划且付诸实施，则第一年计划很细致，第二年较细，第三年相对较粗。第一年实施计划之后，对其余两年计划内容做适当的调整，并且将计划期向前延伸一年，使得第二年时仍然有一个三年期计划。依此类推。原来编制的三年计划已被执行，同时也编制好了下一个三年计划，如图4-1所示。

滚动计划方法虽然使得计划编制和实施工作的任务量加大，但是其优点十分明显：相对缩短了计划时期，加大了计划的准确性和可操作性；滚动计划法使长期、中期、短期计划相互衔接，短期计划内部各阶段相互衔接，保证了即使由于环境变化出现某些不平衡时，也能及时进行调节，使各期计划基本保持一致；滚动计划法大大加强了计划的弹性，可以提高组织的应变能力。

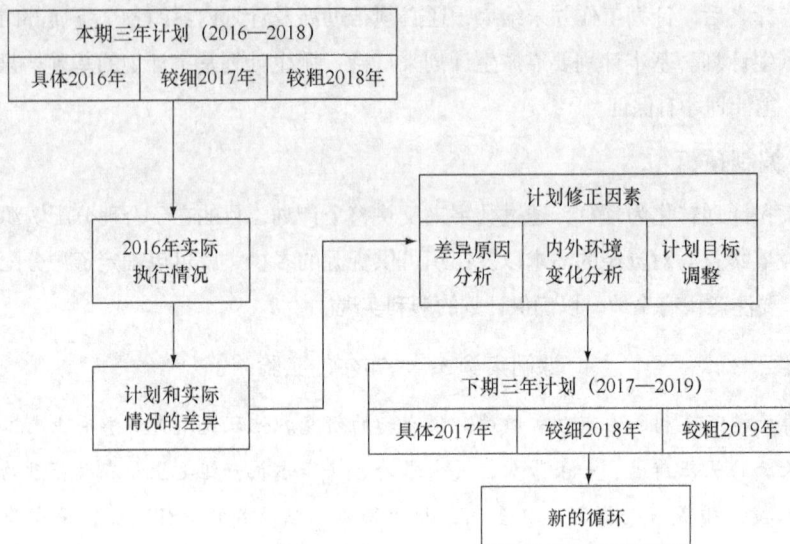

```
┌─────────────────────────────────┐
│      本期三年计划（2016—2018）      │
├──────────┬──────────┬───────────┤
│ 具体2016年 │ 较细2017年 │ 较粗2018年 │
└──────────┴──────────┴───────────┘
         │
         ▼
┌──────────┐        ┌───────────────────────────────────┐
│ 2016年实际 │───────▶│           计划修正因素              │
│ 执行情况   │        ├──────────┬──────────┬───────────┤
└──────────┘        │ 差异原因  │ 内外环境  │ 计划目标  │
      │             │ 分析      │ 变化分析  │ 调整      │
      ▼             └──────────┴──────────┴───────────┘
┌──────────┐                     │
│ 计划和实际 │                     ▼
│ 情况的差异 │        ┌───────────────────────────────────┐
└──────────┘        │      下期三年计划（2017—2019）      │
                    ├──────────┬──────────┬───────────┤
                    │ 具体2017年 │ 较细2018年 │ 较粗2019年 │
                    └──────────┴──────────┴───────────┘
                                 │
                                 ▼
                    ┌───────────────┐
                    │     新的循环     │
                    └───────────────┘
```

图 4-1　三年期滚动式计划示意图

（二）PDCA 循环法

PDCA 循环法又叫戴明环或全面计划管理法，PDCA 是英文 Plan（计划）、Do（执行）、Check（检查）、Action（总结处理）四个词的首字母的缩写，是由美国学者戴明提出的。20 世纪 50 年代初传入日本，70 年代后期传入我国，开始运用于全面质量管理，现在已推广运用到全面计划管理。它适用于各行各业的计划管理和质量管理，已成为我国现代化管理内容之一。

它的基本思想就是，做任何一项工作，首先有个设想，根据设想提出一个计划；然后按照计划规定去执行、检查和总结；最后通过工作循环，一步一步地提高水平，把工作越做越好，这是做好一切工作的一般规律。

戴明认为，计划管理是一个动态的循环过程，每一个循环分为四个相互联系的阶段。第一阶段是制定计划（P），包括确定方针、目标和活动计划等内容；第二阶段是执行（D），主要是组织力量去执行计划，保证计划的实施；第三阶段是检查（C），主要是对计划的执行情况进行检查；第四阶段戴明认为是整个计划过程中最为重要的，即对前面三阶段的工作做出总结和处理（A），并以取得的经验来指导下一循环的计划工作。如此四个阶段，循环往复，周而复始。戴明还认为，每完成一次计划过程的循环，就会使计划管理工作质量有所提高。PDCA 循环法如图 4-2 所示。

（三）甘特图

甘特图（见图 4-3），也称为条状图，是在 1917 年由亨利·甘特开发的。其内在的思想很简单，它基本上是一种线条图，横轴表示时间，纵轴表示活动，线条表示在整个期间上计划的和实际的活动完成情况。甘特图直观地表明任务计划在什么时候进行，以及实际进展与计划要求的对比。它虽然简单但却是一种重要的工具，它使管理者很容易搞清一项任务或项目还剩下哪些工作要做，并且能够评估工作是提前还是滞后，抑或正常进行。

甘特图具有简单、醒目和便于编制等特点，在企业管理工作中被广泛应用。甘特图按反映的内容不同，可分为计划图、负荷图、机器闲置图、人员闲置图和进度表五种形式。

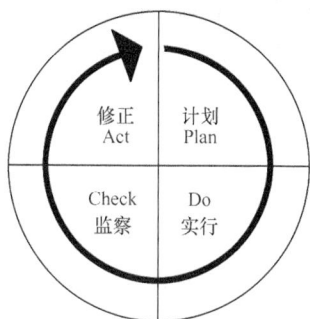

图 4-2　PDCA 循环法

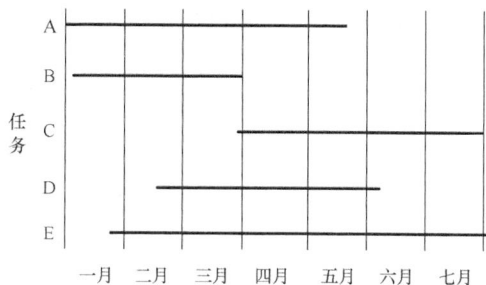

图 4-3　甘特图

（四）网络计划方法

如果组织活动或项目的数量较少且相互独立，则甘特图等是很有效的工具。但是，如果要计划大型复杂项目的话，就需要采用网络计划方法。例如，企业的重组和新产品开发等，它们要求协调成百上千的活动，其中一些活动必须同时进行，而另一些活动必须等前期的活动完成后才能开始。

1．网络计划方法的界定

网络计划方法是指用于工程项目的计划与控制的一项管理方法，其原理是把一项工作或项目分成各种作业，然后根据作业顺序进行排列，通过网络图对整个工作或项目进行统筹规划和控制，从而以较少的资源、最短的工期完成工作。

网络计划方法是 1950 年后在美国产生和发展起来的，包括关键路径法（CPM）、计划评审法（PERT）等。1956 年，美国杜邦公司在制定企业不同业务部门的系统规划时，制定了第一套网络计划，即关键路径法（CPM）。这种计划借助于网络表示各项工作与所需要的时间，以及各项工作的相互关系；通过网络分析研究工程费用与工期的相互关系，找出在编制计划及计划执行过程中的关键路线。1958 年，美国海军武器部在制定研制"北极星"导弹计划时，同样地应用了网络分析方法与网络计划，但它注重于对各项工作安排的评价和审查，这种计划称计划评审法（PERT）。鉴于这两种方法的差别，关键路线法主要应用于以往在类似工程中已取得一定经验的承包工程，计划评审法则更多地应用于研究与开发项目。

2．网络计划方法的基本步骤

（1）将工程分解为各工序，理清上下先后顺序，决定网络逻辑，并给出事件和活动的编号。为了提供正确的网络逻辑，有时还需要引入虚活动，即既不消耗资源也不占用时间的活动，以消除网络图可能产生的模棱两可、含糊不清的现象。

（2）计算网络时间，确定关键工序和关键路线。一般先按过去经验统计数据估计每个活动的时间，据以计算事件的最早时间和最迟时间，以及各种时差，最后确定关键路线。

（3）利用时差不断优化组织，调整改善生产计划，取得工期、资源、成本三者之间的最优方案。如果事件的最早时间少于最迟时间，那么该事件是非关键性事件。非关键性事件在一定范围内推迟，不影响整个计划延续时间，它可以推迟的最大延迟时间就是时差。时差越大，机动时间越多，潜力也越大。

（4）计划执行过程中，通过信息反馈进行监督、控制与调整，以保证达到预定计划目标。

实际应用情况证明，使用网络计划方法后，可以大幅度缩短生产周期，降低生产成本，有效地提高生产管理水平。

3．网络图

网络图是网络计划方法的基础。网络图是一种类似流程图的箭线图，它描绘出项目包含的各种活动的先后次序，标明每项活动的时间或者相关成本，画出一个由各项工作相互联系，并注明所需时间的箭线图，这个箭线图就称作网络图。为了掌握网络图，需要明确三个概念：事件、活动和关键路线。

（1）活动。即在特定时间内完成的工作、工序或工程。从一个事件到另一个事件之间的过程，它要花费时间和资源。

在箭线式网络图上用实箭线表示实活动，通常它需要消耗一定的时间和资源。但有时，有些作业或工序不消耗资源也不占用时间，称为虚作业，用虚箭线表示，称为虚活动。

（2）事件。即指某项作业的开始或结束，它不消耗任何资源和时间，在网络图中用"○"表示，"○"是两条或两条以上箭线的交结点，又称为结点。网络图中第一个事件称网络的起始事件，表示一项计划或工程的开始；网络图中最后一个事件称网络的终点事件，表示一项计划或工程的完成；介于始点与终点之间的事件叫作中间事件，它既表示前一项作业的完成，又表示后一项作业的开始。

（3）线路。即指自网络始点开始，顺着箭线的方向，经过一系列连续不断的作业和事件直至网络终点的通道。一条路线上各项作业的时间之和是该路线的总长度（路长）。在一个网络图中有很多条路线，其中总长度最长的路线称为"关键路线"，关键路线上的各事件为关键事件，关键事件的周期等于整个工程的总工期。有时一个网络图中的关键

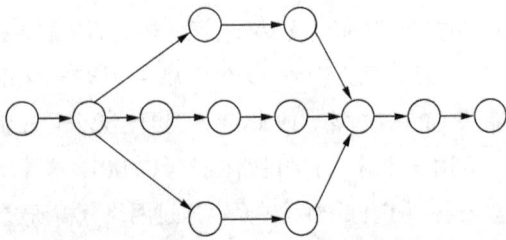

图 4-4　网络图的构成

路线不止一条，即若干条长度相等的路线。除关键路线外，其他的路线统称为非关键路线。关键路线并不是一成不变的，在一定的条件下，关键路线与非关键路线可以相互转化。

4．对网络计划方法的评价

（1）优点。第一，能清晰地表明整个工程的各个项目的时间顺序和相互关系，并指出了完成任务的关键环节和路线；第二，可对工程的时间进度与资源利用实施优化；第三，可事先评价达到目标的可能性；第四，便于组织与控制，易于操作。

（2）缺点。第一，难以准确估计具体的作业时间；第二，若网络复杂，某项关键工作延期完工，重新调整网络计划和寻找关键线路将花费大量时间和人力；第三，网络计划方法，虽然推动计划工作的完成，但其本身不是计划工作。

（五）投入产出法

投入产出法是由美籍俄国经济学家瓦西里·列昂惕夫在 20 世纪 30 年代最早提出来的，它主要通过数学方法对物质生产部门之间或产品之间的数量依存关系进行分析，并且对再生产进行综合平衡的一种方法。

投入产出法的基本原理是：任何经济系统的经济活动都包括投入和产出两大部分。投入是指生产活动中的消耗，产出是指生产活动的结果，在生产活动中投入和产出之间具有一定的数量关系。投入产出法就是利用这种数量关系建立投入产出表，根据投入产出表对投入与产出的关系进行科学分析，再用分析的结果编制计划并进行综合平衡。

投入产出法的优点在于：第一，使用面广，可在不同组织和各类企业中运用；第二，不仅可以在编制过程中充分使用现有统计资料，而且能够建立各种统计指标间的内在关系，使统计资料系统化；第三，能够反映各部门或各类产品之间的经济技术结构、关系，特别是在综合平衡方面是一种有效的手段，可以用于安排各种比例。

快乐阅读

木桶定律

木桶定律也称为短板效应。一只木桶想盛满水，必须每块木板都一样平齐且无破损，如果这只桶的木板中有一块不齐或者某块木板下面有破洞，这只桶就无法盛满水。一只木桶能盛多少水，并不取决于最长的那块木板，而是取决于最短的那块木板。任何一个组织，可能面临的一个共同问题，即构成组织的各个部分往往是优劣不齐的，而劣势部分往往决定整个组织的水平。因此，整个社会与我们每个人都应思考一下自己的"短板"，并尽早补足它。

如果把企业的管理水平比作一只木桶，而把企业的生产率或者经营业绩比作桶里装的水，那影响企业的生产率或绩效水平高低的决定性因素就是最短的那块板。企业的板就是各种资源，如研发、生产、市场、行销、管理、品质等。为了做到木桶"容量"的最大化，就要合理配置企业内部各种资源，及时补上最短的那块"木板"。所以，木桶有大小之分，木桶原理也有整体和局部之分，我们所要做的事情就是找到你自己的桶，然后找到那块最短的板，加长它！

复习思考题

一、名词解释

1. 计划
2. 战略计划
3. 战术计划
4. 限定因素原理
5. 许诺原理

6. 改变航道原理

7. 滚动计划法

8. 网络计划法

二、选择题

1. 管理中最基本的职能（　　）。

    A. 计划　　　　　　B. 组织　　　　　　C. 指挥　　　　　　D. 控制

2. 制定目标并确定为达成这些目标所必需的行动指的是（　　）。

    A. 计划　　　　　　B. 组织　　　　　　C. 指挥　　　　　　D. 控制

3. 计划工作的起点是（　　）。

    A. 确定计划工作的假定条件，并加以宣传　　B. 预测执行计划时的环境

    C. 设计各种可供选择的备选方案　　　　　　D. 对将来可能出现的机会加以估计

4. 计划工作的核心是（　　）。

    A. 制定目标　　　　B. 制定方案　　　　C. 做出决策　　　　D. 选择方案

5. 在管理中，计划工作应该是一项（　　）。

    A. 高层管理人员所承担的工作　　　　　　　B. 高层和中层管理人员所承担的工作

    C. 高层主管和参谋人员所承担的工作　　　　D. 每一个管理人员都可能要从事的工作

6. 按照计划的广度，计划可分为（　　）。

    A. 高层、中层和基层计划　　　　　　　　　B. 长期、中期和短期计划

    C. 战略计划和战术计划　　　　　　　　　　D. 综合、具体和项目计划

7. 按照计划涉及的时间跨度，计划可分为（　　）。

    A. 战略、策略和行动计划　　　　　　　　　B. 长期、中期和短期计划

    C. 战略计划和战术计划　　　　　　　　　　D. 综合、具体和项目计划

8. 在其他因素不变的情况下，仅仅改变妨碍组织目标实现的这些因素，就可以影响组织目标的实现程度。这遵循的是（　　）。

    A. 限定因素原理　　B. 许诺原理　　　　C. 灵活性原理　　　D. 改变航道原理

9. 在制定计划时要根据完成一定的计划目标和计划任务所需耗费的时间来确定合理的计划期限。这遵循的是（　　）。

    A. 限定因素原理　　B. 许诺原理　　　　C. 灵活性原理　　　D. 改变航道原理

10. 管理实践中，经常会出现计划往往赶不上变化的现象，故需要调整计划或重新制定计划。这遵循的是（　　）。

    A. 限定因素原理　　B. 许诺原理　　　　C. 灵活性原理　　　D. 改变航道原理

11. 滚动计划法的主要特点是（　　）。

    A. 按前期计划执行情况和内外环境变化，定期修订已有计划

    B. 不断逐期向前推移，使短、中期计划有机结合

    C. 按近细远粗的原则来制定，避免对不确定的远期计划做过早过死的安排

    D. 以上三方面都是

12. 某项建筑工程的施工进度计划应该按照计划时间完成施工任务，但在制定施工进度计划时却要考虑到出现雨季不能进行露天作业的情况，因而对完成任务时间要留有余地，这遵循的是（　　）。

    A. 改变航道原理   B. 灵活性原理   C. 许诺原理   D. 限定因素原理

13. 预算也被称为（　　）。

    A. 数字化的计划   B. 数字化的目标   C. 实物化的计划   D. 货币化的计划

14. 以下哪一个不仅是计划工作的终点，而且也是组织工作、人事工作、领导工作和控制活动所要达到的结果（　　）。

    A. 宗旨   B. 目标   C. 政策   D. 预算

15. 通常，任何组织都要经历一个从形成、成长、成熟到衰退的生命周期。在组织生命周期的各个阶段上，计划工作的重点也不一样。组织处于形成期时，重点是（　　）。

    A. 方向性、指导性   B. 长期性、具体的可操作性

    C. 操作性   D. 短期的、指导性

三、判断题

（　）1. 计划就是一个组织要做什么和怎么做的行动指南。

（　）2. 计划赶不上变化是现实中经常出现的现象，故计划需要进行调整设置甚至重新编制计划，这遵循的原理是改变航道原理。

（　）3. 宗旨、战略、预算都是计划的表现形式。

（　）4. 销售计划、生产计划和人力资源计划都是综合性计划。

（　）5. 古人云："运筹于帷幄之中，决胜于千里之外。"这里的"运筹帷幄"反映了管理中的计划职能。

（　）6. 目标并不决定未来，但它是动员企业中各种资源和力量去创造未来的手段。

（　）7. 计划制定中的滚动计划法是动态的和灵活的，按近细远粗的原则来制定，避免对不确定的远期计划做过早过死的安排是它的主要特点之一。

（　）8. 网络图中的"关键线路"是指占用时间最短，宽裕时间最少的活动序列。

（　）9. 信息量过大固然有助于计划水平的提高，但对组织而言可能不经济。

（　）10. 战略计划往往是一种长期计划，但长期计划并不一定都是战略计划。

四、简答题

1. 计划的特点有哪些？

2. 简述计划的作用。

3. 简述计划的编制原则。

4. 简述计划的编制程序。

5. 简述滚动计划法的特点。

6. 简述网络计划方法的基本步骤。

五、论述题

1. 计划制定的正确是否一定能够带来企业效益的增长？

2. 影响计划工作的主要因素有哪些？组织应根据什么来确定在某种情况下应该制定的计划种类？

六、案例分析题

案例1. 人类第一次登月

1969年7月20日，随着"休斯顿，川奎特基地，'鹰号'已经着陆了。"的声音传来，向世人宣告了人类第一次登月成功。这一成功盛举背后的场面令人难以置信，看起来十分理想的顺利飞行，实际上，如果完全按照计划飞行，几乎会面临一场巨大的灾难。

为了把三名宇航员送入太空，其中两名宇航员驾驶太空飞船，然后着陆在月球上，技术专家和飞行控制人员对每一细节都制定了非常详细而周密的计划。而当尼尔·阿姆斯特朗和巴兹·阿尔顿开始驾驶小型极易损坏的"鹰号"太空飞船向月球表面降落的时候却出了差错，警报突然响了——一个"1202"报警声音。离月球表面着陆只剩下8分钟的时候，除了26岁的技术专家史蒂夫·比尔斯，指挥中心没有一个人知道"1202"意味着什么。整个太空项目组只能等待，看比尔斯是否放弃月球着陆。比尔斯最后决定，问题是由于飞船上的计算机信息太多不能处理而引起的，只要计算机不完全关闭，他们就能成功地在月球上着陆。尽管响了警报，指挥中心还是按计划向"鹰号"发出了继续着陆的信号。当"Eagle"离月球表面只有5000英尺，且以100英尺/秒的速度飞向月球时，另一个问题发生了。指挥中心的计算机引导飞船进入着陆区，但当尼尔·阿姆斯特朗从飞船窗口看月球表面的时候，他没有看到任何事先研究月球表面时所能认出的东西。计算机制导系统正引导他们进入一个岩石地带——与事先计划的完全不同。着陆在像大众汽车那么大的岩石上，精密的月球着陆器肯定会粉身碎骨。在离月球表面350英尺时，尼尔·阿姆斯特朗没有与休斯顿指挥部说一句话，就直接手动操纵飞船寻找着陆地点。指挥中心的工程师和技术人员只是坐着而不能给以任何帮助。当阿姆斯特朗离月球越来越近时，他能看到的还只是岩石。

同时，在休斯顿，计算机显示"鹰号"着陆油箱里的燃料已经很少了。指挥中心的决定是，如果"鹰号"不能在60秒之内着陆，登月行动即告失败。25秒，20秒，阿姆斯特朗离月球表面只有100英尺了，这时他找到了一个着陆地点，如果他能及时降落到那里的话似乎是安全的。很快，通信系统中传来尼尔·阿姆斯特朗平静、镇定、冷静的声音："休斯顿，川奎特基地，'鹰号'已经着陆了。"

实践证明，再详细的计划在执行过程中也必须根据实际情况调整策略，不能机械地按照计划行事。

思考题：

① 在计划登月任务时，具体计划和指导性计划都起了什么样的作用？

② 在此案例中，是否存在权变计划？

案例2. 乔森家具公司的目标

乔森家具公司初创时主要经营卧室和会客室家具，并取得了相当大的成功。随着规模的扩大，自20世纪70年代开始，公司又进一步经营餐桌和儿童家具。1975年，乔森退休，他的儿子约翰继承父业，不断拓展卧室家具业务，扩大市场占有率，使得公司产品深受顾客欢迎。到 1985 年，公司卧室家具方面的销售量比 1975 年增长了近两倍。但公司在餐桌和儿童家具的经营方面一直不得法，面临着严重的困难。

乔森家具公司自创建之日起便规定，每年 12 月召开一次公司中、高层管理人员会议，研究讨论战略有关的政策。今年 12 月 14 日，公司又召开了每年一次的例会，会议由董事长兼总经理约翰先生主持。约翰先生在会上首先指出了公司存在的员工思想懒散、生产效率不高的问题，并对此进行了严厉的批评，要求迅速扭转这种局面。与此同时，他还为公司制定了今后 5 年的发展目标。具体包括：1. 卧室和会客室家具销售量增加 20%；2. 餐桌和儿童家具销售量增长 100%；3. 总生产费用降低 10%；4. 减少补缺职工人数 3%；5. 建立一条庭院金属桌椅生产线，争取 5 年内达到年销售额 500 万美元。这些目标主要是想增加公司收入，降低成本，获取更大的利润。但公司副总经理托马斯跟随乔森先生工作多年，了解约翰董事长制定这些目标的真实意图。尽管约翰开始承接父业时，对家具经营还颇感兴趣。但后来，他的兴趣开始转移，试图经营房地产业。为此，他努力寻找机会想以一个好价钱将公司卖掉。为了能提高公司的声望和价值，他准备在近几年狠抓一下经营，改善公司的绩效。

思考题：

你认为约翰董事长为公司制定的发展目标合理吗？为什么？

案例 3. 顾军的打算

宏远公司是一家拥有一家贸易公司、一家建筑装饰公司和一家房地产公司，有员工 300 多人，拥有几千万资产的民营企业。顾军是宏远公司的老板。2014 年，宏远公司捐献 50 万元援建一所希望小学，从而名声大噪。2015 年以来，建筑公司任务还可以，但由于成本上升，只能勉强维持，略有盈余。贸易公司 2015 年做了两笔大生意，挣了点钱，其余的生意均没有成功，而且仓库里的存货很多，无法出手，贸易公司的日子也不好过。房地产公司更是一年不如一年，生意越来越难做，留着的几十套房子把公司压得喘不过气来。顾军一直在思考到底该怎样制定公司的目标和计划。到省财经学院工商管理学院听关于现代企业管理知识的讲座期间，认识了滨海市一家国有大公司的老总，得知这家公司正在寻找在非洲销售他们公司当家产品——小型柴油机的代理商，据说这种产品在非洲很有市场。这家公司老总很想与宏远公司合作，他希望利用民营企业的优势去抢占非洲市场。顾军深感这是个机会，但该如何把握呢？不久，顾军又得到信息，市里规划从 2016 年开始江海路拓宽工程，江海路两边都是商店，许多大商店都想借这一机会扩建商厦，但苦于资金不够。宏远公司早就想进军江海路了，现在诱人的机会来了，但投入也不少，该怎么办？随着购房政策的变化，一段时间没有正常运作的房地产是不是该动了？这些问题一直盘旋在顾军的脑海中。

思考题：

① 宏远公司是否应该制定短期、中期、长期计划？

② 你如何为顾军编制公司发展计划出谋划策？

③ 你如何看待顾军捐资修建希望小学这件事？

案例 4. 李翔的授权计划

李翔是立峰有限公司的董事长兼总经理，事必躬亲，下属只是他可以随意支配的助手。今年，他意识到自己的管理方式存在一些问题，决定让下属分担一些责任，逐渐放弃自己的管理角色。于是他邀请了一些顾问，为公司拟订了管理制度。顾问建议他从内部提拔三位资深经理以使他卸下一部分重任，退居咨询和顾问的地位。李翔接受了建议，从外部请来了王昆担任培训部经理。此外，顾问还告诉李翔，经理们对如何经营自己的部门必须提出更多的创意，对于他们的管理能力也有必要加强。整个授权计划进行得很顺利，经理们的责任日益加重。

王昆积极地开展了培训计划，教授一些员工沟通和决策的技巧。李翔批准他邀请国内知名专家做专题演讲，收到了很好的效果。三位得到提拔的新经理都已在立峰公司服务多年，他们起先对李翔是否百分之百支持授权政策心存怀疑，因为他们知道李翔独揽大权已成习惯。当经理们打算在自己的责任范围内实行某些改变时，李翔很高兴经理们能够迅速承担起责任。虽然李翔还以主席的身份参加高层主管会议，但是他一再声明会在"几个月后"退出这类会议。

然而，在新经理开始执行变革计划不久，李翔开始担心新经理的所作所为了。顾问告诉他，他们的行为并没有超出职权范围，李翔才打消了干预的念头，直到他听说营销经理张浩计划把产品直接销给零售商。事情发生在一次会议上，张浩还没有解释清楚他的计划，就被李翔厉声打断了："你不能这样做！上一次我们的尝试几乎把公司弄垮了。"张浩平静地回答说："那是几年前的事情，我刚才说过，依现在的市场情况和我们的能力，如果要打算拓展产品的销路，不仅应该这么做，而且势在必行。"李翔直截了当制止张浩说下去，他不愿意听任何解释，迈开大步走出会议室，留下其他人面面相觑，不知如何是好……

思考题：

① 你认为李翔面临的主要问题是什么？

② 你对李翔的授权计划有什么好的建议？

第五章 预测与决策

管理的核心是决策，预测作为决策中重要的环节，也是最早发生的环节。本章从预测与决策的含义入手，阐述了预测与决策的概念、类型和方法等相关内容。

- 知识点：
1. 掌握预测的含义和作用；
2. 理解预测的步骤与方法；
3. 掌握决策的含义和作用；
4. 掌握决策的分类、程序与方法。
- 技能点：
1. 掌握预测与决策的方法；
2. 认知并能有意识培养自己的决策能力。

引导案例 1：曲突徙薪

有位客人到某人家里做客，看见主人家的灶上烟囱是直的，旁边又有很多木材。客人告诉主人说，烟囱要改曲，木材需移去，否则将来可能会有火灾，主人听了没有做任何表示。不久主人家里果然失火，四周的邻居赶紧跑来救火，最后火被扑灭了，于是主人烹羊宰牛，宴请四邻，以酬谢他们救火的功劳，但并没有请当初建议他将木材移走，烟囱改曲的人。

有人对主人说："如果当初听了那位先生的话，今天也不用准备宴席，而且没有火灾的损失，现在论功行赏，原先给你建议的人没有被感恩，而救火的人却是座上客，真是很奇怪的事呢！"主人顿时省悟，赶紧去邀请当初给予建议的那个客人来吃酒。

在竞争日益激烈的环境条件下，一个组织要立于不败之地，就要求组织时时根据环境情况的变化做出准确的科学决策。掌握组织面临的环境情况，就需要对组织面临的市场及相关事物未来的发展进行分析和研究，从而对其市场及相关事物的未来做出准确的预测。优秀的组织管理者不仅能对当时情况的变化及时做出反应，而且能预见到未来的变化，并因此而采取相应的措施。因此，预测是决策的基础，是进行科学决策的前提条件。正确的决策离不开科学的预测。一个组织要想取得成功，只有在广泛的市场调研的基础上才能通过表面看到商机，从而做出正确的决策，获得成功。

第一节 预测

一、预测的定义

预测是通过运用科学方法对客观事实历史和现状进行科学的调查和分析，由过去和现在去推测未来，由已知去推测未知，从而揭示客观事实未来发展的趋势和规律，为决策提供依据。

预测是一门科学，同时又是一门艺术。由于事物的发展变化受到多种可能因素的影响，这就使得预测不仅要运用合理假设、逻辑推理和科学的分析方法，还要依赖于预测者本人专业知识、经验、判断能力，以及从所收集到的不完整的数据和资料中提取有用信息的能力。预测也是一个完整的管理活动过程。预测的结果是在对所预测的事物进行一系列科学的分析后做出的，包括预测目标的确定、预测信息资料的收集、预测方法的选择和应用、预测模型的选定及估计、预测结果的评价等一整套过程，如图 5-1 所示。

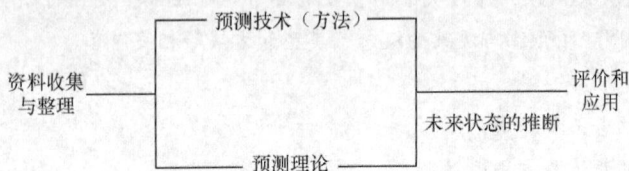

图 5-1　预测

二、预测的分类

按照预测的范围不同，预测可分为经济预测、技术预测、社会和政治预测等。

（一）经济预测

经济预测可分为宏观经济预测和微观经济预测。

宏观经济预测是为制定国民经济规划、经济计划和经济政策服务的，是以整个社会经济发展的总蓝图作为考察对象，研究经济发展中各项有关指标之间的联系和发展变化。宏观经济预测是政府制定方针政策，编制和检查计划，调整经济结构的重要依据。微观经济预测主要是指从企业经营的角度所做的各种经济预测，以单个经济单位生产经营发展的前景作为考察对象，研究微观经济中各项有关指标之间的联系和发展变化，其中主要是对市场的预测。

（二）技术预测

由于技术进步的步伐不断加快，从技术发明到投入大规模商品化应用的时间不断缩短、"产品技术寿命周期"不断缩短和加速，以及技术进步对一个国家或一个企业的生存与发展的决定作用不断加大、从技术进步中获取的经济效益和社会效益越来越显著等，所有这些趋势都使得技术预测日益引起人们的重视。技术预测对计划工作的影响作用也日益增强，从而使它成为国家或企业计划工作重要的基础性工作。

（三）社会和政治预测

一方面，人口的增长、可再生资源的逐渐枯竭和环境污染引起人们对世界前途的忧虑；另一方面，能源工程、微电子学、生物工程和材料工程的研究进展，又增加了人们对世界前途的希望。这些因素对一个国家或一个企业的技术、经济和社会发展战略和政策的影响，使得社会和政治预测越来越引起人们的重视。社会和政治预测包括社会变革、经济发展的社会后果预测、生态环境变化、环境保护及环境污染状况预测、人口增长、家庭结构变化、生活消费结构变化、教育需求、宗教信仰、价值观、道德观变化等方面的预测。

课间案例 1：日本汽车的成功

美国汽车制造一度在世界上占霸主地位，日本汽车工业则是自 20 世纪 50 年代学习美国发展而来的，但是时隔 30 年，日本汽车制造业突飞猛进，其成功的原因之一就是对市场的准确预测。

在美国汽车行业与日本汽车行业相争的 20 世纪 60 年代里，当时有两个因素影响汽车工业：一是第三世界的石油生产被工业发达国家所控制，石油价格低廉；二是轿车制造业发展很快，豪华车、大型车盛行。擅长市场调查和预测的日本汽车制造商首先通过表面经济繁荣，看到产油国与跨国公司之间暗中正酝酿和发展着的斗争，以及发达国家消耗能量的增加，预见到石油价格会很快上涨。因此，必须改产耗油小的轿车来适应能源短缺的环境。其次，随汽车数增多，马路上车流量增多，停车场的收费会提高，因此，只有造小型车才能适应拥挤的马路和停车场；最后，日本制造商分析了发达国家家庭成员的用车情况，主妇上超级市场，主人上班，孩子上学，一个家庭只有一辆汽车显然不能满足需要。这样，小巧玲珑的轿车得到了消费者的宠爱。于是，日本在调研的基础之上准确预测，并做出正确的决策。在 20 世纪 70 年代，世界石油危机中日本物美价廉的小型节油轿车横扫欧美市场，市场占有率不断提高，而欧美各国生产的传统豪华车因耗油大，成本高，以致销路大受影响。

三、预测的程序

（一）提出预测的课题，确定预测目标

根据社会和组织的要求，运用创造性思维，提出预测的课题，确定预测的目标、任务、对象、预测范围、时间和假定条件以及研究方法等。

（二）调查、收集和整理资料

根据问题的性质和预测目标的要求，有目的地收集有关预测对象历史和目前的资料。另外，要大量收集预测的背景材料，即有关的科学技术、经济、社会、政治和文化等方面的材料，有时，还要收集国内外同类预测研究的成果。对收集到的历史统计数据要认真地进行过滤、分析和整理，剔除因偶然因素所造成的不正常影响，为获得满意的预测成果提供科学的依据。

（三）选择预测方法，建立预测模型

预测方法的选择要以预测目标、资料的数量和可靠程度来加以确定。一般应同时采用两种以上方法，以保证预测的准确性。

（四）估计预测误差，评定预测结果

预测误差是不可避免的。这就需要对预测值进一步进行分析，将预测结果与定性分析的一般性结论对照，检验其合理性和可信程度，估计预测误差大小，并进行必要纠正。然后，将预测结果进一步征询专家意见，以检验预测结果，并检验预测模型。

（五）提交预测报告

在预测结果的基础上提出预测报告，然后将预测报告交付预测机构。

课间案例2：可口可乐预测失误

20 世纪 70 年代中期以前，可口可乐一直是美国饮料市场的霸主，市场占有率一度达到80%。然而，20 世纪 70 年代中后期，它的老对手百事可乐迅速崛起，1975 年，可口可乐的市场份额仅比百事可乐多 7%；9 年后，这个差距更缩小到 3%，微乎其微。为了应对百事可乐的竞争，1982 年，可口可乐在全国 10 个主要城市进行一次深入的消费者调查，希望了解消费者对可口可乐口味的评价并征询对新可乐口味的意见。调查结果显示，大多数消费者愿意尝试新口味可乐。

可口可乐的决策层以此为依据，决定开发新口味可乐。在新可口可乐正式推向市场之前，可口可乐公司又花费数百万美元在 13 个城市中进行了口味测试，邀请了近 20 万人品尝无标签的新/老可口可乐。结果让决策者们更加放心，六成的消费者回答说新可口可乐味道比老可口可乐要好，认为新可口可乐味道胜过百事可乐的也超过半数。可口可乐不惜血本协助瓶装商改造了生产线，而且，为配合新可乐上市，可口可乐还进行了大量的广告宣传。1985年 4 月，可口可乐在纽约举办了一次盛大的新闻发布会，邀请 200 多家新闻媒体参加，依靠传媒的巨大影响力，新可乐一举成名。看起来一切顺利，刚上市一段时间，有一半以上的美国人品尝了新可乐。但让可口可乐的决策者们始料未及的是，很快，越来越多的老可口可乐的忠实消费者开始抵制新可乐。

对于这些消费者来说，传统配方的可口可乐意味着一种传统的美国精神，放弃传统配方就等于背叛美国精神，"只有老可口可乐才是真正的可乐"。有的顾客甚至扬言将再也不买可口可乐。每天，可口可乐公司都会收到来自愤怒的消费者的成袋信件和上千个批评电话。尽管可口可乐竭尽全力平息消费者的不满，但他们的愤怒情绪犹如火山爆发般难以控制。

迫于巨大的压力，决策者们不得不做出让步，在保留新可乐生产线的同时，再次启用近100 年历史的传统配方，生产让美国人视为骄傲的"老可口可乐"。

四、预测的方法

按照预测方法的不同，预测分为定性预测和定量预测两种。

（一）定性预测方法

定性预测方法是依靠预测人员的知识、经验和综合分析能力，对未来预测对象的发展状况做出推断和描述的预测方法。

如果预测对象的变化不是渐进式的，而是突变式的，因此，仅从历史统计的时间序列中是无法推测出来的。这就需要运用定性预测方法，如新发明、新技术、新工艺的出现时间和投入商品化应用的时间等问题。该种方法具有直观简单、费用较低、掌握起来并不容易及需要有丰富的经验等特点，一般在预测资料不完整或较少的情况下，采用定性预测效果较好。

定性预测方法主要包括以下几点。

1．经验判断预测法

经验判断预测法是单纯凭借预测人员的经验和预测能力，对事物的未来发展方向做出判断的预测方法。经验判断预测法是定性预测法中最常用的方法之一，具有操作简单、经济、便利和及时的特点。经验判断预测法又可分为个人直观判断法和集体经验判断法。

2．专家预测法

专家预测法是指根据市场预测的目的和要求，联系、组织具有相关丰富经验和知识的专家，向他们提供相应的背景资料，然后请他们对某事物变化的趋势做出判断的方法。专家预测法又可以分为专家调查法（德尔菲法）和专家会议法等。

3．主观概率预测法

主观概率法是通过对将要预测的随机事件的发生概率进行赋值预测的方法，它是一种适用性很强的统计预测方法。依据主观概率给出方的不同，主观概率法又可以分成专家主观给出概率的预测方法和由组织者事先给出概率的预测方法。

4．情景分析预测法

情景分析预测法又称脚本法或前景描述法，是指在对研究主体所处的外部环境进行分析研究后，通过推测、模拟外部因素可能发生的多种交叉情景，来分析和预测研究主体或主题的各种可能发展前景。它是另一种比较常见和重要的定性预测方法。

课间案例3：三个业务员寻找市场

美国一个制鞋公司要寻找国外市场，公司派了一个业务员去非洲一个岛国，让他了解一下能否将本公司的鞋销给他们。这个业务员到非洲后待了一天发回一封电报："这里的人不穿鞋，没有市场。我即刻返回。"公司又派出了一名业务员，第二个人在非洲待了一个早期，发回一封电报："这里的人不穿鞋，鞋的市场很大，我准备把本公司生产的鞋卖给他们。"公司总裁得到两种不同的结果后，为了解到更真实的情况，于是又派去了第三个人，该人到非洲后待了三个星期，发回一封电报："这里的人不穿鞋，原因是他们脚上长有脚疾，他们也想穿鞋，过去不需要我们公司生产的鞋，因为我们的鞋太窄。我们必须生产宽鞋，才能适合他们对鞋的需求，这里的部落首领不让我们做买卖，除非我们借助于政府的力量和公关活动搞大市场营销。我们打开这个市场需要投入大约 1.5 万美元。这样我们每年能卖大约 2 万双鞋，在这里卖鞋可以赚钱，投资收益率约为 15%。"

（二）定量预测方法

定量预测方法是通过对经济现象量方面的分析，来揭示经济现象的变化规律或发展趋势，并在定性分析基础上，对未来经济发展的程度和数量关系进行预测的一种方法。定量预测方法比定性预测方法更完善、更成熟；预测结果更详尽、更精确。它适用于经常性的预测等。常用的定量预测方法主要有时序预测法和因果预测法等。

1．时序预测法

时序预测方法是根据历史统计数据的时间序列，对未来的变化趋势进行预测。除了语言所能描述的直观的变化趋势外，大多数变化趋势包含在用统计数字组成的时间序列中。一般来说，序列由四种变化成分组成，即长期趋势变化、季节变化、周期变化和随机波动。预测时间序列中包含的变化趋势是大多数企业进行销售预测时的主要工作。时序预测方法主要包括简单平均法、移动平均法和指数平滑法等。

2. 因果预测方法

因果预测方法是根据事物间的因果关系对变量的未来变化进行预测，一般来说，因果预测方法比起一般的时序预测方法，预测得更精细一些。因果关系是客观事物间普遍存在的一种联系。现实生活中因果关系的例子有很多。对因果关系进一步分析会发现，影响结果的原因通常远不止一种，如粮食产量除了同降雨量有关外，还与品种、施肥、管理等多种因素有关，这就使得主要原因与结果之间的关系存在着一定的不肯定性。因果预测方法主要有回归分析方法、计量经济学方法和投入产出法等。

引导案例2：决策失误

热带雨林中，虎啸猿啼，草木丛生，各种动物在树枝上、草丛间玩耍，上蹿下跳，十分活跃，一切都显得生机盎然，那么正常、理想、幸福。但天有不测风云，暴雨袭来，不久洪水就淹没了森林的大部分，大小动物拼命向最高处奔去。待大家聚到高处，洪水还在暴涨，于是大家推选最聪明的猿猴主持召开会议，大家为如何脱险议论纷纷，一时不知所措。

猿猴说：看谁能游泳？很快推选出青蛙、水蛇等四大水手。猿猴灵机一动说："不行！只会游泳，跑得不快，不能迅速报信求救。"大家一致赞成，但谁是水陆都行的能手呢？猿猴脑子快，撇了一眼看到了蜈蚣。它会水，腿又多，一定跑得快。猿猴自鸣得意地断然做出决定：马上让蜈蚣出发。大家也心情坦然地继续开会。当天已漆黑散会时，大家发现蜈蚣还没有走，因为脚太多，穿鞋成了最费时间的事。大家对猿猴的错误决策十分愤慨，群起而攻之。

第二节 决策

决策是计划工作的核心部分，美国管理学家西蒙认为管理就是决策。事实上，决策是管理者从事管理工作的基础，是管理活动的核心，它贯穿于管理过程的始终，各项管理职能的开展都离不开决策。实际管理工作中，最大的失误来自于决策的失误，因此，掌握科学决策的理论与方法是提高管理效率与效益的基础。

一、决策的定义

所谓决策，是为了实现组织目标，提出各种可行方案，依据评定准则和标准，在多种备选方案中，选择一个合理方案进行分析、判断并付诸实施的过程。

决策能有意识地指导人们的行动走向未来预定的目标，决策的主体既可以是组织，也可以是组织中的个人；决策要解决的问题，既可以是组织或个人活动的选择，也可以是对这种活动的调整。科学的决策，应当通过认真地研究，实事求是地分析，去粗取精，去伪存真，由此及彼，由表及里，把握住事物变化的规律，从而做出合理、可行的决断。

课间案例 4：阿斯旺水坝的灾难

规模宏大的埃及阿斯旺水坝在 20 世纪 70 年代初竣工了。表面上看，这座水坝给埃及人带来了廉价的电力，控制了水旱灾害，灌溉了农田。然而，实际上却破坏了尼罗河流域的生态平衡，造成了一系列灾难：由于尼罗河的泥沙和有机质沉积到水库底部，使尼罗河两岸的绿洲失去肥源——几亿吨淤泥，土壤日益盐渍化；由于尼罗河河口供沙不足，河口三角洲平原向内陆收缩，使工厂、港口、国防工事有跌入地中海的危险；由于缺乏来自陆地的盐分和有机物，致使沙丁鱼的年获量减少 1.8 万吨；由于大坝阻隔，使尼罗河下游的活水变成相对静止的"湖泊"，血吸虫病流行。埃及造此大坝所带来的灾难性后果，不由得让人们深深感叹：一失足成千古恨！

二、决策的特点

（一）目的性

明确的目的是决策的前提。决策总是为实现组织的某一目标而开展管理活动的。没有目标就无从决策，没有问题则无需决策。

（二）可行性

决策条件是若干可行的备选方案。决策通常是在两个以上的备选方案中做选择；一个方案无从比较其优劣，也无选择的余地。"多方案抉择"是科学决策的重要原则。

（三）选择性

决策过程，要进行方案分析比较。每个可行方案既有其可取之处，也有其不利的一面。所以，人们必须对每个备择方案进行综合的分析与评价，以分析每一个方案的利弊，比较各方案的优劣。人们通过分析比较，最终做到决策时"心中有数"。

（四）满意性

选择活动方案的原则是满意原则，而非最优原则。因为最优方案既不经济又不可行，需要建立在完全信息基础之上，条件苛刻，可遇而不可求。科学决策遵循的是满意原则，即在诸多方案中，在现实条件下，选择能够使主要目标得以实现，其他次要目标也足够好的合理方案。

（五）过程性

决策是一个分析判断的全过程，从决策目标的确定，到决策方案的拟订、评价和选择，再到决策方案执行和结果的评价，诸多步骤构成了一项完整的决策。组织决策不是一项决策，而是一系列决策的综合。

（六）动态性

决策是一个过程，而非瞬间行动。组织所处的环境往往受到来自组织内部和外部的各种因素的影响，环境变化要求管理者不断监测、研究，在变幻莫测的环境中寻求机会，追踪决策，及时调整组织活动，实现组织与环境间的平衡。

（七）风险性

决策活动中，由于主体、客体等多种不确定因素的存在，决策活动常常不能达到预期目的。任何一种决策，都是在一定环境下，按照一定程序，由单个人或集体做出的。决策不仅仅只是一个客观过程，还涉及大量的个人的情感以及价值判断等主观因素。随着决策机制的不断发展与完善，客观因素在决策风险中所占的比重将越来越小，而主观方面因素将越来越重要。

课间案例 5：投资的故事

曾经有两个企业都想在某市郊区投资地产，并各派了专人前去调查那里的情况。结果 A 企业的人在考察之后，向公司报告说："那里人口稀少，房产业发展机会渺茫，房子建好了也没有人来住。"而 B 企业的人则在考察之后，向公司报告说，"该地虽然人口稀少，但那里环境优雅，人们厌倦了城市的喧嚣，定会喜欢在那里安置生活。"果然不出 B 企业的所料，随着城市包围农村，城里人越来越向往农村生活，尤其是一些农家乐，办得更是如火如荼。

两个企业对同一个项目投资的看法，存在天壤之别。B 企业高瞻远瞩，其投资是明智的；而 A 企业的人员不能正确分析环境，鼠目寸光。B 企业的远见卓识远远高于前者。如果一个企业的领导像 A 企业的人一样近视，那么他的决策很可能都是短期行为，而如 B 企业那样结合环境因素，认真分析，就可以科学决策，保证企业的正常生存和可持续发展。

三、决策的分类

（一）按决策的主体不同划分，决策分为个人决策和群体决策

个人决策是指由组织中的个人所做出的决策；而当决策全过程的活动涉及到两个或两个以上的人时，不论这些人是一般性地参与决策，还是真正地做决策，这时的决策就是一种群体决策。如"董事会制"下的决策就是一种群体决策，由集体做出决策方案的选择。

个人决策效率高、富于创造性、责任明确，但受人的有限理性的影响较大，也容易出现因循守旧、先入为主等问题。与个人决策相比，群体决策可以集思广益，拥有更广泛的知识、经验和信息，对风险的理解和控制更好，从而提高了决策方案的接受性和组织成员的积极性。

（二）按决策的重复性划分，决策分为程序化决策与非程序化决策

按照决策和活动的程序性，美国管理学家西蒙把组织活动分为两类：例行活动和非例行活动，对应的决策即是程序化决策和非程序化决策。

程序化决策，是指经常重复发生，并按固定程序、方法和标准进行的决策。非程序化决策是指具有极大偶然性、随机性、又无先例可循且具有大量不确定性的决策活动。程序化决策依赖于决策者的经验、知识、决断能力，常用于处理例外问题，无先例可循。

通常，企业高层管理者面临的大多是非程序化决策，中、基层面临的大多是程序化决策。必须指出的是，它们并非是真正截然不同的两类决策，而是像一个光谱一样的连续统一体。在统一体的一端为高度程序化的决策，而另一端为高度非程序化的决策。我们沿着这个光谱式的统一体，可以找到不同灰色程度的各种决策。

（三）按决策后果的可能性划分，决策分为确定型决策、风险型决策和不确定型决策

确定型决策，是指在确定可控的条件下进行的决策。在决策中，每个方案只有一个确定的结果，最终选择哪一个方案取决于对方案结果的直接比较。如果方案选定，则该方案后果的发生概率等于1。

风险型决策，是指决策的结果有多种，决策者不知道会发生哪一种结果，但每种结果发生的概率已知。决策者对决策对象的自然状态和客观条件比较清楚，也有比较明确的决策目标，但是实现决策目标必须冒一定风险。

不确定型决策，是指在不稳定条件下进行的决策。决策的结果有多种，决策者不知道会出现多少种结果，也不知道每种结果发生的概率。

（四）按决策所需解决的问题划分，决策可分为初始决策和追踪决策

初始决策是指组织对从事某种活动或从事该种活动的方案所进行的初次选择；追踪决策则是在初始决策的基础上对组织活动方向、内容或方式的重新调整。如果说初始决策是在对组织内外环境的某种认识基础上做出的，追踪决策则是由于这种环境条件发生了变化，或者是由于组织对环境特点的认识发生了变化而引起的。显然，组织中的大部分决策都属于追踪决策。

（五）按决策的作用范围划分，决策可分为战略决策、战术决策和业务决策

战略决策，事关组织兴衰成败，通常是带有全局性、长远性的大政方针、经营方向等。决策权由最高层管理者行使，如组织战略目标的确定。

战术决策，指有关实现战略目标的方式、途径、措施的决策。决策权主要由中层管理者行使，如生产、销售计划的确定等。这是在组织内贯彻的决策，属于战略执行过程中的具体决策。

业务决策，指组织为了提高日常业务活动效率而做出的决策，只对组织产生局部影响，如生产进度安排、库存控制等。它比战术决策更具体，一般由基层管理者做出。

四、决策的程序

决策所要解决的问题复杂多样，决策程序也不尽相同，但一般都遵循一些基本程序。通常决策的基本过程包括以下方面。

（一）鉴别分析问题

任何决策都是从发现问题和提出问题开始的。决策过程的第一步应该是发现问题并对问题进行全面且完整的鉴别，鉴别问题对解决问题是至关重要的。

在一个具有两个或两个以上层次的组织中，仅发现问题并提出是不够的，还必须在提出问题的基础上，对众多的问题进行分析，以明确各种问题的性质。一是弄清问题的性质、范围、程度以及它的价值和影响，如是战略性问题还是局部问题、非程序性的问题还是程序性问题等，由此确定问题的决策层次；二是要找出问题产生的原因，管理者应对环境的变化进行认真的分析，只有通过对各种预兆进行分析，才能透过表象看到环境变化的本质，才能找到造成问题的真正原因，对事物发展做出超前的、正确的预计。

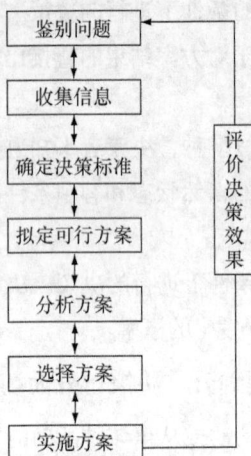

图 5-2　决策程序

（二）收集信息

在问题被明确和定义之后，决策者就可以开始对问题进行系统分析。分析问题的前提条件是着手调查研究，收集实际资料并加以整理。准确、充分、及时的信息是决策的基础，是有效决策的保证。

在这个步骤里，管理者应积累所有解决问题所需要的数据资料，其数量和搜集信息的范围主要取决于问题的性质和复杂程度。管理者可以从往日的经验、记录、报刊、杂志等获得信息和资料，包括销售、财务、生产、人事等方面的资料，并将资料归类，建立数据库。

（三）确定决策目标

在明确所要解决的问题之后，则要明确决策目标。目标的确定十分重要，同样的问题，由于目标不同，可采用的决策方案也会大不相同。目标的确定，要经过调研，掌握系统准确的统计数据和事实，然后进行一定的整理分析，根据对组织总目标及各种目标的综合平衡，结合组织的价值准则和决策者愿意为此付出的努力程度进行确定。

（四）拟订可行方案

认识到决策需要之后，管理者必须拟订一组可行的备选行动方案，用来应对出现的机遇和威胁。备选方案既要注意有科学性，又要注意有创造性；同时备选方案越多，解决办法会越完善。

（五）分析备选方案

备选方案拟订出之后，决策者必须客观地评价这些备选方案，认真地分析每一个方案的实用性和经济可行性，层层筛选。如果所有的备选方案都不令人满意，决策者还必须进一步寻找新的备选方案。通常，成功的管理者会使用实用性标准、经济可行性标准、是否合乎道德和法律来对支持或者反对某一项备选行动方案的理由进行评价。

（六）选择满意方案

各种备选方案都有其优点和缺陷，决策要求以"满意原则"来确定方案。在对各方案进行理性分析比较的基础上，决策者最后要从中选择一个满意方案并付诸实施。选择方案时，就是在各种可供选择的方案中权衡利弊，分析其可执行性，这是决策的关键过程。

（七）实施方案

选择满意的方案后，决策者必须使方案付诸实施。管理者必须设计所选方案的实施方法，做好各种必需的准备工作。如果是重大决策，应落实部门、人员的监管责任，掌握满意方案的实施情况。尤其在关键时段、关键时点，要加强监督控制，以保证组织内实施决策方案的及时性、可操作性和正确性。

此外，决策的实施还要有广大组织成员的积极参与。为了有效地组织决策实施，决策者应通过各种渠道将决策方案向组织成员通报，争取成员的认同，对成员给予支持和具体的指导，调动成员的积极性。

（八）评价决策效果

决策者应该通过信息的反馈来评价和衡量决策的效果，决策者最后的职责是定期检查计划的执行情况并将实际情况与计划结果进行对比。这一过程应根据已建立的标准来衡量方案实施的效益，通过定期检查来评价方案的合理性。这种评价必须是全方位的，在方案实施过程中要不断进行追踪。

决策过程的最后一个步骤就是从反馈中学习，回顾可以明确功过，确定奖惩，为今后的决策提供信息和积累经验。所以，管理者必须建立起一种从过去决策的结果中进行学习的正式程序，提高自身的决策水平。

课件案例 6："野马"的成功

1960 年，李·艾柯卡升为美国福特公司副总裁兼总经理，他观察到 20 世纪 60 年代一股以青年人为代表的社会革新力量正式形成，它将对美国社会、经济产生难以估量的影响。李·艾柯卡认为，设计新车型时，应该把青年人的需求放在第一位。在他精心组织下，经过多次改进，1962 年年底这种新车最后定型。它看起来像一部运动车，鼻子长、尾部短，满足了青年人喜欢运动和刺激的心理。更重要的是，这种车的售价相当便宜，只有 2500 美元左右，一般青年人都能买得起。最后，这种车还取了一个令青年人遐想的名字——"野马"。1964 年 4 月纽约世界博览会期间，"野马"正式在市场上露面，在此之前，福特公司为此大造了一番舆论，掀起了一股"野马"热。在头一年的销售活动中，顾客买走了 41.9 万辆"野马"，创下全美汽车制造业的最高纪录。"野马"的问世和巨大成功显示了李·艾柯卡杰出的经营决策才能。从此，他便扬名美国企业界，并荣任福特汽车公司总裁。

五、决策的影响因素

（一）环境

环境对组织决策的影响是双重的。环境特点首先影响着组织决策的频率和内容。如在一个相对稳定的市场环境中，企业的决策相对简单，大多数决策都可以在过去决策的基础上做出；如果市场环境复杂，变化频繁，那么企业就可能要经常面对许多非程序性的、过去所没有遇到过的问题。其次，对环境的习惯反应模式也影响着组织活动的选择。即使在相同的环境背景下，不同的组织也可能做出不同的反应。而这种组织与环境之间关系的模式一旦形成，就会趋向固定，影响人们对行动方案的选择。

（二）组织文化

组织文化通常是由组织创办者所建立并在组织多年运行中逐步成型和巩固下来的。组织文化制约着包括决策者在内的所有组织成员的思想和行为，它通过影响人们对改变的态度而对决策起影响和限制作用。

组织文化是构成组织内部环境的主要因素，对待组织文化，应该既注意到它们对组织决策有影响和制约作用的一面，同时也认识到它们还有需要组织进行管理和变革的另一面。决策者对组织文化和组织外部环境，不应该只是被动地适应，还应该主动谋求影响和改变。

（三）过去的决策

组织过去的决策是目前决策过程的起点。通常，当前的决策会受到过去决策的影响，是对初始决策的完善、调整或者改革。过去选择方案的实施，不仅伴随着人力、物力、财力等资源的消耗，而且伴随着内部状况的改善，带来了对外部环境的影响。

过去决策对目前决策的制约程度，主要由过去决策与现任决策者的关系决定。如果过去的决策是由现任的决策者制定的，由于决策者通常要对自己的选择及其后果负责，也为了保证决策的连续性，因此决策者一般不愿对组织的活动进行重大的调整，而趋向于仍将大部分资源投入过去未完成的方案执行中。相反，如果现在的主要决策者与组织过去的重大决策没有很深的渊源关系，则会易于接受重大改变。

（四）决策者的风险态度

决策是人们确定未来活动的方向、内容和行动目标的过程，由于目前预测的未来状况与未来的实际情况不可能完全相符，因此任何决策都存在一定的风险。风险伴随行动结果的不确定性而产生，组织及其决策者对待风险的不同态度会影响对决策方案的选择。愿意承担风险的组织，通常会在被迫对环境做出反应以前就已采取进攻性的行动；而不愿意承担风险的组织，通常只对环境做出被动的反应。

（五）决策的时间紧迫性

美国学者威廉·金和大卫·麦克利兰把决策类型划分为时间敏感决策和知识敏感决策。时间敏感决策是指那些必须迅速且尽量准确的决策。这种决策对速度的要求远甚于质量。例如，当一辆疾驶的汽车冲来时，关键是要迅速跑开，至于跑向马路的左边近些、还是右边近些，相对于及时行动来说则显得比较次要。而知识敏感决策恰恰相反，它对时间的要求不是非常严格。这类决策的执行效果主要取决于其决策质量，而非速度。制定这类决策时，要求人们充分利用知识，做出尽可能正确的选择。战略决策基本上属于知识敏感决策。

课间案例 7　艾森豪威尔的英明决策

1944 年 6 月 4 日，盟军集中 45 个师，1 万多架飞机，各型舰船几千艘，即将开始规模宏大的诺曼底登陆作战。就在这关键时刻，在大西洋上的气象船和气象飞机却发来令人困扰的消息：今后三天，英吉利海峡将在低压槽控制之下，舰船出航十分危险。盟军最高统帅艾森豪威尔面对恶劣的英吉利海峡一筹莫展。盟军司令部的司令官们都知道，登陆战役发起的"D"日，对气象、天文、潮汐这三种自然因素条件也有要求。就在大家几乎束手无策时，盟军联合气象组的负责人、气象学家斯塔戈提出一份预报，有一股冷风正向英吉利海峡移动，在冷风过后和低压槽到来之前，可能会出现一段转好的天气。当时，联合气象组对 6 日的天气又做了一次较为详细的预报：上午晴，夜间转阴。这种天气虽不理想，但能满足登岸的起码条件。艾森豪威尔没有迟疑，他和他的指挥官们果断决定：登陆就在 6 月 6 日。在这个时候，诺曼底德军最高指挥官之一——隆美尔深信盟军不可能在如此恶劣的天气里登陆，便请了四天假，回去为他的太太过生日去了。最为致命的是，仅仅在登陆成功一周后，德军威力无比的杀手锏巡航导弹首次投入使用。后来虽因天气不好，使盟军空降兵损失了 60%的装备，汹涌的海浪使一些登陆战船沉没，轰炸投弹效果差，但诺曼底登陆作战一举成功，却是不可否认的事实。从这个角度看，艾森豪威尔的决策无疑是正确的。

六、决策的方法

随着组织决策理论和实践的不断发展，决策方法不断得到充实和完善。根据方法本身的性质，决策方法可分为定性决策方法和定量决策方法。

（一）定性决策方法

定性决策方法是一种直接利用决策者本人或有关专家的智慧来进行决策的方法。决策者运用社会科学的原理并根据个人的经验和判断能力，充分发挥各自丰富的经验、知识和能力，从对决策对象的本质特征的研究入手，掌握事物的内在联系及其运行规律，对企业的经营管理决策目标、决策方案的拟订以及方案的选择和实施做出决断。常用的定性决策方法有经理人员决策法、方案前提分析法、专家调查法和专家会议法等。其中，专家调查法和专家会议法既是一种预测方法，也是一种决策方法。

1．专家调查法

专家调查法又称专家意见法或德尔菲法，20 世纪 50 年代由美国兰德公司首创和使用，最早用于预测苏联第一颗人造卫星上天的时间，后来推广应用到决策中。德尔菲是古希腊传说中的神谕之地，城中有座阿波罗神殿可以预卜未来，因而借用其名。

德尔菲法是采用征询意见表，借助通信方式，向一个专家小组进行调查，当得到答复后，把专家小组的各种意见经过综合、整理和反馈，如此反复多次，直到预测（决策）的问题得到较为满意的结果的一种预测（决策）方法。这种方法不是非要以唯一的答案作为最后结果，它的目的只是尽量使多数专家的意见趋向集中，但不对回答问题的专家施加任何压力，并允许有合理的分歧意见。选择专家的人数，一般以 10～50 人为宜，但一些重大问题的预测（决策）可选择更多人。

2．专家会议法

专家会议法又称头脑风暴法或智力激励法，是由被称为"风暴式思考之父"的美国创造学家——奥斯本于 1939 年首次提出的一种激发创造性思维的方法。该方法就是邀请有关方面的专家，通过会议的形式，对某些问题做出评价，并在专家分析、判断的基础上，综合各种意见，借以对调查分析事件做出质和量的结论。头脑风暴法强调的是集体思维，目的在于创造一种自由奔放的思考环境。同时，头脑风暴法鼓励创造性思维，激发参与者的创意及灵感，使各种设想在相互碰撞中激起脑海的创造性"风暴"，起到互相启发、开拓思路的作用，但最后处理和综合预测（决策）意见比较难。一般参与者以 10～15 人为宜，时间一般为 20～60 分钟为宜。

专家会议法的原则包括：第一，严格限制问题范围，明确具体要求以便使注意力集中；第二，不能对别人的意见提出怀疑和批评，要研究任何一种设想，而不管这种设想是否适当和可行；第三，发言要精炼，不要详细论述；第四，提倡即席发言；第五，鼓励参与者对已经提出的设想进行改进和综合，为准备修改自己设想的人提供优先发言。

定性决策的优点，即可以发挥集体的智慧和力量，通过思维共振激发创造性；有利于促进决策的科学化和民主化；形成了一套如何利用专家集体创造力的基本理论和具体的具有可操作性和规范化、程序化特征的方法；建立在现代科学理论和一系列学科群的基础上，充分吸纳了其他学科的知识和研究方法的长处，形成了以知识交换融和为基础的系统思维和综合论证条件。但定性决策法也有一定的缺点，即定性决策法是建立在专家个人主观意见的基础上，未经严格论证；决策结果受决策组织者的影响较大；采用定性决策法分析问题时，多数人观念趋于保守，传统观念容易占优势。在实际工作中，定性决策法特别适用于战略政策、政治政策和非规范化政策的制定领域。

课间案例8：直升机扫雪

有一年，美国北方格外严寒，大雪纷飞，电线上积满冰雪，大面积的电线常被积雪压断，严重影响通信。许多人曾试图解决这一问题，但都未能如愿以偿。后来，电信公司经理应用奥斯本发明的头脑风暴法，尝试解决这一难题。于是，他召开了一种能让头脑卷起风暴的座谈会，参加会议的是不同专业的技术人员，此会议要求他们必须遵守以下原则：第一，自由思考。即要求与会者尽可能解放思想，无拘无束地思考问题并畅所欲言，不必顾虑自己的想法或说法是否"离经叛道"或"荒唐可笑"。第二，延迟评判。即要求与会者在会上不要对他人的设想评头论足，至于对设想的评判，留在会后组织专人考虑。第三，以量求质。即鼓励与会者尽可能多而广地提出设想，以大量的设想来保证质量较高的设想的存在。第四，结合改善。即鼓励与会者积极进行智力互补，在增加自己提出设想的同时，注意思考如何把两个或更多的设想结合成另一个更完善的设想。

按照这种会议规则，大家开始讨论。有人提出设计一种专用的电线清雪机；有人想到用电热来化解冰雪；也有人建议用振荡技术来清除积雪；还有人提出能否带上几把大扫帚，乘坐直升机去扫电线上的积雪。对于这种"坐飞机扫雪"的设想，大家心里尽管觉得滑稽可笑，但在会上也无人提出批评。相反，有一位工程师在百思不得其解时，听到用飞机扫雪的想法后，大脑突然受到冲击，一种简单可行且高效率的清雪方法冒了出来。他想，每当大雪过后，出动直升机沿积雪严重的电线飞行，依靠高速旋转的螺旋桨即可将电线上的积雪迅速扇落。他马上提出"用直升机扇雪"的新设想，顿时又引起其他与会者的联想，有关用飞机除雪的主意一下子又多了七八条。不到一小时，与会的 10 名技术人员共提出 90 多条新设想。

会后，公司组织专家对设想进行分类论证。专家们认为设计专用清雪机、采用电热或电磁振荡等方法清除电线上的积雪，在技术上虽然可行，但研制费用大，周期长，一时难以见效。那种因"坐飞机扫雪"激发出来的几种设想，倒是一种大胆的新方案，如果可行，将是一种既简单又高效的好办法。经过现场试验，发现用直升机扇雪真能奏效，一个悬而未决的难题，终于在头脑风暴会中得到了巧妙的解决。

（二）定量决策方法

定量决策方法就是运用数学方法进行决策的方法，其核心是把同决策有关的变量与变量、变量与目标之间的关系，用数学关系表示，即建立数学模型。然后，通过计算求出答案，供决策参考使用。近年来，计算机技术的发展为数学模型的运用开辟了更广阔的前景。

1．确定型决策方法

确定型决策方法，即只存在一种确定的自然状态，是指决策的影响因素和结果都是明确的、肯定的。决策者可依科学的方法建立的决策模型，计算出各个方案的损益值，并通过比较选出满意的方案。确定型决策方法适用于对未来的认识比较充分，了解未来市场可能呈现某种状况，能够比较准确地估计未来的市场需求情况。确定型决策的方法很多，包括线性规划法、量本利分析法、内部投资回报率法、价值分析法等。

（1）线性规划法

线性规划法是解决多变量最优决策的方法，是在各种相互关联的多变量约束条件下，解决或规划一个对象的线性目标函数最优的问题，即给予一定数量的人力、物力和资源，如何应用而能得到最大经济效益。它作为经营管理决策中的数学手段，在现代决策中的应用是非常广泛的。线性规划法可以用来解决科学研究、工程设计、生产安排、军事指挥、经济规划和经营管理等各方面提出的大量问题。具体而言，管理中一些典型的线性规划应用包括合理利用线材问题、配料问题、投资问题、产品生产计划、劳动力安排、运输问题等。

线性规划法一般采取三个步骤：第一步，建立目标函数；第二步，加上约束条件。在建立目标函数的基础上，附加约束条件；第三步，求解各种待定参数的具体数值。在目标最大的前提下，根据各种待定参数的约束条件的具体限制，便可找出一组最佳的组合。

例 5-1：某工厂在计划期内要安排甲、乙两种产品的生产，已知生产单位产品所需的设备台时及 A、B 两种原材料的消耗、资源的限制，如表 5-1 所示。问题：工厂应分别生产多少单位甲、乙产品，才能使工厂获利最多？

表 5-1　　　　　　　　　　　　　　　　　线性规划法

	甲	乙	资源限制
设备	1	1	300 台时
原料 A	2	1	400 千克
原料 B	0	1	250 千克
单位产品获利	50 元	100 元	

解：设计划期内甲产品计划生产 x_1 件、乙产品计划生产 x_2 件

目标函数：$Max\ z = 50\ x_1 + 100\ x_2$

约束条件：$x_1 + x_2 \leqslant 300$

$\qquad\qquad 2\ x_1 + x_2 \leqslant 400$

$\qquad\qquad x_2 \leqslant 250$

变量函数：$x_1,\ x_2 \geqslant 0$

得到最优解：$x_1 = 50,\ x_2 = 250$

最优目标值：$z = 27\ 500$

对于只有两个决策变量的线性规划问题，可以在平面直角坐标系上作图表示线性规划问题的有关概念，并求解，即图解法。解线性规划问题的方法还有很多，这里不一一赘述。

（2）盈亏平衡分析法

盈亏平衡分析法，也叫保本分析或量本利分析。它是通过成本、销售利润和产品数量这三者的关系，掌握盈亏变化的规律，指导企业选择能够以最小的成本生产出最多产品并可使企业获得最大利润的经营方案。该方法起源于 20 世纪初的美国，现在在世界范围内都得到了广泛应用，并为企业预测、决策、计划和控制等经营活动的有效进行提供了良好保证。

企业利润是销售收入扣除生产成本后的剩余。其中，销售收入是产品销售数量及其销售价格的函数，生产成本又可以分为固定成本和变动成本。变动成本是随着产量增加或减少而变化的费用，而固定成本则在一定时期、一定范围内不随产量变化而变化。

企业获得利润的前提是生产过程中的各种消耗均能得到补偿，即销售收入至少等于生产成本。所以，必须确定保本产量和保本收入。在短期内，当价格、固定成本和变动成本一定的情况下，企业至少应该生产多少数量的产品才能使总收入和总成本平衡，这个数量就是保本数量；或当产量、价格、费用已定的情况下，企业至少应该取得多少销售收入，才能补偿生产过程中的费用，这个销售收入就是保本收入。

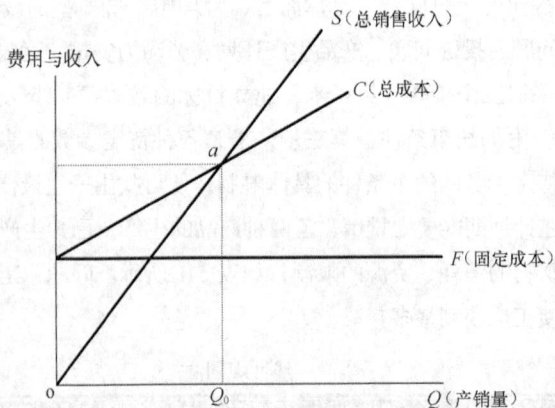

图 5-3　盈亏平衡分析图

上图描述了特定时期企业利润、销售收入（价格和销售量的乘积）及生产成本（固定成本和变动成本）之间的关系。其中 a 点的销售收入和总成本 C 相等，成为保本点即盈亏

平衡点。

企业利润=销售收入-总成本

=销售收入-变动成本-固定成本

=单价×销售量-单位变动成本×销售量-固定成本

=（单价-单位变动成本）×销售量-固定成本

在进行本量利分析时，应明确认识下列基本关系。

第一，在销售总成本已定的情况下，盈亏临界点的高低取决于单位售价的高低。单位售价越高，盈亏临界点越低；单位售价越低，盈亏临界点越高。第二，在销售收入已定的情况下，盈亏临界点的高低取决于固定成本和单位变动成本的高低。固定成本越高，或单位变动成本越高，则盈亏临界点越高；反之，盈亏临界点越低。第三，在盈亏临界点不变的前提下，销售量越大，企业实现的利润便越多（或亏损越少）；销售量越小，企业实现的利润便越少（或亏损越多）。第四，在销售量不变的前提下，盈亏临界点越低，企业能实现的利润便越多（或亏损越少）；盈亏临界点越高，企业能实现的利润便越少（或亏损越多）。

例 5-2：某企业生产一种产品，其总固定成本为 200 000 元，单位产品变动成本为 10 元，产品销价为 15 元。

求：（1）该企业的盈亏平衡点产量应为多少？

（2）如果要实现利润 20 000 元时，其产量应为多少？

解：（1）$Q = \dfrac{C}{P-V} = \dfrac{200\,000}{15-10} = 40\,000$（件）

即当生产量为 40 000 件时，处于盈亏平衡点上。

（2）$Q = \dfrac{C+B}{P-V} = \dfrac{200\,000+20\,000}{15-10} = 44\,000$（件）

即当生产量为 44 000 件时，企业可获利 20 000 元。

2．风险型决策方法

风险型决策方法是指决策者对决策对象的自然状态和客观条件比较清楚，也有比较明确的决策目标，但是实现决策目标必须冒一定风险。风险型问题具有决策者期望达到的明确标准，存在两个以上的可供选择方案和决策者无法控制的两种以上的自然状态，并且，在不同自然状态下不同方案的损益值可以计算出来。对未来发生何种自然状态，决策者虽然不能做出确定回答，但能大致估计出其发生的概率值。对这类决策问题，一般用决策树法求解。

所谓决策树法，就是运用树状图表示各决策的期望值，然后通过计算，最终优选出效益最大、成本最小的决策方法。决策树（见图 5-4）一般都是自上而下生成的，每个决策或事件（即自然状态）都可能引出两个或多个事件，导致不同的结果。

决策树的构成有四个要素：决策结点、方案枝、状态结点、概率枝。

决策树法作为一种决策技术，已广泛地应用于企业的投资决策中。它是随机决策模型中最常见、最普及的一种决策模式和方法，此方法能有效控制决策带来的风险。

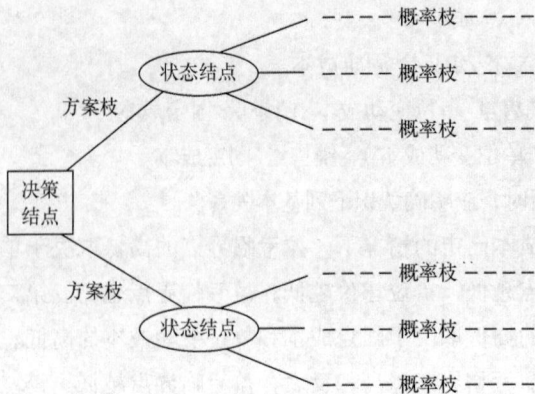

图 5-4 决策树的构成

利用决策树决策的条件主要有：第一，具有决策者期望达到的明确目标；第二，存在决策者可以选择的两个以上的可行备选方案；第三，存在着决策者无法控制的两种以上的自然状态（如气候变化、市场行情、经济发展动向等）；第四，不同行动方案在不同自然状态下的收益值或损失值（简称损益值）可以计算出来；第五，决策者能估计出不同的自然状态发生概率。

决策树的决策程序是：第一，绘制树状图，根据已知条件排列出各个方案和每一方案的各种自然状态；第二，将各状态概率及损益值标于概率枝上；第三，计算各个方案期望值并将其标于该方案对应的状态结点上；第四，进行剪枝，比较各个方案的期望值，并标于方案枝上，然后将期望值小的（即劣等方案）剪掉后所剩的最后方案为最佳方案。

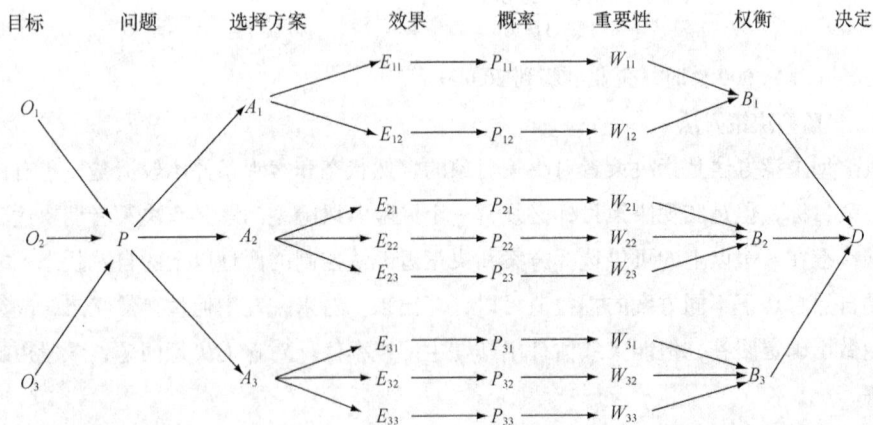

图 5-5 决策树的决策过程

例 5-3：某企业为提高效率，针对未来五年不同的市场需求进行预测，拟订了三种方案，其中方案 A 需投资 200 万元，方案 B 需投资 150 万元，方案 C 需投资 100 万元，年收益值（单位：万元）如表 5-2 所示。请用决策树法分析哪个方案最好。

表5-2	决策树法		（单位：万元）
方案 ＼ 年收益 ＼ 概率	市场需求		
	高需求概率0.4	中需求概率0.3	低需求概率0.3
A	200	160	−40
B	150	90	10
C	100	40	20

解： 计算 A、B、C 方案的期望净收益值：

A 方案期望净收益=［200×0.4+160×0.3+（−40）×0.3］×5−200=380（万元）

B 方案期望净收益=［150×0.4+90×0.3+10×0.3］×5−150=300（万元）

C 方案期望净收益 =［100×0.4+40×0.3+20×0.3］×5−100=190（万元）

三种方案中 A 方案的期望净收益值最高，故 A 方案最优。

3．不确定型决策方法

不确定型决策，是指在决策所面临的自然状态难以确定而且各种自然状态发生的概率也无法预测的条件下所做出的决策。由于决策主要靠决策者的经验、智慧和风格，以及不同的评选标准，因而形成了多种决策方法。不确定型决策常遵循以下几种思考原则：乐观原则、悲观原则、折中原则、后悔值原则和等概率原则。

例 5-4：某企业准备生产一种新产品，对市场的需求量估计为三种情况，即较高、中等和较少。企业拟订了 A、B、C 三种方案，对这种产品，工厂拟生产 5 年，年收益值（单位：万元）如表 5-3 所示，请用以上决策方法选择最优方案。

表5-3	不确定型决策方法		（单位：万元）
方案 ＼ 收益 ＼ 状态	市场需求		
	市场需求较高	市场需求中等	市场需求较少
A	18	6	−2
B	20	5	−5
C	16	7	1

（1）等概率决策法

等概率决策法，也称等可能性决策法，由于是法国数学家皮埃尔·西蒙·拉普拉斯首先提出这个想法的，所以又叫作拉普拉斯决策准则。等概率决策法的基本原理是当存在两种或两种以上的可行方案时，假定每一种方案遇到各种自然状态的可能性是相等的，然后求出各种方案的损益期望值，以此作为依据，进行决策。这种决策方法带有一定的主观性。

表 5-4		等概率决策法			（单位：万元）
状态 方案	市场需求较高	市场需求中等	市场需求较少	各方案期望值	最大收益值
A	18	6	−2	7.5	
B	20	5	−5	6.6	
C	16	7	1	7.9	7.9

方案 A 的期望收益值 = 0.33×18+0.33×6+0.33×（−2）=7.5（万元）

方案 B 的期望收益值 = 0.33×20+0.33×5+0.33×（−5）=6.6（万元）

方案 C 的期望收益值 = 0.33×16+0.33×7+0.33×1=7.9（万元）

三种方案中 C 的期望值收益最高，故 C 方案最优。

（2）大中取大决策法

大中取大决策法，又称乐观决策准则，是指按乐观或冒险原则决策的一种方法。采用这种方法的管理者对未来持乐观的看法，认为未来会出现最好的自然状态，因此不论采取哪种方案，都能获取该方案的最大收益。决策时，决策者不放弃任何一个获得最好结果的机会，争取好中最好。具体做法是：对盈利性方案而言，先确定各备选方案的最大可能盈利值，然后从中选择一个能获得最大盈利的方案。通常决策者对未来充满了信心，态度乐观，但难免冒较大风险。

大中取大决策法的适用范围包括：第一，高收益值诱导。决策者运用有可能实现的高期望值目标，激励、调动人们奋进的积极性；第二，绝处求生。企业处于绝境，运用其他较稳妥的决策方法难以摆脱困境，与其等着破产，还不如通过拼搏，以求获得最后一线生机；第三，前景看好。决策者对企业的前景充满信心，应当采取积极进取的方案，否则就会贻误最佳时机；第四，实力雄厚。企业力量强大，如果过于稳妥、保守，企业往往会无所作为，甚至削弱力量及地位。

表 5-5		大中取大决策法			（单位：万元）
状态 方案	市场需求较高	市场需求中等	市场需求较少	最好状态收益值	最大收益值
A	18	6	−2	18	
B	20	5	−5	20	20
C	16	7	1	16	

方案 A 的最大收益值=18（万元）

方案 B 的最大收益值=20（万元）

方案 C 的最大收益值=16（万元）

三种方案中 B 的最大收益值最高，故 B 方案最优。

（3）小中取大决策法

小中取大决策法，又称悲观决策准则。这种决策准则就是充分考虑可能出现的最坏情况，决策者在进行方案取舍时以每个方案在各种状态下的最小值为标准（即假定每个方案最不利的状态发生），再从各方案的最小值中取最大者对应的方案。简言之，就是最坏的情况下争取最好的结果。通常决策者性格稳妥且保守，信心不足，对未来悲观。

小中取大决策法的适用范围包括：第一，企业规模较小、资金薄弱，经不起大的经济冲击；第二，决策者认为最坏状态发生的可能性很大，对好的状态缺乏信心等；第三，在某些行动中，人们已经遭受了重大的损失，如人员伤亡、天灾人祸需要恢复元气。

表5-6　　　　　　　　　　　　　　小中取大决策法　　　　　　　　　　（单位：万元）

状态 方案	市场需求较高	市场需求中等	市场需求较少	最差状态收益值	最大收益值
A	18	6	-2	-2	
B	20	5	-5	-5	
C	16	7	1	1	1

解：方案 A 的最小收益值=-2（万元）

方案 B 的最小收益值=-5（万元）

方案 C 的最小收益值=1（万元）

三种方案中 C 的最小收益值最高，故 C 方案最优。

（4）折中决策法

折中决策法是对大中取大决策法和小中取大决策法进行折中的一种决策方法。大中取大决策法则显得过于乐观冒险，而小中取大决策法则又过于悲观保守，因此，决策时，决策者对客观状态既不能盲目乐观，也不可以极端悲观，最好和最差的自然状态均有出现的可能。因此，可以根据决策者的判断，给最好的自然状态一个乐观系数，给最差的自然状态以一个悲观系数，两者之和为 1；然后用各方案在最好状态下的收益与乐观系数相乘的积，加上各方案在最差状态下的收益与悲观系数乘积，得出各方案的期望收益值；最后据此比较各方案的经济效果，做出选择。依据折中决策法，设例 5-4 乐观系数为 0.7。

表5-7　　　　　　　　　　　　　　折中决策法　　　　　　　　　　（单位：万元）

状态 方案	市场需求较高	市场需求中等	市场需求较少	折中期望值	最大收益值
A	18	6	-2	12	
B	20	5	-5	12.5	12.5
C	16	7	1	11.5	

解：方案 A 的期望值=0.7×18+0.3×（-2）=12（万元）

方案 B 的期望值=0.7×20+0.3×（-5）=12.5（万元）

方案 C 的期望值=0.7×16+0.3×1=11.5（万元）

三种方案中 B 的期望值最高，故 B 方案最优。

（5）后悔值决策方法

后悔值决策方法，又称萨凡奇准则。即指通常在决策时，应当选择收益值最大或者损失值最小的方案作为最优方案。在不确定型决策问题中，虽然各种客观状态出现的概率无法估计，但决策一经做出并付诸实施，必然处在实际出现的某种状态之中。若所选方案不如其他方案好，决策者就会感到后悔。后悔情绪的大小可用所选方案与该状态下真正最优方案的益损值之差来度量，该差值便称为后悔值。简而言之，后悔值就是决策者失策所造成的损失价值。显然，后悔值越小，所选方案就越接近最优方案。

后悔值决策方法的思路是先算出各行动方案在不同状态下的后悔值；再分别找出各方案的最大后悔值；最后在这些最大后悔值中找出最小者，其对应的方案，即最小的最大后悔值所对应的方案就作为最优决策方案。通常，对决策失误的后果看得较重的决策者常常采用此种决策方法。

表5-8 后悔值决策方法 （单位：万元）

状态\方案	不同需求下的后悔值			最大后悔值
	市场需求较高	市场需求中等	市场需求较少	
A	20−18=2	7−6=1	1−（−2）=3	3
B	20−20=0	7−5=2	1−（−5）=6	6
C	20−16=4	7−7=0	1−1=0	4

因为本着大中取小的原则，所以，A方案最优。

定量决策方法既提高了决策的准确性、时效性和可靠性，可以使决策者从常规决策中解脱出来，把注意力集中在关键性、全局性的重大战略决策方面，又帮助了领导者提高重大战略决策的正确性和可靠性；同时，有利于培养决策者严密的逻辑论证习惯，克服主观随意性。但定量决策方法也有其局限性，有些变量难以定量；数学手段本身深奥难懂；某些决策问题中的变量涉及社会、心理等诸多不确定因素，加大了建立数学模型的难度，也降低了决策的可靠性。

综上所述，以上各种决策方法在使用过程中，由于信息的不充分与不确定性，决策结果很大程度上是由决策者所左右的，受到他们的心理、感情、性格和愿望制约，带有相当程度的主观随意性。现在理论上还不能证明哪一种决策准则是最合理的。实践中，决策者不能仅凭想当然和个人好恶来选择决策准则，而是应充分考虑决策问题所面临的客观环境，将主观意愿与客观条件密切结合，经反复论证比较，定量分析与定性分析相结合，最后选定最优决策方案。

课间案例9：林肯"独断"

美国总统林肯，在他上任后不久，有一次将六个幕僚召集在一起开会。林肯提出了一个重要法案，而幕僚们的看法并不统一，于是七个人便热烈地争论起来。林肯在仔细听取其他六个人的意见后，仍感到自己是正确的。在最后决策的时候，六个幕僚一致反对林肯的意见，但林肯仍固执己见，他说："虽然只有我一个人赞成但我仍要宣布，这个法案通过了。"

表面上看，林肯这种忽视多数人意见的做法似乎过于独断专行。其实，林肯已经仔细地了解了其他六个人的看法并经过深思熟虑，认定自己的方案最为合理。而其他六个人持反对意见，只是一个条件反射，有的人甚至是人云亦云，根本就没有认真考虑过这个方案。既然如此，自然应该力排众议，坚持己见。因为，所谓讨论，无非就是从各种不同的意见中选择出一个最合理的。既然自己是对的，那还有什么犹豫的呢？

七、预测与决策的关系

（一）预测是决策的基础和保证

1. 预测为决策提供了可靠的依据

决策目标总是与未来的发展相联系，因此，决策者必须根据预测所提供的信息，全面认识事物发展的趋势，充分了解决策对象现阶段的状况和未来发展方向后才能合理地确定决策最佳方案。可以说，没有科学的预测就不会有科学的决策，预测一直贯穿于决策始终，为决策者做出科学判断和选择提供有力的支持。

2. 预测为决策降低了风险

未来存在不确定性，因此决策是有风险的。科学的预测是避免盲目的决策，降低未来不确定性的重要途径。通过科学的预测可以提高决策的自觉性和科学性。对于重大的决策项目，如果事先进行了科学的预测，会使决策具有科学的依据，增强决策者的主动性。

3. 预测为决策提供了多种可选方案

科学决策的关键就是选择最佳方案。预测不仅预估了事物发展的各种状况，而且根据可能出现的各种情况，提出不同的方案和不同的对策，为决策提供了多种可供选择的方案。

（二）决策是预测的目的并反作用于预测

1. 决策是预测的目的

通常人们是为了采取行动而进行预测，预测的根本目的在于决策。预测的最终落脚点就是使信息需求者和决策者做出合理的、准确的决策。

2. 决策反作用于预测

决策对预测的反作用表现在以下两个方面：一是决策结果是检验预测准确性的最佳标准；二是人们的反应会对决策结果能否实现产生影响。在决策实施过程中，人们要进行跟踪预测，及时反馈事物发展的信息，以适时地修正预测值，达到更好的预测效果。

总的来说，预测是决策的基础和前提，决策又反作用于预测，两者相辅相成，不可偏废。预测与决策的关系具体表现在：预测侧重于对客观事物的科学分析，而决策侧重于对有利时机的科学选择。预测是一种客观分析，决策更着重于领导艺术。预测分析提供的是各种可能的方案，决策分析则是根据有利时机在多种方案中选取最佳方案。

📖 快乐阅读

马太效应

《新约·马太福音》中有这样一个故事：一个国王远行前，交给 3 个仆人每人一锭银子，吩咐道：你们去做生意，等我回来时，再来见我。国王回来时，第一个仆人说：主人，你交给我的一锭银子，我已赚了 10 锭。于是，国王奖励他 10 座城邑。第二个仆人报告：主人，你给我的一锭银子，我已赚了 5 锭。于是，国王奖励他 5 座城邑。第三仆人报告说：主人，你给我的 1 锭银子，我一直包在手帕里，怕丢失，一直没有拿出来。于是，国王命令将第三个仆人的 1 锭银子赏给第一个仆人，说：凡是少的，就连他所有的，也要夺过来。凡是多的，还要给他，叫他多多益善，这就是马太效应。对企业经营发展而言，马太效应告诉我们，要想在某一个领域保持优势，就必须在此领域迅速做大。当你成为某个领域的领头羊时，即便投资回报率相同，你也能更轻易地获得比弱小的同行更大的收益。而若没有实力迅速在某个领域做大，就要不停地寻找新的发展领域，才能保证获得较好的回报。

复习思考题

一、名词解释

1. 预测

2. 决策

3. 头脑风暴法

4. 德尔菲法

5. 确定型决策

6. 风险型决策

7. 确定型决策

8. 程序化决策

9. 战略决策

10. 战术决策

二、选择题

1. 预测是对未来环境所做出的（　　）。

　　A. 部署　　　　　　B. 控制　　　　　　C. 规划　　　　　　D. 估计

2. 决策所遵循的原则是（　　）。

　　A. 最优原则　　　　B. 实用原则　　　　C. 科学原则　　　　D. 满意原则

3. 有一种说法认为"管理就是决策"，这实际上意味着（　　）。

　　A. 对于管理者来说，只要善于决策就一定能够获得成功

　　B. 管理的复杂性和挑战性都是由于决策的复杂性而导致的

　　C. 决策能力对于管理的成功具有特别重要的作用

　　D. 管理首先需要的就是面对复杂的环境做出决策

4. 决策所涉及的问题一般与（　　）有关。

　　A. 将来　　　　　　B. 过去　　　　　　C. 现在　　　　　　D. 将来和现在

5. 决策前必须对每个可行方案进行综合分析和评估，即必须进行（　　）研究。

　　A. 经济性　　　　　B. 效益性　　　　　C. 社会性　　　　　D. 可行性

6. 进行正确决策的前提是（　　）。

　　A. 了解组织的内部环境　　　　　　　　B. 组织制度的健全程度

　　C. 组织结构的有效　　　　　　　　　　D. 管理者的素质

7. 某产品的单价为20元，单位变动成本16元，固定成本4万元，其保本点销售量为（　　）。

　　A. 1万件　　　　　B. 2万件　　　　　C. 10万件　　　　　D. 20万件

8. 西蒙把决策活动分为两类，程序化决策与非程序化决策，其区分标准是（　　）。

    A. 经营活动与业务活动   B. 重复性工作或非重复性工作

    C. 最优化标准或满意标准   D. 计算机决策或非计算机决策

9. 风险型决策和非确定型决策的主要区别在于（　　）。

    A. 风险的大小   B. 是否确定客观概率

    C. 可控程度   D. 环境的稳定性

10. 某一决策方案，只有一种执行后果并能事先测定，此种类型的决策称为（　　）。

    A. 确定型决策   B. 风险型决策

    C. 非确定型决策   D. 战略决策

11. 集思广益的优点有（　　）。

    A. 参与者的责任定义较模糊   B. 带来不同的方案

    C. 盲从附和   D. 花费时间

12. 将对某一问题有兴趣的人集合在一起，在完全不受约束的条件下，敞开思路、畅所欲言的决策方法是（　　）。

    A. 因果分析法   B. 名义小组法   C. 德尔菲法   D. 头脑风暴法

三、判断题

（　　）1. 预测是决策的基础和前提，为决策提供依据。

（　　）2. 定性经济预测的准确程度，主要取决于预测者的经验、理论、业务水平以及掌握的情况和分析判断能力。

（　　）3. 非程序化决策主要依赖于决策者的经验、知识、决断能力，常用于处理例外问题，无先例可循。

（　　）4. 通常企业高层管理者面临的大多是非程序化决策。通常中、基层面临的大多为程序化决策。

（　　）5. 按决策的作用范围分，决策可分为战略决策、战术决策和业务决策。

（　　）6. 一般来说，越往低层的决策越具有战略性的、非常规性、非确定型的种种特征。

（　　）7. 所谓不确定型决策，是指在这种决策中，决策的结果有多种，决策者不知道会发生哪一种结果，但每种结果发生的概率已知。

（　　）8. 长期预测困难的根源在于客观事物总是渐进变化的，同时预测方法总是不够成熟。

四、简答题

1. 简述预测的步骤。

2. 简述决策的特点。

3. 决策的程序有哪些？

4. 影响决策的因素有哪些？

5. 简述决策的基本方法。

6. 简述预测与决策的关系。

五、论述题

1. 论述决策在管理中的地位和作用。

2. 论述定量决策方法和定性决策方法的优缺点。

3. 在实际工作中，经常存在各种决策失误。究其原因，可以发现很多决策者不遵循决策的原则和程序。如有的决策者习惯凭主观想象和"拍脑瓜"决策；有的决策者过分追求完美的决策方案而迟迟不能决定，延误决策良机；甚至在过去基本建设项目中还存在边审批、边设计、边施工的"三边工程"。针对以上现象，试用决策理论分析如何提高决策质量。

六、计算题

1. 某工厂为推销某产品，预计单位产品售价为 1800 元，单位产品可变成本为 1400 元，固定费用为 200 万元。求盈亏平衡时的产量是多少？

2. 某企业准备生产一种新产品，对于市场的需求量估计为三种情况，即较高、中等和较少。企业拟订了 A、B、C 三种方案，对这种产品，工厂拟生产 4 年，年收益值（单位：万元）见下表，请分别用等概率决策法、大中取大决策法、小中取大决策法确定哪个方案最优。

收益 \ 状态 \ 方案	市场需求		
	市场需求较高	市场求需中等	市场需求较少
A	180	60	−20
B	220	55	−40
C	160	70	10

3. 某企业为了提高效益，针对不同的市场需求情况，拟订了三种方案，年收益值（单位：万元）见下表，

（1）请用后悔值决策法确定哪个方案最优；

（2）如假设乐观系数是 0.6，用折中决策法确定哪个方案最优。

方案	高需求	中需求	低需求
A	100	80	−20
B	140	50	−40
C	60	30	10

4. 某企业为提高效率，针对未来三年不同的市场需求进行预测，拟订了三种方案，其中方案 A 需投资 80 万元，方案 B 需投资 60 万元，方案 C 需投资 30 万元，年收益值（单位：万元）见下表。请用决策树法分析哪个方案最好。

年收益 \ 概率 \ 方案	市场需求		
	高需求 0.5	中需求 0.3	低需求 0.2
A	160	100	−10
B	100	60	30
C	60	30	10

七、案例分析题

案例 1. 宝洁公司开发的一次性尿布

1956 年，宝洁公司开发部主任维克·米尔斯在看到刚出生的孙子一堆一堆脏尿布要洗

的时候，产生了灵感，认为一次性尿布应该有很大的市场需求空间。于是，米尔斯就让员工调查尿布市场需求情况，并让几个最有才华的人研究开发一次性尿布。当时，美国市场上有好几种牌子的一次性尿布。但市场调研显示：多年来这种尿布只占美国市场的 1%。原因首先是价格太高；其次是父母们认为这种尿布不好用，只适合在旅行或不便于正常换尿布时使用。美国和世界许多国家正处于战后婴儿出生高峰期，将婴儿数量乘以每日平均需换尿布次数，就可以得出一个十分惊人的潜在销量。因此，一次性尿布的市场潜力非常巨大。

宝洁公司产品开发人员用了一年的时间研发该产品，其最初样品是在塑料裤衩里装上一块打了褶的吸水垫子。但在 1958 年夏天的现场试验结果中，除了父母们的否定意见和婴儿身上的痱子以外，一无所获。1959 年 3 月，宝洁公司重新设计了一款一次性尿布，拿到纽约州去做现场试验。这一次，有三分之二的试用者认为该产品胜过布尿布。降低成本和提高新产品质量，比产品本身的开发难度更大。到 1961 年 12 月，这个项目进入了能通过验收的生产工序和产品试销阶段。

被定名为“娇娃”的一次性尿布受到妈妈们的喜爱，但 10 美分一片尿布的价格有些偏高。宝洁公司的尿布在 6 个地方进行的试销进一步表明，定价为 6 美分一片，就能使这类新产品畅销。于是，宝洁公司把生产能力提高到使公司能以该价格在全国销售娇娃尿布的水平。娇娃尿布终于成功推出，直至今天仍然是宝洁公司的拳头产品之一。

思考题：

宝洁公司开发一次性尿布的决策是在什么基础上进行的？

案例 2. 玛丽该如何选择

玛丽在一家医药公司当信息系统部主任已经 10 年，现在的年薪是 14 000 美元。该医药公司的信息主管将在三年内退休，信息主管年薪是 27 000 美元。玛丽很有希望担任信息主管。玛丽的父母亲保罗夫妇自己经营一家药店，由于业务繁忙，便雇了一位刚毕业的药剂师临时经营药店。玛丽的父亲想让女儿回来经营继承的药店。而且，由于靠近城市的一个大湖滨游乐场所的建成，该店所在小镇的人口也在增长。因此，药店发展和扩大的可能性比前些年大多了。

玛丽和父母亲讨论时，得知药店现在一年的销售额大约为 100 000 美元，而销售毛利差不多是 39 000 美元。由于保罗先生的退休，他和他的太太要提支工资 22 000 美元，加上每年大约为 16 000 美元的经营费用，交税前的净利为每年 1 000 美元。自保罗先生退休以来，从药店得到的利润基本上和以前相同。目前，他付给他雇用的药剂师的薪金每年为 12 000 美元，保罗夫人得到的薪金每年为 10 000 美元，而保罗先生自己不再从药店支取薪金了。

如果玛丽决定担任起药店的管理工作，保罗先生也打算按他现在的工资数付给她 14 000 美元的年薪。他还打算，开始时，把药店经营所得利润的 25%作为玛丽的分红，两年后增加到 50%。因为保罗夫人将不再在该店工作，就必须雇一个非全日工作的办事员帮助玛丽经营药店，他估计这笔费用大约需要 4 600 美元。保罗先生已知有人试图出 150 000 美元买他的药店，玛丽在不久的将来是要继承这笔款项的大部分。对保罗夫妇来说，他们的经济状况并不需要过多地取用这笔资产来养老送终。

思考题：

① 对玛丽来说，有什么行动方案可供其选择？

② 你建议玛丽采取哪种方案？为什么？

案例3. 科宁公司的经营决策

成功地制造了第一个灯泡的科宁公司是美国一家创建最早的公司，主要经营玻璃制品，一直以制造和加工玻璃为其业务重点。然而，科宁的这种经营战略也给它带来了许多问题：它的骨干部门——灯泡生产在30年前曾占领1/3的美国灯泡市场，而今天却丧失了大部分市场；电视显像管的生产也因面临剧烈的竞争而陷入困境。这两条主要产品线都无法再为公司获取利润。面对这种情况，公司既希望开辟新的市场，但又不愿意放弃其传统的玻璃生产和加工。从而，公司最高层领导制定了一个新的发展计划。计划包括三个主要方面：其一，决定缩小类似灯泡和电视显像管这样低效的部门；其二，决定减少因市场周期性急剧变化而浮动的产品生产；其三，开辟既有挑战性又具巨大潜在市场的产品。第三方面又包括三个新的领域：一是开辟光波导器生产——用于电话和电缆电视方面的光波导器和网络系统以及高级而复杂的医疗设备等，希望这方面的年销售量能达到40亿美元；二是开辟生物工艺技术，这种技术在食品行业方面大有前途；三是利用原来的优势，继续制造医疗用玻璃杯和试管等，并开拓电子医疗诊断设备，希望在这方面能达到全国同行业中第一或第二的地位。

科宁公司还有它次一级的目标。例如，目前这个公司正在搞一条较复杂的玻璃用具生产线，并想向不发达国家扩展业务。很明显，科宁在进行着一个雄心勃勃的发展计划。公司希望通过提高技术，提高效率，以获得更大的利润。

但是，在进行新的冒险计划中，科宁也碰到了许多问题。例如，如果科宁真要从光波导器和生物控制等方面获得成功的话，就必须扩大其经营领域。另一方面，科宁给人的印象是要保持其原来的基础，而不是在于获得利润。

思考题：

① 什么是战略决策和战术决策？请指出科宁公司的战略决策和战术决策的主要内容。

② 依据计划涉及的时间长短不同，请划分科宁公司的中期计划和短期计划。

案例4. 刘经理的产品决策

某集团公司某一分公司一直经营生产A产品，虽然产品品种单一，但是市场销路一直很好。后来，由于经济政策的暂时调整及客观条件的变化，A产品完全滞销，分公司职工工资不保，更谈不上奖金，企业职工怨声载道，积极性受到极大的影响。

新的分公司刘经理上任后，决心一年改变公司的经营面貌。他发现该公司与其他部门合作的环保产品B产品是成功的，于是决定下马A产品，改产B产品。一年过去，公司止住了亏损，但盈利很少，公司日子仍然不好过。

后来，市场形势发生了巨大的变化。原来的A产品市场脱销，用户纷纷来函、来电希望公司能尽快恢复A产品的生产。与此同时，B产品销路不好。在这种情况下，刘经理又回过头来抓A产品，但一时无法搞上去，无论数量和质量都不能恢复到原来的水平。为此，集团公司领导对刘经理很不满意，甚至认为改产是错误的决策。刘经理感到很委屈，总是想不通。

思考题：

① 刘经理的决策是否有错误？请做详细分析。

② 你认为刘经理在决策过程中应如何去做？

第六章　组织

组织被看作是企业等各类组织的"骨骼系统",是管理学的重要内容之一。本章从组织的含义和特点着手,围绕着组织结构设计的基本原理和基本方法,着重介绍了组织设计的基本原则和内容、组织结构的类型、组织结构的变革、组织文化等相关内容。

- 知识点:

1. 理解组织的含义和特点;

2. 掌握组织设计的原则,了解组织设计的内容;

3. 掌握各种组织结构形式以及组织中的职权划分;

4. 理解组织变革的内容;

5. 理解组织文化的内涵。

- 技能点:

1. 理解并能解释说明组织设计的原则;

2. 认知并能有意识培养自己的组织协调能力;

3. 掌握组织结构的类型;各种类型分别适合什么样的组织。

引导案例 1:彼得原理

每个组织都是由各种不同的职位、等级或阶层的排列所组成,每个人都隶属于其中的某个等级。彼得原理是美国学者劳伦斯·彼得在对组织中人员晋升的相关现象研究后,得出的一个结论:在各种组织中,雇员总是趋向于晋升到其不称职的地位。彼得原理也被称为向上爬的原理。这种现象在现实生活中无处不在:一名称职的教授被提升为大学校长后,却无法胜任;一个优秀的运动员被提升为主管体育的官员,而无所作为。对一个组织而言,一旦相当部分人员被推到其不称职的级别,就会造成组织的人浮于事,效率低下,导致平庸者出人头地,发展停滞。因此,这就要求改变单纯的根据贡献决定晋升的企业员工晋升机制,不能因某人在某个岗位上干得很出色,就推断此人一定能够胜任更高一级的职务。将一名职工晋升到一个无法很好发挥才能的岗位,不仅不是对本人的奖励,反而使其无法很好发挥才能,也给企业带来损失。

每一项管理活动都是在组织中进行的,并且都需要运用组织这一基本职能,因此,组织设计与运行机制是否科学合理,直接关系到组织的生存与核心竞争力。只有科学合理地构建组织,才能保证组织高效运行,实现组织与环境的动态平衡。随着时间与环境的变化,必须对组织进行变革,培育优秀组织文化,才能保持组织旺盛的生命力。

第一节　组织概述

一、组织的定义

管理学中组织有两层含义：一是一般意义的组织，即人们进行合作活动的必要条件，一般泛指各种各样的社会组织，包括工厂、机关、学校、医院、各级政府部门、政治团体等，又称为实体组织；二是管理学意义的组织，它是管理的一项职能，是人与人之间或人与物之间资源配置的活动过程。其目的在于通过建立适合组织成员相互合作、发挥各自才能的良好环境，消除由于工作或职责所引起的各种冲突，使组织成员都能在各自的岗位上为组织目标的实现做出应有的贡献。

（一）一般意义的组织

组织是指为实现某一共同目标，经由分工与合作及不同层次的权力和责任制度而构成的人的集合。这个定义具有以下三层含义。

（1）组织应当具有共同目标。目标是组织存在的前提和基础。

（2）没有分工与协作不能称为组织。分工与协作关系是由组织目标限定的。只有把分工和协作结合起来，才能提高效率。

（3）组织要有不同层次的权力与责任制度。组织分工赋予各部门及个人相应的权力，以便于实现目标。但同时必须明确各部门或个人的责任，只有权力而不负责任，可能导致滥用职权，同样会影响组织目标的实现。所以，职权和责任是达成组织目标的必要保证。

（二）组织职能

组织职能是指为了有效地实现共同目标和任务，管理者在组织内部各部门和员工间建立一种关系结构，合理地确定组织成员、任务及各项活动之间关系，并对组织资源进行合理配置的过程。组织职能的基本内容包括以下内容。

（1）设计并建立组织结构。管理者应对为实现组织目标的各种工作内容进行划分和归类，成立相应的职能部门进行专业化管理，并根据适当的管理幅度来确定组织的纵向管理层次，最后形成一个完整的系统。

（2）适度分权和正确授权。成功授权和适度分权有利于组织内各层次各部门为实现组织目标而协同工作。

（3）人员配备和人力资源开发。包括人员的选聘和定岗、训练和考核、奖惩制度，以及对人的行为的激励等。

（4）组织文化的培育和建设。为创造良好的组织气氛而进行团体精神的培育和组织文化的建设。

（5）组织运作和组织变革。组织运作的目的是使设计好的组织系统围绕目标有效地运转，包括制定、落实各种规章制度和建立组织内部的信息沟通模式。组织变革是对组织工作进行必要的调整、改革与再设计。

（6）组织与外部环境的关系。组织的形态、功能、结构以及管理活动通常会受到环境的各种影响，如何使组织行为与外部环境保持一致是组织职能的重要内容。

课间案例1：V形飞雁

大雁有一种合作的本能，它们飞行时都呈"v"字形。这些大雁飞行时定期变换领导者，因为为首的大雁在前面开路，能帮助它两边的雁形成局部的真空。科学家发现，大雁以这种形式飞行，要比单独飞行多出12%的距离。

合作可以产生一加一大于二的倍增效果。据统计，诺贝尔获奖项目中，因协作获奖的占三分之二以上。在诺贝尔奖设立的前25年，合作奖占41%，而现在则跃居80%。一个由相互联系、相互制约的若干部分组成的整体，经过优化设计后，整体功能能够大于部分之和，产生 1+1>2 的效果。

二、组织的特点

（一）组织工作是一个过程

设计、建立并维持一种科学的、合理的组织结构，是为成功地实现组织目标而采取行动的一个连续的过程，这个过程由一系列的逻辑步骤所组成。

（1）确定组织目标；

（2）对目标进行分解，拟订派生目标；

（3）明确为了实现目标所必需的各项业务工作或活动，并加以分类；

（4）根据可利用的人力、物力以及利用它们的最佳途径来划分各类业务工作或活动；

（5）授予执行有关各项业务工作或活动的各类人员以职权和职责；

（6）通过职权关系和信息系统，把各层次、各部门联结成为一个有机的整体。

管理者通过这一过程来解除人们在工作或职责方面的矛盾和冲突，建立起一种适合组织成员互相默契配合的组织结构。

（二）组织工作是动态的

组织结构并非一成不变，它是随着组织内外部要素的变化而变化的，即使组织的内外部要素的变化对组织目标影响不大，但随着社会的进步、科技的发展，当原有的组织结构已不能高效地适应实现目标的要求时，也需要进行组织结构的调整和变革。

（三）组织工作应重视非正式组织

随着组织结构的建立，正式组织形成的过程中也必然伴随着非正式组织出现。非正式组织是在满足组织成员个人的心理和感情需要下形成的，形式灵活，稳定性弱，覆盖面广。因此，管理者在组织工作中应有意识、有计划地促进具有较多积极意义的非正式组织的形成和发展，使其成为组织结构的有机组成部分。

引导案例2：三个皮匠和三个和尚的故事

三个皮匠结伴而行，途中遇雨，便走进一间破庙。恰巧小庙也有三个和尚，他们看见这三个皮匠，气不打一处来，质问道："凭什么说'三个臭皮匠胜过诸葛亮'？凭什么说'三个和尚没水喝'？要修改辞典，把缪传千古的偏见颠倒过来！"尽管皮匠们谦让有加，和尚们却非要"讨回公道"不可，官司一直打到上帝那里。

上帝一言不发，把他们分别锁进两间神奇的房子里——房子阔绰舒适，生活用品一应俱全；内有一口装满食物的大锅，每人只发一只长柄的勺子。三天后，上帝把三个和尚放出来。只见他们饿得要命，皮包骨头，有气无力。上帝奇怪地问："大锅里有饭有菜，你们为啥不吃东西？"和尚们哭丧着脸说："我们每个人手里拿的勺子，柄太长送不到嘴里，大家都吃不着呵！"上帝嗟叹着，又把三个皮匠放出来。只见他们精神焕发，红光满面，乐呵呵地说："感谢上帝，让我们尝到了世上最珍美的东西！"和尚们不解地问："你们是怎样吃到食物的？"皮匠们异口同声地回答说："我们是互相喂着吃的！"上帝感慨万千地说："可见狭隘自私，必然导致愚蠢无能；只有团结互助，才能产生聪明才智啊！"和尚们羞愧满面，窘得一句话也说不出来。

第二节　组织设计

一、组织设计的定义

组织设计是指，以企业组织结构为核心，管理者将组织内各要素进行合理组合，建立和实施一种特定组织结构的整体设计过程。具体包括设计清晰的组织结构，规划和设计组织中各部门的职能和职权，确定组织中职能职权、参谋职权和直线职权的活动范围并编制职务说明书。

二、影响组织设计的因素

影响企业组织结构的因素有很多，一般认为有组织环境、组织战略、技术、组织人力资源和组织的规模等。

（一）组织环境

组织环境通常包括宏观经济、技术、文化和企业所处的竞争环境等。环境因素可以从两个方面影响组织结构的设计，即环境的复杂性和环境的稳定性。外部环境变化越快，管理者获取资源时面临的问题就越多，为加快决策和沟通的速度，往往需要给组织结构增加弹性，即管理者把职权分散化；相反，如果外部环境较稳定，资源可靠，那么决策和沟通容易，管理者就会倾向于在明确的职权等级体系中做出决策，并运用大量规章制度和标准运作程序进行管理。企业行为必须适应环境的要求，在经营环境瞬息万变的前提下，最适应环境的企业往往是最成功的企业。

（二）组织战略

著名管理学者钱德勒指出：战略决定结构。企业的组织结构是其实现经营战略的主要工具，不同的战略要求不同的结构。一方面，战略的制定必须考虑企业组织结构的现实；另一方面，一旦战略形成，组织结构应做出相应的调整，以适应战略实施的要求。而战略选择的不同，在两个层次上影响组织的结构：不同的战略要求开展不同的业务活动，这会影响管理职务的设计；战略重点的改变，会引起组织的工作重点转变，从而引起各部门与职务在组织中重要程度的改变，因此要求对各管理职务以及部门之间的关系做相应的调整。

（三）技术

组织的活动需要利用一定的技术和反映一定技术水平的特殊手段来进行。技术以及技术设备的水平，不仅影响组织活动的效果和效率，而且会作用于组织活动的内容划分、职务设置，会对工作人员的素质提出要求。通常一个组织所运用的技术越复杂，就越难以对技术施加严格有效的控制，就越需要一种弹性的结构来提高管理者对未曾预料的形势做出反应的能力，帮助他们找出解决所遭遇新问题的新方法。

（四）组织人力资源

在组织环境中，不确定性越大，组织战略和技术越复杂，劳动力素质越高，技能越高，管理者就越有可能设计弹性组织机构，即分权的组织结构；反之组织环境越稳定，组织战略和技术越简单，劳动力技能要求越低，管理者就越有可能设计弹性较低的组织机构，即集权的组织结构。

（五）组织规模

组织规模是制约组织结构的又一重要因素。组织的规模往往与组织的发展阶段相互联系，伴随着组织活动的内容会日趋复杂，人数会逐渐增多，活动的规模会越来越大，组织结构也须随之调整，以适应变化了的情况。一般的规律是：组织规模小、管理工作量小，为管理服务的组织结构也相应简单；组织规模大、管理工作量大，需要设置的管理机构多，各机构间的关系也复杂。可以说，组织结构的规模和复杂性是随着组织规模的扩大而相应增长的。

课间案例 2：大象跳舞

要精简组织机构，其难度就好比教一只大象跳舞。惠普公司首席执行官约翰·杨，在1990 年年初，开始认识到公司的行政机构常常拖延决策过程。在技术决策问题上无休止地开会，结果使开发过程延期了一年多。例如，仅为公司开发出的第一代计算机软件取个名字，竟用了 9 个委员会，近 100 人讨论了 7 个月时间。于是约翰·杨着手改革，首先取消了公司的委员会机构设置，并采取措施实现组织扁平化。他将计算机业务分为自治的 2 个集团：一个集团经营通过代理商销售个人微机、打印机和其他产品业务；另一个集团负责向大客户推销计算机工作站和小型机。其次，将公司集中的销售力量一分为二，使每个计算机集团拥有自己的营销队伍。"我们正在做更多的生意，正在以更少的人将产品更快地送出去。"最后约翰·杨的改革成功了，在 1991 年和 1992 年，惠普公司的季度利润增加了 40%。

三、组织设计的原则

设计和建立合理的组织结构，根据组织外部要素的变化适时地调整组织结构，其目的都是更有效地实现组织目标。进行有效的组织工作应遵循以下基本原则。

（一）目标明确化原则

目标明确化原则可以表述为：组织结构的设计和组织形式的选择必须有利于组织目标的实现。任何一个组织，都是由它的特定的目标决定的，组织中的每一部分应该都与既定的组织目标有关系，否则，它就没有存在的意义。每一个机构又有自己的分目标来支持总目标的实现，则这些分目标就又成为机构进一步细分的依据。

（二）分工协作原则

分工就是按照提高管理专业化程度和工作效率的要求，把组织的目标分成各级、各部门以至于各个人的目标和任务，明确其在实现组织目标中应承担的工作职责和职权。有分工就必须有协调，协调包括部门之间的协调和部门内部的协调。有效的组织结构设计和组织形式选择应该能够反映目标所必需的各项任务和工作的分工以及彼此间的协调。

（三）管理层次与管理幅度原则

管理层次是指组织中在职权等级链上所设置的管理职位的级数。管理幅度是指管理者有效地监督、指挥其直接下属的人数。由于管理幅度的大小影响和决定着组织的管理层次以及管理者的数量等一些重要的组织问题，因而，每一个管理者都应根据影响自身管理幅度的因素来慎重地确定自己的理想幅度。

（四）权责一致原则

权责一致原则是指职权和职责必须相对应。在进行组织结构的设计时，既要明确规定每一管理层次和各个部门的职责范围，又要赋予完成其职责所必须的管理权限。职责与职权必须协调一致，要履行一定的职责，就应该有相应的职权。

（五）统一指挥原则

组织的各级机构以及个人必须服从一个上级的命令和指挥，只有这样，才能保证命令和指挥的统一，避免多头领导和多头指挥，使组织最高管理部门的决策得以贯彻执行。按照统一指挥原理，指挥和命令如果能组织安排得当，就可做到政令畅通，提高管理工作的有效性，可有效避免"多头领导"和"政出多门"现象。

（六）集权与分权相结合原则

为保证有效管理，必须实行集权与分权相结合的领导体制。高层管理者必须将与下属所承担的职责相应的职权授予他们，使下属有职、有责、有权，调动下属的积极性，以保证管理效率的提高，同时也可以减轻高层主管的负担，集中精力抓大事，加强组织的灵活性和适应性。

（七）精干高效原则

任何一种组织结构形式，都必须将精干高效原则放在重要地位。即在服从由组织目标所决定的业务活动需要的前提下，力求减少管理层次，精简管理机构和人员，充分发挥组织成员的积极性，提高管理效率，更好地实现组织目标。组织是否具备精干高效的特点，是衡量其组织结构是否合理的主要标准之一。

（八）稳定性与适应性相结合原则

组织结构及其形式既要有相对的稳定性，又必须随组织内外部条件的变化，根据长远目标做出相应的调整。通常，组织要进行实现目标的有效活动，就要求必须维持一种相对平衡的状态，组织越稳定，效率也越高。因此，组织结构不宜频繁调整，应保持相对稳定。但不仅组织本身是在不断运动的，而且组织赖以生存的大环境也是在不断变化的，当组织结构相对地呈现僵化状态，组织内部效率低下，而且无法适应外部的变化或危及生存时，组织的调整与变革就是不可避免的了。因为只有调整和变革，才会给组织重新带来效率和活力。

课间案例3：分粥的故事

七个人住在一起，每天分一大桶粥。要命的是，粥每天都是不够的。一开始，他们抓阄决定谁来分粥，每天轮一个。于是乎每周下来，他们只有一天是饱的，就是自己分粥的那一天。后来他们开始推选出一个道德高尚的人出来分粥。强权就会产生腐败，大家开始挖空心思去讨好他，贿赂他，搞得整个小团体乌烟瘴气。然后大家开始组成三人的分粥委员会及四人的评选委员会，互相攻击扯皮下来，粥吃到嘴里全是凉。最后想出来一个方法：轮流分粥，但分粥的人要等其他人都挑完后拿剩下的最后一碗。为了不让自己吃到最少的，每人都尽量分得平均，就算不平，也只能认了。大家快快乐乐，和和气气，日子越过越好。

四、组织设计的程序

企业组织结构是一个复杂的系统，其内部既有自上而下的纵向管理层次结构，也有在各个管理层次基础上建立起来的横向管理职能部门结构，还有反映纵向管理层次之间、横向职能部门之间和纵横两套结构之间的权责关系的权力结构。这些结构的建立，既要符合企业发展的需要，也要符合组织结构内在运作规律的要求。

（一）设计原则的确定

这是企业组织结构设计的首要环节，就是根据企业目标和总体发展战略的要求，认清企业所处的外部环境和自身条件，明确组织结构设计所要解决的问题及要达到的目的，确定组织设计的方针、原则和主要参数。

（二）职能分析和设计

确定管理职能及其结构，层层分解到各项管理业务和工作中，进行管理业务的总设计。

（三）结构框架的设计

根据实现企业目标和相应的职能业务工作体系的要求，确定企业的纵向管理层次结构、横向职能管理部门结构以及纵横两套结构之间权责关系的权力结构。

（四）联系方式的设计

根据组织结构系统性的要求，为保证组织整体效能的发挥，确定组织内部上下管理层次之间、左右职能部门之间的相互关系、联系协调方式及控制手段。

（五）管理规范的设计

根据组织结构正常运转的要求，制定组织结构内部的工作程序、工作标准和工作方法，用以规范组织成员的工作行为。

（六）人员培训和配备

组织结构内部不同性质的工作，需要不同才能的人来承担，为了使部门人员能够协调一致，必须根据需要合理配置组织成员。

（七）运行制度的设计

设计管理部门和人员绩效考核制度、设计精神鼓励和工资奖励制度、设计管理人员培训制度。

（八）组织结构的运行、反馈与修正

组织结构设计是一个动态的工作过程，应能保证组织结构的正常运转，并在运转的过程中，能及时反馈信息，并根据组织结构内外部调节的变化，及时做出修正与调整。

课间案例 4：神偷请战

一个组织总是需要各式各样的人才。一个成功的领导人不在于他自己能做多少事情，而在于他能很清楚地了解每个下属的优缺点，在适当的时候安排员工去做他们适合的事情，这样往往会取得出人意料的效果。《淮南子道应训》记载，楚将子发爱结交有一技之长的人，并把他们招揽到麾下。有个人其貌不扬，号称"神偷"的人，也被子发待为上宾。有一次，齐国进犯楚国，子发率军迎敌。交战三次，楚军三次败北。子发旗下不乏智谋之士、勇悍之将，但在强大的齐军面前，简直无计可施了。这时神偷请战。他在夜幕的掩护下，将齐军主帅的睡帐偷了回来。第二天，子发派使将睡帐送还给齐军主帅，并对他说："我们出去打柴的士兵捡到您的帷帐，特地赶来奉还。"当天晚上，神偷又去将齐军主帅的枕头偷来，再由子发派人送还。第三天晚上，神偷连齐军主帅头上的发簪子都偷来了，子发照样派人送还。齐军上下听说此事，甚为恐惧，主帅惊骇地对幕僚们说："如果再不撤退，恐怕子发要派人来取我的人头了。"于是，齐军不战而退。

五、组织设计的内容

组织设计的实质是通过对管理劳动的分工，将不同的管理人员安排在不同的管理岗位和部门中，通过他们在特定环境、特定相互关系中的管理作业来使整个管理系统有机运转起来。而管理劳动的分工也包括纵向和横向两个方面。

（一）纵向组织设计

纵向组织设计就是确定管理幅度，划分管理层次。即将管理权力在不同管理层次之间进行分配，组织不同部门之间拥有的范围不同，会导致部门之间、部门与最高管理者之间以及部门与下属单位之间的关系不同，导致组织的结构不同。

1. 管理幅度

（1）管理幅度的概念

所谓管理幅度，又称管理宽度，是指在一个组织结构中，管理者有效地监督、指挥其直接下属的人数。由于管理者的时间和精力是有限的，其管理能力也因个人的知识、经验、年龄、个性等的不同而有所差异。因而，任何管理者的管理幅度都有一定的限度，超过一定限度，就不能做到具体、高效、正确的领导，管理的效率就会随之下降。

（2）影响管理幅度的因素

第一，职务的性质。一般来说，高层职务管理幅度较小，基层职务管理幅度较大。

第二，工作本身的性质。管理者若经常面临的是较复杂、困难的问题或涉及方向性、战略性的问题，则直接管辖的人数不宜过多，因此，应设置较窄的管理幅度；反之，若管理者大量面临的是日常事务，已有规定的程序和解决方法，则管辖的人数可以较多一些，即完成简单的工作，允许有较宽的管理幅度。

第三，管理者和员工的素质。当管理者的自身素质较强，管理经验丰富，在不降低效率的前提下，可适当增加其工作量，加大管理幅度；同样，下属员工训练有素，工作自觉性高，也可采用较大的管理幅度。

第四，标准化程度。如果组织能够为企业工作制定出若干各种层级的工作标准，员工自然就无需事事请示，只需按照标准行事，则管理幅度自然可以加宽；相反，如果组织缺乏一套健全的工作标准，则必然只能选择较窄的管理幅度。

第五，授权。适当的和充分的授权可以减少管理者与员工之间接触次数和密度、节约管理者的时间和精力，以及锻炼员工的工作能力和提高其积极性。所以，在这种情况下，管辖的人数可适当增加。不授权、授权不足、授权不当或授权不明确，都需管理者进行大量的指导和监督，效率不会高，因而宽度也不会大。

第六，信息沟通状况。如果组织沟通渠道畅通，通信手段先进，信息传递及时，上下级意见能及时交流，管理幅度可适当加宽；反之，管理幅度应减小。

此外，工作对象的复杂性、下属人员的空间分布，以及组织的稳定程度等因素也影响着管理宽度。

课间案例5：海涛公司的组织结构

海涛日用品公司原先是根据职能来设计组织结构的，财务、营销、生产、人事、采购、研究与开发等构成了公司的各个职能部门。随着公司的壮大发展，产品已从洗发水扩展到护发素、沐浴露、乳液、防晒霜、护手霜、洗手液等诸多日化用品上。产品的多样性对公司的组织结构提出了新的要求，旧的组织结构严重阻碍了公司的发展，职能部门之间矛盾重重。在这种情况下，2014年总裁董刚做出决定，即根据产品种类将公司分成8个独立经营的分公司，每一个分公司对各自经营的产品负有全部责任，在营利的前提下，分公司的具体运作自行决定，总公司不再干涉。但是重组后的公司，没过多久，公司内又涌现出许多新的问题。各分公司经理常常不顾总公司的方针、政策，各自为政。而且，分公司在采购、人事等职能方面也出现了大量重复。公司正在一步步瓦解成一些独立部门。在此情况下总裁终于意识到自己在分权的道路上走得太远了。

2．管理层次

（1）管理层次的概念

所谓管理层次，就是在职权等级链上所设置的管理职位的级数。当组织规模相当有限时，一个管理者可以直接管理每一位作业人员的活动，这时组织就只存在一个管理层次。而当规模的扩大导致管理工作量超出了一个人所能承担的范围时，为了保证组织的正常运转，管理者就必须委托他人来分担自己的一部分管理工作，管理层次必然增加。随着组织规模的进一步扩大，受托者又不得不进而委托其他的人来分担自己的工作，依此类推，形成了组织的等级制或层次性管理结构。

（2）影响管理层次的因素

第一，组织规模。在规模大、技术复杂的大型组织中，组织纵向职能分工应该细一些，组织层次要多一些。反之，如果企业的规模小、技术简单，就可以实施集中管理，组织层次较少。

第二，管理幅度。在下属员工数量相同的情况下，如果管理幅度宽些，那么组织层次就减少；如果管理幅度窄些，那么组织层次就会增加。

第三，组织沟通。如果沟通有效程度高，上下级之间信息交流容量大，真实性好，则组织层次可以有效减少。

第四，组织效率。如果管理层次太少，则管理者领导的员工人数过多，超过有效管理幅度，那就必然降低组织效率；反之，如果管理层次过多，工作的复杂性和费用将大大增加，也会降低组织效率。

3．管理层次与管理幅度的关系

管理层次的多少与管理幅度的大小密切相关，管理幅度同管理层次成反比关系，管理幅度越大，管理层次就越少；而管理幅度越小，管理层次就越多。

4．扁平式结构和高耸式结构

按照管理幅度和管理层次的不同，形成两种结构：扁平式结构和高耸式结构。

扁平式结构是指管理幅度大而管理层次少的结构。扁平式结构有利于缩短上下级距离，密切上下级之间的关系，信息纵向流通速度快；由于管理幅度大，被管理者有较大的自主性和创造性，也有利于选择和培训下属人员。但由于不能严密地监督下级，使上下级的协调较差；管理幅度的加大，也增加了同级间相互沟通联络的困难。

高耸式结构也称直式结构，就是管理层次多而管理幅度小的结构。高耸式结构具有管理严密、分工细致明确和上下级易于协调的特点。但层次增多，需要的管理人员多，协调工作急剧增加，互相扯皮的事层出不穷；由于管理严密，影响了下级人员的积极性与创造性。因此，应尽可能地减少管理层次。

随着经济的发展和社会的进步，特别是通信和计算机技术的广泛采用，各类组织对效率要求越来越高。从目前的组织结构的发展看，组织结构日益呈现扁平化的趋势。

课间案例6：格拉丘纳斯的上下级关系理论

法国管理顾问格拉丘纳斯在1933年分析了上下级之间可能存在的关系，提出一个用来计算在任何管理幅度下，可能存在的人际关系数的数学模型。他的理论把上下级关系分为三种类型：（1）直接的单一关系。即指上级直接地、个别地与其直属下级发生联系。（2）直接的组合关系。存在于上级与其下属人员的各种可能组合之间的联系。（3）交叉关系。即下属彼此打交道的联系。

如果A有三个下属B、C、D，那么他们之间存在的这三种关系如表6-1所示。

表6-1　　　　　　　　　　　A、B、C、D四人的关系

直接的单一关系	直接的组合关系	交叉关系
A→B	A→B 和 C	B→C
A→C	A→B 和 D	B→D
A→D	A→C 和 D	C→B
	A→C 和 B	C→D
	A→D 和 B	D→B
	A→D 和 C	D→C
	A→B 和 C 及 D	
	A→C 和 B 及 D	
	A→D 和 C 及 D	

通过这三种上下级关系的分析，格拉丘纳斯认为，在管理幅度以算术级数增加时，主管人员和下属间可能存在的互相交往的人际关系数几乎将以几何级数增加。据此，他提出了一个可以用在任何管理幅度下计算上下级人际关系数目的经验公式：$C = n[2^{n-1} + (n-1)]$

式中，C——各种可能存在的联系总数，即关系数；

N——一个管理者直接控制的下属人数，即管理幅度。

当 $N=1$，$C=1$；$N=2$，$C=6$；$N=3$，$C=18$；$N=10$，$C=5210$

根据这一公式，不同下属人数的可能关系数如表6-2所示。

表6-2　　　　　　　　　　　不同下属人数的可能关系数

n（下属人数）	C（关系数）
1	1
2	6
3	18
4	44
5	100
6	222
7	490
8	1080
9	2376
10	5210
11	11374
12	24708
13	2359602

由此可见，随着管理幅度的增加，上下级之间的相互关系数量也在急剧上升。这说明管理较多下属的复杂性，因此主管人员在增加下属人数前一定要三思而行。

（二）横向组织设计

在管理劳动横向分工的基础上进行的组织部门化的横向设计，其任务是将整个管理系统分解，并再分解成若干相互依存的基本管理单位。通常，分工标准不同，所形成的管理部门及各部门之间的相互关系也不同。

1．部门的概念

部门，是指组织中管理者为完成规定的任务而有权管辖的一个特殊的领域。它是一个特定的工作领域，也是一个特定的权力领域。划分部门的目的在于确定组织中业务的分配和责任的归属，以求分工合理，职责明确。

2．部门划分的形式

组织活动的特征会随着目标的不同而显著不同，对组织部门的划分而言，其划分标准具有普遍性，可以适用于很多不同情况。下面介绍常见的几种部门划分形式。

（1）职能部门化

职能部门化就是按照组织的职能为基础进行部门划分，即把具有相同职能的工作岗位放在同一个部门。它是现代组织最广泛采用的方法，如酒店根据职能化方法可以分为五个独立的部门：房务部、餐饮部、营销部、人事部和财务部。

（2）产品部门化

产品部门化是指根据产品来设立管理部门、划分管理单位，把同一产品的生产或销售工作集中在相同的部门组织进行。按产品划分部门的做法，正在被广泛地应用，而且也越来越受到重视。适用于产品种类较多的大型企业。

（3）顾客部门化

顾客部门化又称用户部门化，就是根据目标顾客的不同利益需求来划分组织的业务活动。在激烈的市场竞争中，顾客的需求导向越来越明显，企业应当在满足市场顾客需求的同时，努力创造顾客的未来需求，顾客部门化顺应了需求发展的这一趋势。

（4）区域部门化

区域部门化是根据地理因素来设立管理部门，把不同地区的经营业务和职责划分给不同部门的经理。

总之，设计组织的横向结构是为了保证组织目标实现的一种手段。所以实际运用中，每个组织应该根据自己特定的条件选择能取得最佳效果的方法。就某一组织而言，往往会按照集中方法来区分，表现为综合性的结构形式。

（三）组织的职权体系

1．职权的类型

所谓职权，是指组织设计中赋予某一管理职位做出决策、指导他人工作以及发布命令的权力。职权与组织内某一职位有关，是一种职位的权力，而与任职者没有任何关系。员工一旦离职就不再享有该职位的任何权力，而职权仍保留在该职位中，并给予新的任职者。

组织职权按照性质不同，分为三种形式，即直线职权、参谋职权和职能职权。三种职权为组织内部不同的人所拥有，并在管理中起着不同的作用。直线职权是指给予一位管理者指挥其下属工作的权力，也就是通常所说的指挥权。显然，每一管理层的管理者都具有这种职权，不同之处在于其职权的大小及范围不同而已。参谋职权是指管理者拥有某种特定的建议权或审核权，可以评价直线方面的活动情况，进而提出建议或提供服务。职能职权是指参谋人员或某部门的管理者所拥有的原属直线主管的那部分权力。在纯粹参谋的情形下，参谋人员所具有的仅仅是辅助性职权，并无指挥权。但随着管理活动的日益复杂，管理者仅依靠参谋的建议还很难做出最后的决定，为了改善和提高管理效率，管理者就可能将职权关系做某些变动，把一部分原属自己的直线职权授予参谋人员或某个部门的管理者，这便产生了职能职权。

2. 集权与分权

职权在组织中的分布可以是集中的，也可以是分散化的。所谓集权，是指决策权在组织系统中较高层次的一定程度的集中；所谓分权，是指决策权在组织系统中较低管理层次的一定程度上的分散，组织的权力不是集中在某个成员，而是分散在组织内部。集权与分权是相对的。某种程度的分权和某种程度的集权，对组织都是需要的。绝对的集权或绝对的分权，都将导致组织不复存在。

影响集权与分权的因素主要有以下几个方面。

（1）组织规模的大小。规模大，要做的决策多，内容复杂，沟通控制难，这时应分权。

（2）政策的统一性。如果组织内部各个方面的政策是统一的，集权最容易达到管理目标的一致性。

（3）员工的数量和基本素质。如果员工的数量和基本素质能够保证组织任务的完成，组织可以更多的分权；如果组织缺乏足够受过良好训练的管理人员，其基本素质不能符合分权式管理的基本要求，分权将会受到很大的限制。

（4）组织的可控性。组织中各个部门的工作性质大多不同，有些关键的职能部门（如财务会计等部门），往往需要相对的集权，而有些业务部门，如营销部门或区域性部门等却需要相对的分权。组织需要考虑的是围绕任务目标的实现，如何对分散的各类活动进行有效控制。

（5）组织所处的成长阶段。初期，往往集权；随着发展，慢慢分权。

3. 授权

授权是指上级把自己的职权授给下属，使下属拥有相当的自主权和行动权。上级给予下级的权力和责任，使下属在一定的监督之下，拥有相当的自主权而行动，授权者对被授权者有指挥、监督权，被授权者对授权者汇报情况及完成任务之责。当权力的授予与接受是在上下级组织之间进行时，授权就变为分权。授权包括三个方面：分派任务（向被授权者交代所要委派的任务）、委任权力或职权（授予被授权者相应的权力或职权，使之能有权履行原本无权处理的事务）、明确责任（要求被授权者对委派的工作负责）。

课间案例7：分权的好处

西尔斯是美国的一家大型零售公司，在库存货物的选择上，给他们的商店管理人员授予了较大的决策权，这使得他们的商店可以更有效地与当地商店展开竞争。与之相似，蒙特利尔银行把它在加拿大的 1164 家分行组合成 236 个社区，即在一个有限地域内的一组分行，每个社区设一名经理，该经理在自己所辖各行之间可以自由巡视，且各个分行之间最长距离不过 20 分钟的路程。他对自己辖区内的问题反应远远快于公司总部的高级主管，处理方式也会更得当。IBM 的欧洲总监瑞纳托·瑞沃索采取类似的办法把欧洲大陆的公司分成 200 个独立自主的商业单位，每个单位都有自己的利润目标、员工激励方式、重点顾客。"以前我们习惯于自上而下的管理，像在军队中一样。"瑞沃索说，"现在，我们尽力使员工学会自我管理。"

引导案例 3：杜邦公司的组织结构调整

杜邦公司在 19 世纪末期和 20 世纪初期是炸药制造商。在变革以前，杜邦公司采用集权的 U 型结构。第一次世界大战中，制造无烟炸药的生产能力增加，并且其规模迅速扩大。战后，为了给过剩的生产能力寻找出路，杜邦公司不得不涉足化肥生产。为满足各不相同的化肥细分市场，杜邦公司最终也建立了事业部制组织形式，放手让事业部独立经营管理其下属的生产销售部门。杜邦公司在采取事业部制组织结构以后的几年里，其经营范围迅速扩展，为了充分利用生产能力，又着手生产尼龙等化学纤维和其他化工产品。

第三节　组织结构的类型

组织结构是指为了实现组织的目标，在组织理论指导下，经过组织设计形成的组织内部各个部门、各个层次之间固定的排列方式，即组织内部的构成方式。

一、传统组织结构

（一）直线制组织结构

1. 直线制组织结构的概念

直线制组织结构，又称单线型组织结构，是指组织没有职能机构，从最高管理层到最基层，实行直线垂直领导。直线制组织结构是最早、最简单的一种组织结构形式。一般地，这种组织结构形式只适用于那些没有必要按职能实行专业化管理的小型组织，或者是现场的作业管理。

2. 直线制组织结构的优缺点

图 6-1 所示的直线制组织结构的优点是结构简单、权力集中、责任分明、命令统一、联系简捷。其缺点是在组织规模较大的情况下，所有的管理职能都集中由一人承担，往往由于个人的知识及能力有限而感到难于应付，顾此失彼，可能会发生较多失误。此外，每个部门主要关心的是本部门的工作，因而部门间的协调比较差。

图 6-1　直线制组织结构

（二）职能制组织结构

1．职能制组织结构的概念

职能制组织结构，又称多线制组织结构，职能制组织结构的特点是采用专业分工的管理者，代替直线制组织中的全能型管理者。

2．职能制组织结构的优缺点

图 6-2 所示的职能制组织结构的优点包括：能够适应现代组织技术复杂和管理分工细的特点，发挥职能机构的专业管理作用，减轻上层管理者的负担。缺点包括：违背了集中管理和统一指挥原则，多头领导、权责不明，妨碍统一指挥；各部门易过分强调本部门的利益而忽视与其他部门的配合及组织的整体目标，加大了最高管理层监督协调整个组织的要求。

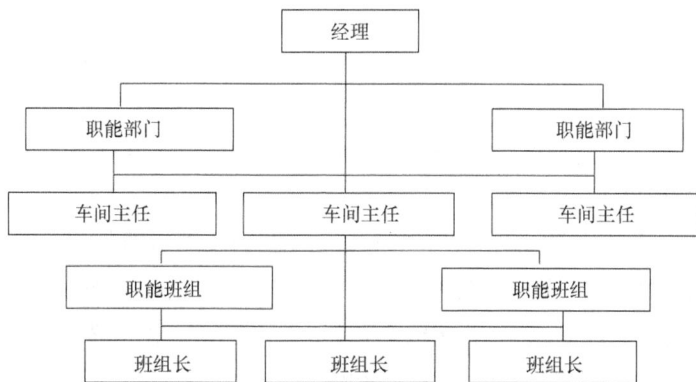

图 6-2　职能制组织结构

（三）直线职能制组织结构

1．直线职能制组织结构的概念

直线职能制组织结构是指在组织内部，既设置纵向的直线指挥系统，又设置横向的职能管理系统，以直线指挥系统为主体建立的两维的组织结构。直线职能型组织结构吸取了以上两种结构形式的优点，并克服其缺点。此组织结构形式适用于中、小型组织，对规模较大、决策时需要考虑较多因素的组织，则不太适用。

直线职能制组织结构设置了两套系统：一套是按命令统一原则组织的指挥系统，另一套是按专业化原则组织的管理职能系统。直线部门和人员在职责范围内有决定权，对其下级的工作实行指挥和命令，并负全责；而职能部门和人员只能对下级机构提供建议和业务指导，没有指挥和命令的权力。可见，这种组织形式实行的是职能的高度集中化。

2．直线职能制组织结构的优缺点

图 6-3 所示的直线职能制组织结构的优点是：领导集中、职责清楚，保证了组织的统一指挥，又加强了专业化管理，秩序井然、工作效率较高，整个组织有较高的稳定性。而缺点则是：权力高度集中，下级缺乏必要的自主权；职能人员之间横向联系较差，目标不易统一，缺乏全局观念；信息传递较慢，难以适应环境变化；领导者的横向协调工作负担较重。

图 6-3　直线职能制组织结构

二、现代组织结构

（一）事业部制组织结构

1. 事业部制组织结构的概念

事业部制组织结构，也称分权制组织结构，首创于 20 世纪 20 年代的美国通用汽车公司。即指在直线职能型组织结构框架基础上，遵循"集中决策，分散经营"的总原则，按地区或所经营的各种产品、项目或地域设置独立核算、自主经营、自负盈亏的事业部的组织结构形式。

2. 事业部制组织结构的优缺点

图 6-4 所示的事业部制组织结构的主要优点是：组织最高层管理者摆脱了具体的日常管理事务，有利于集中精力做好战略决策和长远规划，提高了管理的灵活性和适应性，有利于培养和训练管理人才。它的缺点是：由于机构重复造成了管理人员的浪费；由于各个事业部独立经营，各事业部之间要进行人员互换就比较困难，相互支援较差；各事业部管理者考虑问题往往从本部门出发，而忽视整个组织的利益。

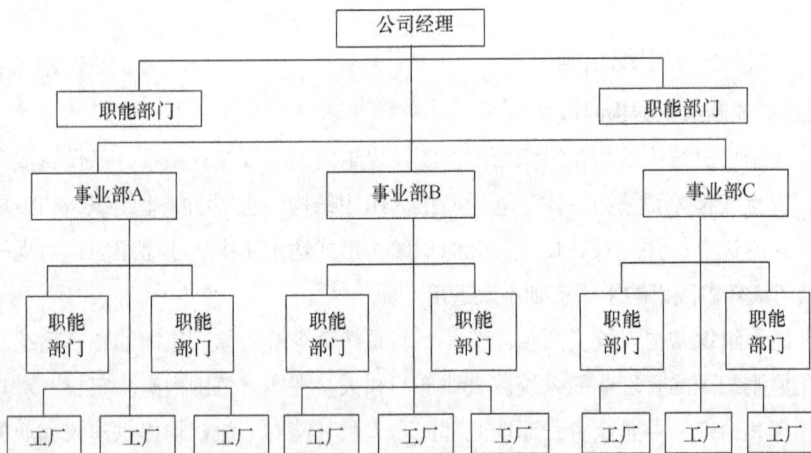

图 6-4　事业部制组织结构

在事业部制组织结构的基础上，20 世纪 70 年代在美国和日本的一些大公司又出现了一种新的组织结构形式——超事业部制组织结构。它是在组织最高管理层和各个事业部之间增加了一级管理机构，负责统辖和协调所属各个事业部的活动，使领导方式在分权的基础上又适当地集中。这样做的好处是可以集中几个事业部的力量共同研究和开发新产品，可以更好地协调各事业部的活动，从而增强组织活动的灵活性。

课间案例8：通用汽车公司

在变革以前，通用汽车公司像是一个 H 型结构的控股公司。1921 年，为了解决产品多样化、产品设计、信息传递和各部门决策协调问题，通用汽车公司新任总裁斯隆决定建立不是单一的、集中化的、按职能划分部门的组织，因为该公司的规模太大、活动太多、太复杂、太分散，无法用该种组织形式加以控制。于是，斯隆创了新型的多部门组织结构，让各个事业部管理人员基本享有针对各细分市场的经营决策自主权。公司总部不再插手日常事务，主要执行战略决策、计划协调、监督等职能，并负责研发、资金、法律等问题。这种组织结构的改革为通用创造了竞争优势，使其超越了福特公司。

（二）矩阵制组织结构

1. 矩阵制组织结构的概念

矩阵制组织结构，是指在原有直线职能参谋制垂直领导的基础上，又建立了一个横向领导系统，使两者结合，形成一个矩阵式的组织结构形式。这是一种把按职能划分的部门同按产品、服务、活动、研究或工程项目划分的部门结合起来的组织形式。矩阵组织和项目小组是在 20 世纪 50 年代开始出现的一种组织结构形式，其实质是在同一个组织结构中，按职能划分部门的形式同按产品划分部门的形式相结合，主要应用在一些新兴行业（电子、航天）的工程部门、研究与发展部门。

矩阵组织也被称为"临时性的组织"。为了完成某一项目，由各职能部门抽调人员组成项目经理部（项目小组），项目完成之后，各类人员仍回原部门。多个项目经理部的形式排列在一起，即成为矩阵组织。

2. 矩阵制组织结构的优缺点

图 6-5 所示的组织结构的特点是：打破了传统的"一个员工只有一个头儿"的命令统一原则，使一个员工属于两个甚至两个以上的部门。它的优点是：加强了各职能部门的横向联系；资源利用率高，组织灵活性和应变能力强；易于培养专业人员合作精神和全局观念；有利于创新。其缺点是：成员工作位置不固定，容易产生临时观念；二元命令系统，组织中存在双重职权关系，违背了统一指挥的原则，纵向、横向的双重领导，处理不当，会由于意见分歧而造成工作中的扯皮现象和矛盾。

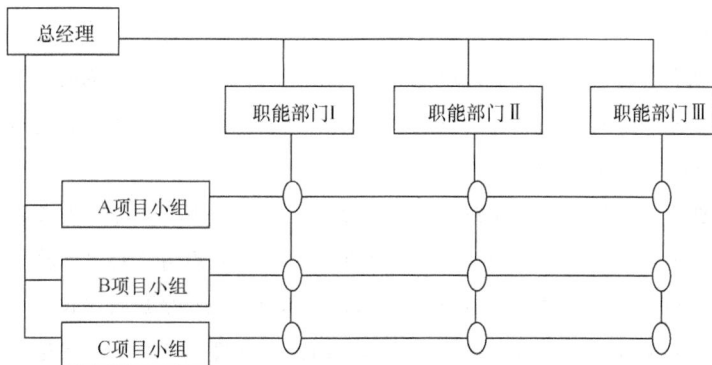

图 6-5 矩阵制组织结构

（三）多维立体制组织结构

多维立体制组织结构是由美国道科宁化学工业公司于 1967 年首创的。它是由职能制、矩阵制和事业部制组织结构形式综合发展而来的。如图 6-6 所示，这种结构形式由三方面管理系统组成：一是按产品（项目或服务）划分的部门（事业部），是产品利润中心；二是按职能如市场研究、生产、技术、质量管理等划分的专业参谋机构，是职能利润中心；三是按地区划分的管理机构，是地区利润中心。在这种组织结构形式下，每一系统都不能单独做出决策，而必须由三方代表共同组成产品事业委员会作为最高权力机构，然后通过共同的协调才能采取行动。因此，多维立体制组织结构能够促使每个部门都能从整个组织的全局来考虑问题，从而减少了产品、职能、地区各部门之间的矛盾。

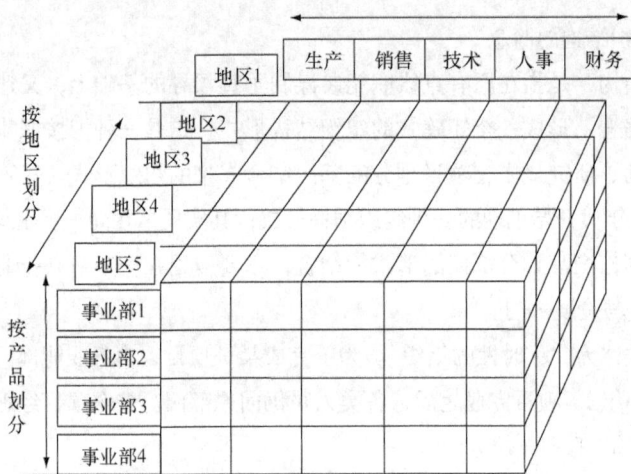

图 6-6　多维立体制组织结构

多维立体制组织结构能够促使各部门从组织整体的角度来考虑问题，从而减少了产品、职能和地区各部门之间的矛盾，有利于形成群策群力、信息共享、共同决策的协作关系。该组织结构形式适用于跨国公司或规模巨大的跨地区公司，如金融类、保险类跨国企业。

课间案例 9：不断变化的组织结构策略

联想成立初期，其目标是开发一种产品或服务以求得在市场竞争中生存。针对当时企业规模小、资金匮乏，以及研制、生产联想汉卡的需要，联想采用非正规化和没有权力等级的简单结构，主要通过个人权威实行集权控制，即总经理直接指挥，权力高度集中，以维持组织的灵活性和快速做出决策的能力。20 世纪 80 年代，市场需求迅速扩大，环境趋于稳定，规模和稳定生产成为主要特征。从联想提出"进军海外、形成规模经济"发展战略的内部环境分析，联想提出了旨在明确岗位责任和权力等级，使交流和沟通正式化，权力分工明显化的职能式结构。1990 年，中国开始降低关税，国外计算机企业纷纷进入中国，市场竞争日趋激烈。国外计算机的大批涌入，带动了中国计算机的应用和发展。在市场迅速扩大的同时，需求呈现多样化的趋势，用户的要求也越来越高。在这样的背景下，联想从 1992 年秋开始在小型机事业部、汉字系统事业部试行事业部制，1994 年以微机事业部成立为标志，全面实行向以事业部为基本组织形式、集权与分权相结合的新的管理体制转变。最高决策层更多地关注企业的发展方向和总体战略，通过分权给事业部更大的权力，事业部对产供销各环节统一管理，享有经营决策权、财务支配权和人事管理权。总部通过设立销售总监、财务总监及成立审计部门，健全人事、财务和审计等方面的制度，对事业部进行"目标管理、过程控制"。

联想集团由职能制向事业部制的转变是联想走向成熟的重要标志。

三、新型组织结构

在 20 世纪 80 年代末到 90 年代初，随着组织内外部环境的变化，产生了一些新型的组织结构类型。这些组织结构与传统的组织结构相比，具有简化结构层次、人员和机构配置精干、组织运作效率提高等优点；同时也面临着内部稳定性差、经营风险压力加大等严峻考验。这些组织结构都在努力适应组织环境在复杂性和动态性方面的巨大变化，但并不排除传统的组织结构的存在。

（一）团队型组织结构

1．团队型组织结构的概念

团队型组织结构是指以自我管理团队作为组织基本构成单位的组织结构形式。所谓自我管理团队，是以响应特定的顾客需求为目的，掌握必要的资源和能力，在组织平台的支持下，实施自主管理的单元。

2．团队型组织结构的特点

（1）团队把横亘在一个组织的上层和基层之间的职能部门进行分解和弱化，把决策权分散到工作小组也就是团队的层次上，从而形成了一个中间层细小的组织结构。

（2）团队成员既是专才，又是通才。在团队组织模式中，由于高层管理人员队伍的缩小，一线工作人员纵向提升的机会减少了，而横向流动却变得更加频繁。频繁的横向流动使一线工作人员的技能多样化，由专才变为通才。

（3）自我管理团队容纳了组织的基本资源和能力。在柔性生产技术和信息技术的基础上，团队被授权可以获得完成整个任务所需的资源，在充分重视员工积极性、主动性和能力的前提下，团队消除了部门之间、职能之间、科目之间、专业之间的障碍，其成员经过交叉培训可以获得综合技能，相互协作完成组织任务。

（4）"一站式"服务与团队的自主决策。自我管理团队具有动态和集成的特点，能针对变化的顾客需求进行"一站式"服务，从价值提供的角度看，自我管理团队独立承担了价值增值中一个或多个环节的全部工作。

（5）管理者角色转换，由高层管理者驱动转为市场驱动。最高管理层的精力主要集中在制定整体战略、驱动创新过程，扮演设计师和教练的角色；中层管理者转变为对基层管理者提供顾客和供应商信息、人员培训方案、绩效与薪酬系统设计等关键的资源，协助团队间知识、技能和资源的横向整合；自我管理团队对本单位的经营绩效负责，其管理者从传统的执行者角色转变为创新活动的主要发起人，为公司创造和追求新的发展机会。

课间案例 10：施乐公司的团队建设

20 世纪 70 年代，施乐公司经营陷入低谷。从 1980 年开始，新总裁大卫开始塑造企业团队精神。施乐团队建设的一条重要原则就是鼓励员工之间"管闲事"，对同僚业务方面的困难积极帮助。为此，施乐经常派那些销售业绩良好的员工去帮助销售业绩不佳的员工，他们认为，合作应从"管闲事"开始。施乐团队建设的第二条重要原则就是强调经验交流和分享。任何一位员工有创意且成功的做法，都会得到施乐公司的赞美和推广。施乐团队建设的第三条重要原则是开会时允许参加者海阔天空的自由发挥，随意交流，并允许发牢骚、谈顾虑，即便是重要的会议也开得像茶馆那样热闹，经常是"说者无心、听者有意"，启发出旁听者的火花般灵感，以致思路大开。

团队建设离不开人。施乐选拔人才特别强调合作精神，常常把骄傲的人拒之门外。他们认为，骄傲的人往往对一个团队具有破坏力，哪怕是天才也不接受。施乐需要的是强化彼此成就的人，即合作重于一切。施乐的团队建设并不排斥竞争，但强调竞争必须不伤和气，不但要公平，而且讲究艺术。例如，公司下属某销售区各小组间的竞争就显得幽默而有效率：每月底，累计营业额最低的小组将得到特殊的"奖品"——一个小丑娃娃，而且以后一月内必须放在办公桌上"昭示"众人，直到有新的"中奖者"。各小组自然谁也不愿"中奖"，为此，大家你追我赶，唯恐垫底"中奖"。至 1989 年，施乐扭亏为盈，后逐渐在世界 140 个国家建立了分公司。

（二）集团控股型组织结构

1. 集团控股制组织结构的概念

集团控股型组织结构，是指通过企业之间控股、参股，形成由母公司、子公司和关联公司组成的企业集团。各个分部具有独立的法人资格，既是总部下属的子公司，也是公司分权的一种组织形式。集团控股型组织结构是在非相关领域开展多种经营的企业常用的一种组织结构形式。

2. 集团控股型组织结构的特点

图 6-7 所示的集团控股型组织结构的股权可以是绝对控股、相对控股和一般参股，子公司、关联公司和母公司一道构成以母公司为核心的企业集团；集团公司或母公司与它所持股的企业单位之间不是上下级间的行政管理关系，而是出资人对被持股企业的产权管理关系。母公司作为大股东，对持股单位进行产权管理的主要手段是，母公司凭借所掌握的股权向子公司派遣产权代表和董事、监事，通过这些人员在子公司股东会、董事会、监事会中发挥作用来影响子公司的经营决策。

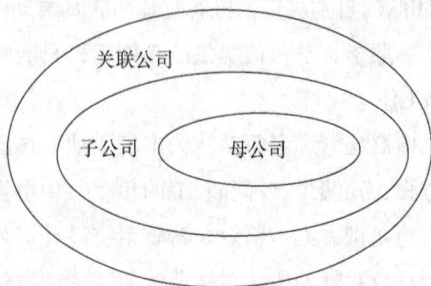

图 6-7　集团控股制组织结构

集团控股型组织结构优点包括：总公司对子公司具有有限的责任，风险得到控制；大大增加企业之间联合和参与竞争的实力。缺点包括：管理间接，战略协调、控制、监督困难，资源配置也较难，缺乏各公司间的有效协调。

（三）网络型组织结构

1．网络型组织结构的概念

图 6-8 所示的网络型组织结构是基于当今飞速发展的现代信息技术手段而建立和发展起来的一种新型企业组织结构。网络型组织结构是一种只有很精干的中心机构，以合同（契约）关系的建立和维持为基础，依靠外部机构进行制造、销售或其他重要业务经营活动的组织结构形式。

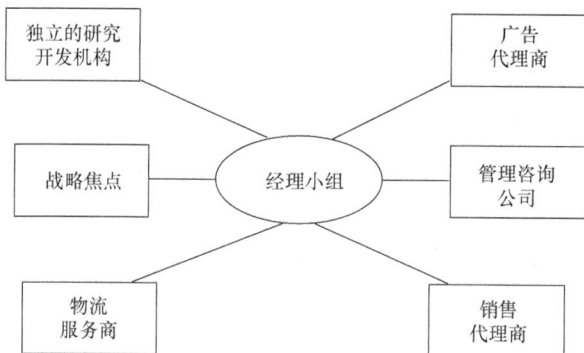

图 6-8　网络型组织结构

2．网络型组织结构的特点

（1）组织结构上的网络化

网络型的组织结构，是通过公司内联网和公司外互联网，创设一个契约"关系"的网络，与独立的制造商、销售代理商及其他机构达成长期协作协议，使他们按照契约要求执行相应的生产经营功能。

（2）组织结构上的虚拟化

网络制组织结构是小型组织的一种可行选择，也是大型企业在联结集团松散层单位时通常采用的组织结构形式。

（3）组织结构上的柔性化

由于其大部分活动都是外包、外协的，公司管理机构就只是一个精干的经理班子，灵活地负责监管公司内部开展的活动，同时协调和控制与外部协作机构之间的关系。

网络型组织结构的优点包括：一是降低管理成本，提高管理效益；二是实现了企业全世界范围内供应链的优化整合；三是简化了机构和管理层次，实现了企业充分授权式的管理。其缺点在于可控性太差，网络型组织结构需要科技与外部环境的支持。

（四）无边界组织结构

1．无边界组织结构的概念

无边界组织结构也被称作谷仓式的组织结构，是由美国通用电气公司董事长杰克·韦尔奇率先提出的。无边界组织结构的边界是指指挥链的边界和组织与它的供应商及顾客之间的边界。无边界组织模式寻求消除指挥链所带来的限制，让控制幅度无限扩大，用授权团队代替职能部门。

2．无边界组织结构的特点

（1）在一定程度上消除纵向结构上的边界，层级制结构扁平化

最大限度地减少地位和等级方面的差距，主要办法有建立跨层级的小组、决策参与制和全方位业绩评价体系等。跨层级小组成员包括高级经理、中层管理者、监督人员和第一线的工作人员等。决策参与制是指一个组织的重大决策的参与者不仅包括高级管理人员，也包括一些普通的组织成员。全方位业绩评价体系是指对组织成员工作业绩的评价人由同层级的人员、上级人员和下级人员组成。

（2）减少横向组织结构上的边界

用跨职能部门的小组代替职能部门。跨职能部门小组是围绕一种产品或一项服务的整个生产经营过程来安排各项活动，而不是按照局部的职能来组织各项活动。该部门小组实行不同职能领域之间的人员的横向转移和轮换。组织内部的人员横向转移和轮换可能将一些组织成员由"专才"变为"通才"。

（3）突破地理距离所带来的组织成员家庭所在地和工作所在地之间的隔绝

目前，世界各国已有数千万人工作在公司大楼的物理空间之外，并且还有增长的趋势，经济的全球化甚至会使人们在不同的国家为同一家公司工作。实行家中上班制度，在一定程度上打破了公司在物理空间上的边界。

（4）尽力打破组织与组织环境之间的边界

全球化、战略联盟和组织——顾客之间的联系渠道都可以突破组织与外部环境之间的边界。其实，无边界组织结构的一个重要的技术基础是互联网和通信技术的进步。高度发达并功能强大的互联网及其依托互联网发展起来的即时通信技术，能使人们打破组织内和组织间的边界进行通信联系，如电子邮件和短信群发技术既可以使公司数百名员工能够同时分享某一信息，同时，也可以让文件管理人员直接向高级经理人员传递信息。

课间案例11：杰克·韦尔奇的无边界管理

杰克·韦尔奇从1981年入驻美国通用电气（GE）开始，在短短20年的时间里，韦尔奇使通用电气的市值达到了4500亿美元，增长了30多倍，排名也从世界第10位升到第2位。令韦尔奇获得巨大成功的关键就在于他突破了科学管理的模式，创造了扁平的、"无边界"的管理模式。可以说是无边界的管理模式再造了GE，无边界的管理思想渗透到GE管理的各个方面。

杰克·韦尔奇入驻GE时，公司的状况并不差：总资产250亿美元，年利润15亿美元，拥有40万名雇员，财务状况是3A级的最高标准，它的产品和服务渗透国民生产总值的方方面面。然而，在杰克·韦尔奇看来却存在着诸多的问题：许多业务部门不具备行业优势，竞争力不强，家电业务正面临着日本等国企业的严重冲击。最为严重的是，GE机构臃肿，管理层级复杂，层次过多，灵活性低，僵化的官僚气息令他头痛。正是僵化的体制使得员工习惯于以往的成就，循规蹈矩，看不到未来的危机，缺乏创新，很难有大的突破。而他想象的GE

应该是"迅速而灵活，能够在风口浪尖之上及时转向的公司"。

于是杰克·韦尔奇开始再造 GE，提出了"无边界"的理念，他希望这一理念把 GE 与其他世界性的大公司区别开来。他预想中的无边界公司是：将各个职能部门之间的障碍全部消除，工程、生产、营销以及其他部门之间能够自由流通、完全透明；"国内"和"国外"的业务没有区别；把外部的围墙推倒，让供应商和用户成为一个单一过程的组成部分；推倒那些不易看见的种族和性别藩篱；把团队的位置放到个人前面。经过多年的硬件建设——重组、收购以及资产处理，无边界变成了 GE 社会结构的核心，也形成了区别于其他公司的核心价值。正是在无边界管理理念的指导下，GE 才不断创新，如推行"六西格玛"标准、全球化和电子商务等，无不走在其他公司的前面，始终保持充沛的活力，取得了惊人的成就。

引导案例4：猴子和香蕉

心理学里有一个非常经典的试验：把 5 只猴子关在一个笼子里，笼子顶上挂一串香蕉，在笼子顶上同时安装了一个喷头，只要有猴子试图摘香蕉，喷头就会喷出水来。因为猴子都喜欢吃香蕉，因此几乎所有的猴子都试图去摘香蕉，但是无一例外都会被喷头喷出的水淋得浑身湿透。结果过了一段时间后，似乎所有的猴子都明白了这个"道理"——只要试图摘香蕉就会被水淋，于是没有任何一只猴子去摘挂在笼子顶上的香蕉，尽管它们都非常喜欢吃。后来，试验人员用一只新猴子（简称 A 猴子）换出原来的一只猴子，这只 A 猴子看到笼子顶上的香蕉，也和原来的猴子刚开始一样试图去摘，这时，所有原来的猴子都不约而同地冲上去把这只 A 猴子暴打一顿，以后只要这只 A 猴子想去摘，就会遭到其他猴子的暴打。如此经过一段时间，A 猴子也和原来的猴子一样放弃了摘香蕉的企图。试验人员又用另一只新猴子（简称 B 猴子）换出另一只原来的猴子，发生的情况与 A 猴子刚进来时一样，只要 B 猴子试图摘香蕉就会遭到暴打，而且 A 猴子打得最重。就这样，经过很长一段时间后，原来的猴子都被换出去了，笼子里的猴子已经更换了几个轮回，顶上的喷头也已经早就取消了，但只要有新进来的猴子试图去摘香蕉都会遭到其他猴子的暴打，至于为什么会遭到暴打，没有一个猴子知道原因，但每个猴子都很自觉地养成了这样的习惯。

第四节　组织变革和组织文化

组织实施的任何变革，开始时都是少数人试图改变多数人，阻力一般很大，当多数人认可和接受变革后，就变成了多数人去改变少数人，阻力要小很多。推行任何变革，都需要治理者的坚持。

一、组织变革

任何一个组织，无论过去如何成功，都必须随着环境的变化而不断地调整自我并与之相适应。组织变革的根本目的就是提高组织的效能，特别是在动荡不定的环境条件下，要想使组织顺利地成长和发展，就必须自觉地研究组织变革的内容、阻力及其一般规律，研究有效管理变革的具体措施和方法。

（一）组织变革的含义

所谓组织变革，是指组织根据内外环境的变化，及时对组织中的要素及其关系进行调整，以适应组织未来的要求。正如杰克·韦尔奇所说：如果组织变革的速度比环境变化还要慢，那么这个组织将走向末路。在瞬息万变的环境中，组织只有根据外部环境和自身情况不断进行变革，才能不断突破生存和发展的瓶颈，立于不败之地。

（二）组织变革的类型

1. 战略性变革

战略性变革是组织对其长期发展战略或使命所做的变革，如果组织决定进行业务收缩，就必须考虑如何剥离关联业务；如果组织决定进行战略扩张，就必须考虑并购的对象和方式，以及组织文化重构等问题。

2. 结构性变革

结构性变革是指组织需要根据环境的变化适时对组织的结构进行变革，并重新在组织的进行权利和责任的分配，使组织变得更为柔性灵活、易于合作。

3. 流程主导性变革

流程主导性变革是指组织紧密围绕其关键目标和核心，充分应用现代信息技术对业务流程进行重新构造。这种变革对组织结构、组织文化、用户服务、质量、成本等各个方面产生了重大的影响。

4. 以人为中心的组织变革

组织中人的因素最为重要，组织如若不能改变人的观念和态度，组织变革就无从谈起。以人为中心的变革是指组织必须通过对员工的培训、教育等引导，使他们能够在观念、态度和行为方面与组织保持一致。

（三）组织变革的动因

1. 外部环境因素

组织的外部环境由政治法律环境、经济环境、人文社会环境、科技环境、自然环境等组成，任何一个环境因素的变化都会引起组织内部深层次的调整和变革。

（1）经济环境的变化

经济形势的变化，主要是指投资、贸易、税收、产业政策与企业政策的变化等，这些变化也许会给组织带来良好的机遇，也许会给组织带来极大的风险。而这些变化都会引起组织内部深层次的调整和变革。

（2）技术进步的影响

工艺技术、信息技术和管理技术的发展日新月异，新产品、新工艺、新技术、新方法层出不穷，对组织的固有运行机制构成了强有力的挑战。如通信和网络技术的发展、计算机使用的普及，使组织机构越来越扁平化和团队化；自动化生产设备和先进的生产工艺有效提高了劳动生产率；管理技术随着管理实践的积累不断推陈出新，组织再造等给全球组织带来翻天覆地的变化。

（3）价值观念的影响

随着社会的发展，全球化的生产经营的展开以及竞争的不断加剧，社会和个人的价值观念不断随之调整。例如，消费偏好的快速改变、产品寿命周期不断缩短等往往迫使组织转变经营方向和经营方式。此外，人们对知识的追求、美的向往、对人才的渴求等都会要求人力资源管理方式的变革。这些都会影响和促使组织变革。

2．内部环境因素

组织变革的内部原因主要是现有的内部条件和外部环境不相适应了，已经成为组织发展的障碍。

（1）决策失灵

当组织机构臃肿、人浮于事或组织机构明显漏缺、管理脱节时，为提高决策效率，组织必须对决策过程中各个环节进行梳理，保证决策迅速、真实和完整。

（2）沟通阻塞

信息沟通不畅，决策形成过程过于缓慢或时常做出错误的决策，导致企业常错失良机。

（3）机能失效

组织的主要制度不能有效运转或效率低下，组织成员的积极性无法充分发挥出来。例如，组织内部不协调，部门间职责重叠，互相扯皮，推诿责任，企业内耗加剧，职工的责任感和积极性低落。

（4）缺乏创新

组织内管理者和员工因循守旧，害怕创新给自己带来压力，往往抵制新观念、新战略、新措施，阻碍了组织的稳定发展。

（四）组织变革的阻力

组织变革中的阻力是指人们反对变革、阻挠变革甚至对抗变革的制约力。这种制约组织变革的力量可能来源于个体、群体，也可能来自组织本身甚至外部环境。变革，必然会触犯一小部分人的既得利益，肯定会有反对或不支持的声音，会发生内部冲突和矛盾，会重新分配资源，也自然会有压力、阻力和冲突。

1．个体和群体方面的阻力

来自个体的阻力，是因为其固有的工作和行为习惯难以改变、就业安全需要、经济收入变化、对未知状态的恐惧以及对变革的认知存在偏差等而引起的。来自群体的阻力，主要是由于组织结构变动的影响，原有人际关系可能因变革而受到改变和破坏，影响原有的已经适应的群体关系，并且有可能影响群体利益。

2．组织的阻力

组织的阻力来自现行组织结构的束缚、组织运行的惯性，和变革对现有责权关系和资源分配格局所造成的破坏和威胁，以及追求稳定、安逸和确定性甚于革新和变化的保守型组织文化等。

3．外部环境的阻力

组织的外部环境条件也往往是形成组织变革力量的一个不可忽视的来源。例如，缺乏竞争性的市场往往造成组织成员的安逸心态，束缚组织变革的进程。

总之，组织变革过程是个破旧立新的过程，自然会面临推动力与制约力相互交错和混合的状态。组织变革管理者的任务，就是要采取措施改变这两种力量的对比，促进变革顺利进行。

（五）组织变革的程序

1. 发现问题征兆，认识变革的必要性

管理者要始终保持较强的紧迫感、危机感，要对未来有个明确的预见。除了从外部环境变动的信息中发现有利和不利因素外，更重要的是从组织内部信息中发现问题，如利润、成本、员工士气等。通过分析，管理者提出组织结构变革的目标及任务。

2. 组织诊断

明确目标之后就要寻找问题的根源。管理者要围绕问题广泛收集资料信息，对组织结构进行透彻的分析，找出问题产生的真正根源，然后在此基础上制定出明确的、具体化的变革目标。

3. 提出变革方案

在组织诊断明确问题之后，就要根据问题产生的根源有针对性地制定相应的组织变革与创新方案。通常有三种方式：一是彻底革命的方式；二是逐步演变的方式；三是系统发展的方式。

4. 制定变革的计划

在确定了变革方案以后，就要具体制定变革计划。具体内容包括：要设计出变革的操作步骤；考虑到所需的费用或代价；可能遇到的问题及应对措施；对组织的运行可能产生的影响；员工对变革的认识及配合的程度等问题，使计划尽可能详细具体。

5. 变革计划的实施

组织变革通常总会因为影响一部分人的权力和利益而遇到来自变革对象的阻挠和抗拒。管理者、员工在充分认识、说服教育的前提下，组织有关人员参与方案的设计，对变革的因素进行认真分析，妥善处理好变革与稳定的管理，力求将变革的阻力降至最低，保证变革计划的顺利实施。

6. 评价效果

变革计划的实施过程中，管理者要对变革的效果进行检查、分析和评价，针对影响变革的因素进行相关调整，同时建立起良好的信息反馈系统，切实保证变革效果。

课间案例 12：戊戌变法的失败

戊戌变法，又称维新变法，是指 1898 年 6 月至 9 月 21 日以康有为、梁启超为主要领导人物的资产阶级改良主义者通过光绪帝进行倡导学习西方，提倡科学文化，改革政治、教育制度，发展农、工、商业等的政治改良运动。但戊戌变法因损害到以慈禧太后为首的守旧派的利益所以遭到强烈抵制与反对。1898 年 9 月 21 日，慈禧太后等发动戊戌政变，光绪帝被囚至中南海瀛台，维新派的康有为、梁启超分别逃往法国、日本，谭嗣同、康广仁、林旭、杨深秀、杨锐、刘光第共 6 人被杀，历时 103 天的变法失败。戊戌变法失败的根本原因是资产

阶级维新派力量过于弱小，即资产阶级的软弱性。直接原因是守旧派势力强大，当时国家的最高领导权不在光绪皇帝手中，而是被以西太后为首的王公、大臣所掌握。维新派只有少数几个人，没有实权。西太后最初曾指示"今宜专讲西学"，但是，当她感到变法触及到她自己的权力和清廷王公贵族的利益时，就动手遏制、镇压。

二、组织文化

管理人员，特别是高层管理者是企业风气的创立者。他们的价值观影响着企业发展的方向。许多成功的企业在价值观推动下，领导人起了模范带头作用。他们制定了行为的标准，激励雇员们，使自己的公司具有特色，并且成为对外界的一种象征。

（一）组织文化的含义

所谓组织文化，是指组织在长期的实践活动中所形成的，并且为组织成员普遍认可和遵循的具有本组织特色的价值观念、团体意识、行为规范和思维模式的总和。组织文化的基本要素包括组织精神、组织价值观和组织形象。组织通过塑造组织文化，来影响成员的工作态度，引导实现组织目标。因此，根据外在环境的变化适时变革组织文化常被视为组织成功的基础。

（二）组织文化的内容

1. 组织文化的显性内容

所谓显性内容就是指那些以精神的物化产品和精神行为为表现形式的，人通过直观的视听器官能感受到的、又符合组织文化实质的内容。它包括组织标志、工作环境、规章制度和经营管理行为等几部分。虽然它们是组织文化的重要组成部分，但它们毕竟是精神的外化，还不是组织文化的根本内容。

2. 组织文化的隐性内容

组织文化的隐性内容是组织文化的根本，是最重要的部分。组织文化的隐性内容包括组织哲学、价值观念、道德规范、组织精神几个方面。这些内容都是在组织长期的生产经营活动中形成的，能直接影响组织的生产经营管理活动，给组织带来高效率和高效益，使组织充满生机和活力。

课间案例 13：埃克森公司与麦迪公司的价值观

美国埃克森公司的价值观是：高度尊重个人的创造性，相信个人的责任感，但同时，默认在做出一项重要决定前要达成一致。这就决定在制度层方面表现为随便的衣着和沟通方式：没有等级标志，相互之间激烈争论等。而另一家总部设在欧洲的麦迪公司，它的价值观是尊重资历、学识和经验，注重通过服务时间的长短、整体工作情况和个人的教育背景来评价职工，因此在制度层和物质层就表现为：一切都是规范化的、正式的，大楼中各办公室都有正式标志；大厅中的静默气氛；人们在大厅中见面时周全的礼节；专门的经理人员餐厅；文件中使用正式的学术语，以及注意计划、程序和正式的会议文件等。埃克森公司和麦迪公司精神层的不同使他们的制度层和物质层表现为完全不同的内容。

（三）组织文化建设

组织文化的建设是一个长期的过程，同时也是组织发展过程中的一项艰巨、细致的系统工程。从路径上讲，组织文化建设需要经过以下几个过程。

1．选择合适的组织价值观标准

组织价值观是整个组织文化的核心，选择正确的组织价值观是塑造良好组织文化的首要战略问题。选择组织价值观首先要立足于本组织的具体特点，根据自己的目的、环境要求和组成方式等特点选择适合自身发展的组织文化模式；其次要把握住组织价值观与组织文化各要素之间的相互协调，因为各要素只有经过科学的组合与匹配，才能实现系统整体优化。

2．强化员工的认同感

在选择并确立了组织价值观和组织文化模式之后，就应把基本认可的方案通过一定的强化灌输方法使其深入人心。具体做法可以是：第一，利用一切宣传媒体，宣传组织文化的内容和精要，使之家喻户晓，以创造浓厚的环境氛围；第二，培养和树立典型。榜样和英雄人物是组织精神和组织文化的人格化身与形象缩影，能够以其特有的感召力和影响力为组织成员提供可以仿效的具体榜样；第三，加强相关培训教育。有目的的培训与教育，能够使组织成员系统地接受组织的价值观并强化员工的认同感。

3．核心价值观的提炼

组织的核心价值观的形成不是一蹴而就的，必须经过分析、归纳和提炼方能定格。第一，精心分析。在经过群众性的初步认同实践之后，应当将反馈回来的意见加以剖析和评价，详细分析和比较实践结果与规划方案的差距，必要时可吸收有关专家和员工的合理意见；第二，全面归纳。在系统分析的基础上，进行综合化的整理、归纳、总结和反思，去除那些落后或不合时宜的内容与形式，保留积极进步的内容与形式；第三，精练定格。把经过科学论证和实践检验的精神、组织价值观、组织伦理与行为，予以条理化、完善化、格式化，再经过必要的理论加工和文字处理，用精练的语言表述出来。

表6-3　　　　　　　　　　　　　　著名公司的核心价值观

公司	核心价值观	备注
IBM	给予每个员工充分的考虑 花更多的时间使顾客满意 坚持把事情做好，所作所为追求完美	
3M	创新：你不能扼杀一个新创意 绝对正直 尊重个人的首创精神及个人成长 我们真正的业务是解决问题	
福特	人员是我们的力量之源 产品是我们努力的终端成果（以汽车为业） 利润是必要的手段和衡量我们成就的指标 以诚实与正直为基础	不同时期 排序不同

公司	核心价值观	备注
通用电气（GE）	以科技与创新改善生活 在对顾客、员工、社会、股东的责任之间求取平衡 个人责任与机会 诚实与正直	
惠普（HP）	为我们从事的领域贡献技术（公司存在的目的是要作出贡献） 尊重惠普人并给予他们机会 为所在的社区奉献和负责 提供顾客负担得起的高品质产品 利润与成长是使所有其他价值和目标可能实现的手段	

4. 巩固落实

首先，要建立必要的制度保障；其次，领导者在塑造组织文化的过程中应起到率先垂范的作用，他们必须及时更新观念并能带领组织成员为建设优秀组织文化而共同努力；最后，要强化人力资源管理使之与组织文化建设相适应。

5. 在发展中不断丰富和完善

任何一种组织文化都是特定历史的产物，当组织的内外部条件发生变化时，组织必须不失时机地丰富、完善和发展组织文化。这既是一个不断淘汰旧文化和不断生成新文化的过程，也是一个认识与实践不断深化的过程。组织文化由此经过不断的循环往复达到更高的层次。

课间案例 14：智邦公司的组织文化

在我国台湾地区的科技产业企业中，成立于 1988 年的智邦可以说是最具"人文"特色的公司，这种人文的企业文化，从领导人的身上及办公环境可以印证。

虽然网络科技日新月异，但领导人杜仪民始终将工作与假日生活安排得井井有条。周一到周五全力投入工作，周六、周日则全部奉献给家庭，而且要充分与家人沟通，取得家人谅解。不过，由于企业主的工作实在太过忙碌，杜仪民偶尔还是会用无线的网络计算机，在饭桌前敲敲打打。而为了让员工对公司有"家"的感觉，智邦非常鼓励员工同仁之间谈婚论嫁，一来可以让员工的心安定下来，再者夫妻同在一家公司上班，了解公司文化，也比较能相互了解及体谅，对公司及家庭生活皆有所助益。

1999 年 12 月 1 日，人事处公布一项新规章：本公司员工结为夫妻，男女双方皆加薪3000 元。此外，为了让员工安心上班，智邦还在公司内设立托儿所，并在托儿所装设网络猎取影像系统，让员工随时可以透过桌上的计算机，看到孩子们上课的情形。

喜欢品尝日式生鱼片以及意大利菜的杜仪民，经常在寿司店吧台品尝寿司之余，还和寿司师傅讨论如何做出好吃的寿司。同时，古典音乐是杜仪民的另一项重要嗜好，尤其是巴洛克音乐，是他的最爱，在他的房间内更是放满了整屋的 CD 唱片。或许是受到杜仪民的影响，每天一到下午，整个智邦大楼都沉醉在悠扬的古典音乐声中。不仅如此，整个智邦科技大楼到处充满了古色古香的文化品位和浪漫典雅的艺术气息。走进智邦大楼，迎面摆放在大厅内侧的，是古色古香的中式家具；在右手边的服务台后方，挂着"文化源智""科技兴邦"的对联；一楼的员工餐厅内，以彩绘的深海风景布置而成，坐在此地用餐，能让人放松心情，尽情享受美食。办公室走廊的两旁，挂着一幅幅的画，都是智邦员工的绘画创作，令人仿佛置身在画廊、美术馆中；就连公司开发、生产的冷冰冰的各种网络硬件产品，在透明玻璃、蓝色镁光灯的照映下，也散发出柔情，仿佛件件艺术品。洁白的墙上，随处可见一幅幅的书画作品，连洗手间的门都画着女神维纳斯、温馨小品及短篇笑话，贴心地提醒每一个人：敞开心胸，笑一笑，别让工作压力给逼坏了。

看来一向在园区创造新话题的智邦科技，"文化源智""科技兴邦"的八字对联，正道出智邦的企业文化精神——文化的生活，让科技人更有智慧、更有创意！

快乐阅读

华盛顿合作规律

华盛顿合作规律说的是一个人敷衍了事，两个人互相推诿，三个人则永无成事之日。多少有点类似于我们三个和尚的故事。人与人的合作，不是人力的简单相加，而是要复杂和微妙得多。在这种合作中，假定每个人的能力都为1，那么，10个人的合作结果有时比10大得多，有时，甚至比1还要小。因为人不是静止物，而更像方向各异的能量，相互推动时，自然事半功倍；相互抵触时，则一事无成。钓过螃蟹的人或许都知道，篓子中放一群螃蟹，不必盖上盖子，螃蟹是爬不出来的。因为只要有一只想往上爬，其他螃蟹便会纷纷攀附在它的身上，把它也拉下来，最后没有一只能够出去。我们传统的管理理论中，对合作研究得并不多，最直观的反映就是，目前的大多数管理制度和行为都是致力于减少人力的无谓消耗，而非利用组织提高人的效能。换言之，不妨说管理的主要目的不是让每个人做得更好，而是避免内耗过多。华盛顿合作定律影响了群体关系，降低了组织效能。破解华盛顿合作定律，必须明确成员分工，落实成员责任，以降低旁观者效应；采用激励机制，实行目标管理，以避免社会惰化作用；注重素质结构，重视组织沟通，以减少组织内耗现象。

复习思考题

一、名词解释

1. 组织
2. 组织结构
3. 组织设计
4. 管理层次
5. 管理幅度
6. 直线制组织结构

7. 职能制组织结构

8. 矩阵制组织结构

9. 事业部制组织结构

10. 团队型组织结构

11. 集权控股型组织结构

12. 网络型组织结构

13. 无边界组织结构

14. 组织文化

15. 组织变革

二、选择题

1. 组织的一切工作的展开，均应围绕（　　）。

　　A. 组织战略　　　　B. 组织目标　　　　C. 组织培训　　　　D. 组织创新

2. 在组织中，最有潜力、最为重要的资源是（　　）。

　　A. 人力　　　　　B. 物力　　　　　C. 财力　　　　　D. 信息

3. 组织能否生存取决于它能否（　　）。

　　A. 提供市场满意的产品　　　　　　B. 能适应于环境的要求

　　C. 创造利润　　　　　　　　　　　D. 为其成员提供满意的报酬

4. 为实现共同奋斗目标而组合在一起的结构群体称为（　　）。

　　A. 管理　　　　　B. 决策　　　　C. 管理人员　　　D. 组织

5. 关于组织的概念和本质，你认为（　　）说法是不正确的？

　　A. 只有一个人的组织是不存在的　　B. 不追求经济效益的组织是不存在的

　　C. 没有共同目标的组织是不存在的　D. 不需要管理与领导的组织是不存在的

6. 组织设计的目的是（　　）。

　　A. 排除企业内不利于管理的人员　　B. 提高产品的市场占有率

　　C. 响应政府的改革要求　　　　　　D. 企业的生存

7. 把生产要素按照计划的各项目标和任务的要求结合成为一个整体，把计划工作中制定的行动方案落实到每一个环节和岗位，以确保组织目标的实现，这是管理的（　　）。

　　A. 计划职能　　　B. 组织职能　　　C. 领导职能　　　D. 控制职能

8. 涉及组织的管理层次和管理幅度、确定各个部门和岗位、规定他们的责任和权利，这些工作被称为（　　）。

　　A. 工作分析　　　　　　　　　　　B. 管理规范设计

　　C. 组织结构设计　　　　　　　　　D. 协调方式设计

9. 在一个集体内，由各个成员按其分工各负其责，彼此之间无隶属关系，属于（　　）。

　　A. 集权　　　　　B. 授权　　　　C. 分工　　　　D. 分权

10. 某化妆品公司去年招聘了一批刚毕业的大学生，其中有一位学化学的小唐，被认为很有培养前途。公司指定她负责 G 地区的销售工作，并设立了一种很有吸引力的佣金制度。

一年下来，小唐尽管工作十分努力，但所分管地区的销售业绩就是上不去，她也承认 G 地区销售潜力不小。面对这种情况，有人给销售部经理出了以下几个主意，你认为其中哪个主意最好？（   ）。

    A. 在办公室张榜公布各地区的销售业绩，让大家都知道谁干得好，谁干得差

    B. 郑重告诉小唐，下季度若仍达不到分配给她的销售指标公司就要请她另谋高就

    C. 让销售部经理带小唐去走访几家新客户，给她示范销售老手的做法

    D. 顺其自然，啥事也不用做，反正通过实践摸索与经验积累，她会成熟起来

11. 光明广告公司是一家大型广告公司，业务包括广告策划、制作和发行。考虑到一个电视广告设计至少要经过创意、文案、导演、美工、音乐合成、制作等专业的合作才能完成，下列何种组织结构能最好地支撑光明公司的业务要求？（   ）。

    A. 直线制   B. 职能制   C. 矩阵制   D. 事业部制

12. 若某企业的管理幅度是 4，管理层次也是 4，该公司的管理者人数是（   ）。

    A. 17   B. 23   C. 85   D. 117

13. 当组织规模一定时，管理幅度和管理层次在数量上呈（   ）。

    A. 正比关系   B. 指数关系   C. 反比关系   D. 相关关系

14. "管理者有效地监督、管理其直接下属的人数"指的是（   ）。

    A. 管理能力   B. 管理幅度   C. 管理形式   D. 管理层次

15. 下述有关管理层次的评论中，错误的说法是（   ）。

    A. 多层次意味着可以节省管理费用   B. 多层次可以使沟通联络复杂化

    C. 层次是信息的过滤器   D. 多层次使得计划和控制复杂化

16. 直线制组织形式的优点主要有（   ）。

    A. 统一领导   B. 集思广益

    C. 组织的稳定性高   D. 弹性好

17. 职能制组织形式的优点主要有（   ）。

    A. 统一领导   B. 职责明确

    C. 组织的稳定性高   D. 弹性好

18. 科研院所等研究项目较多、创新功能较强的组织或企业，下列哪种组织形式是最适合的？（   ）。

    A. 直线制   B. 事业部制   C. 矩阵制   D. 职能制

19. 矩阵制组织形式的采用容易破坏管理的（   ）。

    A. 统一指挥原则   B. 权责一致原则   C. 跳板原则   D. 分工原则

20. 事业部制组织结构的原则是（   ）。

    A. 集中决策   B. 统一指挥   C. 分散经营   D. 集思广益

21. 组织文化的基本要素包括（   ）。

    A. 设定目标   B. 组织精神   C. 组织价值观   D. 组织形象

22. 对变革产生阻力的原因有（   ）。

    A. 对事物看法上的差别   B. 职工参与

C．组织发展 　　　　　　　　　D．环境变化

23．新技术革命条件下组织竞争的重点是（　　　）。

A．先进的组织结构的竞争 　　　B．有效的激励机制的竞争

C．人才的竞争 　　　　　　　　D．技术的竞争

24．组织发展过程中聘请顾问是为了（　　　）。

A．协调组织与外部环境的关系 　B．领导组织发展的过程

C．收集有关组织变革所需的信息 D．找出组织存在的问题

25．当代管理机构变革的一大趋势是（　　　）。

A．管理层次复杂化 　　　　　　B．组织结构扁平化

C．管理幅度日益减少 　　　　　D．锥形结构更受欢迎

三、判断题

（　　）1．组织是指为实现某一共同目标，经由分工与合作及不同层次的权力和责任制度而构成的人的集合。

（　　）2．组织运作的目的是使设计好的组织系统围绕目标有效地运转。

（　　）3．组织变革包括人员变革、结构变革和技术的变革。

（　　）4．信息社会的主要标志是大量使用计算机，计算机替代了人，进而促使组织扁平化。

（　　）5．不是每一个管理者都同时拥有强制权、奖励权、合法权、专家权和感召权。

（　　）6．授权是一种领导艺术，并非组织设计；责任是组织设计的结果，不能由其主体随意转让。

（　　）7．管理者在组织工作中应有意识、有计划地促进具有较多积极意义的非正式组织的形成和发展，使其成为组织结构的有机组成部分。

（　　）8．矩阵结构中的项目小组成员来自各职能部门，所以加强了横向沟通。

（　　）9．适度的冲突是组织进步的表现，它会使组织保持一定的活力和创造力。

（　　）10．在建立组织机构时，应该围绕组织目标和工作任务因事择人。

（　　）11．实行统一指挥原则，就是要把一切权力集中在组织最高一级管理层。

（　　）12．组织结构必须按统一的标准模式来设计。

（　　）13．企业内部的各种权力按照性质不同，分为三种形式，即直线职权、参谋职权和职能职权。

（　　）14．所谓集权，是指决策权在组织系统中较高层次的一定程度的集中。

（　　）15．所谓分权，是指决策权在组织系统中较低管理层次的一定程度上的分散，组织的权力不是集中在某个成员，而是分散在组织内部。

（　　）16．事业部制组织结构首创于 20 世纪 20 年代的美国克莱斯勒汽车公司。

（　　）17．团队型组织结构是指以自我管理团队作为组织基本构成单位的组织结构形式。

（　　）18．对企业而言，如果企业决策正确，发展顺利，变革就可以避免。

（　　）19．组织变革的内容就是对组织结构的调整。

（　　）20. 制约组织变革的力量可能来源于个体、群体，也可能来自组织本身甚至外部环境。

四、简答题

1. 简述影响组织设计的因素有哪些。
2. 简述组织工作应遵循哪些原则。
3. 简述影响管理幅度的因素。
4. 简述管理幅度和管理层次的关系。
5. 简述矩阵组织结构的优缺点。
6. 简述直线职能制组织结构的优缺点。
7. 简述事业部制组织结构的优缺点。
8. 简述团队型组织结构的特点。
9. 简述集团控股型组织结构的优缺点。
10. 简述网络型组织结构的优缺点。
11. 简述无界限组织结构的特点。
12. 简述组织变革的动因和阻力。
13. 简述组织变革的类型。
14. 什么是组织价值观？如何选择？
15. 简述组织文化塑造的途径。

五、论述题

1. 试述直线职能制和事业部制两种组织结构形式的特点及适用情况。
2. 在进行组织设计或调整时，如何处理集权与分权的关系？
3. 联系实际论述组织结构设计的内容有哪些？
4. 结合组织发展的特点谈谈组织未来发展的方向。
5. 试结合实际谈谈组织文化塑造的基本途径。

六、案例分析题

案例1. 后勤集团的发展与改革

某校后勤部门在多年的改革和发展中通过承包、自主经营、实行公司制等，现在已成为拥有多家子公司的企业集团，经营范围涉及餐饮、食品加工、机械、电子、房地产等多个领域。但在，管理组织上还是沿用过去实行的集权的直线职能制，严重制约了公司的发展和员工积极性的提高。最近，公司领导认识到必须改变这一做法，以促进公司的进一步发展。

思考题：

运用组织结构的有关理论，说明该公司应采取什么类型的组织结构形式。

案例2. 金苹果公司的组织结构设计

金苹果公司是由麦克的祖父50年前创办的美国南部一家种植和销售苹果和甜橙两大类水

果的家庭式农场企业。由于当地适宜的气候条件和肥沃的土地、明媚的阳光，金苹果公司的水果味道特别好，深受消费者欢迎。目前，金苹果公司规模已经发展得相当大了，员工超过1000 人。麦克和儿子卡尔都感到原来松散的组织结构无法适应企业的发展，认为有必要为公司建立起一种比较正规的组织结构。于是，麦克请来一名享有较高知名度的管理咨询人员比利来帮助他们。比利指出，他们可以有两种选择：一是采取职能制结构形式；二是按产品来设立事业部制组织结构。那么，比利该选取哪种组织设计呢？

思考题：

① 职能制结构和事业部结构各有什么优缺点？适用的条件分别是什么？

② 你认为，金苹果公司目前适合采用职能形式还是产品事业部形式？为什么？

③ 如果公司规模进一步迅速扩大，那么在目前选择的组织形式基础上如何调整其结构设计呢？

案例 3. 天诚会计师事务所的组织结构

天诚会计师事务所现有员工 130 多人，审计业务是其主力业务，同时也涉及税务、商务咨询等其他业务领域。天诚会计师事务所实行主任会计师负责制，现任主任会计师李东毕业于财经大学会计学专业，担任此职位已经有 5 年。

天诚会计师事务所现有的组织结构可以分为两大块，委托服务部与支持部，如图 6-9 所示。

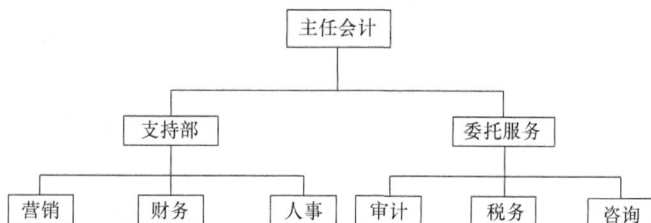

图 6-9　天诚会计事务所的组织结构

这种组织结构已经运作了五年，曾经大大推动了事务所的发展。但在今天，面对更为激烈的市场竞争，李东感到此组织结构已不能适合公司发展。因为虽然营销对公司的发展至关重要，然而在现有的组织结构中，如果营销部、人力资源部对业务工作的支持力度不够，业务部门与营销部门两者之间的沟通协调不足，也会阻碍公司发展。业务部门本来需要营销部门的宣传活动，需要其为发展客户做些有成效的工作，但营销部门对业务部门的工作并不是非常了解，他们的活动也只限于对公司的宣传，对具体业务却知之不多。而在审计部，集中了公司一半的员工，业务量较多，部门主管已不堪重负。同时，员工开展工作的竞争气氛也不浓。李东还感到，事务所现有大小事务都向他请示，由他负责，这对事务所长期发展极其不利。

思考题：

① 天诚会计师事务所现有组织结构属于什么类型？其优缺点是什么？

② 如果解决天诚会计师事务所现有问题，其组织结构应如何调整？

③ 为使新的组织结构发挥作用，李东需要注意些什么？

案例 4.　通用汽车公司的组织结构变革

杜邦公司刚取得对通用汽车公司的控制权时，公司在董事长和总经理皮埃尔·杜邦以及他的继任者艾尔弗雷德·斯隆的主持下进行了组织结构重组，形成了后来为大多数美国公司和世界著名跨国公司所采用的事业部制组织结构。

在通用公司新形式的组织结构中，原来独自经营的各工厂，依然保持各自独立的地位，总公司根据它们服务的市场来确定其各自的活动。这些部门均由企业的领导，即中层经理们来管理，它们通过下设的职能部门来协调从供应者到生产者的流动，即继续担负着生产和分配产品的任务。这些公司的中低管理层执行总公司的经营方针、价格政策和命令，遵守统一的会计和统计制度，并且掌握这个生产部门的生产经营管理权。最主要的变化表现在公司高层上，公司设立了执行委员会，并把高层管理的决策权集中在公司总裁一个人身上。执行委员会的时间完全用于研究公司的总方针和制定公司的总政策，而把管理和执行命令的负担留给生产部门、职能部门和财务部门。同时，在总裁和执行委员会之下设立了财务部和咨询部两大职能部门，分别由一位副总裁负责。财务部担负着统计、会计、成本分析、审计、税务等与公司财务有关的各项职能；咨询部负责管理和安排除生产和销售之外的公司其他事务，如技术、开发、广告、人事、法律、公共关系等。职能部门根据各生产部门提供的旬报表、月报表、季报表和年报表等，与下属各企业的中层经理一起，为该生产部门制定出"部门指标"，并负责协调和评估各部门的日常生产和经营活动。同时，根据国民经济和市场需求的变化，不时地对全公司的投入——产出做出预测，并及时调整公司的各项资源分配。

公司高层管理职能部门的设立，不仅使高层决策机构——执行委员会的成员们摆脱了日常经营管理工作的沉重负担，而且也使得执行委员会可以通过这些职能部门对整个公司及其属各工厂的生产和经营活动进行有效的控制，保证公司战略得到彻底和正确的实施。这些庞大的高层管理职能机构构成了总公司的办事机构，也成为现代大公司的基本特征。另外，在实践过程中，为了协调职能机构、生产部门及高级主管三者之间的关系和联系，艾尔弗雷德·斯隆在生产部门间建立了一些由三者中的有关人员组成的关系委员会，加强了高层管理机构与负责经营的生产部门之间广泛而有效的接触。实际上，这些措施进一步加强了公司高层管理人员对企业整体活动的控制。

思考题：

① 通用公司采用事业部制组织结构为什么能够助通用公司成功？

② 事业部制组织形式适合于什么样的组织？在应用事业部制时应注意什么问题？

第七章 人员配备

学习目标

通过本章的学习，明确人员配备是组织设计的逻辑延续，了解人员配备的含义和要求，掌握管理人员配备的基本原则、过程和方法，旨在学会职务分析和工作设计。

- 知识点：
1. 掌握人员配备的原则与程序；
2. 掌握管理人员选聘的主要标准；
3. 把握管理人员考评与培训的主要方法。

- 技能点：
1. 理解并能解释说明管理人员考评的全过程，特别是考评的内容和方法；
2. 掌握提高管理人员培训效果的方法。

引导案例1：联想公司的用人之道

联想集团是一家具有中国特色的国有企业。2013 年，联想电脑销售量居世界第一，成为全球最大的 PC 生产厂商，2014 年世界 500 强排名第 286 位。联想集团在发展中对各类人才的培养下了很大工夫。

联想集团培养人的第一个方法按照柳传志的比喻，叫作"缝鞋垫"与"做西服"。鞋垫做好了再做短裤，然后再做一般的裤子、衬衣，最后才是做西装。副总裁郭为先生，先是给柳传志做秘书，后来到只有五个人的公关部做经理。一年后他又去做集团办公室的主任经理。在以后的五年里，他做过业务部门的总经理、企业部的总经理，负责过财务部门的工作。联想集团今天能够有三十位年轻的总经理领军作战，这种令人振奋的局面从根本上得益于从 20 世纪 80 年代末就开始的人才锤炼。

联想集团培养人才的第二个方法是从赛马中识别好马。在联想看来，最好的认识人才和培养人才的方法就是让他做事。联想从 1990 年开始大量提拔使用年轻人。几乎每年都会有数十名青人受到提拔，一直沿用至今。刚开始的时候，多数年轻人一般都在副职的岗位上，由一个资深的联想人担任正职，充当师傅这样的角色。联想在 1990 年的组织结构是总裁室、大部门、大部门下的专业部三级，50 名干部中有 20 名左右年轻人。在赛马中识别好马的策略就是从这个时候开始的。

联想集团培养人才的第三个方法是训练他们搭班子、协调作战的能力。联想集团一直强调要有一个"团结、坚强的领导班子"。如果总经理是企业的领导人物，那么班子就像是企业的核心堡垒。联想把一些具有良好可塑性的人才集中到总裁办，这些人中有一线业务部门的总经理，有职能管理部门的总经理。然后凡是总裁室需要决策的项目都会集中拿到总裁办讨论，柳传志认为总裁办这些成员将来极有可能要管理整个公司，现在提前把大家捏合在一起议事，彼此脾气禀性和价值观逐步融合，逐渐形式一个团结坚强的班子才有可能。

组织中任何一项管理职能的实施，任何一项任务或工作的完成都需要依靠人，可以说，人是组织目标实现的直接推动力。因此，从系统的观点来看，人员配备作为管理的一项职能是构成管理系统不可缺少的组成部分，组织结构中各个职位的人员配备直接关系到组织的活动是否有效、组织目标能否实现。人员配备的直接任务是为组织结构中的各个职位配备合适的人员，其内容包括选拔、聘任、考评、培训等方面。

组织结构中需要配备的人员大体上可分为两类：一是各级管理人员；二是一般员工。本章将着重论述有关管理人员的选聘、考核和培训。

第一节　人员配备概述

一、人员配备的定义

从广义上说，人员配备就是组织的人力资源管理。人力资源管理是一个工作过程，它包括组织及其管理者为了获得、留住、激励与开发实现组织目标所需的人力资源而开展的一系列工作内容以及相应的要领和技术。狭义上的人员配备只含"选人、评人、育人"，也就是根据组织结构中所规定的职务的数量和要求，对所需人员进行恰当而有效的选择、考评和培训，其目的是配备合适的人员去充实组织中的各项职务，以保证组织活动的正常进行，进而实现组织既定目标。

二、人员配备的作用

（一）人员配备是组织有效活动的保证

人是组织的最重要资源，在组织所有人员中，最重要的是组织管理人员。管理人员的基本任务是设计和维持一种环境，使身处其间的人们能在组织内一起工作，完成预定的使命和目标。由此可见，管理人员在整个管理过程中起着举足轻重的作用，管理人员是组织活动取得成效的关键人物。因此，有效地为组织机构配备各级管理人员是组织活动取得成效的最好保证之一。

（二）人员配备是组织发展的准备

人员配备的另一个重要性，是在复杂多变的环境中为从事组织活动所需要的管理人员作好准备。计划是针对未来的情况，而未来的情况具有不确定性，未来的管理人员都必须能很好地面向社会，适应由于先进技术应用而产生的、不断增大的外部环境变化的影响及其对组织内部活动造成的复杂变化。因此，同其他管理职能一样，人员配备应有一个开放的系统方法，要着眼于未来，必须根据具体情况采取随机制宜的方法，对管理人员进行恰当而有效地选拔、培训和考评，以满足组织未来对管理人员的需要。

三、人员配备的原则

（一）因事择人原则

因事择人即人员的选择要按照空缺职位和工作的实际要求，而不是组织现有人员的状况。暂时找不到符合职位要求的人员时，也不应该降低工作标准。要使工作卓有成效地完成，就要使选择的人员具备相应的知识和技能。

（二）因材施用原则

因材施用即根据人员的能力和素质，安排适合的工作。从满足员工个人需要角度去考察，只有让每个员工都从事与其特点相吻合的工作，才能最大限度地调动员工的积极性和发挥员工的潜能，进而可以维持和提高员工对组织的忠诚度。同时，在用人时，要注意扬长避短，用人所长，不要求全责备。有效的管理就是要能够发挥人的长处，使员工各得其所，人尽其才，才尽其用。

（三）程序化、规范化原则

员工的选拔必须遵循一定的标准和程序。科学合理地确定组织员工的选拔标准和聘任程序是组织聘任优秀人才的重要保证。只有严格按照规定的程序和标准办事，才能选聘到真正愿为组织的发展作出贡献的人才。

（四）动态平衡原则

组织所处的外部环境是不断变动的，处在动态环境中的组织，为适应环境组织要进行不断的调整，组织中职务和工作会发生相应的调整和变化，因此，组织对其成员的要求也是在不断变动的，当然，工作中人的能力和知识也是在不断的提高和丰富的。因此，人与事的配合需要进行不断的协调平衡。所谓动态平衡，就是要使那些能力发展充分的人，去从事组织中更为重要的工作，同时也要使能力平平、不符合职位需要的人得到识别及合理的调整，最终实现人与职位、工作的动态平衡。

课间案例 1：从"猴子取食"中受到的启示

美国加利福尼亚大学的学者做了这样一个实验：把 6 只猴子分别关在三间空房子里，每间两只，房子里分别放着一定数量的食物，但放的位置高度不一样。第一间房子的食物就放在地上，第二间房子的食物分别从易到难悬挂在不同高度的适当位置上，第三间房子的食物悬挂在房顶。数日后，他们发现第一间房子的猴子一死一伤，伤的缺了耳朵断了腿，奄奄一息；第三间房子的两只猴子都死了；只有第二间房子的猴子活得好了的。这是为什么？

原来第一间房子的两只猴子一进房间就同时看到地上的食物，于是，为了争夺唾手可得的食物而大动干戈，结果伤的伤，死的死。第三间房子的猴子虽然做了努力，但因食物太高，难度过大，够不着，被活活饿死了。只有第二间房子的两只猴子先是各自凭自己的本事跳起来取食，最后随着悬挂食物高度的增加，难度增大，两只猴子只有协作才能取得食物，于是，一只猴子托起另一只猴子跳起取食。这样，每天都能取得够吃的食物，很好地活了下来。聪明的是第二间房子里的猴子，它们是团结协作成功、合则两利的典范。

四、人员配备的程序

（一）确定人员需要量

确定人员需要量的主要依据是设计出的职务数量和类型。职务类型指出需要什么能力的人，职务数量则告诉我们每种类型的职务需要多少人。如果为一个新建的组织选配人员，只需要根据职务设计的分类数量表直接向社会公开招用、选聘；如果对现有组织机构的人员配备重新调整，就应在进行组织重新设计后，检查和对照组织内部现有的人力资源情况，找出差额，确定需要从外部选聘的人员类别与数量。

（二）选配人员

为了保证担任职务的人员具备职务要求的知识和技能，必须对组织内外的候选人进行筛选，做出最恰当的选择。待聘人员可能来自企业内部，也可能来自外部社会。从外部新聘员工或从内部进行调整，各有其优势和局限性。

（三）制定和实施人员培训计划

组织成员在明天的工作中表现出的技术和能力需要在今天培训，组织发展所需的管理人员要求现在就开始准备。维持成员对组织忠诚的一个重要方面是使他们看到自己在组织中的发展前途。人员，特别是管理人员的培训无疑是人员配备中的一项重要工作。培训，既是为了适应组织技术变革、规模扩大的需要，也是为了实现成员个人的充分发展。因此，要根据组织的成员、技术、活动、环境等的特点，利用科学的方法，有计划、有组织、有重点地进行全员培训，特别是对有发展潜力的未来管理人员的培训。

引导案例2：丰田公司"全面招聘体系"内容

丰田公司全面招聘体系的目的就是招聘最优秀的、有责任感的员工，为此公司做出了极大的努力。丰田公司全面招聘体系大体上可以分成6大阶段，前5个阶段的招聘大约要持续5~6天。

第一阶段：丰田公司通常会委托专业的职业招聘机构，进行初步的甄选。应聘人员一般会观看丰田公司的工作环境和工作内容的录像资料，同时了解丰田公司的全面招聘体系，随后填写工作申请表。专业招聘机构也会根据应聘人员的工作申请表和具体的能力和经验做初步筛选。

第二阶段：评估员工的技术知识和工作潜能。他们通常会要求员工进行基本能力和职业态度心理测试，评估员工解决问题的能力、学习能力和潜能以及职业兴趣爱好。通过1~2阶段的应聘者的有关资料转入丰田公司。

第三阶段：丰田公司接手有关的招聘工作。本阶段主要是评价员工的人际关系能力和决策能力。应聘人员在公司的评估中心参加一个4小时的小组讨论，讨论的过程由丰田公司的招聘专家即时观察评估，比较典型的小组讨论可能是应聘人员组成一个小组，讨论未来几年汽车的主要特征是什么？应聘者还需要参加5个小时的实际汽车生产线的模拟操作。在模拟过程中，应聘人员需要组成项目小组，负担起计划和管理的职能，如如何生产一种零配件、人员分工、材料采购、资金运用、计划管理、生产过程等一系列生产考虑因素的有效运用。

第四阶段：应聘人员需要参加一个 1 小时的集体面试，分别向丰田的招聘专家谈论自己取得过的成就，这样可以使丰田的招聘专家更加全面地了解应聘人员的兴趣和爱好，他们以什么为荣，什么样的事业才能使应聘员工兴奋？从而更好地做出工作岗位安排和职业生涯计划。

第五阶段：一个 25 小时的全面身体检查。通过前四个阶段，员工基本上被丰田公司录用，但是公司需要员工参加了解身体一般状况和特别情况的测验，如酗酒、药物滥用的问题。

第六阶段：新员工需要接受 6 个月的工作表现和发展潜能评估，新员工会接受监控、观察、督导等方面严密的关注和培训。

第二节　管理人员的选聘

一、管理人员选聘的重要性

由于管理人员在组织中居于十分重要的地位，所以选聘合适的管理人员，是提高组织管理效率的关键，对完成组织的任务，实现组织的目标有着十分重大的意义。

（一）正确地选聘管理人员是实施管理的前提条件

管理是靠人来完成的，更确切地说是靠管理人员来完成的。没有管理人员的行动，管理活动就只是一个抽象、空洞的概念。可以说，管理和管理人员是一个问题的两个方面，是相辅相成的。

（二）正确地选聘管理人员是提高组织管理效率的关键

管理效率的高低受制于两个关键因素，一是管理体制，二是管理人员的素质。当管理体制确定时，管理者素质的高低就是决定性因素。正确选任管理人员，就是要把高素质的人才选任到管理岗位上去，合理地使用他们。当然，还包括在使用中对他们进行培养、训练，不断提高他们的素质和能力。

（三）正确选聘管理人员，是保证组织长期稳定发展的关键

对一个组织来说，要想获得长期稳定的发展，没有一支稳定的、素质高、能力强，并且不断吐故纳新、吸收新鲜血液的管理者队伍是不可能实现的。一个组织要想长期兴旺发达，必须保证拥有足够合格优秀的管理人员。对于一个组织来说，正确地选聘管理人员，不断地获得优秀人才，是保证组织长期稳定发展的关键。

课间案例 2：华为招聘七原则

原则 1：最合适的，就是最好的。标准要求是具体的、可衡量的，以作为招聘部门考察人、面试人、筛选人、录用人的标杆。

原则 2：强调"双向选择"。即树立"双向选择"的现代人才流动观念，与应聘者特别是重点应聘者（潜在的未来雇员）平等地、客观地交流，双向考察，看彼此是否真正适合。

原则 3：坚持条条都要有针对性的招聘策略。企业选人是讲求"实用性"还是为后期发展

储备人才？不同的目的有不同的招聘策略。

原则 4：招聘人员的职责 = 对企业负责 + 对应聘者负责。招聘人员既要对企业负责，也应对应聘者负责，要树立"优秀≠合适，招进一名不合适的人才是对资源的极大浪费"的观念。

原则 5：用人部门要现身考场。在传统观念中，招聘是人事部门的事，用人部门只管提出用人需求。实际上，只有用人部门对自己需要什么样的人最清楚，而且招进来的人的素质和能力直接关系到部门的工作成效。

原则 6：设计科学合理的应聘登记表。有的企业会事先设计一张科学合理的应聘登记表，让应聘者填写企业需要特别关注的项目，通过面试前审查应聘者填写的资料，招聘企业可以淘汰一大部分明显不符合企业要求的人员，筛选出意向对象邀请其参加面试。

原则 7：人才信息储备就是给企业备足粮草。招聘实践中，常会发现一些条件不错且适合企业需要的人才，因为岗位编制、企业阶段发展计划等因素限制无法现时录用，但企业很可能在将来某个时期需要这方面的人才。华为人力资源中心会将这类人才的信息纳入企业的人才信息库（包括个人资料、面试小组意见、评价等），不定期地与之保持联系，一旦将来出现岗位空缺或企业发展需要，即可招入麾下，既提高招聘了速度也降低了招聘成本。

二、管理人员选聘的方式

组织可从外部招聘或从内部提拔所需的管理人员。

（一）外部招聘

外部招聘是根据一定的标准和程序，从组织外部的众多候选人中选拔符合空缺职位工作要求的管理人员。

1．外部招聘的优点

（1）被聘管理人员具有"外来优势"。所谓"外来优势"，主要是指被聘者没有"历史包袱"，组织内部成员（部下）只知其目前的工作能力和实绩，而对其历史，特别是职业生涯中的失败记录知之甚少。因此，如果他确有工作能力，那么便可迅速地打开局面。相反，如果从内部提升，部下可能对新上司在成长过程中的失败教训有着非常深刻的印象，从而可能影响后者大胆地放手工作。

（2）有利于平息和缓和内部竞争者之间的紧张关系。组织中空缺的管理职位可能有好几个内部竞争者希望得到。每个人都希望有晋升的机会。如果员工发现自己的同事，特别是原来与自己处于同一层次具有同等能力的同事提升而自己未果时，就可能产生不满情绪，懈怠工作，不听管理，甚至拆台。从外部选聘可能使这些竞争者得到某种心理上的平衡，从而利于缓和他们之间的紧张关系。

（3）能够为组织带来新鲜空气。来自外部的候选人可以为组织带来新的管理方法与经验。他们没有太多的条条框框的束缚，工作起来可以放开手脚，从而给组织带来较多的创新机会。此外，由于他们新近加入组织，没有与上级或下属历史上的个人恩怨关系，从而在工作中可能很少顾忌复杂的人情网络。

2．外部招聘的局限性

（1）外聘管理人员不熟悉组织的内部情况，同时也缺乏一定的人事基础，因此需要一段时期的适应才能进行有效的工作。

（2）组织对应聘者的情况不能深入了解。虽然选聘时可借鉴一定的测试、评估方法，但一个人的能力是很难通过几次短暂的会晤、几次书面测试而得到正确反映。被聘者的实际工作能力与选聘时的评估能力可能存在很大差距，因此组织可能聘用一些不符要求的管理人员。这种错误的选聘可能给组织造成极大的危害。

（3）外聘管理人员的最大局限性莫过于对内部员工的打击。大多数员工都希望在组织中有不断发展的机会，都希望能够担任越来越重要的工作。如果组织经常从外部招聘管理人员，且形成制度和习惯，则会堵死内部员工的升迁之路，从而会挫伤他们的工作积极性，影响他们的士气。同时，有才华、有发展潜力的外部人才在了解到这种情况后也不敢应聘，因为一旦应聘，虽然在组织中工作的起点很高，但今后提升的希望却很小。

由于这些局限性，许多成功的企业强调不应轻易地外聘管理人员，而主张采用内部培养和提升的方法。

课间案例3：林绍良慧眼识才

印度尼西亚的华人实业家林绍良，印度尼西亚林氏集团董事长，印度尼西亚政府经济顾问， 美国《投资家》杂志将其列为世界 12 大银行家之一，曾经以富有的资产名列印度富商之首。林绍良成功的一个重要原因就是他用重金聘用了一个能干且忠实的伙伴——李文正。一个熟悉他的商人在报上公开披露："林绍良的事业发展迅速，主要是他懂得量才用人，敢出重金。"李文正原是香港汪印银行的总裁，而且以"医治银行能手"的称号被新闻界和银行界所乐道，成为家喻户晓、人人皆知的重要人物。他金融经验丰富，才华横溢，引起了林绍良的注意。1972 年，林绍良因事飞往中国香港，在飞机上巧遇刚辞去汪印银行总裁职务的李文正。在热情的交谈中，他当即邀请这位银行家到他的"中央亚细亚银行"里来，并允诺给他17.5%的股份。当时，该银行的实际规模比李文正创办的"汪印"银行小得多，资产也只有"汪印"的 1/33，存款额也只有 1%。但是这家银行是林绍良的财政支柱，有林氏集团庞大的实体作后盾，该行定会有令人信服的业务发展潜力。因此，李文正欣然接受邀请。

林绍良慧眼识千里马，两人坦诚合作，使中亚银行飞速发展起来。到 1983 年，中亚银行的资产总额比原来增加 332 倍，存款额增长 1253 倍，在全印度尼西亚设有 32 处分行，形成了全国最大的私人银行网。而且在新加坡、中国台北、中国香港、中国澳门及美国的加利福尼亚、纽约等国家和地区设有分支机构。中亚银行不仅在印度尼西亚，在东南亚也被公认为是规模最大的银行之一。看着自己蓬勃发展起来的事业，林绍良十分感慨地说："自己所学不多，本无力量经营如此庞大的企业，现今之所以能有所成就，主要是善于选择共事的伙伴。"

（二）内部提升

内部提升是指组织成员的能力增强并得到充分地证实后，被委以需要承担更大责任的更高职务作为填补组织中由于发展或伤老病退而空缺的管理职务的主要方式。

1．内部提升的优点

（1）利于鼓舞士气、提高工作热情，调动组织成员的积极性 。内部提升制度给组织成员带来希望，每个组织成员都知道，只要在工作中不断提高能力、丰富知识，就有可能被分配担任更重要的工作，这种职业生涯中的个人发展对每个人都是非常重要的。因此，内部提升制度能更好地维持成员对组织的忠诚，使那些有发展潜力的员工能自觉地更积极地工作，促进组织的发展，从而为自己创造更多的职务提升的机会。

（2）有利于吸引外部人才。内部提升制度表面上是排斥外部人才、不利于吸收外部优秀的管理人员。其实不然，真正有发展潜力的管理者知道，加入到这种组织中，担任管理职务的起点虽然比较低，有时甚至需要一切从头做起，但是凭借自己的知识和能力，可以花较少的时间便可熟悉基层的业务，从而能迅速地提升到较高的管理层次。由于内部提升制度也为新来者提供了美好的发展前景，因此外部的人才会乐意应聘到这样的组织中工作。

（3）有利于保证选聘工作的正确性。已经在组织中工作若干时间的候选人，组织对其了解程度必然要高于外聘者。候选人在组织中工作的经历越长，组织越有可能对其作全面深入的考察和评估，从而使得选聘工作的正确程度可能越高。

（4）有利于使被聘者迅速展开工作。管理人员能力的发挥要受到他们对组织文化、组织结构及其运行特点的了解。在内部成长提升上来的管理人员，由于熟悉组织中错综复杂的机构和人事关系，了解组织运行的特点，因而可以迅速地适应新的管理工作，工作起来要比外聘者显得得心应手，从而能迅速打开局面。

2．内部提升的缺点

（1）可能造成"近亲繁殖"现象。从内部提升的管理人员往往喜欢模仿上级的管理方法。这虽然可使老一辈管理人员的优秀经验得到继承，但也有可能使不良作风得以发展，从而不利组织的管理创新，不利于管理水平的提高。要克服这种现象，必须加强对管理队伍的教育和培训工作，特别是要不断组织他们学习管理的新知识。此外，在评估候选人的管理能力时，必须注意对他们创新能力的考察。

（2）引起组织内部关系的紧张。在若干个内部候选人中提升一个管理人员，可能会使落选者产生不满情况，引起组织内部关系的紧张，从而不利于被提拔者展开工作。避免这种现象的一个有效方法是不断改进管理人员考核制度和方法，正确地评价、分析、比较每一个内部候选人的条件，努力使组织得到最优秀的管理人员，并使每一个候选人都能体会到组织的选择是正确、公正的。

课间案例4：GE接班人的内部选拔

杰克·韦尔奇的伟大之处，不仅在于对通用电气公司的管理革命，还在于如何选择接班人。在选接班人这方面，韦尔奇坚持应从公司内部选择，并为此做了不懈的努力。

早在1994年6月，韦尔奇就开始与董事会一道着手遴选接班人的工作，而且几乎事必躬亲。在秘密敲定十几位候选人名单后，他会经常性地安排他们与董事会成员打高尔夫球，或聚餐跳舞，让董事们有更多的感性认识。娱乐活动轻松活泼，看似不经意，但座次安排、组合配对等细节都是韦尔奇亲自安排的。当然，对候选人也有多种明察暗访的考核。经过6年零 5 个月的筛选，最后三名候选人是詹姆斯·麦克纳尼、罗伯特·纳尔代利、杰弗里·伊梅尔特，他们分别是通用电气公司下属飞机发动机、电气涡轮机、医疗设备业务的负责人，各自在辛辛那提、奥尔巴尼、南卡罗来纳办公。此前他们各处隐约知道自己是候选人之一，但并不知道还有多少竞争对手，因而并没有面对面的竞争机会，一直保持良好的同仁与朋友关系。这正是韦尔奇所需要的。

在宣布接班人之前的感恩节，韦尔奇行踪显得有些诡秘。周五，他邀请伊梅尔特和妻儿从南卡罗来纳飞到自己在佛罗里达棕榈滩的寓所共度感恩节，但并不让他乘坐通用电气公司的飞机，而是搭一架与其他公司合用的商务飞机绕一圈后才到达佛罗里达，以避免公司内部人员的议论。韦尔奇与伊梅尔特在周六谈了一整天，晚餐就在韦尔奇家中进行。周日上午，伊梅尔特一家坐上一架与他人合用的商务飞机直奔纽约。下午，韦尔奇通知自己的飞行员改变飞往纽约的计划，改飞辛辛那提。在雨夜中着陆后，韦尔奇在飞机库一个隐秘的房间里，与詹姆斯·麦克纳尼详谈了一会儿。回到飞机上后，他再次令飞行员惊奇，还不能去纽约。在奥尔巴尼和纳尔代利见了面，并交谈了一阵。晚上 10 点钟，韦尔奇终于飞到纽约。此时他百感交集："为我的继任者感到高兴，为他把坏消息告诉朋友而伤心，同时也觉得松了口气。"

周一上午 8 点，通用电气公司在纽约宣布，44 岁的杰弗里·伊梅尔特将成为全世界最有价值的公司下任 CEO。三周后，在通用电气公司董事、高级管理及配偶于曼哈顿通用电气"彩虹室"聚餐和跳舞时，麦克纳尼和纳尔代利与伊梅尔特一样，得到大家的起立鼓掌。

三、管理人员选聘的程序

（一）发布招聘信息

当组织中出现需要填补的管理职位时，应根据职位所在的管理层次，建立相应的选聘工作委员会或小组。工作小组既可是组织中现有的人力资源管理部门，也可是由各方面代表组成的专门或临时性机构。

选聘工作机构要以相应的方式，通过适当的媒介，公布待聘职务的数量、性质以及对候选人的要求等信息，向企业内外公开"招标"，鼓励那些自认为符合条件的候选人应聘。

（二）初选

管理人员的初选可以通过两种形式完成，一是对报名应聘者进行初步资格审查。对内部选拔人员，可根据日常对重点培养对象和管理人员的工作的业绩考核档案，由人力资源管理部门和领导初步决定候选人。外部招聘的，要根据回收的应聘者填写的表格资料进行资格审查，初步认定合乎招聘条件的候选人。二是面谈。这是一种直观的初步鉴定评价人员的形式。根据人力资源管理部门设定的谈话范围，目测候选人的仪表、举止、言谈，初步了解其语言表达能力、逻辑思维和思维敏捷的程度，以及知识的广度和对问题认识的深度。面谈可以比较直观地接触了解对方，形成初步印象，但需注意不要由第一印象产生偏见。

（三）对初选合格者的测定和考核

对初选合格者可以通过测验、竞聘演讲和答辩，以及实际能力考核等不同形式来测定和考核其综合素质。

1．测验

测验主要是指通过考试和测试的方法评价候选人的智力、专业技术、适应性等基本水平和能力。一般包括智力测验和对受聘者必备条件的测试。智力测验目的是衡量候选人的思维能力、记忆力、思想的灵敏度和观察复杂事物的能力等，以便日后委以更适当的工作。必备条件包括承担某项工作的人员必须具备的相关知识经验和技能。

2．竞聘演讲与答辩

测验可能不足以完全反映一个人的基本素质，更不能表明一个人运用知识和智力的能力。发表竞聘演讲，介绍自己任职后的计划和打算，并就选聘工作人员或与会人员的提问进行答辩，是知识与智力测验的补充，可以为候选人提供充分展示才华、自我表现的机会。

3．案例分析与候选人实际能力考核

竞聘演说使每个应聘者介绍了自己"准备怎么干"，使每个人表明了自己"知道如何干"。但是"知道干什么或怎么干"与"实际干什么或会怎么干"不是一回事。因此，在竞聘演说与答辩以后，还需对每个候选人的实际操作能力进行分析。测试和评估候选人分析问题和解决问题的能力，可借助"情景模拟"或"案例分析"的方法。这种方法是将候选人置于一个模拟的工作情景中，运用多种评价技术来观测考察他的工作能力和应变能力，以判断他是否符合某项工作的要求。

（四）沟通信息

在招聘和挑选工作中，应注意充分沟通信息。沟通信息有两个方面：企业向求职者提供有关公司和职位的情况，求职者向企业提供有关他们自己工作能力的情况。

企业向求职者提供有关公司和职位的情况时，应该介绍自己有吸引力的好的方面，同时应该实事求是地谈论机会的问题，并指出工作的局限性，甚至不利的方面。此外，管理部门应该启发应聘者全面客观地显示他们的知识、才能、能力、天赋、动机以及过去的业绩。

（五）选定管理人员

挑选管理人员是从候选人中选出一个最符合职位要求的人。在上述各项工作的基础上，利用加权的方法，算出每个候选人知识、智力和能力的综合得分，并考虑到民意测验反映的受群众拥护的程度，根据待聘职务的性质，选择聘用既有工作能力，又被同事和部属广泛接受的管理人员。对于决定录用的管理人员，应考虑由组织高层管理者再一次进行亲自面试，并根据工作的实际与聘用者再作一次双向选择，最后决定选用与否。

引导案例3：两熊赛蜜

黑熊和棕熊喜食蜂蜜，都以养蜂为生。它们各有一个蜂箱，养着同样多的蜜蜂。有一天，它们决定比赛看谁的蜜蜂产的蜜多。

黑熊想，蜜的产量取决于蜜蜂每天对花的"访问量"。于是它买来了一套昂贵的测量蜜蜂访问量的绩效管理系统。在它看来，蜜蜂所接触的花的数量就是其工作量。每过完一个季度，黑熊就公布每只蜜蜂的工作量；同时，黑熊还设立了奖项，奖励访问量最高的蜜蜂。但它从不告诉蜜蜂们它是在与棕熊比赛，它只是让它的蜜蜂比赛访问量。

棕熊与黑熊想得不一样。它认为蜜蜂能产多少蜜，关键在于它们每天采回多少花蜜。花

蜜越多，酿的蜂蜜也越多。于是它直截了当告诉众蜜蜂：它在和黑熊比赛看谁产的蜜多。它花了不多的钱买了一套绩效管理系统，测量每只蜜蜂每天采回花蜜的数量和整个蜂箱每天酿出蜂蜜的数量，并把测量结果张榜公布。它也设立了一套奖励制度，重奖当月采花蜜最多的蜜蜂。如果一个月的蜜蜂总产量高于上个月，那么所有蜜蜂都受到不同程度的奖励。

一年过去了，两只熊查看比赛结果，黑熊的蜂蜜不及棕熊的一半。

第三节　管理人员的考评

一、管理人员考评的必要性

考评管理人员的工作绩效，对一个组织来说是非常必要的。管理人员的考评不仅是人员配备工作的一项十分重要的内容，而且也是组织其他管理活动中必不可少的环节。

（一）考评是选拔和培训管理人员的需要

通过考评，上级可以了解下属的实际工作能力以及执行任务情况的好坏，下属也可以知道上级对他们工作的认可或满意程度。对管理人员的考评，可以说既是管理人员培训的基础，又是管理人员培训的总结，因为只有客观地考核和评价了一个人的长处和短处之后，才有可能因材施教，取长补短，而考评又是衡量培训是否受到预期效果的唯一尺度。

（二）考评是奖励的合理依据

对在工作上做出成就的人及时奖励，会给人们的行动起到增强的作用，这是众所周知的最有力的激励因素，因为这可使人看到自己的工作成效后，心底会油然而生一种成就感和满足感。奖励的直接依据就是考评，只有通过对主管人员工作的准确的考核和评价，才有可能真正起到鼓励先进、鞭策后进的作用。而且，对主管人员的考评，也只有和奖励制度紧紧结合起来，才能使考评工作切实有效。

二、管理人员考评的要求

（一）考评指标要客观

考评，是以考评的内容为基础的。它在内容的基础上，需要设计一系列指标，才能具体地衡量管理人员在各方面的工作绩效。指标设计的重要标准之一就是客观。要做到考评指标客观，一是指标的含义要准确、具体，不能含糊不清，更不能用一些抽象的概念来作为衡量的标准；二是指标尽可能定量化。考评指标可以分为定性指标和定量指标。指标的定量化，使一些数学方法得以运用到考评之中，增加了考评工作的科学性和准确性。

（二）考评方法要可行

方法可行是指考评的方法要为人们所接受并能长期使用，这一点对考评是否能真正取得成效是很重要的。方法的可行与否，同方法本身的难易繁简有很大关系。要做到方法可行，一是考评项目要适中，既不要太多，过于繁杂；也不要太少，达不到全面考评的要求。应根据各层次不同管理人员所在职位的重要性来选择。二是考评的结果要客观可靠，使人信服，这也是方法可行的一条重要要求。否则的话，不但起不到考评的积极作用，反而会产生消极作用。三是要明确所采用的方法的目的与意义。人们只有了解了所采用方法的真正意义，才会接受它并自觉地配合，不会使之流于形式。

（三）考评时间要适当

考评时间这个问题不可能有一个整齐划一的界限，因为组织内处于不同层次、不同职务的主管人员，他们的活动和要求，以及与上下左右的关系等都不一样。因此，考评的时间也不可能相同。但是，具体确定考评时间的长短，需视其管理人员个人情况以及管理职位的相对重要性而定。由于管理的效果要经过一段较长的时间才能表现出来，如果时间太短，则两次考评结果可能没有什么差别，而时间太长，则既不利于纠正偏差，也不利于鼓励工作出色的主管人员。一般来说，大部分组织为了方便起见，对组织各级主管人员的正式考评多是一年1—2次，对新选聘上来担任主管职务的人的考评次数要多一些。

（四）考评结果要反馈

考评的结果应该告诉被考评者，这是为了使被考评者能够及时知道自己的优缺点，知道自己在哪些方面做得比较好，在哪些方面还有欠缺，以便能在今后的工作中发扬长处，克服不足。此外，反馈也可促使被考评者通过别人的考评，给自己有一个正确的评价，知道自己欠缺的方面，在以后的工作中通过培训、学习等来提升。

课间案例5：松下对管理层的考核和评价

在松下电器，评价对象主要是决策层、管理层和执行层，对管理层的评价是其中重要的一环。松下对管理层的考核和评价主要是从五个方面进行的。

1. 计划统率力。在松下电器，评价一个管理人员是否具有统率力，主要看他会不会作计划，该部门所有的管理是否建立在事前管理上。据说世界上有办公室使用铅笔和橡皮最多的是日资企业，管理人员要不断地作计划，不断地修改。曾有一位松下公司的管理人员在考虑良久后，对"管理"下的定义是"就是作计划"。

2. 预见力。再好的计划执行中也会遇到各种各样的问题，一个好的管理人员就必须有问题意识，每天要不断地思考还有什么问题。松下公司认为，"着火"了知道找盆水，什么人都可以做到，而管理者的责任在于不"着火"。

3. 协调配合力。各部门之间是平级的，平级能不能主动配合，是考核中层管理人员是否具有管理水平的重要标准。两个平级的管理人员遇到问题总让上级裁决，就是没有协调配合力的表现。松下公司曾经有一个管理人员工作很努力，但这人有一个特点是拿到有价值的资料就锁到抽屉里，有时宁可回家加班也不愿意在办公天之骄子与大家共享资料，结果就被辞退了。松下公司坚信：现在社会竞争激烈，没有群体作用，什么事都做不好。

4. 培育部下的能力。松下公司有一个规定，权力必须下放，但责任不能下放。如一个部门有7个人，每个人都能代表这个部门出去联系业务，但出了问题，责任是部门负责人一个人的。别人看一个部门也是看群体能力，部门负责人有责任使每个人不断提高。

5. 全局观和创新力。这一点是要求所有的中层管理人员能站在公司总经理的角度看问题，一切工作都要从公司的大局出发，而在工作中又要有所创新，不循规蹈矩。

三、管理人员考评的内容

（一）传统的个人素质考评

传统的个人素质考评是把管理人员的素质（其中也包括一些工作方面的特征，如与人友好共事的能力，领导能力，分析能力、勤奋、首创精神等以及完成任务的能力，计划和执行命令的情况等）逐一列出，并划分为若干等级标准，然后逐一对管理人员进行衡量。

（二）管理人员管理效果的考评

对管理人员管理效果的考评，即对管理人员按可考核的目标进行考评，这是管理人员考评的一项重要内容。管理人员在组织中的角色，就是从整体上促使组织目标以及各层次和部门分目标的实现。同传统的按个人素质考评相比较，这一考评内容不脱离管理人员所从事的工作，而是在以被考评者个人所同意的合理的指标来衡量他已经做了哪些工作和做得如何。显然，这一考评内容是适宜的，它为考评提供了合理的和客观的依据，从而减少了单凭主观判断的因素。考评的具体内容一般就是一个管理人员能否适当地、合理地确定在一定时间内要实现的目标，采取什么措施实现这些目标，以及目标的最终实现程度如何。

（三）管理人员管理过程的考评

管理人员管理过程的考评主要包括，一是对管理人员的管理工作方面的考评。就是按照管理的诸项职能，用一系列能够反映管理工作中各种职能范围内最主要的问题来说明每一种职能，用这些问题来逐项考核和评定管理人员在管理方面的成就。二是管理人员工作效率方面的考评。就是考评管理人员思维与决策的效率、知人用人的效率、处理事务的效率以及时间控制的效率。

课间案例 6：联想的典型岗位评估法

联想的岗位比较多，如果全方位进行岗位评估，由于评估人对评估方法把握尺度不同，并且各单位绩效考核进度不一样，都可能使评估工作出现大的偏差。因此，只能采用典型评估的方法。此方法是由联想薪酬领导小组与各大事业部评出该部的典型岗位，其他岗位比照典型岗位进行评估。如一个部门有 10 个人，只要定出 3 个不同层次的职位，然后其他的人与这 3 个职位相比较后安插进去。

典型岗位设置有三个原则：够用（过密就不能起到框定的作用）、适用（上岗人员跟岗位要求基本一致）、好用（岗位可以有横向可比性）。联想最后选出 100 多个典型岗位进行评估，全是由一个领导小组对各事业部进行评估，这就保证了公平性。岗位评出以后，能使一个群体的每个人都了解各自的岗位和工作职责。例如，研发人员与行政经理这两个跨度很大的岗位，两个岗位谁的工资高，谁的工资低，没有岗位评估是说不清楚的。岗位量化评估就很容易建成一个可比关系，都是用 7 个因素评估，比较各自的优势项目，把各自的评分相加，谁的分高谁的工资就高。人们会明白在哪些方面行政经理比研发人员高，高多少？哪些方面研发人员比行政经理高，高多少？最后两者差多少，会有一个相对公平的差距。在因素权重设置过程中，联想也会根据市场情况对各因素设的权数进行调整，当然有些因素设的时候跟企业文化管理理念有关，公司看重什么因素，该因素的所占的比例就会重一些。

四、管理人员考评的方式

管理人员考评可以分为自我考评、上级考评、同事考评和下级考评四种方式。

（一）自我考评

自我考评就是管理人员根据组织的要求定期对自己工作的各个方面进行评价。自我考评的优点是有利于管理人员自觉地提高自己的素质和能力，它是上级考评的参考。自我考评的缺点是被考评的管理人员由于担心上级管理人员不能客观地评价自己，有时会过多地谈论自己所取得的成绩，而较少涉及自己的不足。

（二）上级考评

上级考评是由上级对下级进行考评，这是管理人员考评中最常见的一种方式。一方面，由于他是被考评者的直接上级，与考评者的直接联系较多，因而能够从对被考评者的直接经常性的接触和观察中了解其各方面的状况；另一方面，作为上级来讲，一般比较理解考评的目的，熟悉考评的标准，而且责任心也比较强。

上级考评的优点是由于大家比较熟悉，如果上级不徇私，对考评者的评价就会比较客观而公正。上级考评的缺点是可能带有主观成分。由于培养下属的能力是影响本人晋升的一个重要因素，因而在考评上上级往往打分过宽。这种考评方法还有可能促成管理人员"唯上"的坏作风，只愿求得上司的赏识，拍上司的马屁，只做上司能看得到的表面文章，而忽视部下和关系部门的要求，不做扎扎实实的工作。

（三）同事考评

同事考评，即与被考评者一起工作的同事对其进行考评。同事考评的优点是同事彼此间接触多，了解深，所做评价较客观可信。但同事考评的缺点是受人缘好坏的影响较大。

（四）下级考评

下级考评是从另一个角度对管理人员进行评价。即他们更熟悉被考评者的领导方式、领导作风等方面，因而在这些方面的评价也是比较客观和准确的。我们常说的"民意测验"就是这种考评方式的一种具体形式。下级考评的优点是熟悉被考评者的领导方式、领导作风，评价比较客观和准确。但下级考评的不足之处是由于怕被"穿小鞋"，不愿讲真话。

引导案例4：科宁公司的职前培训

美国科宁公司一整套职前教育体系的目标是：降低职工主动辞职率，缩短新雇员学习和掌握本职工作的时间，在新雇员中培养一种对公司的目标、原则、战略和对职工的期望的高度统一的认识，建立起一种对公司及其外围团体的亲善、合作的态度。

这里是科宁公司职前教育的工作日程表。

1. 材料分发：在做出了录用决策之后，应及早下发职前教育材料：新雇员的管理人员领到一本《管理人指南》的小册子，新雇员领到职前教育计划。

2. 报到前：在此阶段，由管理人员与新雇员保持接触，帮助他们解决住房问题，并在同他们讨论之后，进行工作设计和草拟基本的目标管理清单。同时，为新雇员准备好办公地点，一切就绪后，通知公司。最后，与新雇员约好下次会面的时间。

3. 第一天：新雇员将与他们的管理人共进早餐，然后办理人事部门所要求的一系列手续。在这之后，他们要参加一个主题为"科宁公司与你"的讨论会并与讨论会主持人共进午餐。他们还要阅读为新雇员准备的《工作手册》，参观公司并被引见给他们各自的同事们。

4. 第一周：在这周内，新雇员要与管理人、同事及专家进行一对一的面谈；学习在工作中做什么、怎么做和为什么做；回答《工作手册》中的问题；加入某一团体；参与并付诸实施管理人帮助制定的目标管理计划。

5. 第二周：新雇员开始承担正式任务。

6. 第三周和第四周：新雇员要参加一个社团的讨论会和关于新雇员福利的讨论会（他们的配偶可能也会应邀参加）。

7. 从第二个月到第五个月：新雇员的管理人员要对他们的工作进步情况每两周做一次检查，新雇员还要参加六次两小时的讨论会（有关质量和产量、技术、工作绩效管理和工作报酬计划、财务和战略、雇员关系、平等就业机会及各种社会变化）；新雇员还要回答《工作手册》和讨论会上的问题，并将答案交与管理人员检查。

8. 第六个月：新雇员已找到《工作手册》中问题的全部答案；他们和管理人员一起检查目标管理清单，参与工作绩效检查，他们获得了第一阶段职前教育结业证书，并着手做第二阶段职前教育计划。

9. 第七个月到第十五个月：在此期间要完成第二阶段职前教育、各分部门职前教育、各种专业培训、目标管理检查、工作绩效检查和工资检查。

第四节 管理人员的培训

一、管理人员培训的对象

管理人员作为培训对象，根据其培训特点的不同，可以分为两大类。

（一）现任管理人员的培训

因为管理的理论和实践在不断发展，各个组织及其环境也在不断变化，管理人员要想在其职位上不断地解决新问题，胜任工作，就必须不断地得到培训。而且，管理能力的提高是一个循序渐进的过程，只有不断地学习，不断地接受培训，才能积累起必要的知识和技能。因此，即使是现任管理人员，也有一个不断学习、不断提高的过程。所以说，管理人员的培训应该是人员配备工作中一项长期的日常任务。现任管理人员其培训的重点是提高现有的各方面素质和能力，圆满地做好现任工作。

（二）选拔出来的后备管理人员的培训

刚刚选拔出来准备任职的管理人员，他们虽然也可能现在任职，但却是准备提升到更高的职务上的。他们即将离开熟悉的现任职位，奔赴新的，责任更重大、风险和机会也更多的陌生的职位。对这部分管理人员进行培训，让他们在培训过程中得到锻炼和提高，以达到合格的管理人员的要求。培训的重点是使他们尽快地了解和熟悉新的环境，让他们能够迅速地胜任新的本职工作。

二、管理人员培训的内容

（一）政治思想教育

政治思想教育包括马克思主义基本原理的学习、党和国家方针政策的学习、社会伦理道德的学习，以及爱国主义教育、思想教育等。

（二）管理理论与业务知识培训

作为一个管理人员，对管理的基本理论知识及与组织业务活动有关的知识要深入了解；对其他与管理有关的知识要有一定的认识。管理人员的知识结构应该是 T 字形的。

（三）管理能力培训

管理能力包括决策能力、组织协调能力、领导活动能力等。管理者的管理能力可以通过科学的培训而得到提高。对基层管理人员培训的重点，应该是技术培训和管理基本理论及方法的学习。对中层管理人员培训的重点，应该是领导艺术和管理技能的提高。对高层管理人员培训的重点，应该是提高战略分析和规划决策的能力。

课间案例 7：别具一格的杜邦培训：为员工量体裁衣

作为化工界老大的杜邦公司在很多方面都独具特色。其中，公司为每一位员工提供独特的培训尤为突出。因而杜邦的"人员流动率"一直保持在很低的水平，在杜邦总部连续工作30 年以上的员工随处可见，这在"人才流动成灾"的美国是十分难得的。

杜邦公司拥有一套系统的培训体系。虽然公司的培训协调只有几个人，但他们却把培训工作开展得有声有色。每年，他们会根据杜邦公司员工的素质、各部门的业务发展需求等拟出一份培训大纲。上面清楚地列出了该年度培训课程的题目、培训内容、培训教员、授课时间及地点等，并在年底前将大纲分发给杜邦各业务管理。根据员工的工作范围，结合员工的需求，参照培训大纲为每个员工制定一份培训计划，员工会按此计划参加培训。

杜邦公司还给员工提供平等的、多元化的培训机会。每位员工都有机会接受像公司概况、商务英语写作、有效的办公室工作等内容的基本培训。公司还一直很重视对员工的潜能开发，会根据员工不同的教育背景、工作经验、职位需求提供不同的培训。培训范围从前台接待员的"电话英语"到高级管理人员的"危机处理"。此外，如果员工认为社会上的某些课程会对自己的工作有所帮助，就可以向管理提出，公司就会合理地安排人员进行培训。

为了保证员工的整体素质，提高员工参加培训的积极性，杜邦公司实行了特殊教员制。公司的培训教员一部分是公司从社会上聘请的专业培训公司的教师或大学的教授、技术专家等，另一部分则是杜邦公司内部的资深员工。在杜邦公司，任何一位有业务或技术专长的员工，小到普通职员，大到资深经理都可作为知识教师给员工们讲授相关的业务知识。

三、管理人员培训的方法

培训的主要方法有理论培训、职务轮换、晋升、在副职上培训等方法。具体形式有在职学习、脱产学习等，一般以在职学习为主。

（一）理论培训

管理人员即使在学校里已受过系统的理论学习，也还必须接受多方面的理论培训。这种培训可以是脱产的，也可以是业余的；可以是教员直接授课，也可以是函授。脱产培训的具体形式有短期训练班、专题讨论会等形式，主要学习某一学科的基本理论和新的进展，学习一些新兴的学科，或针对某一问题进行探讨。业余培训的形式有函授、业余学校或电视大学学习，时间一般较长，主要是为了比较系统地学习有关学科的理论和方法。理论培训有助于学员较深地了解有关学科的基本理论及其发展状况，有助于提高管理人员的理论水平。不足之处在于对管理人员提高解决实际问题的能力帮助不大。

（二）职务轮换

职务轮换是使各级管理人员在不同部门的不同管理位置或非管理位置上轮流工作，以使其全面了解整个组织的不同工作内容，得到各种不同的经验，为其今后在较高层次上任职打好基础。职务轮换包括非管理工作的轮换、管理职位间的轮换等。

非管理工作的轮换主要是在生产和服务的第一线进行。其目的在于使受训者了解组织最基层的各类业务活动，了解这些活动的基本特点、基本过程，了解基层非管理人员的工作情况和精神状况；这种轮换的时间一般不要求太长。管理职位间的轮换是在组织同一层次上的各个不同部门的职务上进行。这种轮换的目的是使得被提拔到较高层次的管理人员在不同职务上根据各部门的不同特点，使管理人员获得在不同情况下从事管理工作的经验。这种方法不要求管理人员对某些专业有很深的了解，而是强调管理人员全面管理技能的提高，使他们积累在不同部门管理的经验，以胜任较高层次上的管理工作。

（三）提升

提升是指从较低层次提拔到较高层次。它的意义决不体现在职位的高低上，而在于管理人员由低到高晋升的过程中可学到不同层次的管理方法。如果将职务轮换看作是一个横向的培训的话，则提升可称为垂直的培训。提升包括有计划的提升和临时提升两种情况。

有计划的提升就是管理人员按计划的途径，经过锻炼，由低层到较高层次的管理位置。这种方法的目的在于重点培养那些看来有发展前途的管理人员。这种方法不仅有利于上级领导对下级进行有目的的培养和观察，也有利于受训人员通过各级"台阶"逐级上升，基础较为扎实。临时性提升是指，当某个管理人员因某些原因，如度假、生病或因出差而出现职务空缺时，组织指定某个下级管理人员为代理人。这种提升的原因虽然主要不是为了培训，但对作为代理人的下级管理人员来说，却是一个很好的实践机会。同时，组织也可借此机会考察其潜能。

（四）在"副职"上培训

让下级管理人员担任"副职"是一种常用的培训方法。这里的"副职"可以是组织原来一直就有的、永久性的职务，也可以是原来没有的、特为培训而设置的临时性职务。一般包括"助理""秘书""帮办"等。在"副职"上接受培训的管理人员有的仅限于观察上级管理如何行事，有的则被授予一定的权限。在"副职"位置上，受训者可通过对上级管理人员工作的密切观察，了解和学到上级管理人员工作的主要内容以及他们处理各种问题所采用的不同方法。上级管理人员必须根据在"副职"上受训者的经历和特点，以及他们所缺乏的经验对他们进行培训，不仅要让他们知道应该处理些什么，怎么处理，也要让他们知道为什么要这样处理；不仅要让他们看你处理，而且也要适当地放手让他们处理一些具体问题。

除了以上介绍的几种方法之外，管理人员培训还有许多具体的方法，如集体研讨会、参观考察、案例研究、深造培训等。总之，各类组织在具体的培训工作中，要因地制宜，根据自己组织的特点以及培训人员的特点来选择合适的方法，使培训工作真正取得预期的成效。

课间案例8：柯达的内部人才培训提拔法：人才由生产一线造就

人才并非凭空而来，选拔与培训一样重要。对此柯达公司的做法是：以严格的选择评定标准找到所需要的人才，再以相关的培训和发展课程对其进行培养，以便更好地利用现有人力资源的潜力。换言之，柯达公司在生产第一线创造了一批人才。

柯达公司要求候选人要具备当机立断、协助解决问题、有创意及领导才能，能够听取他人的意见，文字和语言均能有效沟通，了解公司的各项组织功能，并能圆满完成任务。

为了寻找到合适的人选，柯达公司设置了评估中心对候选人进行评估。

评估作业一般在当地旅馆进行，每次有12位候选人参加。候选人于周日晚到达，次日早晨进行评估作业。周一下午统一离去，6名评审则多待一天以讨论评估的结果，并决定合适人选。柯达公司的评估作业包括现场实况操作及角色扮演等作业，个性剖析也包括在内。虽然这类评估作业成本很高，但公司认为物有所值。

对每个人的优缺点做诚实的评估后，那些被认定具有领袖才能的候选人就可参加所谓的"团队管理技巧发展课程"。课程分为两阶段：第一阶段课堂教育主要传授实务培训与经验，历时7个星期。为保证理论与实务的融合，受训者通常是一星期上课，随后的一星期又回到工作岗位，如此交替进行；第二个阶段历时6个月，受训者将有机会表现他们的领导才能，而且他们必须认定一个目标，并尽力完成。培训即将结束时，由经理人员所组成的小组进行最后的评估，以决定受训者是否符合公司要求。

为培养团队合作精神，公司还要求候选人参加为期一周的领导才能发展课程，在前往集训地前，他们将被问到所担忧的事情是什么？每个人所担心的都不一样。但通过团队合作后，都一一克服了。当他们重返工作岗位时，每个人都非常自信，自认天下再无难事。

快乐阅读

酒与污水定律

酒与污水定律是指把一匙酒倒进一桶污水，得到的是一桶污水；如果把一匙污水倒进一桶酒，得到的还是一桶污水。在任何组织里，几乎都存在几个难弄的人物，他们存在的目的似乎就是把事情搞糟。最糟糕的是，他们像果箱里的烂苹果，如果不及时处理，就会迅速传染，把果箱里其他苹果也弄烂。烂苹果的可怕之处，在于它那惊人的破坏力。一个正直能干的人进入一个混乱的部门可能会被吞没，而一个无德无才者能很快将一个高效的部门变成一盘散沙。组织系统往往是脆弱的，是建立在相互理解、妥协和容忍的基础上的，很容易被侵害、被毒化。破坏者能力非凡的另一个重要原因在于，破坏总比建设容易。一个能工巧匠花费时日精心制作的陶瓷器，一头驴子一秒钟就能毁坏掉。如果一个组织里有这样的一头驴子，即使拥有再多的能工巧匠，也不会有多少像样的工作成果。如果你的组织里有这样的一头驴子，你应该马上把它清除掉，如果你无力这样做，就应该把它拴起来。

复习思考题

一、名词解释

1. 人员配备
2. 动态平衡
3. 因事择人
4. 职务轮换

二、选择题

1. 管理人员选聘时不需要作为主要考虑标准的是（　　　）。

    A. 强健的体魄　　　　　　　　B. 管理的欲望

    C. 冒险的精神　　　　　　　　D. 沟通的技能

2. 为了得到正确的考评结果，首先要分析考评表的（　　　）。

    A. 预见性　　　B. 科学性　　　　C. 直接性　　　　D. 可靠性

3. 在招聘中测试和评估候选人分析问题和解决问题的能力，可以借助（　　　）模拟或案例分析的方法。

    A. 情景　　　B. 上岗　　　　C. 沙盘　　　　D. 实战

4. 工作轮换包括（　　　）工作轮换与非管理工作轮换。

    A. 生产　　　B. 管理　　　　C. 指导　　　　D. 决策

5. 企业管理人员培训的目标有传递信息、改变态度、更新（　　　）和发展能力。

    A. 知识　　　B. 能力　　　　C. 观念　　　　D. 手段

6. 采取（　　）的方式来培养管理人员，其最大的优点是有助于增强受训者的综合管理能力。

    A. 情景培训　　B. 上岗锻炼　　C. 工作轮换　　D. 沙盘模拟

7. 管理人员配备中，选人的目的在于使其担当一定的职务，要求其从事与职务相应的工作，这就是（　　）的原则。

    A. 服务　　B. 管理　　C. 因人择事　　D. 因事择人

8. 以职位的空缺和实际工作的需要为出发点，以职位对人员的实际要求为标准，选拔、录用各类人员。这就是人员配备的（　　）原则。

    A. 因事择人　　B. 因人择事　　C. 量才使用　　D. 经济效益

9. 组织（　　）直接反映了组织、上级、部属、同行对员工的评价，从而反映了组织对其努力的认可程度。

    A. 认识　　B. 指挥　　C. 考评　　D. 管理

10. 述职报告是对管理人员进行考评的一种方式，它属于（　　）。

    A. 上级考评　　B. 群众考评　　C. 专家考评　　D. 自我考评

11. 有计划地安排管理人员担任同一层次不同的管理职务，以此全面培养管理人员的能力，这是管理人员在职培训的方法之一，即（　　）。

    A. 有计划的提升　　　　B. 职务轮换

    C. 委以助手职务　　　　D. 临时提升

12. 从组织需要的角度为其配备适当的人，这些人应该是（　　）。

    A. 有职位的人　　　　B. 有知识的人

    C. 有能力的人　　　　D. 对组织忠诚的人

13. 合理进行人员配备工作必须遵循以下原则：（　　）。

    A. 因事择人　　　　B. 人事动态平衡

    C. 量才使用　　　　D. 程序化、规范化

14. 管理人员的内部提升机制具有一定的优势，如（　　）。

    A. 调动内部成员的工作积极性　　B. 吸收外部人才

    C. 保证选聘工作的准确性　　D. 被聘者可以迅速展开工作

三、判断题

（　　）1. 人员配备的任务可以从组织的角度去考察。

（　　）2. 选人的目的在于使其担当一定的职务，要求其从事与该职务相应的工作。这就是因人择事的原则。

（　　）3. 管理人员的工作主要是从事资源协调和管理，没有必要掌握具体的业务知识。

（　　）4. 采用外部招聘的方式选择管理人员，有利于鼓舞士气，调动组织成员的积极性。

（　　）5. 考评方法和考评系统设计的合理与否，直接影响了管理人员考评结果的合理与否。

（　　）6. 管理人员考评时，由上级人员填写的考评表主要是考核管理者的领导能力和影响能力。

四、简答题

1. 人员配备要遵循哪些原则？
2. 确定组织管理人员需要量时应考虑哪些因素？
3. 简述管理人员考评的内容。
4. 简述外部招聘和内部提升的优点分别有哪些。
5. 简述管理人员考评的作用是什么。

五、论述题

1. 如何处理内部提升与外部招聘之间的关系？
2. 为什么要进行管理人员考评？
3. 为什么要进行管理人员培训？如何培训？
4. 要得到一匹好马，有两种方法：一是让所有的马都跑起来，选择跑在最前面的；二是先从这些马中指定一匹，然后着力培养，使之成为好马。你认为哪种方法更好？为什么？
5. 说到底，物色最合适的人选填补空缺职位是管理人员的职责，而不是人事部门的职责。你是否赞成这一说法？为什么？

六、案例分析题

案例 1. 美国空军的考评制度

美国空军所采用的考评制度是美国许多公共事务机构绩效评价的典型代表。这套考评制度要求，每位官衔在将军以下的军官的直接上级，每年一次为各位军官做出书面报告。评估报告的格式设计是统一的，适用于不同的军种和级别。表格留出的空白处较小，评估人员只能用精练的语言总结各个军官的业绩。20 世纪 70 年代中期，这套评估制度受到了广泛的批评，因为它对员工的工作指派缺乏专业化的定义，导致了评估的主观性和不合理性，如对参谋人员领导才能的评估，这种方法的作用就不大。

评估导致了评估制度的修改。在每个单位内部，对业绩高低的评价比例进行了硬性规定，而且对评估程序也做了修改，每位军官要接受其主要上司以及一位附加评估人和一位审核人的共同评估。

思考题：
① 美国空军所采用的考评制度有什么问题？
② 美国空军应该采用什么更好的评估方法吗？

案例 2：索尼公司的内部招聘制度

索尼董事长盛田昭夫多年来一直致力于培养员工的合作意识和与他们的良好关系，保持着在职工餐厅与职工一起就餐、聊天的习惯。一天晚上，盛田昭夫按照惯例走进职工餐厅，忽然发现一位年轻职工郁郁寡欢，满腹心事，闷头吃饭，谁也不理。于是，盛田昭夫就主动坐在这名员工对面，与他攀谈。员工终于开口了："我毕业于东京大学，有一份待遇十分优厚的工作。进入索尼之前，对索尼公司崇拜得发狂。当时，我认为进入索尼，是我一生的最佳选择。但是，现在才发现，我不是在为索尼工作，而是为科长干活。坦率地说，我这位科长是个无能之辈，更可悲的是，我所有的行动与建议都得科长批准。我自己的一些小发明与改进，科长不仅不支持，不解释，还挖苦我癞蛤蟆想吃天鹅肉，有野心。对我来说，这名科长就是索尼。我十分泄气，心灰意冷。我为什么要放弃了那份优厚的工作来到这种地方？"

这番话令盛田昭夫十分震惊，他想，类似的问题在公司内部员工中恐怕不少，管理者应该关心他们的苦恼，了解他们的处境，不能堵塞他们的上进之路，于是产生了改革人事管理制度的想法。之后，索尼公司开始每周出版一次内部小报，刊登公司各部门的"求人广告"，员工可以自由而秘密地前去应聘，他们的上司无权阻止。另外，索尼原则上每隔两年就让员工调换一次工作，特别是对那些精力旺盛、干劲十足的人才，而不是让他们被动地等待工作，而是主动地给他们施展才能的机会。在索尼公司实行内部招聘制度以后，有能力的人才大多能找到自己较中意的岗位，而且人力资源部门可以发现那些"流出"人才的上司所存在的问题。

思考题：

① 你认为组织内部招聘制度有哪些好处？索尼公司的内部招聘有什么特点？

② 管理者如何对待员工的不满情绪？

③ 案例中年轻员工所反映的情况在现实中普遍存在吗？这种现象对组织有什么样的不利影响？

案例3. 强盛公司的人员招聘

强盛公司随着生产业务的扩大，为了对生产部门的人力资源进行更有效的管理，公司决定在生产部设立一个新职位，主要负责生产部与人力资源部之间的协调工作。生产部许经理提出在外部招聘合适的人员。人力资源部马上发布招聘信息，在接下来的7天里，人力资源部共收到了800多份简历，他们先从中挑出70份候选简历，然后再次筛选，最后确定了5名应聘者。人力资源部宋经理把候选人名单交给了生产部，许经理从中挑选了两人：宋强和李平，并决定和人力资源部经理一起对他们进行面试，然后根据面试结果决定最终人选。在面试过程中，发现两人基本条件相当，两位经理对两位候选人都比较满意，尽管李平以前曾在两个单位工作过，但没有最近工作过的单位的主管的评价材料。面试结束后，告知两人在一周后等待通知。在此期间，宋强在静候通知；而李平打过两次电话给人力资源部经理，第一次表示感谢，第二次表示渴望这份工作。

面试后，生产部经理和人力资源部经理商量何人可录用。生产部许经理说："两位候选人看来都不错，你认为哪一位更合适呢？"人力资源部宋经理说："两位候选人都合格，只是李平的第二位主管给的材料太少，但是，这也不能说明他有什么不好的背景，你的意见呢？"许经理回答说："很好，宋经理，显然你我对李平都有很好的印象，他尽管有点圆滑，但我相信是可以管理好的。""既然他与你共事，当然由你做出决定，明天就通知他来工作。"宋经理说。

李平进入公司工作6个月了，公司发现，他的工作没有预期的那么好，指定的工作经常不能按时完成，有时甚至表现出不胜任工作的行为，这引起了管理层的不满。而李平也觉得委屈，因为他发现公司的环境、薪酬福利、工作性质和招聘时描述的有出入。

思考题：

强盛公司人员选拔过程存在什么问题？如何解决？

案例4. 申达公司的培训工作

申达公司李总，对公司组织的培训工作非常重视，尽管公司有专门的培训部，但李总从培训课程内容设置、培训讲师选聘、培训酒店场地签订到培训证书印制、培训现场条幅悬挂、培训期间餐饮订单等，事无巨细，从头抓到尾，并且经常亲自蹲点于培训教室现场，中间还不时打断讲师指正讲授内容。

一次，李总突然指示培训部下周举办经销商销售顾问培训班和市场经理培训班，完全脱离培训工作实施规划。培训部不得不马上开始确定培训讲师、拟制培训日程表、商谈培训教室、拟订培训通知等事项。由于某种原因，报到实际人数没有达到理想状态，李总在培训报到现场，果断指示将两个班合并为一个班举办，以节省开销。尽管前期已经安排妥当，培训讲师林教授也强调培训对象不同，培训内容侧重点不一样，最关键是报到时间也不同，但李总对此一直置之不理。结果，经销商参训学员得知培训课程突然变更，怨声载道，全部怪罪培训部。李总竟然也在众人面前大声斥责培训部负责人，为什么培训工作做得一塌糊涂，然后命令公司其他所有部门负责人全部到场蹲点，这下更热闹了，培训工作不光李总亲自指导，各部门负责人也不时指东道西，甚至连总经理秘书也插手指挥。可想而知，一个简单的培训活动终于搞得乱七八糟。结果，培训结束第二天，培训部负责人就打了辞职报告。

思考题：

申达公司人员的培训制度存在什么问题？

第八章　激励

在管理活动之中最重要的就是对人的管理，而在对人的管理中最重要的又是激励。本章从激励的含义和作用入手，介绍了各流派的激励理论以及在管理实践中激励的原则及方式。

- **知识点：**

1. 理解激励的含义和作用；

2. 掌握各种激励理论的特点；

3. 掌握激励的原则；

4. 理解激励的方式。

- **技能点：**

1. 理解各种激励理论在管理中的应用；

2. 掌握各种激励模式的优缺点和适用的范围。

引导案例1：卡耐基的故事

卡耐基小时候是一个公认的坏男孩。在他 9 岁的时候，父亲把他的继母娶进家门。当时他们还是居住在乡下的贫苦人家，而继母则来自富有的家庭。父亲一边向继母介绍卡耐基，一边说："亲爱的，希望你注意这个全郡最坏的男孩，他已经让我无可奈何。说不定明天早晨以前，他就会拿石头扔向你，或者做出你完全想不到的坏事。"

出乎卡耐基意料的是，继母微笑着走到他面前，托起他的头认真地看着他。接着她回来对丈夫说："你错了，他不是全郡最坏的男孩，而是全郡最聪明最有创造力的男孩。只不过，他还没有找到发泄热情的地方。"继母的话说得卡耐基心里热乎乎的，眼泪几乎滚落下来。就是凭着这一句话，他和继母开始建立友谊。也就是这一句话，成为激励他一生的动力，使他日后创造了成功的 28 项黄金法则，帮助千千万万的普通人走上成功和致富的道路。在继母到来之前，没有一个人称赞过他聪明，他的父亲和邻居认定：他就是坏男孩。但是，继母就只说了一句话，便改变了他一生的命运，激发了卡耐基的想象力，激励了他的创造力，帮助他和无穷的智慧发生联系，使他成为美国的富豪和著名作家，成为 20 世纪最有影响的人物之一。

激励是管理的重要职能之一，在组织管理过程中，激励具有广泛的适应性。人是组织发展的最重要因素，任何组织的成功，都要使得组织中各成员的行为符合组织的要求。因此，管理者除了合理计划、正确进行组织设计以外，还应在激励理论的指导下，通过科学的方法激发人的内在潜力，充分发挥员工的积极性和创造性，使之在组织活动中发挥更大的潜能，从而有效实现组织的目标。

第一节　激励概述

一、激励的定义

顾名思义，激励就是激发和鼓励的意思。从宏观角度分析，激励是指通过影响人们的内在需求或动机，从而引导、维持和加强某种活动的过程。从管理学角度分析，所谓激励，就是组织通过设计适当的外部奖酬形式和工作环境，以一定的行为规范和惩罚性措施来激发、引导、保持和归化组织成员的行为，以有效地实现组织及其成员个人目标的系统活动。激励的实质就是通过目标导向，使人们产生有利于组织目标的优势动机并按组织所需要的方向行动。对激励的理解包括以下几点内容。

（一）激励的出发点是满足组织成员的各种需要

激励的出发点是通过系统设计适当的外部奖酬形式和工作环境，来满足企业员工的外在性需要和内在性需要。

（二）科学的激励工作需要奖励和惩罚并举

科学的激励既要对员工表现出来的符合企业期望的行为进行奖励，又要对不符合员工期望的行为进行惩罚。

（三）激励贯穿于企业员工工作的全过程

激励包括对员工个人需要的了解、个性的把握、行为过程的控制和行为结果的评价等。

（四）信息沟通贯穿于激励工作的始末

从对激励制度的宣传、企业员工个人的了解，到对员工行为过程的控制和对员工行为结果的评价等，都依赖于一定的信息沟通。企业组织中信息沟通是否通畅，是否及时、准确、全面，直接影响着激励制度的运用效果和激励工作的成本。

（五）激励的最终目的

激励的最终目的是指在实现组织预期目标的同时，也能让组织成员实现其个人目标，即达到组织目标和员工个人目标在客观上的统一。

课间案例 1：丰田汽车公司的合理化建议奖

合理化建议制度是一种规范化的企业内部沟通制度，它旨在鼓励广大员工能够直接参与企业管理，下情上达，让员工能与企业的管理者保持经常性的沟通，使员工以主人翁的态度全面参与到公司的管理中来，发挥集体智慧，为公司献计献策，共同管好公司。在丰田公司，合理化建议制度被赋予了更深层次的含义。公司领导认为员工是改善的来源，他们会不断提高产品的质量和效率，因此丰田开展的是一场全民皆兵的合理化建议制度。丰田公司于1951 年 6 月设立本公司职员和工人可随时提出自己对公司的经营管理、技术革新等合理化建议的制度。开始时，每年收到的合理化建议不过 80 条左右，由于公司坚持不懈，引导得法，以后逐年上升。据统计，1983 年一年中职工提出的合理化建议就达 165 万条，平均每人 31

条，为公司创造了 900 亿日元的利润，相当于该公司全年利润的 18%。据丰田公司规定，凡是被采纳的合理化建议，其提出人将得到 20 万至 500 万日元的奖金，但是公司从大量采纳合理化建议中获得的利润则更为可观，仅 1983 年一年就有 91 亿日元。

二、激励的特点

（一）内在驱动性

内在驱动性是指通过驱动员工的内在动机或满足其个人需求而达到激励的目的。激励表现为外界所施加的吸引力与推动力，通过多种形式对个体的需求予以不同程度的满足或限制，即激发个人自身的动机，变组织目标为个人目标。这种过程可以概括为：外界推动力（要我做）—激发—内部自动力（我要做）。个体的行为必然会受到外界推动力的影响，这种推动力只有被个体自身消化和吸收，才会产生出一种自动力，才能使个体由消极的"要我做"转化为积极的"我要做"，而这种转化正是激励的本质所在。

（二）自觉自愿性

自觉自愿性，是指激励的过程是通过被管理者内心受激励，而使其自觉自愿去实现目标的方法，不带有任何强制性。因为激励是激发员工的内在动力，使人的行为建立在人的愿望的基础上，这样人的行为就不再是外在的强制而是一种自觉自愿的行为。

课间案例 2：表演大师系鞋带

有一位表演大师上场前，他的弟子告诉他鞋带松了。大师点头致谢，蹲下来仔细系好。等到弟子转身后，又蹲下来将鞋带解松。有个旁观者看到了这一切，不解地问："大师，您为什么又要将鞋带解松呢？"大师回答道："因为我饰演的是一位劳累的旅者，长途跋涉让他的鞋带松开，可以通过这个细节表现他的劳累憔悴。""那你为什么不直接告诉你的弟子呢？""他能细心地发现我的鞋带松了，并且热心地告诉我，我一定要保护他这种热情的积极性，及时地给他鼓励，至于为什么要将鞋带解开，将来会有更多的机会教他表演，可以下一次再说啊。"

三、激励的过程

心理学研究表明：人的行为是由动机支配的，动机是由需要引起的，行为的方向是寻求目标、满足需要。

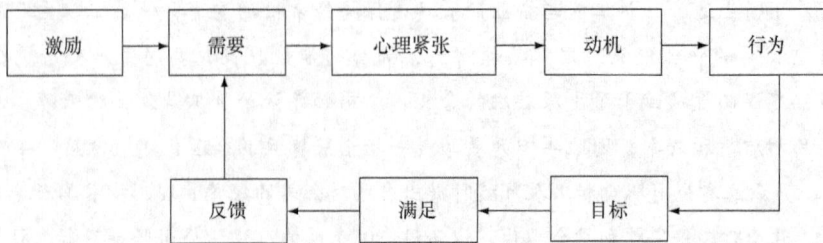

图 8-1　激励过程

（一）需要

需要是指个体由于缺乏某种生理或心理的因素而产生的与周围环境的某种不平衡状态，也即个体对某种目标的渴求和欲望。

人的需要，既可以是生理或物质上的（如对食物、水分、空气等的需要），也可以是心理或精神上的（如追求社会地位或事业成就等）。在现实生活中，人的需要往往不只有一种，而是同时存在多种需要。这些需要的强弱也随时会发生变化。在任何时候，一个人的行为动机总是由其全部需要结构中最重要、最强烈的需要所支配、决定的。这种最重要、最强烈的需要就叫优势需要。

（二）动机

动机是引起和维持个体行为，并将此行为导向某一目标的愿望或意念。动机是人们行为产生的直接原因，它引起行为、维持行为并指引行为去满足某种需要。动机是由需要产生的。当人们产生的某种优势需要未能得到满足时，会产生一种紧张不安的心理状态，在遇到能够满足需要的目标时，这种紧张不安就成为一种内在的驱动力，促使个体采取某种行动。

（三）行为

行为是指个体在环境影响下所引起的内在生理和心理变化的外在反应。人的行为是人的内在因素和外在因素相互作用的函数。一般情况下，内在因素是根本，起着决定作用；外在因素是条件，起着导火线的作用。

当人们通过某种行为实现了目标，获得了生理和心理的满足后，紧张的心理状态就会消除。这时又会产生新的需要，引起新的动机，指向新的目标，这是一个循环往复、连续不断的过程。

（四）需要、动机、行为与激励

人的任何动机与行为都是在需要的基础上产生的，没有需要，也就无所谓动机和行为。人们产生某种需要后，只有当这种需要具有某种特定目标时，需要才会产生动机，动机才会成为引起人们行为的直接原因。但并不是每个动机都必然引起行为，在多种动机下，只有优势动机才会引发行为。要使员工产生组织所期望的行为，可以根据员工的需要设置某些目标，并通过目标导向使员工出现有利于组织目标的优势动机，并按照组织所需要的方式行动。管理者实施激励，即是想方设法地做好需要引导和目标引导，强化员工的动机，刺激员工的行为，从而实现组织目标。

课间案例3：赞赏的意义

某足球队教练将该队队员分成三个集训小组，并在训练时做了一个心理实验。教练对第一个小组队员的表现大加赞赏，说："你们表现卓越，配合度非常高，太棒了！你们是一流的球员。"对第二小组则说："你们也不错，如果你们运球速度快一点，步伐再稳一点，就更好了。"对第三小组则说："你们怎么搞的，总是抓不到要领，靠你们，我什么时候才有出头之日呀！"其实这三个小成员的素质、能力都一样。但是经过这样一个实验之后，结果第一小组获得最好的成绩，第二小组次之，第三小组最差。

四、激励的作用

哈佛大学的威廉·詹姆斯教授在对员工激励研究中发现，按时计酬的分配制度仅能让员工发挥20%～30%的能力，如果受到充分激励的话，员工的能力可以发挥出80%～90%，两种情况之间60%的差距就是有效激励的结果。对组织而言，科学的激励制度至少具有以下几个方面的作用。

（一）激励有助于组织吸引和留住优秀人才

德鲁克认为，每一个组织都需要三个方面的绩效：直接的成果、价值的实现和未来的人力发展。缺少任何一方面的绩效，组织非垮不可。因此，每一位管理者都必须在这三个方面均有贡献。在三个方面的贡献中，对"未来的人力发展"的贡献就是来自激励工作。

知识经济时代，组织间的竞争已不仅是产品的竞争、服务的竞争，更多地表现为技术、人才的竞争。组织若想在日益激烈的竞争中立于不败之地，吸引和留住优秀人才至关重要。

（二）激励有助于挖掘员工潜能，提高员工工作效率

激励的过程直接涉及员工的个人利益，直接影响到能否调动员工的积极性。一般来说，每一位员工总是由一种动机或需求而激发自己内在的动力，努力去实现某一目标。当达到某一目标后，他就会自觉或不自觉地衡量自己为达到这个目标所做的努力是否值得。因此，绝大多数人总是把自己努力的过程看作是为获得某种报酬的过程。如果努力得到了相应的报酬，那么就有利于巩固和强化他的这种努力。因此，通过激励可以充分挖掘、调动员工的工作积极性和创造性，使他们始终保持高昂的工作热情，自觉自愿地为实现组织目标而努力，使其最充分地发挥其技术和才能，从而保持工作的有效性和高效率。

课间案例4：鸭子只有一条腿

某王爷手下有个著名的厨师，他的拿手好菜是烤鸭，深受王府里的人喜爱，尤其是王爷，更是备加赏识。不过这个王爷从未给予过厨师任何鼓励，使得厨师整天闷闷不乐。

有一天，王爷有客从远方来，在家设宴招待贵宾，点了数道菜，其中一道是王爷最喜爱吃的烤鸭。厨师奉命行事，然而，当王爷夹了一鸭腿给客人时，却找不到另一条鸭腿，他便问身后的厨师说："另一条腿到哪里去了？"

厨师说："禀王爷，我们府里养的鸭子都只有一条腿！"王爷感到诧异，但碍于客人在场，不便问个究竟。饭后，王爷便跟着厨师到鸭笼去查个究竟。时值夜晚，鸭子正在睡觉。每只鸭子都只露出一条腿。厨师指着鸭子说："王爷你看，我们府里的鸭子不全都是只有一条腿吗？"王爷听后，便大声拍掌，吵醒鸭子，鸭子当场被惊醒，都站了起来。王爷说："鸭子不全是两条腿吗？"厨师说："对！对！不过，只有鼓掌拍手，才会有两条腿呀！"

（三）激励有助于实现组织目标，增强组织凝聚力

个人目标及个人利益是职工行动的基本动力。它们与企业的组织目标和总体利益之间既有一致性，又存在着诸多差异。当两者发生背离时，个人目标往往会干扰企业目标的实现。

激励的功能就在于以企业利益和需要的满足为基本作用力，诱导职工把个人目标统一于企业的整体目标，推动职工为完成工作任务做出贡献，从而促进个人目标与企业目标共同实现，增强企业的凝聚力和向心力。

课间案例5：美国速递公司的凝聚力

美国速递公司的一名员工在把一批邮件送上飞机之后忽然发现了一封遗漏的信件。按照规定，邮件必须在发出后24小时之内送到收件人手中，可这时飞机已经起飞，为确保公司的声誉不受损害，这个职员毅然用自己腰包里的钱购买了第二班飞机的机票，根据信上的地址，亲自把这封信送到了收信人手中。后来，公司了解了这件事的经过后，对这位职员给予了优厚的奖赏，以表彰他这种认真负责的主人翁态度。这件事被永远地载入了公司的史册，它对形成良好的企业文化起了非常巨大的作用。由此，美国速递公司职工以工作为己任、视公司声誉为生命的行为蔚然成风，使整个公司的凝聚力得到了充分体现。

（四）激励有助于造就良性的竞争环境

在激烈的竞争条件下，组织要想生存和发展，就要不断地提高自己的竞争力。而提高竞争力就必须最大限度地激励组织中的全体成员，充分挖掘出其内在的潜力。科学的激励制度包含一种竞争精神，它的运行能够创造出一种良性的竞争环境，进而形成良性的竞争机制。在具有竞争性的环境中，组织成员就会受到环境的压力，这种压力将转变为员工努力工作的动力。正如麦格雷戈所说："个人与个人之间的竞争，才是激励的主要来源之一。"在这里，员工工作的动力和积极性成了激励工作的间接结果。

引导案例2：张平的困惑

张平已经进入不惑之年，回首二十几年的奋斗经历，很为自己早年自强不息、艰苦奋斗的日子感叹不已。想当初，自己和妻子都没有稳定的工作，收入微薄，尽管妻子精打细算，但一家人还是常常为生计发愁。

后来，通过几年努力，终于考上并读完了成人自学考试要求的全部课程，顺利获得了毕业证书。毕业后，通过招聘，张平终于找到了一份固定的工作。在那段日子里，他以公司为家，忘我地为公司工作，很快就被提升为项目经理、部门经理以至于今天的生产部长，成为企业生产的总指挥。他的付出也给他带来了丰厚的回报，他的工资收入已经大大超过一般的小康家庭的标准，在很好的地段上买了一套200多平方米的房子，他的妻子及其亲朋好友也很为他的成就和地位感到骄傲，就连他自己在一段时间内也曾沾沾自喜。

可是最近一段时间，张平感到有些困惑：回想这二十几年的奋斗，虽然没白天没黑夜的干，但是自己并没有成就什么，仅是按照公司的计划去完成任务罢了。特别是最近一段时间，企业的销售额连年下降，作为生产总指挥官的他很想在开发新产品方面为公司做出更大的贡献。可是，他在研发和销售方面并没有什么权利，而且他多次给企业领导提交的改革报告都犹如石沉大海，杳无音信。领导压根就没有这方面的想法。

因此，张平有了"跳槽"的想法，想换一个职位不必太高，薪水能够说得过去，但能够真正发挥出自己潜能的单位。但又一想，自己已经40有余，"跳槽"又谈何容易？

第二节 激励理论的应用

一、马斯洛的需要层次论

（一）马斯洛需要层次论的内容

马斯洛认为人的需要从低到高可分为 5 个层次，即生理需要、安全需要、社会需要、尊重需要和自我实现的需要。

通常，生理和安全需要属于较低层次的物质方面的需要；社会、尊重和自我实现的需要，则属于较高层次的、精神方面的需要。马斯洛认为，人的需要遵循递进规律，在较低层次的需要得到满足之前，较高层次的需要的强度不会很大，更不会成为主导的需要；当低层次的需要获得相对的满足后，下一个较高层次的需要就占据了主导地位，成了驱动行为的主要动力。

（二）马斯洛需要层次论在管理中的应用

马斯洛的需要层次论由于直感逻辑性强，易于理解，得到了广泛的流传，在西方管理领域中有相当的影响。

1．满足不同层次的需要

组织的管理者应该主动了解并掌握职工不同层次的需要及其变化发展规律，采取相关措施，引导员工的行为，使之最大可能与组织或社会的需要相一致。如当个体需要处在自我实现层次时，成长、成就和提升就成为一般激励因素，就应该采取诸如挑战性的工作、在组织中提升、工作的成就等激励措施。

2．满足不同员工的需要

马斯洛的需要层次仅是一般人的要求，实际上组织中员工的个人需要并非都是严格地按其顺序由低到高发展的，这需要组织管理者具体情况具体分析，因为在不同情况下人们需要的强烈程度是不同的。如经济收入较低的人，对衣、食、住、行方面的需要较强烈，对尊重和自我实现需要不太重视。有些知识分子对穿衣和吃饭要求不高，而对尊重和自我实现的需要却很强；有些老年人，生理需要和自我实现需要并不强烈，但避免孤独的需要和得到儿女、社会尊重的需要却很强烈。即使同一人在不同的时候和不同的情况下，需要层次也不一样。对管理人员来说，了解这些情况是非常重要的，针对不同的需要需采取不同的激励措施。

二、赫茨伯格的双因素理论

20 世纪 50 年代末，美国心理学家赫兹伯格对匹兹堡地区 11 个企业、203 名工程师和会计师进行了调查，调查发现工作中令他们满意的因素与不满的因素是不同的：使职工感到满意的都是属于工作本身或工作内容方面的；使职工感到不满的，都是属于工作环境或工作关系方面的。赫兹伯格在研究了调查结果后，于 1959 年提出双因素理论，他把前者叫作激励因素，后者叫作保健因素。

（一）双因素理论的内容

赫兹伯格认为并非所有的工作要素都对员工产生激励作用。保健因素只能安抚员工，没有激励作用，它们不能使员工产生工作满意感；激励因素使人们感受到内部的回报，对员工具有激励作用，使员工产生工作满意感。

保健因素是指造成员工不满的因素。赫兹伯格发现保健因素主要有 10 个：公司的政策和行政管理、技术监督系统、与监督者个人之间的关系、与上级的关系、与下级的关系、工资、工作安全性、个人的生活、工作环境、地位。保健因素不能得到满足，则易使员工产生不满情绪、消极怠工，甚至引起罢工等对抗行为；但在保健因素得到一定程度改善以后，无论再如何进行改善的努力往往也很难使员工感到满意，因此也就难以再由此激发员工的工作积极性，所以就保健因素来说："不满意"的对立面应该是"没有不满意"。

激励因素是指能造成员工感到满意的因素，这是能满足个人自我实现需要的因素。赫兹伯格认为激励因素主要有 6 个：工作本身具有挑战性、奖励、晋升；成长、负有较大的责任、成就感。激励因素的改善使员工感到满意的结果，能够极大地激发员工工作的热情，提高劳动生产效率。但激励因素即使管理层不给予其满意满足，往往也不会因此使员工感到不满意，所以就激励因素来说："满意"的对立面应该是"没有满意"。

（二）双因素理论在管理中的应用

管理者在实施激励时，一方面，应注意区别保健因素和激励因素，前者的满足可以消除不满，后者的满足可以产生满意；应注意不要忽视保健因素，避免职工产生不满情绪，影响劳动效率的提高；另一方面，也没有必要过分地改善保健因素，因为这样做只能消除职工对工作的不满情绪，不能直接提高工作积极性和工作效率；管理者若想持久而高效地激励职工，必须用内在因素来调动人的积极性，才能起更大的激励作用并维持更长的时间。诸如改进职工的工作内容、进行工作任务再设计等。

课间案例 6：IBM 的激励机制

IBM 公司市场部副经理兼发言人佛拉西斯基伊·罗杰斯说："IBM 所拥有的最大财富是人，我们就是要让他们在市场部中成为最出色的人物。正是由于他们的努力，我们的工作才能够做好，所以我们认为他们在全部的工作中起着良好的作用。如果给他们目标、条件及其奖励，那么几乎所有的目标都是能够达到的。这个金环俱乐部的第二个想法是我们希望人们愿意再来，这就成了他们不断做出成绩的动力。"IBM 公司每年邀请公司全国市场部的明星协同配偶在夏威夷的日光下休假 3 天。这些人掌握着公司的全部生产线，由于他们都超额完成了全年销售指标，因而被吸收进金环俱乐部中。

罗杰斯 20 多年来一直这样讲着，公司强调对员工的多方面尊重，哪怕你干得不出色，或当你处于低潮时，公司也和你在一起。现在，公司已经使之成为一种传统，一种向其雇员传达观念和价值的主要渠道。员工们感慨地说："我感到只要他们坚持尊重个人的原则和他们的高尚道德，公司就会办好，他们所提供的一切技术和其他，只不过是让个人很好合作的副产品。"

三、麦格雷戈的 X 理论和 Y 理论

麦格雷戈基于对人性的不同看法形成的两种理论，即 X 理论和 Y 理论。

（一）X 理论和 Y 理论的内容

X 理论的基本假设是：（1）员工本性懒惰，厌恶工作，如果可能，就会逃避；（2）对待多数人，必须采取强制的措施或惩罚的办法，迫使他们去实现组织的目标；（3）员工只要有可能就会逃避责任，安于现状，缺乏创新；（4）激励只在生理和安全需要层次上起作用。

Y 理论的基本假设是：（1）员工本性并不厌恶工作，如果给予适当机会，人们喜欢工作，并渴望发挥其才能；（2）多数人愿意对工作负责，寻求发挥能力的机会；（3）能力的限制和惩罚不是使人去为组织目标而努力的唯一办法；（4）激励在需要的各个层次上都起作用；（5）想象力和创造力是人类广泛具有的。

（二）X 理论和 Y 理论在管理中的应用

X 理论要求组织管理的唯一激励办法，就是以经济报酬来激励生产，只要增加金钱奖励，便能取得更高的产量。所以，这种理论特别重视满足职工生理及安全的需要，同时也很重视惩罚，认为惩罚是最有效的管理工具。

Y 理论要求组织管理中激励的办法是：扩大工作范围；尽可能把职工工作安排得富有意义，并具挑战性；工作之后引起自豪，满足其自尊和自我实现的需要；使职工达到自己激励。只要启发内因，实行自我控制和自我指导，在条件适合的情况下就能实现组织目标与个人需要统一起来的最理想状态。

显然，无论如何对员工提出目标并进行管理是完全必要的，既要尊重员工，诱导他们自觉地工作，又要制定科学严谨的管理制度，对员工进行一定的纪律约束。在这个价值杠杆上，左端是 X 理论式管理，而右端是 Y 理论式管理，管理的标点应根据员工素质、公司管理基础和工作特点等条件灵活机动地进行滑动。在员工素质比较差、公司管理基础比较薄弱、生产力低下的公司，管理标点应该滑向左端，反之应向右端滑动。优秀的管理者应该根据企业的实际状况和员工的素质特点，善于运用这个杠杆，讲究管理艺术，将员工管理维持在一个高水平上。

四、麦克利兰的成就需要理论

成就需要理论是美国哈佛大学教授大卫·麦克利兰通过对人的需求和动机进行研究，于20 世纪 50 年代提出的。麦克利兰对成就需要这一因素做了大量研究，认为成就需要具有挑战性，引发人的快感，增加奋斗精神，对行为起主要影响作用。

（一）成就需要理论的主要内容

成就需要理论认为，人类许多需要都不是生理性的而是社会性的。人的社会需要不是先天的，而是后天的，来自于环境、经历和培养教育，特别是在特定行为得到报酬后会强化折中行为模式，形成需要倾向。麦克利兰把人在工作中的需要分为三大类，包括权力需要、归属需要和成就需要。

1．权力需要

权力需要是指影响和控制别人的一种愿望或驱动力。不同人对权力的渴望程度也有所不同，权力需求较高的人对影响和控制别人表现出很大的兴趣，注重争取地位和影响力。他们性格坚强、头脑冷静、敢于表达意见、喜爱公开讨论和演讲。权力需要是管理成功的基本要素之一。

2．归属需要

归属需要，就是寻求被他人喜爱和接纳的一种愿望。注重归属需要的管理者，通常从友爱、情谊、人际之间的社会交往中得到欢乐和满足，并总是设法避免因被某个组织或社会团体拒之门外而带来的痛苦。他们喜欢保持一种融洽的社会关系，享受亲密无间和相互谅解的乐趣，随时准备安慰和帮助危难中的伙伴。麦克利兰指出，注重归属需要的管理者容易因为讲究交情和义气而违背或不重视管理工作原则，从而会导致组织效率下降。

3．成就需要

有成就需要的人渴望将事情做得更为完美，对胜任和成功有强烈的要求。他们乐意甚至热衷于接受挑战，追求的是在争取成功的过程中克服困难、解决难题、努力奋斗的乐趣以及成功之后的个人的成就感，他们并不看重成功所带来的物质奖励。个体的成就需要与他们所处的经济、文化、社会、政府的发展程度有关，社会风气也制约着人们的成就需要。

（二）成就需要理论在管理中的应用

麦克利兰通过对英国等工业发达国家的大量研究，得到以下结论：组织中拥有越多的高成就需要者，组织就发展得越快；而且高成就需要者可以通过后天的教育获得。管理者在管理过程中应做到以下几点：提供能够发挥个人能力的工作环境；尽可能为高成就需要的人提供具有挑战性的工作环境，且对其工作成果及时反馈；注意培养员工的成就需要；由于成就需要可以后天培养，因此组织应当为员工创造良好的工作环境，培养员工的成就需要；高成就需要的人未必会成为优秀的管理者。

五、奥德弗的 ERG 理论

美国耶鲁大学的克雷顿·奥德弗在马斯洛提出的需要层次理论的基础上，进行了更接近实际经验的研究，提出了一种新的人本主义需要理论。奥德弗认为，人们共存在 3 种核心的需要，即生存（Existence）的需要、相互关系（Relatedness）的需要和成长（Growth）的需要，因而这一理论被称为"ERG"理论。

（一）ERG 理论的内容

ERG 理论系统地阐述了一个关于需要类型的新模式，它发展了赫兹伯格和马斯洛的理论，把马斯洛的需要层次压缩为三种需要，即生存、相互关系和成长需要。

1．生存需要

生存需要指的是全部的生理需要和物质需要，如衣、食、住，组织中的报酬，对工作环境和条件的要求等。这类需要大体上和马斯洛需要层次中的生理需要、部分安全需要相对应。

2. 相互关系需要

相互关系需要是指人与人之间的关系、联系的需要。这一需要类似于马斯洛需要层次中的部分安全需要、全部友爱和归属需要，以及部分尊重需要。

3. 成长需要

成长需要是指一种要求得到提高和发展的内在欲望。它不仅要求充分发挥个人的潜能使其有所作为和有所成就，而且还包含开发新能力的需要。这一需要与马斯洛的需要层次中部分尊重的需要和整个自我实现需要相对应。

（二）ERG 理论在管理中的应用

奥德弗认为这三种需要之间没有明显的界限，它们是一个连续体。这一理论限制性较少，易于应用。ERG 理论并不强调需要层次的顺序，认为某种需要在一定时间内对行为起作用，而当这种需要得到满足后，可能去追求更高层次的需要，也可能没有这种上升趋势；当较高级需要受到挫折时，可能会降而求其次。 管理者如果发现员工的成长需要受到组织中不可克服的局限性障碍，就应该重新指导员工的行为以期朝着满足生存需要和相互关系需要的方向努力。

六、弗鲁姆的期望理论

期望理论是由美国耶鲁大学教授、心理学家弗鲁姆首先提出的 ，他于 1964 年在《工作与激励》一书中提出了这个理论。这种理论一出现，就受到国外管理学家和实际管理工作者的普遍重视。目前，人们已经把期望理论看作最主要的激励理论之一。

（一）期望理论的内容

期望理论是一种通过考察人们的努力行为与其所获得的最终奖酬之间的因果关系，来说明激励过程并以选择合适的行为达到最终的奖酬目标的理论。期望理论认为，某一活动对调动某人的积极性，激发出人的内部潜力的激励（motivation）的强度，取决于达成目标后满足个人的需要的价值的大小——效价（valence）与他根据以往的经验进行判断能导致该结果的概率——期望值（expectancy）。激励水平取决于期望值和效价的乘积。其公式是：激励水平（M）=效价（V）×期望值（E）（M=V·E）

（二）期望理论在管理中的应用

因为每个人的价值观、需要与动机，以及文化水平、道德观念、知识能力、个性特点的差异，所以即使目标相同，但在人们心目中的效价也可能不同。因而，管理者要全面地评价效价，要更多地关注被组织成员认为效价最大的激励措施。在对组织员工的激励中，要适当控制期望概率和实际概率。期望概率既不是越大越好，也不是越小越好，关键要适当。

七、亚当斯的公平理论

员工在组织工作过程中，希望获得公平。只有身处公平氛围，才能有效促进员工的工作效率的提高。

（一）公平理论的内容

公平理论又称社会比较理论，是由美国心理学家亚当斯于 1965 年提出的，主要研究的是奖励与满足的关系问题。公平理论认为，人能否通过某种行为得到满足和满意，除了取决于自身所得到的结果，还取决于和他人的对比程度。

亚当斯认为，员工的工作动机，不仅受其所得的绝对报酬的影响，而且受到相对报酬的影响。即一个人不仅关心自己所得的绝对值（自己的实际收入），而且也关心自己收入的相对值。每个人会不自觉地把自己付出劳动的所得报酬与他人付出的劳动和报酬进行种种比较来确定自己所获报酬是否合理，比较的结果将直接影响今后工作的积极性。如果当他发现自己的收支比例与他人的收支比例相等，或者现在的收支比例与过去的收支比例相等时，便认为是应该的、正常的，因而心情舒畅、努力工作。但如果他发现不相等时，就会产生不公平感，就会满腔怨气。

比较有两种，一种比较称为横向比较，另一种比较称为纵向比较。

1. 横向比较

所谓横向比较，即一个人要将自己获得的"报偿"（包括金钱、工作安排以及获得的赏识等）与自己的"投入"（包括教育程度、所做努力、用于工作的时间、精力和其他无形损耗等）的比值与组织内其他人做社会比较，只有相等时他才认为公平。如下式所示：

$$OP/IP=OC/IC$$

其中，OP 表示自己对所获报酬的感觉；OC 表示自己对他人所获报酬的感觉；IP 表示自己对个人所做投入的感觉；IC 表示自己对他人所做投入的感觉。

一是前者小于后者。第一种办法是他可能要求增加自己的收入或减少自己今后的努力程度，以便使左方增大，趋于相等；第二种办法是他可能要求组织减少比较对象的收入或让其今后增大努力程度，以便使右方减少趋于相等。此外，他还可能另外找人作为比较对象以便达到心理上的平衡。

二是前者大于后者。他可能要求减少自己的报酬或在开始时自动多做些工作，久而久之他会重新估计自己的技术和工作情况。

2. 纵向比较

所谓纵向比较，即把自己目前投入的努力与目前所获得报偿的比值，同自己过去投入的努力与过去所获报偿的比值进行比较，只有相等时他才认为公平。如下式所示：

$$OP/IP=OH/IH$$

其中，OH 表示自己对过去所获报酬的感觉；IH 表示自己对个人过去投入的感觉。当上式为不等式时，人也会有不公平的感觉，这可能导致工作积极性下降。当出现这种情况时，人不会因此产生不公平的感觉，但也不会感觉自己多拿了报偿从而主动多做些工作。调查和实验的结果表明，不公平感的产生绝大多数是由于经过比较认为自己目前的报酬过低而产生的；但在少数情况下，也会由于经过比较认为自己的报酬过高而产生。

（二）公平理论在管理中的应用

1. 公平奖励职工

在工作任务的分配、工作绩效的考核、工资奖金的评定以及待人处事等方面，能否做到公正合理，这既是衡量工作水平高低的重要因素，又是保证企业安定、人际关系良好、职工积极性充分发挥的重要因素。所以，管理者在激励工作中不应用孤立的眼光看待某个人，而应该考虑其参照对象，充分运用公平理论的原理，坚持绩效与奖酬挂钩的原则，公平奖励职工。

2．建立公平竞争机制

合理的奖酬应该以公正科学的评价为基础，科学地建立系统的评价指标体系，形成公平的竞争机制。管理者必须坚持"各尽所能，按劳分配"的原则，把职工所做的贡献与他应得的报酬紧密挂钩，打破平均主义，调动职工的积极性。

3．引导员工正确认识公平现象

公平理论表明公平与否都源于个人感觉，个人判别报酬与付出的标准往往都会偏向于自己有利的一方。也就是说，人们在心理上会自觉不自觉地产生过低估价别人的工作绩效，过高估计别人的工资收入倾向，而且也常常选择一些比较性不强的比较对象，这些情况都会使职工产生不公平感，这对组织是不利的。因此，管理者应以敏锐的目光察觉个人认识上可能存在的偏差，适时做好引导工作，确保个人工作积极性的发挥。

课间案例7：亨利的烦恼

已经在软件信息公司工作了五年的亨利，从普通编程员升到了资深的程序编制分析员。他对自己所服务的这家公司相当满意，很为工作中的创造性要求所激励。最近，部门新雇了一位刚从大学毕业的程序编制分析员，工作能力很强，和同事关系也相处融洽，亨利也很欣赏这个年轻人。周末，亨利和人事部门的同事杰克一起打球，杰克告诉他，新来的同事工资很高，仅比亨利少 30 美元。尽管亨利不是一个计较的人，但他听到这个消息还是忍不住发脾气了。亨利实在迷惑不解，他感到这里一定有问题。

周一的早上，亨利找到了人事部主任埃德华，问他自己听说的事是不是真的？埃德华带有歉意地说，确有这么回事。但他试图向亨利解释公司的处境："亨利，编程分析员现在市场相当紧俏。为使公司能吸引合格的人员，我们不得不提供较高的起薪。我们非常需要增加一名合格的程序分析员。因此，我们只能这么做。"

亨利询问能否相应提高他的工资。埃德华回答说："你的工资需按照正常的绩效评估时间评定后再调。你干得非常不错，我相信老板到时会给你提薪的。"亨利在向埃德华道了声："打扰了！"便离开了他的办公室，边走边不停地摇头，对自己在公司的前途感到疑虑。

八、斯金纳的强化理论

强化理论是由美国心理学家和行为科学家、哈佛大学教授斯金纳等人提出的一种理论，也叫操作条件反射理论、行为修正理论。强化是心理学术语，是指通过不断改变环境的刺激因素来达到增强、减弱或消失某种行为的过程。强化的主要功能在于按照人的心理过程和行为的规律，对人的行为予以导向，并加以规范、修正、限制和改造。

斯金纳所倡导的强化理论是以学习的强化原则为基础的关于理解和修正人的行为的一种学说。这个理论特别重视环境对行为的影响作用，认为人的行为只是对外部环境刺激所做的反应，当这种行为的后果对他有利时，这种行为就会在以后重复出现；不利时，这种行为就减弱或消失。因此，只要创造和改变外部的环境，人的行为就会随之改变。对管理者来说，这种理论的意义在于用改造环境（包括改变目标和完成工作任务后的奖惩）的办法来保持和发挥积极行为，减少或消除消极行为，把消极行为转化为积极行为。

（一）强化的类型

正强化是用于加强所期望的个人行为，负强化和自然消退的目的是减少和消除不期望发生的行为。这三种类型的强化相互联系、相互补充，构成了强化的体系，并成为一种制约或影响人的行为的特殊环境因素。

1. 正强化

正强化，又称积极强化。当人们采取某种行为时，能从他人那里得到某种令其感到愉快的结果，这种结果反过来又成为推进人们趋向或重复此种行为的力量。通常正强化的因素有奖酬，如表扬、赞赏、增加工资、奖金和奖品，分配有意义的工作等。例如，企业用某种具有吸引力的结果（如奖金、休假、晋级、认可、表扬等），以表示对员工积极提出合理化建议的行为的肯定，从而进一步激发员工参与组织管理、积极献计献策的行为。

2. 负强化

负强化，又称消极强化。它是指通过某种不符合要求的行为所引起的不愉快的后果，从而对该行为予以否定。若职工能按所要求的方式行动，就可减少或消除令人不愉快的处境，从而增大职工符合要求的行为重复出现的可能性。例如，企业不允许在工作时间打个人电话，如果员工有这种习惯，这种行为一经出现就会受到指责，但一旦他停止这种行为了，就应立即停止对他的指责。消极强化与积极强化两者采用的手段不同，但是目的是一致的。

惩罚是负强化的一种典型方式，即在消极行为发生后，以某种带有强制性、威慑性的手段（如批评、降薪、降职、罚款、开除等）创造一种令人不快乃至痛苦的环境，给人带来不愉快的结果，或者取消现有的令人愉快和满意的条件，以表示对某种不符合要求的行为的否定。

3. 自然消退

自然消退，又称衰减。它指撤销对原来可以接受的行为的正强化，即对这种行为不予理睬，以表示对该行为的轻视或某种程度的否定。研究表明，一种行为长期得不到正强化，此行为将自然下降并逐渐消退。例如，企业曾对职工加班加点完成生产定额给予奖酬，后经研究认为这样不利于职工的身体健康和企业的长远发展，因此不再发给奖酬，从而使加班加点的职工逐渐减少。

（二）强化理论在管理中的应用

1. 因人制宜，多形式强化

由于人的个性特征及其需要层次不尽相同，需要不同，强化方式也应不一样。不同的强化机制和强化物所产生的效应会因人而异，对一部分人有效的，对另一部分人却不一定有效。因此，在运用强化手段时，要依照强化对象的不同需要采用不同的强化措施，形式多样，只有这样才能起到奖励的效果。

2. 分解目标，不断强化

在鼓励人前进时，要设立鼓舞人心而又切实可行的总目标，并且将总目标分解成许多具体目标。这是因为：对庞大的、复杂的（一般也是远期的）目标，不是一次性强化就了事，在实现目标过程中职工如果不能经常得到成功结果的反馈和强化，积极性就会逐渐消退。相反，应把这个庞大目标分解成若干阶段性目标，通过许多"小步子"逐渐完成。对每一小步取得的成功结果，管理者都应予以及时强化，以长期保持职工奔向长远目标的积极性。

3. 及时反馈，及时强化

采用强化的时间对强化的效果有较大的影响。所谓及时反馈就是通过某种形式和途径，及时将工作结果告诉行动者，无论结果好与坏，对行为都具有强化的作用。好的结果能鼓舞信心，继续努力；坏的结果能促使其分析原因，及时纠正。但需注意及时强化并不意味着随时都要进行强化，不定期的非预料的间断性强化，往往可取得更好的效果。

4. 奖惩结合，以奖为主

强化理论认为，一种行为长期得不到正强化，就会逐渐消退。根据这个规律，一些成功的企业，都十分注意采用以奖励为主的正强化办法调动职工积极性。采用负强化（尤其是惩罚）手段要慎重。在运用负强化时，应尊重事实，讲究方式方法，处罚依据准确公正，这样可尽量消除其副作用。而当有改正的表现时，应该随即给以正强化。大量实践证明，奖惩结合的方法优于只奖不罚或只罚不奖的方法。

引导案例 3：士为"赞赏"者死

美国著名女企业家玛丽·凯经理曾说过："世界上有两件东西比金钱和性更为人们所需要——认可与赞美。"公司清洁工，本来是一个最容易被人忽视，最不起眼的角色，但原木公司的一个普通清洁工，却在一天晚上公司保险箱被窃时，与小偷进行了殊死搏斗。事后，有人为他请功并问他的动机时，答案却出人意料。他说，每次公司总经理从他身旁经过时，总会停下脚步，赞美他："你扫的地真干净。"就这么一句简简单单的话，就使这个员工受到了感动，为了公司的利益他愿以命相搏。这也正合了中国的一句老话"士为知己者死"。

第三节 激励的原则和方式

尊重、欣赏是一种基本激励方式。上下级之间的相互尊重是一种强大的精神力量，它有助于企业员工之间的和谐，有助于企业团队精神和凝聚力的形成。

一、激励原则

没有适用于一切人和一切环境的激励制度和激励方法。在管理中，激励是充分展示管理者管理艺术的管理活动。在管理过程中，激励必须因时、因人、因地而异。但这并不等于说激励就没有一定的规律可循。同其他管理职能一样，激励也必须遵循一些基本原则。

（一）坚持个人目标与组织目标相结合原则

在激励机制中，设置目标是一个关键环节。目标设置必须同时体现组织目标和员工需要的要求。目标是员工产生动力的源泉，当人们一旦确立了目标，就会在行动的过程中不断地将自己的行为和目标进行比照，所以目标是最好的激励。尤其是当个人目标和组织目标一致性越高的时候，激励程度越高，激励效果越明显。

（二）坚持物质奖励与精神奖励相结合的原则

物质激励是指通过物质刺激的手段，鼓励职工的积极性。物质利益是人们行为的基本动力，但不是唯一的动力。任何人都不可能仅为物质利益而活着。现实生活中，人们的需要是多方面的，既有物质性的，也有精神层面的，只是对不同的人而言，两种需要的强度有所不同。所以，奖励必须注意物质奖励与精神奖励相结合。就某一件事、某一个人来说，一次奖励，可能只是物质的，也可能只是精神的，或者是两者相结合的。例如，在海尔的奖励制度中有一项叫"命名工具"，即用一线的普通工人的名字来命名他所改革的创新工具。工人李启明发明的焊枪被命名为"启明焊枪"，杨晓玲发明的扳手被命名为"晓玲扳手"。这一措施大大激发了普通员工在本岗位创新的激情，员工以此为自豪！对员工创造价值的认可，就是对他们最好的激励。及时的激励，能让员工觉得工作起来目标明确，有奔头，进而创造出更大的价值。

（三）坚持公平公正的原则

公平公正是企业管理的重要原则之一。不公的待遇，会使员工产生消极的情绪，影响工作效率，危害公司的利益。管理者在处理员工问题时，一定要大公无私，不抱任何偏见或喜好，不能有任何不公的言语和行为。对取得同等成绩的员工，一定要获得同等层次的奖励；对犯同等错误的员工，也应受到同等层次的处罚。如果做不到这一点，管理者宁可不奖励或者不处罚。不然，你的奖罚措施会适得其反。

（四）坚持奖惩相结合的原则

奖励是对员工符合组织目标期望的行为而进行的奖励，从而使这种积极向上的行为更多地出现，更好地调动员工的积极性。惩罚是对员工违背组织目标非期望的行为而进行的惩罚，以使这种负面行为不再出现。惩罚使人产生内疚感，认识到自己的错误，并改正自己的行为，使错误的倾向朝正确的方向转变；管理中只有两者的有效配合使用，才能达到良好的管理效果。

一奖一罚的激励机制，树立了正反两方面的典型，从而产生无形的压力，在组织内部形成良好的风气。这两种手段，虽性质不同，但殊途同归。在实际工作中，必须坚持奖惩结合。只奖不惩，就会降低奖的价值，"折扣"奖的效果；只惩不奖，会使人不知所措，人们只知道不该做什么。所以，奖惩必须兼用。

（五）坚持差别激励的原则

激励的起点是满足员工的需要，但员工的需要因人而异、因时而异，并且只有满足最迫切需要（主导需要）的措施，其效价才高，其激励强度才大。为了提高员工工作的积极性，组织要根据员工不同的类型和特点制定激励制度。在制定激励机制时一定要因人而异，充分尊重个体差异，不断了解员工需要层次和需要结构的变化趋势，只有有针对性地采取激励措施，才能收到实效。

（六）坚持时效性原则

所谓坚持时效性原则就是指激励必须及时，不能拖延。"雪中送炭"和"雨后送伞"的效果是不一样的。激励越及时，越有利于将人们的激情推向高潮，使其创造力连续有效地发挥出来；而一旦时过境迁，激励就会失去作用。柳宗元在《断刑论》中就指出："赏务速而后有劝，罚务速而后有惩。"实践也一再证明，应该受表扬的行为得不到及时的鼓励，会使人气馁，丧失积极性；错误的行为受不到及时的惩罚，会使错误行为更加泛滥，造成积重难返的局面。

课间案例8：没有吃完的牛排

素有"经营之神"之称的日本松下电器总裁松下幸之助有一次在一家餐厅招待客人，一行六个人都点了牛排。等六个人都吃完主餐，松下让助理去请烹调牛排的主厨过来，他还特别强调："不要找经理，找主厨。"助理注意到，松下的牛排只吃了一半，心想下面的场面可能会很尴尬。

主厨来时很紧张，因为他知道请自己的客人来头很大。"是不是牛排有什么问题？"主厨紧张地问。"烹调牛排，对你已不成问题，"松下说，"但是我只能吃一半。原因不在于厨艺，牛排真的很好吃，你是位非常出色的厨师，但我已80岁了，胃口大不如前。"

主厨与其他的五位用餐者困惑得面面相觑，大家过了好一会儿才明白怎么一回事。"我想当面和你谈，是因为我担心，当你看到只吃了一半的牛排被送回厨房时，心里会难过。"客人在旁听见松下如此说，更佩服松下的人格并更喜欢与他做生意了。

二、激励方式

激励的方式是指在关怀、尊重、体贴、理解的基础上，以诚挚的感情，入情入理的分析，实事求是的科学态度，恰如其分的手段，对受激励的对象以启发和开导，调动其内在积极因素，促使其振奋精神、积极向上、努力进取的方式。激励的方式可分为精神激励方式和物质激励方式两大类。

（一）物质激励方式

物质激励方式指的是通过满足人们对物质利益的需求，来激励人们的行为，调动人们的工作积极性的方法。物质利益是人们生存和发展的基础，是最基本的利益。当然，不同的人对物质利益的要求是不同的，但总的来说，它仍是现阶段最重要的个人利益之一，所以物质激励方法也是管理中重要的常见的激励方法。

1. 晋升工资

工资是人们工作报酬的主要形式，它与奖金的主要区别在于工资具有一定稳定性和长期性。工作有成效的职工如果获得晋升工资的奖励，毫无疑问是重大的物质利益。因此，晋升工资的激励方法一般是用于一贯表现好，且长期以来工作成绩突出的职工。

2. 颁发奖金

奖金是针对某一件值得奖励的事情给予的奖赏。奖金与工资不同，它的灵活性大，不具有长期性、稳定性。一件事情该奖，目标达到了，奖金发放了，也就结束了，所以说奖金也是一种重要的物质型激励手段。它适用于特殊事情的激励。

3．其他物质奖赏

除了货币性的工资与奖金之外，常用的还有住房、轿车、带薪休假等可为人们提供其他物质利益的激励手段。特别是有些激励方法是带有物质激励与精神激励相结合的特征，如高尔夫球俱乐部会员证。对个人来说，参加高尔夫球运动不仅是一种享受，而且在一定的社会中它还代表着一种地位和身份，给人以自尊需求的满足感。

（二）精神激励方式

1．目标激励

目标激励就是通过目标的设置来激发人的动机、引导人的行为，达到调动人的积极性的目的，使被管理者的个人目标与组织目标紧密地联系在一起，以激励被管理者的积极性、主动性和创造性。目标作为一种诱引，具有引发、导向和激励的作用。一个人只有不断启发对高目标的追求，才能启发其奋而向上的内在动力。每个人实际上除了金钱目标外，还有如权力目标或成就目标等。管理者就是要将每个人内心深处的这种或隐或现的目标挖掘出来，并协助他们制定详细的实施步骤，在随后的工作中引导和帮助他们努力实现目标。当每个人的目标强烈和迫切地需要实现时，他们就会对企业的发展产生热切的关注，对工作产生强大的责任感，平时不用别人监督就能自觉地把工作搞好。这种目标激励会产生强大的效果。

2．尊重激励

我们常听到"公司的成绩是全体员工努力的结果"之类的话，表面看起来管理者非常尊重员工，但当员工的利益以个体方式出现时，管理者会以企业全体员工整体利益加以拒绝，他们会说"我们不可以仅顾及你的利益"或者"你不想干就走，我们不愁找不到人"，这时员工就会觉得"重视员工的价值和地位"只是口号。显然，如果管理者不重视员工感受，不尊重员工，就会大大打击员工的积极性，使他们的工作仅为了获取报酬，激励从此大大削弱。这时，懒惰和不负责任等情况将会随之发生。

尊重是加速员工自信力爆发的催化剂，尊重激励是一种基本激励方式。上下级之间的相互尊重是一种强大的精神力量，它有助于企业员工之间的和谐，有助于企业团队精神和凝聚力的形成。

3．参与激励

人力资源管理的实践经验和研究表明，现代的员工都有参与管理的要求和愿望，创造和提供一切机会让员工参与管理是调动他们积极性的有效方法。职工参与管理是指在不同程度上让职工和下级参加组织决策、各级管理工作的研究和讨论。这样做可以使下级感受到上级主管的信任，从而体验到自己的利益同组织的利益、组织的发展密切相关而产生强烈的责任感。多数人由于参加商讨与自己有关的问题而受到激励，这也为实现组织目标提供了保证。因此，让职工恰当地参与管理，既能激励职工，又能为企业的成功获得有价值的知识。通过参与，形成职工对企业的归属感、认同感，可以进一步满足自尊和自我实现的需要。

4．工作激励

工作本身具有激励力量。为了更好地发挥员工工作积极性，管理者要考虑如何才能使工作本身更有内在意义和挑战性，给职工一种自我实现感。管理者要进行"工作设计"，使工作内容丰富化和扩大化，并创造良好的工作环境。还可通过员工与岗位的双向选择，使职工对自己的工作有一定的选择权。

工作设计问题主要是组织向其成员分配工作任务和职责的方式问题，也包括创造一个良好的工作环境和生活环境。工作设计是否得当，对激发职工的工作动机、增强职工的工作满意感以及提高生产率都有重大的影响。工作设计的发展，经历了工作专业化、工作扩大化和工作丰富化三个阶段。工作专业化强调利用工作专业化、重复性和低技术要求等手段，来达到高效率的组织目标，但这么做工作者易产生对工作的厌烦情绪。工作扩大化强调扩大工作范围来抵消工作者的厌烦情绪，但这也只是一种权宜之计。工作丰富化是让工人有机会参与工作的计划和设计，得到信息反馈，估价和修正自己的工作，使工人对工作本身产生兴趣，增加责任感和成就感。工作扩大化与工作丰富化的区别在于：工作扩大化是扩大工作的水平负荷，即增加同类工作的数量，对工作技能水平的要求则大致相同；而工作丰富化是从纵向扩大工作范围，即扩大工作的垂直负荷，要求任职者完成更复杂的任务，负更大的责任，有更多的自主性，因而对人们的能力和技能也提出了更高的要求。

5．培训和发展机会激励

当今世界日趋信息化、数字化、网络化，知识更新速度的不断加快，使员工知识结构不合理和知识老化现象日益突出。他们虽然在实践中不断丰富和积累知识，但仍需要对他们采取等级证书学习、进高校深造、出国培训等激励措施。培训意味着为自身素质的提高、自身人力资本的增值以及为将来更好的发展提供机会和条件，给员工提供进一步发展的机会，满足他们自我实现的需要。

6．荣誉和提升激励

荣誉是众人或组织对个体或群体的崇高评价，是满足人们自尊需要、激发人们奋力进取的重要手段。从人的动机看，人人都具有自我肯定、争取荣誉的需要。对一些工作表现比较突出、具有代表性的先进员工，给予必要的荣誉奖励，是很好的精神激励方法。荣誉激励成本低廉，但效果很好。当然我们在荣誉激励上，存在着评奖过滥过多的不正确现象。如评优中的"轮庄法""抓阄法"等的优先法，都使荣誉的"含金量"大大降低，使典型的榜样示范作用大打折扣，这是必须要大力加以纠正的。另外，提升激励是对表现好、素质高的员工的一种肯定，应将其纳入"能上能下"的动态管理制度。

7．情感激励

古人云："感人心者莫先于情。"情感是人们对于客观事物是否符合人的需要而产生的态度和体验。它是人类所特有的心理机能。当客观事物符合人的需要，就会产生满意、欢乐等情感。反之，就会产生忧郁、沮丧等消极情感。管理激励工作必须注重"情感投资"，晓之以理，动之以情，鼓励人情、人爱、人性，要讲人情味，给人以亲切感、温暖感，用真挚的感情去感染人，满足人的感情需要。

8. 表率激励

表率激励主要是指管理者的品行给职工带来的激励效果。企业管理者是职工的表率，是职工行为的指示器。如果管理者清正廉洁、严于律己，就能直接鼓舞职工的士气；如果管理者具有较强的工作能力，能带给企业更高的效益和更好的发展，则对职工会产生更大的激励作用。榜样的力量是无穷的，在我国古代十分推崇领导的榜样作用。孔子指出管理者："其身正，不令而行；其身不正，虽令不从。"管理者个人的举止行动其实就是下属模仿的对象，是无声的命令；"大禹治水三过家门而不入"的故事以及"身先士卒"的成语都说明了表率作用的重要意义。

课间案例9：表率

晋国有一名叫李离的狱官，他在审理一件案子时，由于听从了下属的一面之词，致使一个人冤死。真相大白后，李离准备以死赎罪，晋文公说："官有贵贱，罚有轻重，况且这件案子主要错在下面的办事人员，又不是你的罪过。"李离说："我平常没有跟下面的人说我们一起来当这个官，拿的俸禄也没有与下面的人一起分享。现在犯了错误，如果将责任推到下面的办事人员身上，我又怎么做得出来。"他拒绝听从晋文公的劝说，伏剑而死。

📖 快乐阅读

马蝇效应

马蝇效应是指再懒惰的马，只要身上有马蝇叮咬，它也会精神抖擞，飞快奔跑。产生马蝇效应的主要原因有两个：一是外界环境的变化会影响个体的行为。一匹很安逸的马，突然被马蝇叮咬而产生的疼痛感，将直接刺激马对此做出反应；二是明确的目标会激励员工更好地投入工作。马儿的目标很明确，就是要摆脱"疼痛感"，因此它会精神抖擞，飞快奔跑。

在现实管理工作中，"马蝇效应"不失为高明管理者的一项有效工具。一个部门或一个团队，如果长时间保持风平浪静，这种平静将会使团队失去激情，失去创意，从而慢慢地失去战斗力。因此，好的管理者应该关注如何改变员工的工作环境，通过环境的改变来刺激员工的行为，必要时制造一点冲突，以此来激发员工的斗志和潜能，以防止员工在"平静中休克"。懒惰的马突然间精神抖擞，飞快奔跑，一个重要的原因就是通过奔跑以尽快地摆脱因马蝇叮咬而产生的疼痛，其目标非常明确！有目标就会有压力，有压力就会产生动力。作为一名管理者，一定要明确我们的工作和发展目标，要明确你所负责部门的目标，并据此将部门目标分解到每一个岗位，以达成压力传递的效果。让部门的全体员工都明确自己的工作目标，并为之奋斗，从而更好地保证部门目标的实现。

📚 复习思考题

一、名词解释

1. 激励
2. 成就需要

3. 权力需要

4. 归属需要

5. 正强化

6. 负强化

7. 自然消退

8. 表率激励

二、选择题

1. 激励过程的出发点是（　　　）。

    A. 紧张感　　　　　　　　　　　　B. 目标

    C. 未得到满足的需要　　　　　　　D. 不满意

2. 在激励工作中，最为重要的是发现职工的（　　　）。

    A. 安全需求　　　　　　　　　　　B. 现实需求

    C. 主导需求　　　　　　　　　　　D. 自我实现的需求

3. 引进挫败—后退概念的 ERG 理论的代表人物是（　　　）。

    A. 马斯洛　　　　　　　　　　　　B. 奥德弗

    C. 麦格雷戈　　　　　　　　　　　D. 麦克莱兰

4. ERG 理论中，奥德弗把人的需求分为（　　　）。

    A. 生存需求　　　　　　　　　　　B. 互相关系需求

    C. 自尊需求　　　　　　　　　　　D. 成长需求

5. 通过和参照对象进行比较以获得激励的理论是（　　　）。

    A. 马斯洛的需求层次论　　　　　　B. 麦克莱兰的激励需求理论

    C. 洛克的目标设置理论　　　　　　D. 亚当斯的公平理论

6. 如果某人认为，和别人相比，自己报酬偏低，根据公平理论，他会（　　　）。

    A. 增加自己的投入　　　　　　　　B. 减少自己的投入

    C. 努力增加别人的报酬　　　　　　D. 努力使他人投入减少

7. 麦克利兰的成就需要理论认为人的三种基本需要是（　　　）。

    A. 安全、成就、权力需要　　　　　B. 生理、成就、权力需要

    C. 成就、权力、激励需要　　　　　D. 成就、权力、归属需要

8. 需求层次理论认为，人的行为决定于（　　　）。

    A. 需求层次　　　B. 激励程度　　　C. 精神状态　　　D. 主导需求

9. 斯金纳的强化理论认为，强化类型有（　　　）。

    A. 正强化　　　　B. 零强化　　　　C. 自然消退　　　D. 负强化

10. 人性假设反映人们对人的本质及其行为特征的基本认知与判断，领导人员对组织成员在人性上所做的不同假设会导致其采取不同的领导方式并影响到员工激励策略的设计和使用。那么"对症下药"的比喻是下列哪种人性假设？（　　　）。

    A. 社会人假设　　　　　　　　　　B. 经济人假设

    C. 自我实现人假设　　　　　　　　D. 复杂人假设

11. 对于能挑 150 斤的人，领导者既不只让他挑 100 斤，也不硬要他挑 200 斤，这体现了（　　）。

　　A. 扬长避短，各尽所能　　　　　　B. 量才用人，职能相称

　　C. 用人不疑，疑人不用　　　　　　D. 五湖四海，宽以容人

12. 强化理论强调行为是结果的函数，根据此理论，管理者最好采用（　　）方式。

　　A. 正强化　　　　B. 负强化　　　　C. 惩罚　　　　D. 自然消退

13. 麦格雷戈提出了人性假设理论中重要的 X 与 Y 理论的概念。找出下列属于 Y 理论的假设前提有（　　）。

　　A. 人天生讨厌工作　　　　　　　　B. 人喜欢被命令

　　C. 人不抱有野心　　　　　　　　　D. 多数人具有解决问题的想象力和创造力

14. 对于一个以自我实现需要占据主导地位的员工来说，最有效的激励措施是（　　）。

　　A. 提高工资　　　　　　　　　　　B. 改善工作环境

　　C. 颁发奖状　　　　　　　　　　　D. 委以重任

15. 以下哪种现象不能在需求层次理论中得到合理的解释（　　）。

　　A. 一个饥饿的人会冒着生命危险去寻找食物

　　B. 穷人很少参加排场讲究的社交活动

　　C. 在陋室中苦攻"哥德巴赫猜想"的陈景润

　　D. 一个生理需要占主导地位的人，可能因为担心失败而拒绝接受富有挑战性的工作

16. 马斯洛的需要层次理论有两个基本出发点，它们是（　　）。

　　A. 人是有需要的动物，已获得满足的需要不再起激励作用

　　B. 人是有需要的动物，人的需要是有层次的

　　C. 人的需要是有层次的，某一层需要得到满足后另一层需要才会出现

　　D. 人是有需要的动物，满足最主要的需要比满足其他需要更迫切

17. 美国心理学家赫茨伯格认为（　　）。

　　A. 保健因素能直接起激励职工的作用

　　B. 保健因素改善后会导致积极的后果

　　C. 保健因素能防止职工产生不满的情绪

　　D. 激励因素不能产生使职工满足的积极效果

18. 会议进行中，管理者不希望下属不停地提出各种问题干扰会议进程，于是在有人举手发言时便无视他们的举动，只顾自己把话讲完。这种影响下属行为的方式是（　　）。

　　A. 积极强化　　　　B. 消极强化　　　　C. 衰减　　　　D. 惩罚

三、判断题

（　　）1. 激励是通过影响人们的内在需求或动机，从而加强、引导和维持行为。

（　　）2. 激励的最终目的是指在实现组织预期目标。

（　　）3. 管理者实施激励，即是想方设法做好需要引导和目标引导，强化员工的动机，刺激员工的行为，从而实现组织目标。

（　　）4. 当两人拿到同样报酬后，两人的反应不同，一个人相当满足，另一个人很不

满足，这一现象可以运用需求层次理论进行有效解释。

（　　）5. 根据马斯洛需要层次理论，必须在尊重需要得到满足后社会需要才有激励的动力。

（　　）6. 根据期望理论，期望概率越高，激发力量就越大，所以要尽可能地提高期望概率。

（　　）7. 提出X理论和Y理论的是科学管理之父泰罗。

（　　）8. 一个靠内在激励的人如果分派给他的工作的报酬和奖励是外部的，他的内在激励力会增加。

（　　）9. 强化理论是基于这样的假设：受到奖励的行为会重复进行，而招致惩罚后果的行为会更加趋向于重复发生。

（　　）10. 激励决定组织中工人的行为方向，努力程度，在困难面前的耐力。

（　　）11. 在赫兹伯格理论中，那些与工作的本质和工作的挑战性有关的因素就称为激励因素。

（　　）12. 根据公平理论，当管理者用报酬或奖励作为激励手段时，一定要使员工感到公平合理。

四、简答题

1. 简述激励的作用。
2. 简述激励的原则。
3. 简述常见的激励方式。
4. 请简要评价双因素理论。
5. 简述精神激励的主要方式。
6. 简述强化的类型及其在管理中的运用。

五、论述题

1. 试论述激励理论的类型。
2. 请结合实际谈谈如何运用综合激励模式，提高激励水平。
3. 联系实际，根据你所学的管理理论，谈谈在企业管理中如何以人为本，充分调动职工的积极性和增强凝聚力。
4. 联系你自己的实际情况，你认为在提高学生的成绩方面，哪种激励理论最有效？为什么？

六、案例分析题

案例1. 刘铭的辞职书

名牌大学博士毕业的高才生刘铭，毕业应聘到一所二本院校的教师工作。刘铭工作勤恳负责，业务能力强，很快就成为学校的教学骨干，工作第二年就申请到国家自然科学基金项目，是该校申请到国家自然科学基金项目的第一人。学院领导在各种公开场合表扬刘铭给学校争得了荣誉，是学校培养的重点对象。

第三年到了评职称的时间，已经发表五篇高质量论文的刘铭申报副教授，结果完全符条件的刘铭意外落选了，一个年纪大的老师只凭两篇省级刊物发表的文章评上了副教授。刘铭刚想去问领导，领导就主动来找刘铭，说老教师机会不多，这次照顾一下，并亲切地拍拍刘铭的肩膀："你年轻，机会有的是。"

一个月后，刘铭留下了一封辞职信离开了学校。

思考题：

运用激励理论分析刘铭辞职的原因是什么？

案例 2. 麦卢卡服装公司的激励

刚刚参加研究管理培训班的人事经理艾米丽，对培训班老师讲授的马斯洛需要层次理论和赫茨伯格双因素激励理论非常感兴趣，她为马斯洛的清晰的需要层次和赫茨伯格的激励因素、保健因素理论所感动，认为这个公司可以立即实际运用它们。她欣赏这两种激励方法简单易用，并且觉得公司的工资和薪水水平在本行业中间已是最好的了。她相信，依照公司的现状，应该更多地应用赫茨伯格的激励因素。

艾米丽说服公司的执行委员会，着手制定了关于强调表彰、提升、更大的个人责任、成就并使工作更有挑战性等各种计划。计划运转几个月之后，她迷惑了，发现结果并不如她所期望的那样。服装设计人员对计划的反应好像并不热情。有些人觉得他们已经有了一个挑战性工作了，他们的成就感已由他们超过销售定额实现了，他们的佣金支票就是对他们的表彰。并且对他们来说，所有这些新计划都是浪费时间。裁剪员、缝纫工、熨衣工和包装工的感受是各式各样的。有些人随新计划的实行而受到表彰，反应良好；但是另外一些人则认为是管理人员的诡计，要让他们更加拼命工作而不增加任何工资。他们工会的企业代表同后面那些人的意见一致，公开批评这些计划。

反应是如此的悬殊，艾米丽女士受到公司最高层主管人员的不少批评，他们以为被一个过度热心的人事经理所欺骗了。

思考题：

① 马斯洛需要层次理论和赫茨伯格双因素激励理论的内容分别是是什么？

② 艾米丽计划引起这么多争议的原因是什么？你认为艾米丽接下来应该如何做？

案例 3. 用洋葱替代胡萝卜的尴尬

瑞丰公司广大员工半年来废寝忘食，牺牲了个人正常生活的时间，最终赢得了一项评审极其严格的质量产品奖。当宣读获得这个奖项的人员及公司名称的时候，大家都兴奋不已。公司领导很快召集全体员工开庆祝会，这之前他们先召开了会议，而会议并没有宣布嘉奖事宜。然后，他们把员工召集到自助餐厅开庆祝会，由总裁表达对每位员工的感谢，宣布这个奖项对公司的意义。他总结性地说到："为了庆祝这次巨大的成功，大家都会得到一份很有意义的礼物。"大家兴高采烈，心情就像过节一样，恳恳总裁兑现承诺。总裁点了点头，示意公关部经理揭开了罩在神秘礼物上的帷幕。啊！竟是由无数塑料杯子搭建起的金字塔造型。会场上先是死一般的寂静，接着爆发出震耳欲聋的喊声："真是'杯具'啊。"员工们无法相信总裁准备的奖品仅仅是一只塑料杯子，他们看着杯子搭建起的金字塔，就像他们看到的是一個巨大的发了霉的圣诞水果蛋糕一样。

后来，大家排着队，陆续领走自己的杯子。在员工摇着头，苦笑着领走奖品时，可怜的总裁好像只剩下最后一点呼吸了。其他员工的表情也让他心凉。随后的几个星期里，杯子就成了公司里新的（令人嘲讽和挖苦的）质量的象征品了。

思考题：

① 物质奖励与精神奖励的关系是什么？瑞丰公司庆功会开"砸了"的原因何在？

② 如何评价用杯子达成金字塔这种既有纪念意义又省钱的创意？

③ 如何看待纪念品价值低就会适得其反与"千里送鹅毛，礼轻情义重"不同的效果？

案例 4. 由两位年轻人辞职引起的薪资激励制度变革

一家在同行业居领先地位、注重高素质人才培养的高科技产品制造公司，不久前有两位精明能干的年轻财务管理人员提出辞职，到提供更高薪资的竞争对手公司里任职。其实，这家大公司的财务主管早在数月前就曾要求公司给这两位年轻人增加薪资，因为他们的工作表现十分出色。但人事部门的主管认为，按同行业平均水平来说，这两位年轻财务管理人员的薪资水平已经是相当高了，而且这种加薪要求与公司现行建立在职位、年龄和资历基础上的薪资制度不符合，因此拒绝给予加薪。

对这一辞职事件，公司里的人议论纷纷。有的人说，尽管这两位年轻人所得报酬的绝对量高于行业平均水平，但他们的表现那么出色，这样的报酬水准是很难令人满意的。也有的人质疑，公司人事部门的主管明显地反对该项提薪要求，但是否应当由了解其下属表现好坏的财务部门主管对本部门员工的酬劳行使最后决定权？公司制定了明确的薪资制度，但是否与公司雇用和保留优秀人才的需要相适应呢？公司是否应当制定出特殊的条例来吸引优秀的人才，或者还是让那些破坏现行制度的人离开算了？……这些议论引起了公司总经理的注意，他责成人事部门牵头与生产、销售、财务等各部门人员组成一个专案小组，就公司酬劳计付方式广泛征求各部门职工的意见，并提出几套方案，供下月月初举行的公司常务会讨论和决策之用。

思考题：

两位年轻人拿到了高于同行业平均水平的薪资仍没感到满意，这种现象可用何种激励理论得以解释？

案例 5. 顺捷公司的激励措施

专门从事通信电缆生产的顺捷公司在有利的市场环境中得到快速发展。前不久，公司从大学毕业生中招聘了几名员工充实公司各个岗位，以利于公司下一步的发展。公司张经理非常重视公司的可持续发展问题，为充实自我，他经常参与各类管理培训课程的学习。最近，通过学习有关激励理论，张经理受到很大启发，并准备着手付诸实践。他为此责令人力资源管理部门制定一系列的培训计划以及工作计划，希望通过赋予下属员工更多的工作和责任，并通过给予员工成长机会以及赞扬和赏识来激励下属员工。然而，当张经理宣布该公司的各项工作安排后，结果却事与愿违，员工的积极性非但没有提高，反而对他的做法强烈不满，包括几名大学生在内的部分员工甚至提出来要公司马上给他们增加购买养老和医疗保险以及提高工资水平的要求。

思考题：

① 请根据有关激励理论，分析张经理的激励措施为什么遭到了包括几名大学生在内的员工的抵制？

② 管理者应如何激励员工？请你给张经理提出合理的建议。

第九章 沟通

在管理学中，沟通是对于组织而言好比血液对于身体，如何才能实现有效的沟通对提高组织效率具有极其重要的意义。本章从沟通的概念和类型着手，阐述沟通的基础知识和基本原理。

- 知识点：
1. 掌握沟通的基本概念和重要性；
2. 掌握沟通的类型及方法；
3. 掌握沟通的过程；
4. 掌握沟通的障碍及克服障碍的措施；
5. 掌握沟通技能的开发。

- 技能点：
1. 掌握沟通的秘诀，具有较强的沟通能力；
2. 能够将沟通技巧有效运用，提升管理效能。

引导案例1：通天塔

据说，人类的祖先最初讲的是同一种语言。他们在底格里斯河和幼发拉底河之间，发现了一块异常肥沃的土地，于是就在那里定居下来，修起城池，建造起了繁华的巴比伦城。后来，他们的日子越过越好，人们为自己的业绩感到骄傲，他们决定在巴比伦修一座通天的高塔，来传颂自己的赫赫威名，并作为集合全天下弟兄的标记，以免分散。因为大家语言相通，同心协力，阶梯式的通天塔修建得非常顺利，很快就高耸入云。上帝耶和华得知此事，立即从天国下凡视察。上帝一看，又惊又怒，因为上帝是不允许凡人达到自己的高度的。他看到人们这样统一强大，心想，人们讲同样的语言，就能建起这样的巨塔，日后还有什么办不成的事情呢？于是，上帝决定让人世间的语言发生混乱，使人们互相言语不通。

人们各自操起不同的语言，感情无法沟通，思想很难统一，就难免出现互相猜疑，各执己见，争吵斗殴。这就是人类之间误解的开始。修造工程因语言纷争而停止，人类的力量消失了，通天塔终于半途而废。

信息沟通是组织的基本要素之一，组织管理过程就是组织成员进行信息沟通的过程。管理者所做的每件事情都包含着沟通。沟通对于组织，好比血液对于身体。著名的未来学家约翰·奈斯比特说过，"未来的竞争将是管理的竞争，竞争的焦点在于每个社会组织内部成员之间及其与外部组织的有效沟通上。"最好的想法、最有创意的建议、最优秀的计划，不通过沟通都无法实施。有效沟通不仅是信息在成员之间的沟通，更需要在一个相互信任、相互理解的环境中进行。

第一节 沟通概述

一、沟通的定义

沟通是指可理解的信息或思想在两个或两个以上人群中的传递或交换的过程，是两个或多人之间进行的在事实、思想、意见和情感等方面的交流。作为管理职能，沟通是指组织中成员之间的信息或思想传递与理解的过程。

对"沟通"的定义，可以说是众说纷纭。托马斯•S.贝特曼认为，沟通就是："信息和意图通过公用的符号从一方传递到另一方的过程"；《韦氏大辞典》认为，沟通是："文字、文句或消息的交流，思想或意见的交换"；西蒙认为，沟通就是："可视为任何一种程序，借此程序，组织中的某一成员，将其所决定的意见或前提，传送给其他成员。"

沟通是管理的一项重要职能，重要性至少体现在三个方面：第一，沟通是计划、组织、领导和控制等管理职能得以实施和完成的基本条件，协调各个体、各要素，使企业成为一个整体的凝聚剂。例如，组织目标的确定和理解需要沟通，计划的下达与执行需要沟通，奖惩制度、薪酬福利制度需要沟通，目标实现的标准以及如何测量需要沟通。只有保持信息的传递畅通，并得以理解和反馈，才能更好地实现各管理职能。第二，沟通也是管理者的重要工作，是管理者激励下属，实现管理职能的基本途径。通过沟通，管理者把组织内部的成员联结起来实现组织的目标，没有沟通就不可能进行群体或组织的活动；沟通的效率以及沟通的效果将对组织的整体绩效有重要影响。第三，沟通还为组织建立起了同外界联系的桥梁，任何组织只有通过与外界的沟通才有可能成为一个与外部环境发生相互作用的开放系统。

课间案例1：避雷针效应

疏导就是沟通。雷电因疏导而通，避免了建筑物的雷击；人因疏导而通，避免了相互间的不协调。在高大建筑物顶端安装一个金属棒，用金属线与埋在地下的一块金属板连接起来，利用金属棒的尖端放电，使云层所带的电和地上的电逐渐中和，从而保护建筑物避免雷击。

二、沟通的要素

沟通过程包括信息发送者、信息接受者、信息和沟通渠道四个主要要素。

（一）信息发送者

信息发送者就是信息的来源，是沟通的启动者。必须充分了解接受者的情况，以选择合适的沟通渠道以利于接受者的理解。信息发送者在沟通中居于主动的地位，首先要确定沟通的目标，明确要传送的内容，考虑采用什么形式进行传送，然后把所要传送的思想、情报、情感等内容，通过转换变成对方所能理解的信息传送出去，经过一定的渠道让对方接受。因而信息发送者是首要的沟通者。

（二）信息接受者

信息接受者是指获得信息的人。接受者必须从事信息解码的工作，即将信息转化为他能了解的想法和感受。这一过程要受到接受者的经验、知识、才能、个人素质以及对信息输出者的期望等因素的影响。接受者要经过接收、译码、理解，才能了解所收到信息的内涵和意义。

（三）信息

信息是指在沟通过程中发送者传给接受者（包括口语和非口语）的消息。同样的信息，发送者和接受者可能有着不同的理解，这可能是发送者和接受者的差异造成的，也可能是由于发送者传送了过多的不必要信息。

（四）沟通渠道

沟通渠道是信息得以传送的载体，是信息从沟通主体传达给沟通客体的途径。沟通渠道很多，如文件、报告、会议、打电话、写信、谈话、电视和互联网等。根据信息的重要性和复杂程度不同，管理者可以选择不同的沟通渠道。有些重要和复杂的信息通常采取多种沟通渠道进行传递，如将绩效评估的结果告诉员工时，管理者会在面谈之后再提供一封总结信。选择什么样的沟通渠道，既与沟通的场合、沟通双方所处的环境等有关，也与沟通渠道的成本有关。选择适当的渠道对实施有效的信息沟通是极为重要的。

课间案例2：鹰王和鹰后的悲剧

鹰王和鹰后打算在密林深处定居下来，它们挑选了一棵又高又大、枝繁叶茂的橡树，然后在最高的一根树枝上开始筑巢，准备夏天在这儿孵养后代。

鼹鼠听到这个消息，大着胆子向鹰王提出警告："这棵橡树可不是安全的住所，它的根几乎烂光了，随时有倒掉的危险。你们最好不要在这儿筑巢。"

嘿，这真是咄咄怪事！老鹰还需要鼹鼠来提醒？你们这些躲在洞里的家伙，难道能否认老鹰的眼睛是锐利的吗？鹰王根本瞧不起鼹鼠的劝告，立刻动手筑巢，并且当天就把全家搬了进去，不久，鹰后孵出了一窝可爱的小家伙。

一天早晨，正当太阳升起来的时候，外出打猎的鹰王带着丰盛的早餐飞回家来。然而，那棵橡树已经倒掉了，它的鹰后和它的子女都已经摔死了。看见眼前的情景，鹰王悲痛不已，它放声大哭道："我多么不幸啊！我把最好的忠告当成了耳边风，所以，命运就对我给予这样严厉的惩罚。我从来不曾料到，一只鼹鼠的警告竟会是这样准确，真是怪事！真是怪事！"

"轻视从下面来的忠告是愚蠢的，"谦恭的鼹鼠答道，"你想一想，我就在地底下打洞，和树根十分接近，树根是好是坏，有谁还会比我知道得更清楚的呢？"

三、沟通的过程

沟通过程是指沟通主体对沟通客体进行有目的、有计划、有组织的思想、观念、信息交流，使沟通成为双向互动的过程。沟通的过程如下。

（1）发送者有传送信息的需要。这里所说的信息是一个广义的概念，它包括观点、想法、资料等内容。

（2）发送者将这些信息编译成接受者能够理解的一系列符号。为了有效地进行沟通，这些符号必须适应媒体的需要。例如，如果媒体是书面报告，符号的形式应选择文字、图表或照片；如果媒体是讲座，就应选择文字、投影胶片和板书。

（3）通过特定渠道将上述符号传递给接受者。由于选择的符号种类不同，传递的方式也不同。传递的方式可以是书面的，如信、备忘录等；也可以是口头的，如交谈、演讲、电话等；甚至还可以通过身体动作来表述，如手势、面部表情、姿态等。

（4）接受者接受这些符号。接受者根据发送来的符号的传递方式，选择相应的接受方式。例如，如果发送来的符号是口头传递的，接受者就必须仔细地听，否则，符号就会丢失。

（5）接受者将这些符号编译为具有特定含义的信息。由于发送者翻译和传递能力的差异，以及接受者接受和翻译水平的不同，信息的内容和含义经常被曲解。

（6）接收者理解信息的内容。

（7）发送者通过反馈来了解他想传递的信息是否被准确无误地接受。一般来说，由于沟通过程中存在着许多干扰和扭曲信息传递的因素（通常把这些因素称为噪声），这使得沟通的效率大为降低。因此，发送者了解信息被理解的程度也是十分必要的。沟通过程中的反馈，构成了信息的双向沟通。

信息沟通过程如图9-1所示。

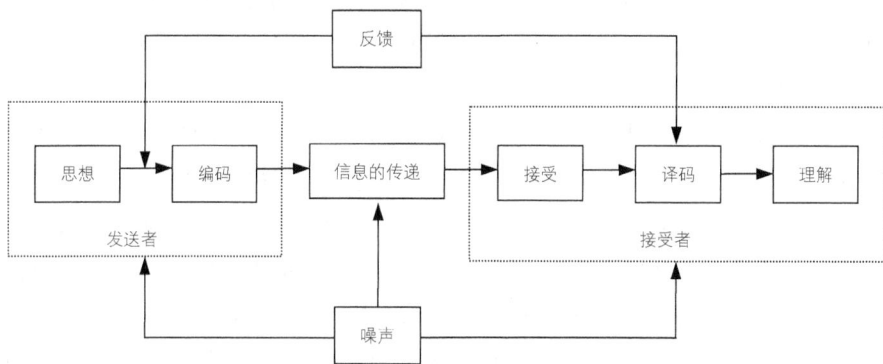

图9-1　信息沟通过程

引导案例2：耕柱与墨子的沟通

春秋战国时期，耕柱是一代宗师墨子的得意门生，不过，他老是挨墨子的责骂。有一次，墨子又责备了耕柱，耕柱觉得自己非常委屈，因为在众多门生之中，大家都公认耕柱是最优秀的，但又偏偏常遭到墨子指责，让他没面子。耕柱决定和老师好好沟通一下。一天，耕柱问墨子："老师，难道在这么多学生当中，我竟是如此的差劲，以致要时常遭您老人家责骂吗？"墨子听后，毫不动肝火："假设我现在要上太行山，依你看，我应该要用良马来拉车，还是用老牛来拖车？"耕柱回答说："再笨的人也知道要用良马来拉车。"墨子又问："那么，为什么不用老牛呢？"耕柱回答说："理由非常简单，因为良马足以担负重任，值得驱遣。"墨子说："你答得一点也没有错，我之所以时常责骂你，也只因为你能够担负重任，值得我一再地教导与匡正你。"耕柱终于明白了老师的良苦用心。

第二节 沟通的类型与方法

沟通是要实现个人或群体间的一致目的，或达成某种共识。沟通有很多种形式，沟通效果不仅取决于沟通内容，也取决于沟通方法的选择。

一、沟通的类型

在管理系统中进行沟通，根据不同的标准进行划分，有以下几种不同的类型。

（一）按组织中的沟通渠道划分

信息在组织中可能通过组织规定的正式渠道流动，也可能通过组织非正式的渠道流动。

1．正式沟通

所谓正式沟通是指按照组织设计中事先规定好的结构系统和信息流动的路径、方向、媒体等进行的信息沟通，如公函、会议、情报调查研究等。例如，当管理者要求员工完成某项任务的时候，他是在进行正式沟通。正式沟通的优点在于正规、严肃、有权威性，参与沟通的人员普遍具有较强的责任心和义务感，从而易保持所沟通信息的准确性及保密性。缺点在于正式沟通过于刻板，缺乏灵活性，信息传播范围受限制，传播速度比较慢。

2．非正式沟通

非正式沟通是指正式组织途径以外的信息沟通方式，如私下交换意见、传播信息、谈话、聊天等。非正式沟通一般有四种方式：单线式是通过一长串的人把信息传递给最终的接受者；流言式是人积极主动地寻找和告诉任何别人；偶然式是一个不规则的过程，信息的某发送者在这个过程中随机地把信息传递给别人，然后这些接受者又按同一方式告诉别人；集束式是某发送者把信息告诉经过选择的人，此人又依次把信息转告其他经过选择的人。非正式沟通的特点在于沟通方式比较灵活方便，但也伴随着随意性强、信息扭曲和失真可能性大等缺点。非正式沟通能够发挥作用的基础是组织中良好的人际关系。

课间案例3：小道消息

曼德力公司最近在员工中流传着一系列消息：公司总经理彼得想出卖自己的股票，但又想保住自己总经理的职务。彼得为公司制定了两个战略方案：一个是把公司的附属单位卖掉；另一个是利用现有的基础，向其他领域拓展业务。他本人对这两方案的利弊进行了认真地分析，并委托副总经理焦恩起草方案供董事会决策用。焦恩完成方案的起草工作后，叫秘书安德鲁打印。安德鲁拿着打印稿在办公室走廊遇见另一位副总经理尼特，并把这一秘密告诉了他。

安德鲁对他悄悄地说："我刚刚得到一个最新消息，彼得和焦恩准备成立另外一个公司。他们虽没有说会裁减职工，但是，我们应该联合起来，有所准备啊！"这话又被办公室职员罗伯特听到了，罗伯特立即把这消息告诉办公室主任那拉提。那拉提听说此事大为震惊，立刻汇报给人力资源的副总经理理查，马丁也加入了他们的联合阵线，并认为公司应保证兑现其不裁员的诺言。第二天，安德鲁正在打印两份文件，文件又被路过办公室的探听消息的摩罗看见了。摩罗随即跑到办公室说："我真不敢相信公司会做出这样的事来。我们要被公司卖给别人了，现在公司要大量削减职工呢！名单都已经打印出来了。"

这消息传来传去，三天后又传回到总经理彼得的耳朵里。彼得也接到了许多极不友好，甚至敌意的电话和信件。人们纷纷指责他企图违背诺言，大批解雇员工。当然也有部分人认为和别的公司合并是一件好事情。此时的彼得不知道公司究竟发生了什么事情，百思不得其解。

（二）按沟通信息的流向划分

组织中的沟通按沟通信息的流向可以分为上行沟通、下行沟通和平行沟通。

1．上行沟通

上行沟通即自下而上的沟通，是指在组织职权层级链中，信息由下而上流动，如下级向上级提出自己的意见或建议等。它通常存在于参与式或民主式管理的组织环境之中。

自下而上的沟通一般有两种形式：一是上对下征求意见，包括调查，召开座谈会、汇报会，设置意见箱，建立来信来访的接待制度，设立接待日制度，同下级进行不拘形式的交谈等。二是下主动向上反映情况，提出意见或建议。下对上主动汇报和反映情况，是下对上沟通的重要组成，各种的报表就是典型的汇报工具。

2．下行沟通

下行沟通即自上而下的沟通，是指信息从上级逐层的向下级传递的沟通，这是组织下达指令、发布指示，表达愿望的通道。其通常的表现形态是，在组织职权层级链中，信息由高层成员向低层成员流动，如上级向下级发布各种指令、指示、命令、指导文件和规定等。这种自上而下的沟通在实行专制式领导的组织中尤为突出。

因此，组织内部下行沟通主要包括以下几个方面：①对分配给员工的任务及其工作方法给予明确、详细的工作描绘和指导；②从组织的整体出发，向员工说明如何和为什么要使其工作与组织总目标相一致；③向员工介绍有关组织过去、现在、将来的各方面情况，同时说明组织的有关规章制度和工作程序；④对员工的绩效的评估应着眼于完成工作的好坏，排除性别、年龄、资历、社会背景（即势力）等其他因素干扰；⑤组织理念要着重于培养员工为组织目标的实现而努力的意愿。

3．平行沟通

平行沟通，又称横向沟通，是指组织内同层级的沟通，包括员工间的沟通、同层次管理者间的沟通、部门间的沟通。平行沟通具有很多优点：它可以使办事程序、手续简化，节省时间，提高工作效率；它可以使企业各个部门之间相互了解，有助于培养整体观念和合作精神，克服本位主义倾向；它可以增加员工之间的互谅互让，培养员工之间的友谊，满足员工的社会需要，使员工提高工作兴趣，改善工作态度。平行沟通的缺点表现在，平行沟通头绪过多，信息量大，易于造成混乱。此外，平行沟通尤其是员工之间的沟通也可能成为员工发牢骚、传播小道消息的一条途径，造成涣散团体士气的消极影响。

（三）按是否进行信息反馈划分

根据沟通的过程中是否进行反馈来划分，可以分为单向沟通和双向沟通。

1. 单向沟通

单向沟通是指不具有反馈渠道的信息沟通。它比较适用于以下情况：问题简单但时间比较紧；下属易于接受方案时、下属没有了解问题的足够信息时，上级缺乏处理负反馈的能力。单向沟通信息传递速度快、安静、压力小，但是不易被理解，计划要求高。

2. 双向沟通

双向沟通是指具有反馈渠道的信息沟通。它比较适用于以下情况：时间充裕但问题棘手；下属对方案的接受程度至关重要；下属能提供有价值的信息和建议；上级能建设性地处理负反馈。双向沟通信息传递速度慢、吵闹、容易理解，但缺点在于沟通中随时会受到对方的挑剔或批评，因而心理压力大，同时对应变能力的要求过高。表9-1所示为单向沟通与双向沟通的比较。

表 9-1　　　　　　　　　　单向沟通与双向沟通的比较

因素	结果
时间	单向沟通比双向沟通需要更少的时间
信息和理解的准确程度	在双向沟通中，接受者理解信息和发送者意图的准确程度大大提高
接受者和发送者的置信程度	在双向沟通中，接受者和发送者都比较相信自己对信息的理解
满意	接受者比较满意双向沟通，发送者比较满意单向沟通
噪声	由于与问题无关的信息较易进入沟通渠道，因而双向沟通的噪声比单向沟通要大得多

（四）按信息沟通的网络划分

在沟通中，信息的流动总是要经过某些人和机构进行传递，这就形成了一个由各种通道构成的网络，因此包括以下五种类型的沟通。

1. 链式沟通

链式沟通属于控制型结构，它严格按照直线职权关系和指挥链系统逐级传递信息，信息容易失真，参与成员的联系面窄，平均满意度低。

2. 轮式沟通

在轮式沟通中，主管人员分别对下级进行沟通联系，而下级之间无沟通。轮式沟通集中化程度高，解决问题速度较快，是加强组织控制、争时间、抢速度的一个有效方法。

3. Y式沟通

这是一种只有纵向沟通的模式，是一个有多个层次的组织结构。它比较适用于主管人员的工作任务十分繁重，需要有人选择信息，提供决策依据，同时又要对组织进行有效的控制。

4. 环式沟通

组织成员只能与相邻的成员进行沟通，即沟通只能发生在同一部门成员之间或直接上下级之间。环式沟通集中化程度低，组织成员具有比较一致的满意度。如果组织需要创造出一种高昂的士气来实现组织目标，则环式沟通是一种行之有效的措施。

5．全通道式沟通

每个成员都可以自由地与其他成员沟通，因此沟通速度较快，成员合作气氛浓厚，士气高昂，但是达成一致意见的效率较低。它一般适用于解决复杂问题，增强组织合作精神，提高士气。

以上五种沟通网络的比较如表 9-2 所示。

表 9-2 五种沟通网络的比较

比较项目	链式	轮式	Y 式	环式	全通道式
命令明确性	中等	高	高	低	低
成员满意度	中等	低	低	中等	高
复杂任务	中等	低	低	中等	高
简单任务	中等	高	高	中等	中等

课间案例 4：扁鹊见齐桓公

有一次，扁鹊因事路过齐国，去拜见蔡桓公。谈话中他发现桓公的神色不正，就说："您患病了！现在病在肌肤，如不及时治疗，病情就要加重。"蔡桓公不以为然地说："我没有什么病。"扁鹊见桓公不信，只好告辞。他刚走出宫门，桓公就对左右的人嘲笑说："这个医生是个好名利的人，想通过治没有病的人的病，来显示自己的医术高明。"

过了十天，扁鹊又碰见桓公，看了看桓公的脸色，便严肃地说："您的病已经进到血脉，再不治病情就要恶化了！"桓公听了很不高兴，扁鹊只好悻悻而退。

过了十天，扁鹊特地去探望桓公，他看桓公的脸色十分难看，就大惊失色地说："不好！您的病已经进到肠胃了，再不治疗有生命危险！"桓公一听此话，顿时翻了脸，便拂袖而去。

又过了十天，扁鹊见到桓公，远远一望，转身就走。桓公感到很奇怪，连忙派人前去追问。扁鹊摇摇头对来人说："病在皮肤里，用汤药可治；病在肌肉里，针灸可以去病；病在肠胃里，还可以用清火的药剂抢救；病入骨髓，那是注定要死，无可挽救了。现在桓公屡次拒绝医治，已病入骨髓，我也无能为力喽！"

桓公听了回话，似信非信。五天以后，他突然遍体疼痛，病疾骤发，这才慌了手脚，急忙派人去请扁鹊。哪知扁鹊早已料到桓公不可救药，又怕加害于己，便躲到秦国去了。不久蔡桓公病毒攻心，不治而死。

二、沟通的方法

沟通方法可以分为书面沟通、口头沟通、非语言文字沟通以及电子媒介沟通。

（一）口头沟通

传递消息最主要的方式是进行口头沟通。它是以口语为媒介的信息传递，如演讲、面对面交谈、报告、讲座、研讨会等。口头沟通缩短了沟通的距离，其优点是信息传递速度快、简单灵活，信息接收者能够直接得到反馈。口头沟通最大的缺点是当消息传递需要经过一大群人的时候，信息往往容易失真。消息经过的人越多，歪曲原意的可能性就越大。

（二）书面沟通

书面沟通是指借助文字进行的信息传递与交流，主要包括文件、报告、信件、书面合同等。其优点是以书面方式进行沟通，比较规范、严肃，有可查性，有利于长期保存；同时信息传递准确性较高，传递的范围比较广泛。缺点是沟通效果受文化修养的影响较大，对情况变化的适应性较差。

（三）非语言文字沟通

非语言沟通是指借助于非正式语言符号的形式所进行的信息传递，如交通路口的红绿灯信号、警察的手势等。非语言沟通中，最常用的是体态语言和语调。体态语言包括手势、面部表情和其他身体动作。语调是指说话的声调，如轻柔平缓和刺耳尖利的语调所传达的意义是完全不同的。

表 9-3　　　　　　　　　常见的非语言信息及其含义

非语言信息	典型含义
目光接触	友好、真诚、自信、果断
不做目光接触	冷淡、紧张、害怕、说谎、缺乏安全感
挠头	迷惑不解
咬嘴唇	紧张、害怕、焦虑
跺脚	紧张、不耐烦、自负
双臂交叉在胸前	生气、不同意、防卫、进攻
抬一下眉毛	怀疑、吃惊
眯眼睛	不同意、反感、生气
鼻孔张大	生气、受挫
手发抖	紧张、焦虑、恐惧
身体前倾	感兴趣、注意
懒散地坐在椅子上	厌倦、放松
摇椅子	厌倦、自以为是、紧张
驼背坐着	缺乏安全感、消极

（四）电子媒介沟通

信息时代，我们依赖于各种各样的电子传输媒介来传递发送信息。电子沟通就是以电子符号的形式通过电子媒介而进行的沟通，如电报传真、闭路电视、可视电话、计算机网络、电子邮件等有效地传递、保存、处理信息。表 9-4 所示为不同沟通方法的比较。

表 9-4　　　　　　　　　不同沟通方法的比较

沟通方式	举例	优点	缺点
口头沟通	交谈、讲座、讨论会、电话、演说等	快速传递、快速反馈、信息量很大	传递中经过层次越多信息失真越严重，核实越困难

沟通方式	举例	优点	缺点
书面沟通	报告、备忘录、信件、内部期刊、布告等	持久、有形、可以核实	效率低、缺乏反馈
非语言文字沟通	声信号、光信号、体态、语调、动作、表情等	信息意义十分明确，内涵丰富，含义隐含灵活	传递距离有限，界限模糊，只能意会不能言传
电子媒介沟通	传真、闭路电视、计算机网络、电子邮件等	快速传递、信息容量大、一份信息可同时传递给多人廉价	单向传递，电子邮件可以交流，但看不见表情

引导案例3：沟通的障碍

有一个秀才去买柴，他对卖柴的人说："荷薪者过来！"

卖柴的人听不懂"荷薪者"（担柴的人）三个字，但是听得懂"过来"两个字，于是把柴担到秀才面前。

秀才问他："其价如何？"

卖柴的人听不太懂这句话，但是听得懂"价"这个字，于是就告诉秀才价格。

秀才接着说："外实而内虚，烟多而焰少，请损之。"（你的木材外表是干的，里面确是湿的，燃烧起来，会浓烟多而火焰小，请减些价格吧。）

卖柴的人因为听不懂秀才的话，担着柴就走了。

第三节　沟通的障碍与克服

一、沟通的障碍

所谓沟通障碍，是指信息在传递和交换过程中，由于信息意图受到干扰或误解，而导致沟通失真的现象。在人们沟通信息的过程中，常常会受到各种因素的影响和干扰，使沟通受到阻碍。

（一）沟通障碍的来源

沟通障碍主要来自三个方面：发送者的障碍、接受者的障碍和沟通通道的障碍。

1. 发送者的障碍

在沟通过程中，信息发送者的情绪、倾向、个人感受、表达能力、判断力等都会影响信息的完整传递。障碍主要表现在：表达能力不佳；信息传送不全；信息传递不及时或不适时；知识经验的局限；对信息的过滤等。

2. 接受者的障碍

从信息接受者的角度看，影响信息沟通的因素主要有五个方面：信息译码不准确；对信息的筛选；对信息的承受力；心理上的障碍和过早地评价情绪。

3. 沟通通道的障碍

沟通通道的问题也会影响到沟通的效果。沟通通道障碍主要有以下几个方面：①选择沟通媒介不当，如对于重要事情而言，口头传达效果较差，因为接受者会认为"口说无凭""随便说说"而不加重视；②几种媒介相互冲突。当信息用几种形式传送时，如果相互之间不协调，会使接受者难以理解传递的信息内容，如领导表扬下属时面部表情很严肃甚至皱着眉头，就会让下属感到迷惑；③沟通渠道过长。组织机构庞大，内部层次多，从最高层传递信息到最低层，从低层汇总情况到最高层，中间环节太多，容易使信息损失较大；④外部干扰。信息沟通过程中经常会受到自然界各种物理噪声、机器故障的影响或被另外事物干扰所打扰，也会因双方距离太远而沟通不便，影响沟通效果。

课间案例 5：巴顿将军的故事

巴顿将军为了显示他对部下生活的关心，搞了一次参观士兵食堂的突然袭击。

在食堂里，他看见两个士兵站在一个大汤锅前。

"让我尝尝这汤！"巴顿将军向士兵命令道。

"可是，将军……"士兵正准备解释。

"没什么'可是'，给我勺子！"巴顿将军拿过勺子喝了一大口，怒斥道："太不像话了，怎么能给士兵喝这个？这简直就刷锅水！"

"我正想告诉您这是刷锅水，没想到您已经尝出来了。"士兵答道。

（二）沟通障碍的类型

沟通障碍有三种类型：个人沟通障碍、物理沟通障碍和语义沟通障碍。

1．个人沟通障碍

个人沟通障碍是指由于人的感情、价值观或者不好的倾听习惯而产生的沟通障碍，另外还包括人们在受教育程度、种族、性别、社会经济地位和其他方面的差别引起的沟通障碍。

2．物理沟通障碍

物理沟通障碍是沟通的一种干扰因素，是指在人们沟通的环境中存在的障碍。一当物理干扰出现时，人们通常会意识到，并会采取措施予以补偿。物理沟通障碍要转换为积极的因素，可以通过生态控制，即发送者使环境发生改变从而影响接收者的感受和行为。比如说，整洁的环境、开放式的办公环境等都会影响来访者的知觉。

3．语义沟通障碍

语义沟通障碍主要是指因对语义的不同理解而引起的障碍。它是由我们沟通所使用的符号自身的局限性而产生的。语义障碍主要源于人们用于沟通的符号。信息沟通的符号多种多样，如语言、文字（包括图像）、体态语言等，这些符号通常有多种含义。当人们必须从众多的含义中选择一种时，一旦选错，就会产生语义障碍。

课间案例 6：林克莱特的采访

美国知名主持人林克莱特有一天访问一名小朋友，问他说："你长大后想要当什么呀？"小朋友天真地回答："嗯……我要当飞机的驾驶员！"林克莱特接着问："如果有一天，你的飞机飞到太平洋上空所有引擎都熄火了，你会怎么办？"小朋友想了想："我会先告诉坐在飞机上的人绑好安全带，然后我挂上我的降落伞跳出去。"当在场的观众笑得东倒西歪时，林克莱特继续注视着这孩子，想看他是不是自作聪明的家伙。没想到，接着孩子的两行热泪夺眶而出，这才使得林克莱特发觉这孩子的悲悯之心远非笔墨所能形容。于是，林克莱特问他说："你为什么要这么做呢？"小孩的答案透露了这个孩子真挚的想法："我要去拿燃料，我还要回来的！"

二、沟通障碍的克服

人们一般要接收七次新信息才能真正对信息有所理解，管理者如何克服沟通障碍，成为有效沟通者所必须解决的问题。消除企业内部沟通障碍实现有效沟通的方法有以下几种。

（一）领导者要充分认识到企业内部进行有效沟通的重要性

企业的领导者必须真正地认识到与员工进行沟通对实现组织目标十分重要，要领导企业建设良好的沟通文化，营造健康的沟通环境。如果领导者通过自己的言行认可了沟通，这种观念会逐渐渗透组织的各个环节中去。同时，沟通要有认真的准备和明确的目的性，沟通者自己首先要对沟通的内容有正确、清晰的理解。沟通不仅是下达命令、宣布政策或规定，还是为了统一思想的协调行动，所以沟通之前应对问题的背景、解决问题的方案、决策的理由和组织成员的要求等做到心中有数。

（二）提高沟通的心理水平

要克服沟通的障碍必须注意以下心理因素的作用：第一，在沟通过程中要认真感知，集中注意力，以便信息准确而又及时地传递和接受，避免信息错传和接受时减少信息的损失；第二，增强记忆的准确性是消除沟通障碍的有效心理措施，记忆准确性水平高的人，传递信息准确，接受信息也准确；第三，提高思维能力和水平是提高沟通效果的重要心理因素。高的思维能力和水平对于正确地传递、接受和理解信息起着重要的作用；第四，培养镇定情绪和良好的心理气氛，创造一个相互信任、有利于沟通的小环境，有助于人们真实地传递信息和正确地判断信息，避免因偏激而歪曲信息。

（三）提倡直接沟通、口头沟通、书面沟通时应正确地使用语言文字

美国曾对"选择良好的沟通方式"进行调查，45%的经理认为直接听口头汇报最好，27%喜欢下去检查，15%喜欢定期会议，13%喜欢下级写汇报。这说明倾向面对面的直接沟通、口头沟通者居多。一个企业的领导者每天应到车间、科室转转，主动询问有无问题，多与当事者沟通。

使用书面沟通时，语言文字运用是否恰当，将直接影响沟通的效果。使用语言文字时，要简洁、明确，叙事说理要言之有据，条理清楚，富于逻辑性，措辞得当，通俗易懂；不要滥用辞藻，讲空话、套话。非专业性沟通时，少用专业性术语。还可以借助手势语言和表情动作，以增强沟通的生动性和形象性，使对方容易接受。

（四）在沟通过程中沟通双方应学会有效倾听

有效的倾听能增加信息交流双方的信任感，是克服沟通障碍的重要条件。要提高沟通效率，必须诚心诚意地去倾听对方的意见，这样对方也才能把真实想法说出来。要提高倾听的

技能，可以从以下几方面去努力：一是专注于沟通者，使用目光接触；二是展现赞许性的点头和恰当的面部表情；三是避免分心的举动或手势；四是要提出意见，以显示自己充分聆听；五是复述，用自己的话重述对方所说的内容或重点，澄清疑问；六是要有耐心，不要随意插话；七是不要妄加批评和争论；八是反复和说者验证对信息的理解；九是转换听者与说者的角色。

（五）缩短信息传递链，拓宽沟通渠道，保证信息的双向沟通

信息传递链过长，会减慢流通速度并造成信息失真。因此，一方面，要减少组织机构重叠，拓宽信息渠道；另一方面，管理者应引导员工自下而上地沟通。此外，在利用正式沟通渠道的同时，可以开辟非正式的沟通渠道，让领导者走出办公室，亲自和员工们交流信息。坦诚、开放、面对面的沟通会使员工觉得领导者理解自己的需要和关注，取得事半功倍的效果。

（六）有效的信息反馈

在沟通过程中，最后一个步骤是信息反馈。在沟通过程中，没有反馈的信息，沟通就不完善，因为信息过去了却没有回来，是一种单向的行为。所以说，没有反馈就不能称为完整的沟通。反馈，就是给对方一个建议，目的是帮助对方，把工作做得更好。

（七）提倡平行沟通

所谓平行沟通指车间与车间、科室与科室、科室与车间等在组织系统中同一个层次之间的相互沟通。有些领导者整天忙于当仲裁者的角色，而且乐于此事，想以此说明自己的重要性，这是不明智的。领导的重要职能是协调。但是，这里的协调主要是目标的协调、计划的协调，而不是日常活动的协调。日常的协调应尽量鼓励平级之间进行。

引导案例4：有效沟通小故事

在美国一个农村，住着一个老头，他有三个儿子。大儿子、二儿子都在城里工作，小儿子和他在一起，父子相依为命。

突然有一天，一个人找到老头，对他说："尊敬的老人家，我想把你的小儿子带到城里去工作，可以吗？"老头气愤地说："不行，绝对不行，你滚出去吧！"这个人说："如果我在城里给你的儿子找个对象，可以吗？"老头摇摇头："不行，你走吧！"这个人又说："如果我给你儿子找的对象，也就是你未来的儿媳妇是洛克菲勒的女儿呢？"这时，老头动心了。

过了几天，这个人找到了美国首富石油大王洛克菲勒，对他说："尊敬的洛克菲勒先生，我想给你的女儿找个对象，可以吗？"洛克菲勒说："快滚出去吧！"这个人又说："如果我给你女儿找的对象，也就是你未来的女婿是世界银行的副总裁，可以吗？"洛克菲勒同意了。

又过了几天，这个人找到了世界银行总裁，对他说："尊敬的总裁先生，你应该马上任命一个副总裁！"总裁先生说："不可能，这里这么多副总裁，我为什么还要任命一个副总裁呢，而且必须马上？"这个人说："如果你任命的这个副总裁是洛克菲勒的女婿，可以吗？"总裁先生当然同意了。

第四节　沟通技能的开发

"沟"是手段，是方法；"通"是目的，是结果。有效的沟通，是能在对的时候，向对的人传达对的信息，当对方理解后做出期望中的回应。由于管理者和下属在立场、角度、观点等方面的不同，对事件、问题的看法肯定有差异，因此在工作中如何进行良好的沟通是非常必要的。不仅要跟管理者沟通，同时也要跟同事沟通；不仅是对工作进行沟通，同时也要对思想观点进行沟通。这样才能减少、消除双方的分歧，达到沟通的最佳效果。为了达到有效沟通的目的，在沟通的过程中，要注意沟通的原则和技巧。

一、有效沟通的原则

美国著名的公共关系专家特立普、森特在他们合著的被誉为"公关圣经"的著作《有效的公共关系》中提出了有效沟通的"七 C 原则"。

① 可信赖性，即建立对传播者的信赖。

② 一致性（又译为情境架构），指传播需与环境（物质的、社会的、心理的、时间的环境等）相协调。

③ 内容的可接受性，指传播内容需与受众有关，必须能引起他们的兴趣，满足他们的需要。

④ 表达的明确性，指信息的组织形式应该简洁明了，易于公众接受。

⑤ 渠道的多样性，指应该有针对性地运用传播媒介以达到向目标公众传播信息的作用。

⑥ 持续性与连贯性，指沟通是一个没有终点的过程，要达到渗透的目的，必须对信息进行重复，但又需在重复中不断补充新的内容，这一过程应该持续地坚持下去。

⑦ 受众能力的差异性，指沟通必须考虑沟通对象能力的差异（包括注意能力、理解能力、接受能力和行为能力），采取不同方法实施传播才能使传播易为受众理解和接受。

上述"七 C 原则"基本涵盖了沟通的主要环节，涉及传播学中控制分析、内容分析、媒介分析、受众分析、效果分析、反馈分析等主要内容，极具价值。这些有效沟通的基本原则，对人际沟通来说，同样具有不可忽视的指导意义。

课间案例7：美国沃尔玛公司的沟通

沟通就是为了达成共识，而实现沟通的前提就是让所有员工一起面对现实。沃尔玛公司总裁萨姆·沃尔顿曾说过："如果必须将沃尔玛管理体制浓缩成一种思想，那可能就是沟通。因为它是我们成功的真正关键之一。"

沃尔顿决心要做的，就是通过信息共享、责任分担实现良好的沟通交流。沃尔玛公司总部设在美国阿肯色州本顿维尔市，公司的行政管理人员每周花费大部分时间飞往各地的商店，通报公司所有业务情况，让所有员工共同掌握沃尔玛公司的业务指标。在任何一个沃尔玛商店里，都定时公布该店的利润、进货、销售和减价的情况，并且不只是向经理及其助理们公布，也向每个员工、计时工和兼职雇员公布各种信息，鼓励他们争取更好的成绩。沃尔玛公司的股东大会是全美最大的股东大会，每次大会公司都尽可能让更多的商店经理和员工参加，让他们看到公司全貌，做到心中有数。萨姆·沃尔顿在每次股东大会结束后，都和妻子邀请所有出席会议的员工约 2500 人到自己的家里举办野餐会，在野餐会上与众多员工聊天，大家一起畅所欲言，讨论公司的现在和未来。

二、沟通技能的开发

沟通技能是指管理者具有收集和发送信息的能力，能通过书写、口头与肢体语言等媒介有效并明确地向他人表达自己的想法、感受及态度，也能较快、正确地解读他人的信息，从而了解他人的想法、感受及态度。

（一）跟踪信息与调节信息流

跟踪信息是指在组织沟通中，假定自己的信息被人误解，因而需要设法跟踪信息的发送，以便确定自己的信息是否已准确地接受和理解。并且，可以通过对沟通进行质量和数量方面的调节，采用"例外原则"，设法消除"沟通信息超载"，以确保接受者得到最佳的信息流。

（二）利用反馈和移情

反馈是有效双向沟通的一个关键条件。在面对面沟通中，可以得到直接反馈，而在下行沟通中，往往由于反馈机会有限而造成沟通偏差。因此，研究普遍认为，需要大力加强上行沟通中的反馈，并在组织沟通中为"接受者导向"，注意在反馈中的移情，即把自己摆在他人的角色上，并善于适应别人的观点和设身处地地理解他人的情绪，从而获得共同理解的基础。此外，上下级之间的相互信任有利于提高沟通的信息加工层次与质量。

（三）增强沟通技能的开发

改进组织沟通的重要技巧之一是通过增强倾听技巧促进主动沟通，并把重点放在理解上，既要理解他人，也要理解自己。改进组织沟通可以采取多种方法。例如，排除信息歪曲、使发言者放松、表达对信息的兴趣、询问问题等，都能改进倾听效果。在沟通中，需要掌握一些沟通技巧：善于像收音机那样，仔细、完整地接收和倾听信息；简化沟通中所运用的语言，使沟通信息尽量简洁；注意分析和抓住段落信息，要求对方加以复述，并做出小结和回顾；尽量采用"我……"的表述，而避免"我们如何……"的称呼；在沟通信息中，订立阶段目标，如"这次主要解决……问题"等；避免过多谈论自己的话题，而注意有足够时间倾听对方的意见，使话题平稳地转移；注重运用肯定技巧，通过信息反馈、姿势、表情和运用"对抗"方式肯定自己意见；注意避免干扰姿势或动作，不打断发言者，集中倾听对方的信息；适当利用小道的沟通渠道，以便通过非正式渠道加强沟通的灵活性和速度；注意在沟通中针对情景或人员做出不同的信息处理，并强调时机性。

课间案例8：跨文化沟通

在澳大利亚布里斯班市有一家大公司，该公司的员工来自 23 个不同国家和地区。由于语言、风俗习惯、价值观等千差万别使员工平时的沟通很不顺畅，误解、抱怨和纠纷不断。于是，人力资源部的培训经理就对这些员工进行集中培训。

考虑到这些员工大都是新雇员，培训经理首先向他们介绍了公司发展的历程及现状，并向他们解释员工守则及公司惯例，然后做问卷调查。该调查要求这些员工列出公司文化与母语国文化的不同，并列举出自进公司以来与同事在交往中自己感受到的不同态度、价值观、处事方式等，还要写出个人对同事、上司在工作中的心理期待。

问卷结果五花八门，其中最有趣的是，来自保加利亚的一位姑娘抱怨说，她发现所有同事点头表示赞同，摇头表示反对，而在保加利亚则刚好相反，所以她很不习惯。公司一位斐济小伙子则写道，公司总裁来了，大家为表示敬意纷纷起立，而他则条件反射地坐到地上——在斐济表示敬意要坐下。

培训经理将问卷中的不同之处一一分类之后，再让这些员工用英语讨论，直到彼此能较好的相互理解在各方面的不同之处。经过培训，这些员工之间的沟通比以前顺畅多了，即使碰到障碍，也能自己按照培训经理的做法解决了。

快乐阅读

费斯诺定理

国王收到了三个一模一样的金人，但进贡人要求国王回答问题：三个金人哪个最有价值？无论是称重量还是看做工，都是一模一样。最后，一位老臣拿着三根稻草，插入第一个金人耳朵里，稻草从另一边耳朵出来。第二个金人的稻草从嘴巴里掉出来。第三个金人的稻草掉进肚子里。老臣说：第三个金人最有价值！使者默默无语，答案正确。善于倾听，才是最有价值，是成熟的人应具备的基本素质。

英国联合航空公司总裁 L.费斯诺归纳类似的现象说，人有两只耳朵却只有一张嘴巴，这意味着人应多听少讲。这就是"费斯诺定理"。费斯诺定理的核心意义就是倾听，倾听既是一种获得有效信息的途径，又是一种有效沟通的方法，也是对员工或是领导的一种尊重。有效的倾听可以辅助其做好本职工作，并且可以完成建立有效倾听的基础上的创新。说得过多了，说的就会成为做的障碍。在企业内部，倾听是管理者与员工沟通的基础，善于倾听别人的意见，既是对他人的尊敬，又能赢得他人对自己的尊敬。同时，不同的意见又有益于自身的改进。

复习思考题

一、名词解释

1. 沟通
2. 沟通渠道
3. 平行沟通
4. 正式沟通
5. 双向沟通
6. 全通道式沟通
7. 沟通障碍
8. 有效沟通

二、选择题

1. 行为过程中对沟通具有最大影响的是（   ）。

    A. 领导方式   B. 知识   C. 动机   D. 态度

2. 按照沟通的渠道不同，沟通可分为（   ）。

    A. 正式沟通   B. 单向沟通   C. 双向沟通   D. 非正式沟通

3. 我们通常所说的"小道消息"属于（   ）。

    A. 正式沟通   B. 非正式沟通   C. 双向沟通   D. 单向沟通

4. 非正式沟通方式主要有（   ）。

    A. 单线式   B. 流言式   C. 偶然式   D. 集束式

5. 沟通的方法主要有（   ）。

    A. 口头沟通   B. 书面沟通   C. 电子媒介沟通   D. 非语言沟通

6. 沟通的元素包括（   ）。

    A. 信息发送者   B. 信息接受者   C. 信息   D. 渠道

7. 沟通过程中存在许多干扰和扭曲信息传递的因素，这些因素称为（   ）。

    A. 译解   B. 噪声   C. 反馈   D. 译码

8. 在负责特定任务工作小组内部进行的所有形式的沟通，都可以称为（   ）。

    A. 间接沟通   B. 直接沟通   C. 团队沟通   D. 语言沟通

9. 沟通中常使用的提问形式有（   ）。

    A. 间接式、封闭式   B. 开放式、直接式

    C. 封闭式、开放式   D. 讨论式、征询式

10. 不同管理层次之间的联系，我们称为（   ）。

    A. 横向联系   B. 纵向联系   C. 非正式联系   D. 斜向联系

11. 比较适合双向沟通的情况有（   ）。

    A. 时间较充裕，但问题较棘手

    B. 下属对解决问题的接受程度至关重要

    C. 下属缺乏处理负反馈的能力，容易感情用事

    D. 下属对解决问题可提供有价值的建议

12. 下列属于正式沟通渠道的是（   ）。

    A. 上传、下达、反向   B. 反向、上传、横向

    C. 反向、下达、横向   D. 上传、下达、横向

13. 下列可能形成正式联系的是（   ）。

    A. 亲属关系   B. 校友关系   C. 共同兴趣关系   D. 职权关系

14. 下述关于信息沟通的认识中，其中错误的是（   ）。

    A. 信息传递过程中经历的层次越多，信息的失真度就越大

    B. 信息量越多，越有利于进行有效的沟通

    C. 善于聆听能够有效地改善沟通效果

    D. 信息的发送者和接收者在地位上的差异也是一种沟通障碍

15. 按照是否进行反馈，沟通可以分为（　　　）。

    A. 单向沟通　　　　　B. 双向沟通　　　　　C. 电子媒介沟通　　　　D. 体语沟通

16. 某重要会议的开会通知，提前通过电话告知了每位会议参加者，可是开会时仍有不少人迟到甚至缺席。试问，以下有关此项开会通知沟通效果的判断中，哪一种最有可能不正确？（　　　）。

    A. 这里出现了沟通障碍问题，表现之一是所选择的信息沟通渠道严肃性不足

    B. 这里与沟通障碍无关，只不过是特定的组织氛围使与会者养成了不良的习惯

    C. 此项开会通知中存在信息接受者个体方面的沟通障碍问题

    D. 通知者所发信息不准确，可能是影响此开会通知沟通效果的一个障碍因素

17. 传统沟通对情感和直接的表达要求多，而网络沟通则更加（　　　）。

    A. 注重效率和人机控制中的有效性　　　　B. 注重成本支出和人机控制的有效性

    C. 注重效率和团队成员控制的有效性　　　D. 注重控制过程的有效性

18. 秘书要使自己的建言受到重视，就应该注意在沟通中（　　　）。

    A. 抢准话头、使用否定性的语言　　　　　B. 定准内容基调、间隙发言

    C. 话中有话，含蓄地否定他人的意见　　　D. 间隙发言、不给他人留有机会

19. 跨文化沟通中，不同的民族习俗与文化、不同的价值观等会形成（　　　）。

    A. 合作方式的不同要求　　　　　　　　　B. 信仰与行为障碍

    C. 语言交流的障碍　　　　　　　　　　　D. 对目标的评价障碍

20. 有效沟通应遵循的原则是（　　　）。

    A. 确立问题　　　　　B. 征求意见　　　　　C. 双向沟通　　　　　D. 强调激励

三、判断题

（　　　）1. 沟通是计划、组织、领导和控制等管理职能得以实施和完成的基本条件。

（　　　）2. 沟通为组织建立起了同外界联系的桥梁，任何组织只有通过与外界的沟通才能生存。

（　　　）3. 沟通是指人们在互动过程中通过某种途径或方式将一定的信息从发送者传递给接受者的过程。

（　　　）4. 正式沟通的优点在于正规、严肃、有权威性，参与沟通的人员普遍具有较强的责任心和义务感，从而易保持所沟通信息的准确性及保密性。

（　　　）5. 非正式沟通能够发挥作用的基础是正式沟通出现了问题。

（　　　）6. 平行沟通可以使企业各个部门之间相互了解，有助于培养整体观念和合作精神，克服本位主义倾向。

（　　　）7. 平行沟通的先决条件是主管能否适当地授权。

（　　　）8. 单向沟通比较适用于以下情况：问题简单但时间比较紧，下属易于接受方案时，下属没有了解问题的足够信息时，上级缺乏处理负反馈的能力。

（　　　）9. 选择什么样的沟通渠道，既与沟通的场合、沟通双方所处的环境等有关，也与沟通渠道的成本有关。

（　　）10. 发送者与接送者之间的相似程度会影响沟通效果。

（　　）11. 接受者比较满意双向沟通，发送者比较满意单向沟通。

（　　）12. 噪声仅发生在信息沟通的传递过程中。

（　　）13. 整个沟通过程都存在着噪声。

（　　）14. 组织中沟通联络的目的是确保组织的稳定。

（　　）15. 正确利用非正式组织的沟通渠道，有时可以起到比正式组织沟通更好的效果。

（　　）16. 非正式沟通具有很大的消极作用，因此在管理实践中不提倡非正式沟通。

四、简答题

1. 有效的沟通就是意见一致吗？

2. 在组织中，哪些沟通方法是人们最常使用的？

3. 如何克服沟通中的障碍？

4. 什么情况下适合使用双向沟通？

5. 什么情况下适合使用单向沟通？

五、论述题

1. 非正式沟通有什么特点？管理者应如何对待组织中的非正式沟通？

2. 如何利用沟通原理使一个组织的管理活动协调统一？

3. 结合你所在单位管理的实际情况，联系你所学的管理理论，谈谈为实现良好的沟通应该注意哪些方面。

六、案例分析题

案例 1. 李铭沟通困境

中国电气公司东北分公司最近从南方调来李铭任总经理。李铭在其当地是很有名气的经理人，他有个特点，就是讲话从不用讲稿，经常即兴发言。他讲的地方方言风趣幽默，常常博得满堂喝彩，但他讲不好普通话。他到任后通过召开全体员工大会阐述经营思想，与下属积极沟通交流以了解情况。开始下属很愿意找他汇报工作，但他经常打断下属的汇报，提出批评意见。员工渐渐不愿向他汇报工作了。而且，李铭发现他在大会上的即席发言也没有得到与会者的响应，不能引起共鸣。

请从有效沟通的要求这一角度帮助李铭分析原因并提出相应对策。

案例 2. 张经理的沟通经验

某公司张经理在实践中深深体会到，只有运用各种现代科学的管理手段，充分与员工沟通，才能调动员工的积极性，才能使企业充满活力，在竞争中立于不败之地。

首先，张经理直接与员工沟通，避免中间环节。他告诉员工自己的电子信箱，要求员工尤其是外地员工大胆反映实际问题，积极参与企业管理，多提建议和意见。经理本人则每天上班时先认真阅读来信，并进行处理。

其次，为了建立与员工的沟通体制，公司又建立了经理公开见面会制度，定期召开，也可因重大事情临时召开，参加会议的员工为员工代表、特邀代表和自愿参加的员工代表。每次会议前，员工代表都广泛征求群众意见，并在经理公开见面会上解答。2015 年年初，调资晋级和分房两项工作刚开始时，公司员工对此议论较多。于是，公司及时召开了会议，厂长就调资和分房的原则、方法和步骤等做了解答，使部分员工的疑虑得以澄清和消除，保证了这两项工作的顺利进行。

思考题：

① 什么是沟通？沟通的主要内容是什么？

② 张经理与员工的沟通方式有什么特点？

③ 通过此沟通案例，分析管理者在沟通中所起的作用。

案例 3. 程经理的沟通困境

电子零部件制造公司的程经理，工作认真，性格开朗，他一直认为自己是一个"易接近、好相处、善于沟通的人"。该公司的员工来自全国各地，甚至还有一部分外籍员工。最近，随着员工私家车的增加，单位职工停车位不足，一些员工把车停在客户车位。公司的员工也开始抱怨公司应该增加职工停车位。按照往常出现问题要与员工讨论的情形一样，程经理召开了员工会议，他要求员工不要把车停在为客户预留的车位上。有些员工误解了程经理的话，认为他告诉他们不要驾车来上班，大家对此颇有微词。程经理是开放式管理的坚定支持者，他定期地向员工公开账目，让员工们共享公司的财务信息，使他们感到自己是公司的一分子。最近，程经理召集员工开会，会上他陈述了一系列财务数字。然后，程经理问各位是否理解了这些数字的意义，所有的人都一致点头。后来在工作中，程经理发现财务部门的职工没有真正理解那些数据的含义。程经理说："我当时没有意识到，他们点头主要是处于礼貌，并不是真正理解明白了。"他本想让员工们看到他们的行动给公司带来的财务结果，并由此激励员工，但他并没有取得预期的效果。

思考题：

① 你认为导致程经理困惑的原因是什么？解释你的理由。

② 程经理应该采取什么措施改进沟通的效果？

案例 4. 安盛公司的横向沟通

安盛公司 2015 年的年中大会变成了一场指责大会。所有部门都卷入一场内讧，大家彼此指责对方。产品研发部对营销部大为不满，认为他们没有为新产品提供详细的计划书，对销售人员也不满，认为销售人员没有向他们反馈客户对新产品的意见。生产部认为，销售部的人员只关心他们的销售额，不惜以牺牲公司利益的方法来推销产品。同时，他们也信不过市场营销部的人，因为他们缺乏准确预测市场趋势的能力。另外，市场营销部则认为，生产部的人思想保守、不愿冒险，他们对生产部的不合作和无休止的诽谤非常愤怒。他们也看不惯产品研发部的人，认为他们动作迟缓，对他们的要求根本没反应。而销售部的人则认为营销部的人没有工作能力，有时在电话里和生产部的人大吵大闹，指责生产部的人对客户提出的售后服务的要求置之不理。

思考题：

安盛产生这场内讧的原因是什么？怎样才能帮助安盛公司走出这场危机？

第十章　控制

学习目标

　　无论是从管理理论还是从管理实践看，控制都是管理的重要职能之一。本章从控制的含义、特点等基础知识着手，介绍控制的类型、过程、实施过程和控制的有效方法。

● 知识点：

1. 掌握控制的含义、特点及作用；

2. 了解控制的类型；

3. 掌握控制的过程；

4. 掌握控制的方法及实施过程。

● 技能点：

1. 在管理活动中，具有控制的意识；

2. 能够进行全面控制，减少组织运作的损失。

引导案例1　哈勃望远镜

　　经过长达15年的精心准备，耗资15亿美元的哈勃太空望远镜终于在1990年4月发射升空。但是，美国国家航天局仍然发现望远镜的主镜片存在缺陷。由于直径达240.03厘米的主镜片的中心过于平坦，导致成像模糊。因此，望远镜对遥远的星体无法像预期那样清晰的聚焦，结果造成一半以上的实验和许多观察项目无法进行。

　　事后航天管理局中一个由6人组成的调查委员会的负责人说："至少有三次明显的证据说明问题的存在，但这三次机会都失去了。"美国国家航天局（NASA）中负责哈勃项目的官员，对望远镜制造中的细节根本不关心，因为如果有一点更细心的控制，这些是完全可以避免的。镜片的生产商珀金斯—埃默公司，使用了一个有缺陷的光学模板生产如此精密的镜片。具体原因是，在镜片生产过程中，进行检验的一种无反射校正装置没设置好。校正装置上的1.3毫米的误差导致镜片研磨、抛光成了误差形状。但是没有人发现这个错误。具有讽刺意味的是，与其他许多NASA项目所不同的是，这一次并没有时间上的压力，而是有足够充分的时间来发现望远镜上的错误。实际上，镜片的粗磨在1978年就开始了，直到1981年才抛光完毕，此后，由于"挑战者号"航天飞机的失事，完工后望远镜又在地上待了两年。

　　控制是管理的一项重要职能，贯穿于管理的全过程。控制是指组织在动态环境中，通过检查、监督、纠偏等过程，使组织实际运行与计划一致，促使组织目标实现的过程。控制方法因控制的类型、模式、目的、内容等因素的不同而不同，这些控制方法相互联系、相互作用，构成了整套控制方法体系。控制与计划息息相关，计划是控制的前提，控制是计划目标实现的保证。

第一节 控制概述

一、控制的定义

（一）控制的概念

1. 控制的概念

"控制"一词最初来源于希腊语"掌舵术"，意指领航者通过发号施令将偏离航线的船只拉回到正常的轨道上来。从广义的角度来理解，控制工作实际上应包括纠正偏差和修改标准这两方面内容。这是因为积极、有效的控制工作，不能仅限于针对计划执行中的问题采取"纠偏"措施，它还应该能促使管理者在适当的时候对原定的控制标准和目标做适当的修改，以便把不符合客观需要的活动拉回到正确的轨道上来。

管理中的控制职能是指为组织在动态环境中按照计划标准衡量计划的执行情况和纠正执行中的偏差以确保计划目标实现的过程。控制的概念主要包括如下三点内容：控制有很强的目的性，即控制是为了保证组织中的各项活动按计划进行；控制是通过"监督"和"纠偏"来实现的；控制是一个过程。

最常见的控制系统如图 10-1 所示。

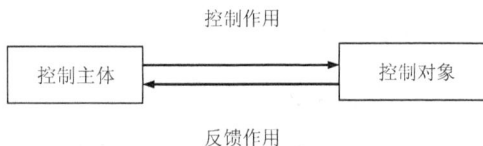

图 10-1 控制系统示意图

2. 控制的对象

控制的对象包括了以下五个方面。

（1）对人员的控制：管理者是通过他人来实现其目标的，包括巡视和评估。

（2）对财务的控制：企业的首要目标是获得利润，包括审核、预算。

（3）对作业的控制：主要指对作业过程的控制。一个组织的成功，很大程度上取决于它在生产产品或提供服务方面的效率和效果。

（4）对信息的控制：建立管理信息系统，管理者需要信息来完成他们的工作。

（5）对组织绩效的控制：科学评价和衡量组织绩效，许多研究部门为衡量一个机构的整体绩效或效果做着不懈的努力。

3. 控制的目标

控制作为一项管理的重要职能，其主要的目标可以概括为以下两点。

（1）限制偏差的累积。小差错的积少成多和累积放大，最终可能对计划目标的实现造成威胁，甚至给组织酿成灾难性的后果。因此，防微杜渐，及早地发现潜存的错误和问题并进行处理，就有助于确保组织按预定的轨迹运行下去。

（2）适应环境的变化。组织计划和目标在实施过程中，组织内外部环境可能会发生变化，这些变化的内外环境不仅会妨碍计划的实施进程，甚至可能影响计划本身的科学性和现实性。因此，任何组织都需要构建有效的控制系统，帮助管理人员预测和把握内外环境的变化，并对这些变化带来的机会和威胁做出正确、有力的反应。

（二）控制的必要性

控制作为管理职能的最后一环，使管理成为一个持续的过程。有效的控制系统可以保证管理者向员工授权后提供信息反馈，减少潜在的问题。任何组织、任何活动都需要进行控制，管理控制的必要性是由以下几个原因决定。

1. 环境的变化

管理环境的复杂多变，必然会影响到组织管理活动，导致管理系统运行偏离原有方向，为了适应这种变化，从而确保组织能实现既定的目标和计划，必须加强控制，促使管理活动随着环境的改变而不断变化。

2. 管理权力的分散

管理权力的分散导致管理权力分散到各级管理人员手中，为了保证这些分散的权力得到正确的使用，管理者必须采用相应的控制活动，以促进组织目标的实现。

3. 工作能力的差异

工作能力的差异导致计划可能不能按照既定方案执行或者预计目标不能实现，为了保证既定目标的实现，管理者必须采用控制活动对不同工作能力下属的工作进行相应的监督和调整。

课间案例1：破窗效应

美国斯坦福大学心理学家菲利普·津巴多于1969年进行了一项实验，他找来两辆一模一样的汽车，把其中的一辆停在加州帕洛阿尔托的中产阶级社区，而另一辆停在相对杂乱的纽约布朗克斯区。他把停在布朗克斯的那辆车的车牌摘掉，把顶棚打开，结果当天就被偷走了。而放在帕洛阿尔托的那一辆车，一个星期也无人理睬。后来，菲利普·津巴多用锤子把那辆车的玻璃敲了个大洞。结果呢，仅仅过了几个小时，它就不见了。以这项实验为基础，政治学家威尔逊和犯罪学家凯琳提出了一个"破窗效应"理论，认为：如果有人打坏了一幢建筑物的窗户玻璃，而这扇窗户又得不到及时的维修，别人就可能受到某些示范性的纵容去打烂更多的窗户。久而久之，这些破窗户就给人造成一种无序的感觉，结果在这种公众麻木不仁的氛围中，犯罪就会滋生、猖獗。

20世纪七八十年代的纽约以脏、乱、差闻名，环境恶劣，同时犯罪猖獗，地铁的情况尤为严重，被认为是"可以为所欲为、无法无天的场所"，平均每7个逃票的人中就有一个通缉犯，每20个逃票的人中有一个携带武器者。受到"破窗效应"的启发，1994年，纽约市新任警察局长布拉顿开始治理纽约。他采取的措施是号召所有的交警认真推进有关"生活质量"的法律，从地铁的车箱开始治理：车箱干净了，站台跟着也变干净了，站台干净了，阶梯也随之整洁了，随后街道也干净了，然后旁边的街道也干净了，后来整个社区干净了，最后整个纽约变了样，变整洁漂亮了。现在纽约是全美国治理最出色的都市之一，这件事也被称为"纽约引爆点"。

（三）控制与计划的关系

在管理工作的实际过程中，很难区分出计划与控制究竟哪个是开始、哪个是结束。控制可以说既是一个管理工作过程的终结，又是一个新的管理工作过程的开始。而且，计划与控制工作的内容还常常相互交织地联系在一起。因此，管理工作本质上就是由计划、组织、沟通、激励、控制等职能有机地联系而构成的一个不断循环的过程。

控制与计划既互相区别，又紧密相连。计划为控制工作提供标准，没有计划，控制也就没有依据。但如果只编制计划，不对其执行情况进行控制，计划目标就很难得到圆满实现。控制工作意指按计划、标准来衡量所取得的成果并纠正所发生的偏差，以保证计划目标的实现。如果说管理的计划工作是谋求一致、完整而又彼此衔接的计划方案，那么，管理的控制工作则是使一切管理活动都能按计划进行。

计划和控制是一个问题的两个方面。计划是基础，它是用来评定行动及其效果是否符合需要的标准。计划越明确、全面和完整，控制的效果也就越好。控制职能使管理工作成为一个闭路系统，如图 10-2 所示。在多数情况下，控制工作既是一个管理过程的终结，又是一个新的管理过程的开始，它使计划的执行结果与预定的计划相符合，并为计划提供信息。

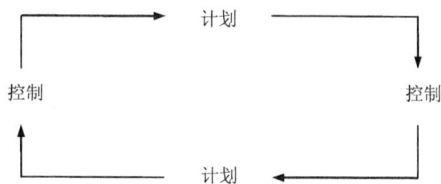

图 10-2 计划与控制的关系

二、控制的特点

管理控制具有很多特点，主要表现在以下几个方面。

1. 目的性

管理控制无论是着眼于纠正执行中的偏差还是适应环境的变化，都是紧紧地围绕组织的目标进行的。同其他管理工作一样，控制工作也具有明确的目的性特点。同时，控制也必须是客观的、符合实际的，防止晕轮效应和优先效应。

2. 整体性

全体成员共同参与控制，控制企业管理的各个方面。管理控制的整体性特点体现在两个方面：首先，控制的主体是组织全体成员；其次，控制的对象覆盖组织活动的各个方面，人、财、物、时间、信息等资源。企业经营活动中的偏差只有及时采取措施加以纠正，才能避免偏差扩大，防止不利影响扩散。

3. 动态性

组织不是静态的，其外部环境和内部条件随时都在发生着变化，从而决定了控制标准和方法不可能固定不变，控制的标准和方法应与环境的变化相适应。企业应制定弹性的计划和弹性的衡量标准。

课间案例 2：李维斯公司的有效控制

李维斯公司的销售网遍及世界 70 多个国家，公司对所属的生产和销售部门实行统一领导，从而实现了有效的控制。他们认为产销是一个共同体，两者必须由一个上级来决定，工厂和市场之间要建立经常性的情报联系，使工厂的生产和市场的需求保持统一。为此，公司设立了进行市场调查的专门机构，在国内、外进行市场调查，为公司的计划和控制提供依据。通过对信息充分把握和运用有效的控制和计划工具，李维斯公司在一次又一次的市场竞争中实施了正确的计划和控制。这些为李维斯公司带来了蓬勃的发展。1979 年，李维斯公司在美国国内总销售额达 13.39 亿美元，国外销售盈利超过 20 亿美元，雄居世界 10 大企业之列。为了满足市场需要，李维斯公司十分重视对消费心理的分析，并制定计划来实现消费者满意的目标。公司还根据市场调查获得的各种有关用户的信息资料，制定出五年计划和第二年度计划。虽然市场竞争相当激烈，但由于李维斯公司积累了相当丰富的市场调查经验，所制定的生产和销售计划同市场实际销售量只差 1%～3%，基本做到了产销统一，从而实现了很好的产销平衡。

三、控制的作用

就整个组织而言，控制工作所发挥的作用可以归纳为两大方面：一是防止和纠正偏差的发生，使计划执行结果符合计划目标的要求，这是控制确保组织的稳定运行的作用；二是修改原订计划或重新制定新的计划，通过积极调整计划目标来保证组织对内外环境的适应性，这是控制确保组织应变能力的作用。

课间案例 3：钉子的故事

从前，有一个脾气很坏的男孩。他的爸爸给了他一袋钉子，告诉他，每次发脾气或者跟人吵架的时候，就在院子的篱笆上钉一根。第一天，男孩钉了 37 根钉子。后面的几天他学会了控制自己的脾气，每天钉的钉子也逐渐减少了。他发现，控制自己的脾气，实际上比钉钉子要容易得多。终于有一天，他一根钉子都没有钉，他高兴地把这件事告诉了爸爸。

爸爸说："从今以后，如果你一天都没有发脾气，就可以在这天拔掉一根钉子。"日子一天一天过去，最后，钉子全被拔光了。爸爸带他来到篱笆边上，对他说："儿子，你做得很好，可是看看篱笆上的钉子洞，这些洞永远也不可能恢复了。就像你和一个人吵架，说了些难听的话，你就在他心里留下了一个伤口，像这个钉子洞一样。插一把刀子在一个人的身体里，再拔出来，伤口就难以愈合了。无论你怎么道歉，伤口总是在那儿。要知道，身体上的伤口和心灵上的伤口一样都难以恢复。"

四、控制的原则

（一）控制应该同计划与组织相适应

控制是实现计划的保证，控制的目的是实现计划，计划越是明确、全面、完整，所设计的控制系统越是能反映这样的计划，则控制工作也就越有效。确定什么标准、控制哪些关键点和重要参数、收集什么信息、采用何种方法评定成效以及由谁来控制和采取纠正措施等，都必须按不同计划的特殊要求和具体情况来设计。

控制系统和控制方法应当与计划和组织的特点相适应。控制工作越多地考虑到各种计划的特点，就越能充分地发挥作用。控制还应当能够反映一个组织的结构状况并通过健全的组织结构予以保证，否则，控制就只是空谈。

（二）控制应该强调控制关键点原则

按照"次要的多数、关键的少数"原理，管理者不能也没有必要事无巨细地对组织活动的方方面面都进行控制，而是要针对重要的、关键的少数因素实施重点控制。控制关键点原则是指为了进行有效的控制，需要特别注意在根据各种计划来衡量工作成效时具有关键意义的那些因素。对一个管理人员来说，应当也只能够将注意力集中于计划执行中的一些主要影响因素上。事实上，控制住了关键点，也就控制住了全局。有效的控制方法是指那些能够以最低的费用或其他代价来探查和阐明实际偏离或可能偏离计划的偏差及其原因的措施。

（三）控制应当强调例外原则

管理者将控制工作的重点放在计划实施中出现得特别好或特别坏的"例外"情况上，可以使他们把有限的精力集中于真正需要引起注意和重视的问题方面。在控制过程中，管理者应该只注意一些重要的例外偏差，也就是说把主要注意力集中在那些超出一般情况的特别好或特别坏的情况，这样控制工作就会更有效。事实上，例外原则必须与控制关键点原则相结合，即要多注意关键点的例外情况。

（四）控制应该具有灵活性、及时性和经济性

灵活控制是指控制系统能适应主客观条件的变化，持续地发挥作用。控制工作本是动态变化的，控制所依据的标准、衡量工作所用的方法等都可能随着情况变化而调整、变化。在控制中应建立信息反馈控制系统，通过该系统使被控制对象能够实现自我控制，灵敏适应环境。

（五）控制过程应强调控制趋势原则

对控制全局的管理者来说，重要的是现状所预示的趋势，而不是现状本身。一般来说，趋势是多种复杂因素综合作用的结果，是在一段较长的时期内逐渐形成的，并对管理工作成效起着长期的制约作用。趋势往往容易被现象所掩盖，控制趋势的关键在于从现状中揭示倾向，特别是在趋势刚显露苗头时就觉察到，并给予有效的控制。

（六）控制工作应注重培养员工自我控制能力

广大员工在生产和业务活动的第一线，是各种计划、决策的最终执行者。所以，员工进行自我控制是提高控制有效性的根本途径。

引导案例 2：最好的医术

魏文王问名医扁鹊："你们家兄弟三人都精于医术，到底哪一位最好呢？"

扁鹊答说："长兄最好，中兄次之，我最差。"

魏文王再问："那么为什么你最出名呢？"

扁鹊答说："我长兄治病，是治病于病情发作之前。由于一般人不知道他事先能铲除病因，所以他的名气无法传出去，只有我们家的人才知道。我中兄治病，是治病于病情初起之时。一般人以为他只能治轻微的小病，所以他的名气只及于本乡里。而我扁鹊治病，是治病于病情严重之时。一般人都看到我在经脉上用针管来放血、在皮肤上敷药等大手术，所以以为我的医术高明，名气因此响遍全国。"

魏文王说："你说得好极了。"

第二节　控制的类型

一、按控制组织结构的不同划分

根据控制组织结构的不同，可以分为集中控制、分散控制和分级控制。

（一）集中控制

集中控制是指组织的控制活动由一个集中的控制机构来完成。集中控制适用于组织规模和信息量不大，且控制中心对信息的取得、存储、加工效率及可靠性都很高的情况。集中控制方式有利于实现整体优化控制。集中控制是一种较低级的控制，只适合于结构简单的系统，如小型企业、家庭作坊等。

在集中控制中，信息处理、偏差检测、纠偏措施等都是由一个中心统一完成的。因此，集中控制最大的优点就是能够保证组织的整体一致性，信息完整、集中，控制目标容易统一。但是，集中控制容易造成下层管理人员缺乏积极性，出现官僚主义，甚至导致组织反应迟钝，也可能出现因控制中心失误而带来整个组织的坍塌。

（二）分散控制

分散控制是指系统中的控制部分表现为若干个分散的、有一定相对独立性的子控制机构，这些机构在各自的范围内各司其责，各行其是，互不干涉，各自完成自己的目标。当然，这些目标是整个系统目标中的分目标。分散控制是指日常的一般性、常规性事务由各部门、各岗位及全体员工自行控制。分散控制对信息存储和处理能力要求相对较低，易于实现，即使个别控制环境出现失误或故障也不会引起整个系统的瘫痪。

分散控制的优点是针对性强，信息传递效率高，系统适应性强；缺点是信息不完整，整体协调困难。分散控制适应系统组织较松散的部门，如城市各交叉路口的交通管理、企业集团的一些外围企业等。

（三）分级控制

分级控制是指将管理组织分为不同的层级，各个层级在服从整体目标的基础上，相对独立地开展控制活动，是将集中控制和分散控制相结合的控制方式。一方面各子系统都具有各自独立的控制条件和控制能力，要求对子系统的管理实施独立的控制；另一方面整个管理系统分为若干层次，上一层次的控制机构对下一层次子系统的活动进行指导性、导向性的间接控制。

二、按控制反馈时间的不同划分

根据控制反馈的时间不同，可以分为前馈控制、现场控制和反馈控制三种类型。

（一）前馈控制

前馈控制又称事前控制，是指组织活动开始之前进行的控制，其目的是防止问题的发生而不是当问题出现时再补救，防患于未然。前馈控制旨在获取有关未来的信息，依此进行反复认真的预测，将可能出现的执行结果与计划要求的偏差预先确定出来（此为负前馈），或者事先察觉内外环境条件可能发生的变化（此为正前馈），以便提前采取适当的处理措施预防问题的发生。前馈控制由于未雨绸缪地采取了防患于未然的行动，从而可以克服反馈控制系统的滞后性。

（二）现场控制

现场控制是指组织活动开始以后，对活动中的人和事进行指导和监督。现场控制就是在工作正进行的过程中进行控制，如生产进度控制、生产报表、工序质量控制等。它是一种同步、实时控制，即在活动进行的同时实施控制。管理者亲临现场进行指导和监督，是一种最常见的现场控制活动。

（三）反馈控制

反馈控制又称事后控制，是在活动完成之后，通过对已发生的工作结果的测定来发现偏差和纠正偏差（此为负反馈），或者是在企业内外环境条件已经发生了重大变化，导致原定标准和目标脱离现实时，采取措施调整计划（此为正反馈）。反馈为管理者提供了关于计划效果究竟如何的真实信息，但反馈控制的最大弊端在于实施矫正措施之前，偏差就已经产生。但是，人们可以利用已经认识的规律和特点，为进一步实施事前控制和现场控制创造条件。

课间案例 4：亡羊补牢

战国时期，楚国的楚襄王即位后，重用奸臣，政治腐败。大臣庄辛一再进谏，但是楚襄王只顾享乐，根本不听。有一天，庄辛实在忍不住了，对楚襄王说："你在宫里和一些人奢侈淫乐，不管国家大事，国家迟早有一天会灭亡啊！"

楚襄王听了大怒，骂庄辛是在惑乱人心。庄辛不慌不忙地回答说："我实在感觉事情一定要到这个地步的，不敢故意说楚国有什么不幸。你既然不信我的话，请允许我到赵国躲一躲，看事情究竟会怎样。"就这样，庄辛见楚襄王不纳忠言，只好躲到了赵国。

庄辛到赵国才住了五个月，秦国果然派兵攻打楚国，楚国几乎没有什么抵挡就让秦国攻陷了楚国的都城郢城。楚襄王惶惶如丧家之犬，逃到城阳城。到这时，他想到庄辛的忠告，才觉得庄辛的话有道理，于是，又悔又恨，便派人把庄辛迎请回来，说："过去因为我没听你的话，所以才会弄到这种地步，现在，你看还有办法挽救吗？"

庄辛看到楚襄王确有悔改之意，便说："那我给你讲一个故事吧。"于是，庄辛就讲道：从前，有人养了一圈羊。一天早晨，他发现少了一只羊，仔细一查，原来羊圈破了个窟窿，夜间狼钻进来，把羊叼走了一只。邻居劝他说："赶快把羊圈修一修，堵上窟窿吧！"那个人不肯接受劝告，回答说："羊已经丢了，还修羊圈干什么？"第二天早上，他发现羊又少了一只。原来，狼又从窟窿中钻进来，叼走了一只羊。他很后悔自己没有听从邻居的劝告，便赶快堵上窟窿，修好了羊圈。从此，狼再也不能钻进羊圈叼羊了。

楚襄王一听到这个故事就明白了庄辛的意思，于是，庄辛给楚襄王分析了当时的形势，认为楚国都城虽被攻陷，但只要振作起来，改正过错，秦国是灭不了楚国的。楚襄王听了，便遵照庄辛的话去做，果真渡过了危机，振兴了楚国。

三、按偏差调整标准的不同划分

根据偏差调整标准的不同，可以分为负馈控制与正馈控制。

（一）负馈控制

负馈控制是使执行结果符合控制标准的要求，为此需要将管理循环中的实施环节作为控制对象。"负馈"意味着使偏差得到缩小。

（二）正馈控制

正馈控制是为了使控制标准发生变化，以便更好地符合内外现实环境条件的要求。其控制作用的发生主要体现在管理循环中的计划环节，说明这种控制的对象包括了控制标准本身。"正馈"意味着使控制标准和目标发生振荡。

四、按控制问题的重要性不同划分

根据控制问题的重要性和影响程度不同，可以分为战略控制、绩效控制和任务控制。

（一）战略控制

战略控制是对战略计划和目标实现程度的控制。战略控制中不仅要进行负馈控制，更常需要进行正馈控制。也就是说，在战略控制过程中常有可能引起原定战略方案的重大修改或重新制定。因此，人们倾向于将战略的计划与控制系统笼统地称作战略计划系统，而将任务的计划与控制系统称作是任务控制系统。

（二）绩效控制

绩效控制是一种财务控制，即利用财务数据来观测企业的经营活动状况，以此考评各责任中心的工作实绩，控制其经营行为。绩效控制通常称为责任预算控制。从一般的企业来看，其内部组织单位通常可以区分为四类责任中心：成本责任中心、收入责任中心、利润责任中心和投资责任中心。

（三）任务控制

任务控制也称运营控制、业务控制，主要是针对基层生产作业和其他业务活动而直接进行的控制。任务控制多是负馈控制，其目的是确保有关人员或机构按既定的质量、数量、期限和成本标准要求完成所承担的工作任务。

五、按控制力量的来源不同划分

根据控制力量的来源不同，可以划分为内在控制和外在控制。

（一）内在控制

内在控制不是"他人"控制（它既不是来自上级主管的"人治"，也不是来自程序规则的"法治"），而是一种自动控制或自我控制（称为"自治"）。自我控制的单位或个人不仅能自己检测、发现问题，还能自己订立标准并采取行动纠正偏差。

（二）外在控制

外在控制是指单位或个人的工作目标和标准的制定，以及为了保证目标和标准的顺利实现而开展的控制工作，是由其他的单位或个人来承担，自己只负责检测、发现问题和报告偏差。例如，上级主管的行政命令监督、组织程序规则的制约等都是外在强加的控制。

六、按控制方式的不同划分

根据控制的方式不同，可以划分为直接控制和间接控制。

（一）直接控制

直接控制是指通过提高主管人员素质，使他们改善管理工作，从而防止出现因管理不善而造成的不良后果的一种控制方式。直接控制可以直接对操作者的行为和工作过程加以控制，可以减少偏差的发生，但在实际经济管理活动中，由于信息反馈引起时滞现象，直接控制的办法往往不能使整个系统的效果最优。

（二）间接控制

间接控制是指根据计划和标准考核工作的实际结果，分析出现偏差的原因，并追究责任者的个人责任以使其改进未来工作的一种控制方法。此方法多见于上级管理者对下级人员工作过程的控制。间接控制的优点在于它能纠正管理人员由于缺乏知识、经验和判断力所造成的管理上的失误和偏差，并能帮助主管人员总结吸取经验教训，增加他们的知识经验和判断能力，提高他们的管理水平。

第三节　控制的过程

控制工作作为管理工作中相对独立的一个环节，它也是由若干活动步骤组成的。管理工作中的控制过程可以划分为以下三步：制定控制标准，衡量实际偏差，分析原因与采取纠正措施，如图 10-3 所示。

一、制定控制标准

要控制就要有标准，目标和计划是控制的总标准。为了对各项业务活动实施控制，还必须以总标准为依据设置更加具体的标准。计划方案的每个目标，这些方案所包括的每项活动、每项政策、每项规程以及每项预算，都可以成为衡量实际业绩或预期业绩的标准，如实物标准、成本标准、资本标准、收益标准、计划标准等。在实际工作中，不管采用哪种类型的标准，都需要按照控制对象的特点来决定。

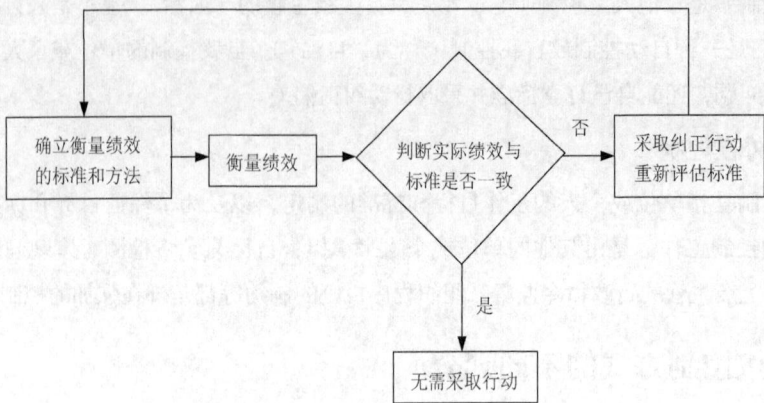

图 10-3　控制过程示意图

控制标准的订立对计划工作和控制工作实际起着承上启下或连接的作用。计划是控制的依据，但各种计划的详尽程度是各不一样的。有些计划如果已经制定了具体的、可考核的目标或指标，这些指标就可以直接作为控制的标准。但大多数的计划是相对比较抽象、概括的，这时需要将计划目标转换为更具体的、可测量和考核的标准，以便于对所要求的行为结果加以测评。

二、衡量实际偏差

衡量工作成效就是找出实际工作情况与标准之间的偏差信息，据此评估实际工作的优劣，即按照标准衡量工作实绩达到标准的程度，其实也是控制当中信息反馈的过程。在确定了标准以后，为了确定实际工作的绩效究竟如何，管理者首先需要收集必要的信息，考虑如何衡量和衡量什么。当工作实绩与标准产生差异时，就说明工作出现偏差。

对照标准衡量实际工作成绩是控制过程的第二步，它分为两个小步骤：一是测定或预测实际工作成绩，二是进行实绩与标准的比较。掌握实绩可以通过两种方式：一是测定已产生的工作结果，二是预测即将产生的工作结果。无论哪种方式，都要求搜集到的信息能为控制工作所用。

三、采取纠正措施

采用必要的措施纠正偏差是控制过程的关键。纠正偏差就是在此基础上，分析偏差产生的原因，制定并实施必要的纠正措施。

（一）找出偏差产生的主要原因

解决问题首先需要找出产生差距的原因，要判断偏差的严重程度。看它是否足以构成对组织活动效率的威胁，看它是否值得分析原因并采取矫正措施。然后找出偏差产生的主要原因，不同原因的偏差采取不同的矫正措施，然后找现象、本质和根源。

（二）确定纠偏措施的实施对象

在纠偏过程中，需要纠正的不仅可能是企业的实际活动，还可能是指导这些活动的计划或衡量活动的标准。因此，纠偏的对象可能是进行的活动，也可能是衡量的标准，甚至是指导活动的计划。计划目标或标准的调整是由两种原因决定的：一种原因是最初制定的计划或标准不科学，过高或过低，有必要对标准进行修正。另一种原因是所制定的计划或标准本身没有问题，但由于客观环境发生了变化，或一些不可控制因素造成的大幅度偏差，使原本适用的计划或标准变得不合适宜，必须重新调整原有的计划或标准。

（三）采取纠偏措施

针对产生偏差的主要原因，在纠偏工作中采取的方法主要有：对由工作失误而造成的问题，控制工作主要是加强管理、监督，确保工作与目标的接近或吻合；计划或目标不切实际，控制工作主要是按实际情况修改计划或目标；若组织的运行环境发生重大变化，使计划失去客观的依据，控制工作主要是启动备用计划或重新制定新的计划。

管理人员可以运用组织职能重新分派任务来纠正偏差，也可以采用增加人员，来更好地选拔和培训下属人员，或是最终解雇、重新配备人员等办法来纠正偏差。除此以外，管理人员还可以对工作做出更全面的说明和采用更为有效的领导方法来纠正偏差。

引导案例3：财务控制是绩效控制的有效工具

华都钢铁公司是我国 1978 年开始筹建的一家现代化大型钢铁联合企业。1985 年 9 月华钢一期工程建成投产后，产品 98% 以上被纳入国家指令性计划，并按国家的订货合同组织生产。企业的主要任务就是完成国家下达的计划，这一时期华钢的管理和控制工作基本上以生产为中心。

1990 年，华钢在一期工程全面达标、二期工程负荷试车成功之际，提出了"20 世纪末把华钢建成世界一流的现代化钢铁企业"的口号，1991 年又获批准成立华钢集团国际经济贸易总公司。此后，华钢有了部分经营自主权，国家指令性计划的比例逐年下降，到 1995 年时降为 37%，并且获得了指令性计划以外产品的定价权和自制产品的出口权。在参与国内外市场的竞争过程中，华钢的管理逐步由单纯的生产型向生产经营型转变，并提前 5 年实现了 20 世纪末达到"高质量、高效率、高效益、创世界一流"的奋斗目标。

华钢在推行生产经营型管理的过程中，于 1993 年提出了企业管理要以财务为中心的设想，充分发挥财务在各种经营活动中的引导和控制作用，以确保企业经营目标的实现。

华都钢铁公司的例子说明了财务控制是绩效控制的有效工具。从财务方面衡量企业的总体绩效并不能只看单一的利润指标，也要注意到组织长期的兴旺发展。企业从以生产为中心转为以财务为中心进行管理和控制以后，各专业管理部门的地位和作用无疑需要做出调整，计划体系、奖惩制度、组织机构和控制信息系统等也都需要相应的重新设计，由此产生的管理变革在华钢被看作是模式变革。所以，一个企业采取何种控制方法，以及怎样使该控制方法在企业中得到最有效的发挥，对一个企业的存亡起着举足轻重的作用。

第四节 控制的方法与实施

企业管理实践中运用着多种控制方法，管理人员除了利用现场巡视、监督或分析下属的工作报告等手段进行控制外，还经常借助预算控制、比率分析、审计控制、程序控制等方法进行控制。控制方法因控制的类型、模式、目的、内容等因素的不同而不同，这些控制方法相互联系、相互作用，构成了整套控制方法体系。

一、预算控制

（一）预算的概念

企业未来的几乎所有活动都可以利用预算进行控制。所谓预算就是用财务数字的形式来描述企业未来的活动计划，它预估了企业在未来时期的经营收入和现金流量，同时也为各部门或各项活动规定了在资金、劳动、材料、能源等方面的支出的额度。预算是以财务术语（如收入、费用以及资金等），或者以非财务术语（如直接工时、材料、实物销售量和生产量等）来表明组织的预期成果，它是用数字编制的、反映组织在未来某个时期的综合计划。预算可以称作是"数字化"或"货币化"的计划，它通过财务形式把计划分解落实到组织的各层次和各部门中去，使主管人员能清楚地了解哪些资金由谁来使用，计划将涉及哪些部门和人员、多少费用、多少收入，以及实物的投入量和产出量等。

（二）预算的种类

预算的种类很多，概括起来可以分为以下几种。

1．按预算控制的力度划分

（1）刚性预算

刚性预算是指在执行进程中没有变动余地的预算，执行人在执行中无活动余地。一般来说，刚性预算不利于发挥执行人的积极性和不适应环境变化。刚性预算只能在重点项目上采用。常见的刚性预算是控制上限或控制下限的预算，如有严格要求的财政支出预算和财政收入预算。

（2）弹性预算

弹性预算是指预算指标有一定的调整余地，执行人可灵活性地执行预算。这种预算的控制力稍弱，但有较强的环境适应性，能较好地适应控制的要求，在预算控制中弹性预算比较常见。

2．按预算的内容划分

（1）支出预算

支出预算指为完成组织活动所支付货币多少的预算。一个组织，可以没有收入预算，但不可能没有支出预算。因为一切活动都有投入，世上没有不花钱的午餐。所以做好支出预算是一项十分重要的工作。

（2）收入预算

收入预算指对组织活动可带来货币收入进行的预算。一般来说，只有企业性质的组织和政府才有收入预算。收入预算与支出预算是密切相关的。一般原则应是以收定支，在收入预算的基础上确定支出预算。

收支预算是指组织在预算期内以货币单位表示的收入和经营费用支出的计划预算，收入预算必须尽可能准确地估计各项收入的数量和时间，并努力提高其实现的可靠性。

（3）负债预算

负债预算是考虑一定时期的资产、债务和资本等账户的情况，设计筹资方式、途径和数量以及还款时间、方式和能力，防止出现"资不抵债"的情况，保持财务收支的平衡。从某种意义上说，这种预算是组织中最重要的一种控制。

3．按预算的范围划分

（1）总预算

总预算是指以组织整体为范围，由组织的最高管理机构批准的预算。通过编制预算汇总表，可以控制公司的全面业绩。它把各部门的预算集中起来，反映了公司的各项计划，从中可以看到销售额、成本、利润、资本的运用、投资利润及其相互关系。总预算可以向最高管理层反映出各个部门为了实现公司总的奋斗目标而运行的具体情况。

（2）部门预算

部门预算是指各部门在保证总预算的前提下，根据本部门的实际情况安排的预算。

总预算与部门预算不是简单的总体与部分的关系，而是相互支持、相互补充的关系。有的部门预算是全包含在总预算之中的，有的并不全包括在总预算之中。并且，不同的组织对预算的分类也不一样，如企业常常把财务预算称为总预算。

（三）预算的内容

企业预算的内容包括以下几个方面：

1．销售预算

销售预算指的是以市场预测为依据，根据市场要求对企业生产经营年度要实现的销售额，以及其所决定的各种产品和服务的销售量所做的预算。在市场经济条件下，销售预算是企业预算的基础和前提，因为企业必须以市场为导向，以销定产。

2．生产预算

生产预算是指在销售预算的基础上，根据企业的现实生产条件和要实现的利润目标，对生产过程中所消耗的各种生产要素，以及产品等进行的预算。它又可分为直接材料消耗预算、人工费用预算、制造费用预算。

3．销售与管理费用预算

销售与管理费用预算指的是根据企业的销售额和利润目标，配合生产预算，对企业销售过程和企业管理活动中费用支出所做的预算。按会计的国际惯例，企业销售费用和管理费用不能摊入产品成本，而要直接计入当期损益，能否控制销售和管理费用支出，对实现预算目标有相当大的影响。

4．投资预算

投资预算是指企业根据市场需求和企业生产能力，在固定资产投资支出方面的预算。按会计的国际惯例，资本支出与生产支出应当分开，投资预算必须单独列出。

5．成本预算和现金预算

成本预算主要是指以企业生产预算为基础，对各种产品的成本进行的预算。其目的是要控制每一种产品的成本。现金预算是指对企业在日常经营活动中所需要的现金做出的预算安排。现金支付比较难控制，因为一旦失控，就会影响预算目标，所以要单独预算。

（四）编制预算的步骤

企业编制预算，一般应按照"上下结合、分级编制、逐级汇总"的程序进行。

1．下达目标

企业董事会或经理办公会根据企业发展战略和预算期经济形势的初步预测，在决策的基础上提出下一年度企业财务预算目标，包括销售目标、成本费用目标、利润目标和现金流量目标，并确定财务预算编制的政策，由预算管理层下达到各部门。

2．编制上报

各部门按照预算管理层下达的财务预算目标和政策，结合自身特点以及预测的执行条件，提出详细的本部门财务预算方案上报企业财务管理部门。

3．审查平衡

企业财务管理部门对各部门上报的财务预算方案进行审查、汇总，提出综合平衡的建议。在审查、平衡过程中，预算管理层应当进行充分协调，对发现的问题提出初步调整的意见，并反馈给各有关部门予以修正。

4．审议批准

企业财务管理部门在各部门修正调整的基础上，编制出企业财务预算方案，报预算管理层讨论。对不符合企业发展战略或者财务预算目标的事项，企业预算管理层应当责成有关部门进一步修订、调整。在讨论、调整的基础上，企业财务管理部门正式编制企业年度财务预算草案，提交董事会或总经办审议批准。

5．下达执行

企业财务管理部门对董事或总经办审议批准的年度总预算，分解成一系列的指标体系，由财务预算管理层逐级下达各部门执行。

二、非预算控制

1．审计法

审计是一种常用的控制方法，财务审计与管理审计是审计控制的主要内容。所谓财务审计是以财务活动为中心内容，以检查并核实账目、凭证、财物、债务以及结算关系等客观事物为手段，以判断财务报表中所列出的综合的会计事项是否正确无误，报表本身是否可以信赖为目的的控制方法。通过这种审计，管理者还可以判明财务活动是否符合财经政策和法令。所谓管理审计是检查一个单位或部门管理工作的好坏，评价人力、物力和财力的组织及利用的有效性。其目的在于通过改进管理工作来提高经济效益。

2．统计报告法

统计报告法是使用统计方法对大量的数据资料进行汇总、整理、分析，以各种统计报表的形式及分析报告，自下而上向组织中有关管理者提供控制信息。使用这种方法，要求企业具备良好的基础工作，有健全的原始记录和统计资料。管理者可通过阅读和分析统计报表及有关资料，找出问题、分析问题并解决问题。

3．财务报表分析

财务报表是用于反映企业经营的期末财务状况和计划期内的经营成果的数字表。财务报表分析，也称经营分析，就是以财务报表为依据来判断企业经营的好坏，并分析企业经营的优劣势。它主要包括：利润率分析，指分析企业收益状况的好坏；流动性分析，指分析企业负债与支付能力是否相适应，资金的周转状况和收支状况是否良好等；生产率分析，指分析企业在计划期间内生产出多少新的价值，又是如何进行分配将其变为人工成本、应付利息和净利润的。

三、作业控制

作业控制是为了保证各项作业计划的顺利进行而做的一系列工作。一般包括成本控制、质量控制、采购库存控制等。

1．成本全面控制

成本全面控制是在对系统的所有工作做全面详细分析后，层层分解成本指标，以其作为衡量控制标准。也就是说，以成本为控制主线，确保在预定成本下获得预期目标利润。

2．库存控制

库存控制是对供应商的控制，一是把供应商当作竞争对手，减弱其讨价还价能力，使本企业获得更大收益；二是把供应商当作合作伙伴，维持长期、稳定和互利的关系。

企业的生产要正常连续地进行，供应流不能断，需要一定的库存，但库存占用了大量的流动资金。库存增加，不仅会占用生产面积，还会造成保管费用上升、资金周转减慢、材料腐烂变质等；库存过少，又容易造成生产过程因停工待料而中断，产成品因储备不足而造成脱销损失等。所以，做好库存控制是非常重要的。

3．质量控制

质量控制是指接收抽样对已经存在或外购的材料或产品进行评估，决定接受还是拒绝。为保证产品质量符合规定标准要求和满足用户使用目的，企业需要在产品设计、试制、生产制造直至使用的全过程中，进行全员参加的、事后检验和预先控制有机结合的、从最终产品的质量到产品赖以形成的工作的质量，全方位抓好质量管理。

20 世纪 80 年代，随着国际竞争的加剧和顾客期望值的提升，许多企业采用全面质量管理（TQM）的方法来控制质量，把质量观念渗透企业的每一项活动中，以实现持续的改进。全面质量管理有四大特征。

（1）全过程的质量管理

即质量管理不仅在生产过程，而且应"始于市场，终于市场"，从产品设计开始，直至产品进入市场，以及售后服务等，质量管理都应贯穿其中。

（2）全企业的质量管理

质量管理不仅是质量管理部门的事情，它和全企业各个部门都息息相关，因为产品质量是做出来的，不是检验出来的，故每项工作都与质量相关。

（3）全员的质量管理

即每个部门的工作质量，决定于每个职工的工作质量，所以每个职工都要保证质量，为此，由职工成立了很多质量小组，专门研究在部门或工段的质量问题。

（4）全面科学的质量管理方法

它以统计分析方法为基础，综合应用各种质量管理方法，工作步骤按"计划—执行—检查—处理"（PDCA）四步循环进行。

四、控制方法的发展趋势

未来，控制的方法具有以下几个发展趋势。

（一）控制理念的变革

随着信息技术的快速发展，可以更经济地实现全方位、全过程的控制。但控制不等于"监控"，考虑到人的主观能动性，最好的控制方法是能够让受控系统中的人实现自我控制，也就是目前除了传统的利用标准、过程等进行控制以外，更重要的是能够利用文化、责任感等方面来促使员工实现自我控制。

（二）控制方法的系统性

随着管理环境变化的复杂性和剧烈性、系统理论的不断完善以及信息技术的快速发展，简单地将控制看作一个点的控制或者一个过程的控制，都不能符合现代管理的要求。目前控制方法都体现出来一定的系统性，要求对整个管理系统进行系统控制。

（三）控制手段的信息化

随着信息在经济发展中的作用越来越突出，管理控制对于信息的依赖性也越强，而控制方法的进步也基本上依靠信息技术的发展。

📖 快乐阅读

手表定理

手表定理是指一个人有一只表时，可以知道现在是几点钟，当他同时拥有两只表时，却无法确定。两只手表并不能告诉一个人更准确的时间，反而会让看表的人失去对准确时间的信心。手表定理在企业经营管理方面，给我们一种非常直观的启发，就是对同一个人或同一个组织的管理，不能同时采用两种不同的方法，不能同时设置两个不同的目标，甚至每一个人不能由两个人同时指挥，否则将使这个企业或这个人无所适从。手表定理所指的另一层含义在于，每个人都不能同时选择两种不同的价值观，否则，你的行为将陷于混乱。

复习思考题

一、名词解释

1. 控制

2. 集中控制

3. 分散控制

4. 分级控制

5. 前馈控制

6. 现场控制

7. 反馈控制

8. 直接控制

9. 预算

10. 弹性预算

二、选择题

1. 在篮球比赛中，教练员根据场上的局势及时调整战术，并更换队员。从管理职能上讲，教练员行使的职能是（   ）。

    A. 计划职能   B. 领导职能   C. 组织职能   D. 控制职能

2. 管理的控制职能主要由哪一类管理人员执行（   ）。

    A. 高层管理人员   B. 中层管理人员   C. 基层管理人员   D. 以上均是

3. 管理者及其下属的素质越高，越能胜任所承担的职务时通常采用的控制原理是（   ）。

    A. 例外情况原理   B. 控制关键点原理

    C. 组织适宜性原理   D. 直接控制原理

4. 任何控制都需要一定的费用，这要求有效控制要注意（   ）。

    A. 适时控制   B. 适度控制   C. 客观控制   D. 弹性控制

5. 控制工作的下列原则中，强调重视现状所示趋势的是（   ）。

    A. 控制关键点原则   B. 直接控制原则   C. 例外情况原则   D. 控制趋势原则

6. 有效控制的要求有（   ）。

    A. 客观性、适度性、弹性和适时性   B. 客观性、灵活性、经济性及科学性

    C. 客观性、经济性、可操作性与科学性   D. 客观性、经济性、适度性与及时性

7. 控制是对（   ）的检查和纠偏活动过程。

    A. 生产活动   B. 经营活动   C. 计划与执行情况   D. 质量活动

8. 强调要进行有效控制，应该也只能将主要精力集中于计划执行中的一些主要因素上的原则是（   ）。

    A. 控制趋势原则   B. 控制关键点原则   C. 例外原则   D. 经济性原则

9. 按控制方式的不同，控制可分为（　　　）。

  A. 内在控制　　　　B. 外在控制　　　　C. 直接控制　　　　D. 间接控制

10. 按控制力量的来源不同，控制可分为（　　　）。

  A. 内在控制　　　　B. 外在控制　　　　C. 直接控制　　　　D. 间接控制

11. 生产主管在生产现场发现一个工人没有按照作业规范操作，他立即上前去制止。这种控制方式属于（　　　）。

  A. 现场控制　　　　B. 直接控制　　　　C. 预先控制　　　　D. 间接控制

12. 前馈控制的优点主要是（　　　）。

  A. 避免了事后控制对已铸成的差错无能为力的弊端

  B. 应用广泛

  C. 需要及时和准确的信息

  D. 有指导职能，可提高工作能力及自我控制能力

13. 实施控制的关键性步骤是（　　　）。

  A. 选择关键点　　　　　　　　　　B. 拟订标准

  C. 选择控制技术　　　　　　　　　D. 建立控制系统

14. 洛克希德导弹公司的管理者常在政府宣布与该公司签订大笔军火合同之前就已开始招聘人员。这是一种（　　　）。

  A. 前馈控制行动　　B. 反馈控制行动　　C. 同步控制行动　　D. 无效控制行动

15. 为了保证目标及为此制定的计划得以实现，就需要有（　　　）职能。

  A. 计划　　　　　　B. 领导　　　　　　C. 组织　　　　　　D. 控制

16. 现场控制成效的好坏主要取决于（　　　）。

  A. 高层管理者　　　B. 中层管理者　　　C. 基层管理者　　　D. 操作人员

17. 最通常的控制形式为（　　　）。

  A. 前馈控制　　　　B. 同步控制　　　　C. 反馈控制　　　　D. 质量控制

18. 控制工作得以展开的前提是（　　　）。

  A. 建立控制标准　　B. 分析偏差原因　　C. 采取矫正措施　　D. 明确问题性质

19. "治病不如防病，防病不如讲究卫生"。根据这一说法，以下几种控制方式中，哪一种方式最重要（　　　）？

  A. 预先控制　　　　B. 实时控制　　　　C. 反馈控制　　　　D. 现场控制

20. 管理控制工作的一般程序是（　　　）。

  A. 建立控制标准、分析差异产生原因、采取矫正措施

  B. 采取矫正措施、分析差异产生原因、建立控制标准

  C. 建立控制标准、采取矫正措施、分析差异产生原因

  D. 分析差异产生原因、采取矫正措施、建立控制标准

21. 强调预防作用的控制方法是（　　　）。

  A. 现场控制　　　　B. 反馈控制　　　　C. 前馈控制　　　　D. 间接控制

22. 在控制的基本过程中，衡量绩效主要解决的问题是（　　　）。

    A. 衡量什么   B. 制定标准   C. 如何衡量   D. A 和 C

23. 集中控制的优点有（　　　）。

    A. 信息完整、集中   B. 信息传递有详略

    C. 控制效率高   D. 控制目标易协调

24. 分散控制的优点有（　　　）。

    A. 信息传递效率高   B. 信息传递有详略

    C. 控制效率高   D. 系统适应性强

三、判断题

（　　）1. 强调要进行有效控制，应该也只能将主要精力集中于计划执行中的一些主要因素上的原则是例外原则。

（　　）2. 纵向看，越是基层的管理者，控制的时效性越强，控制的定量化程度也越高。

（　　）3. 集中控制是一种较低级的控制，只适合于结构简单的系统，如小型企业、家庭作坊等。

（　　）4. 分散控制的优点是针对性强，信息传递效率高，系统适应性强；缺点是信息不完整，整体协调困难。

（　　）5. 直接控制是指通过提高主管人员素质，使他们改善管理工作，从而防止出现因管理不善而造成的不良后果的一种控制方式。

（　　）6. 任何组织、任何活动都需要进行控制。

（　　）7. 计划是控制的前提，控制是计划目标实现的保证。

（　　）8. 按控制组织结构的不同，控制可分为事后控制、现场控制和前馈控制。

（　　）9. 按控制反馈时间结构不同，控制可分为事后控制、现场控制和前馈控制。

（　　）10. 前馈控制方案应该是一个动态的方案。

（　　）11. 反馈控制通过总结过去的经验和教训，为未来计划的制定和活动的安排提供借鉴。

（　　）12. 控制的目的是提高效益，所以会得到所有员工的支持。

（　　）13. 控制必然会让部分员工的当前利益受损，不可能自然地得到全体员工的支持。

（　　）14. 目前在企业管理中非常流行的闭环控制也就是反馈控制，它是一个良好的控制系统所必须具备的条件。

（　　）15. 如果说控制过程是管理过程的最后一个阶段，那么控制是否有效，直接关系管理系统能否在变化的环境中实现管理决策计划制定的预期目标。

四、简答题

1. 简述控制应遵循的原则。

2. 简述控制的过程。

3. 简述控制的分类。

4. 简述集中控制的优缺点。

5. 简述分散控制的优缺点。

6. 简述分级控制的优缺点。

7. 简述控制的方法。

8. 简述控制的类型。

9. 简述计划与控制的关系。

10. 简述有效的控制系统应该具备哪些特征。为什么？

五、论述题

1. 在当今的管理活动中，前馈控制与反馈控制各自起到什么作用？你认为哪种类型的控制更重要？为什么？

2. 预算作为重要的控制方法在控制系统中起到哪些重要作用？它具有哪些优缺点？

3. 联系实际谈谈在管理工作中如何有效控制。

六、案例分析题

案例1. 计划与控制

何磊担任厂长后的第一件事就是亲自制定了工厂的一系列工作目标。例如，为了减少浪费、降低成本，他规定在一年内要把原材料成本降低 10～15%，把运输费用降低 3%。他把这些具体目标都告诉了下属的有关方面的负责人。2014 年年底何磊看到了工厂实现目标情况的统计资料。厂里各方面工作的进展出乎他的意料，年终统计资料表明，原材料的浪费比 2013 年更加严重，浪费率竟占总额的 16%，而运输费用则根本没有降低。

何磊找来了有关方面的负责人询问原因。负责生产的副厂长说："我曾对下面的人强调过要注意减少浪费，我原以为下面的人会按我的要求去做的。"而运输部门负责人则说："运输费用降不下来很正常，我已经想了很多办法，但汽油费等还在涨，我想，2015 年的运输费可能要上升 3%～4%。"

何磊了解了原因，并进行了进一步的分析以后，又把这两个负责人召集起来布置 2015 年的目标：生产部门一定要把原材料成本降低 10%，运输部门即使是运输费用要提高，也绝不能超过 2014 年的标准。

思考题： 何磊的控制存在什么问题？怎样才能实现他所提出的目标？

案例2. 戴尔公司的控制

一般的商业惯例是供应商将供应的零部件运送到买方那里，经过开箱、触摸、重新包装，经验收合格后，产品组装商便将其存放在仓库中备用。为确保供货不出现脱节，公司往往要贮备未来一段时间内可能需要的各种零部件。

创建于 1984 年的戴尔公司，是美国一家以直销方式经销个人电脑的电子计算机制造商，2013 年其经营规模已发展到年 569 亿美元销售额的水平。戴尔公司是以网络型组织形式来运作的企业，它联结了许多为其供应计算机硬件和软件的厂商。戴尔公司有一家电脑显示屏供应厂商，戴尔公司先是花很大的力气和投资使这家供应商做到每百万件产品中只能有 1000 件瑕疵品，并通过绩效评估确信这家供应商达到要求的水准后，戴尔公司才完全放心地让他们的产品直接打上"Dell"商标,并取消了对这种供应品的验收、库存。类似的做法也发生在戴尔其他外购零部件的供应中。

因此,当戴尔公司对这家电脑显示屏供应商说道:"这种显示屏我们今后会购买 400 万~500 万台,贵公司可以让我们的人随时需要、随时提货"的时候,商界人士无不感到惊讶,甚至以为戴尔公司疯了。戴尔公司的经理们则这样认为,开箱验货和库存零部件只是传统的做法,并不是现代企业运营所必要的步骤,遂将这些"多余的"环节给取消了。戴尔公司的做法就是,当物流部门从电子数据库得知公司某日将从自己的组装厂提出某型号电脑的数量时,便在早上向这家供应商发出配额多少数量显示屏的指令信息,这样等到当天傍晚时分,一组组电脑便可打包完毕分送到顾客手中。如此,不但节约了检验和库存成本,也加快了发货速度,提高了服务质量。

思考题:

① 你认为,戴尔公司对电脑显示屏供应厂商是否完全放弃和取消了控制?如果是,戴尔公司的经营业绩来源于哪里?如果不是,那它所采取的控制方式与传统的方式有何切实的不同?

② 戴尔公司的做法适用于中国的企业吗?为什么?

案例 3. 客户服务质量控制

客户服务不仅影响公司信誉,也和公司利润息息相关。对德吉信用卡公司来说,一张信用卡每早到客户手中一天,公司就可获得 33 美分的额外销售收入,一年下来,公司将有 140 万美元的净利润。及时地将新办理的和更换的信用卡送到客户手中是客户服务质量的一个重要方面,但这远远不够,对客户服务质量进行控制才是最关键的环节。卡片分部的北美地区副总裁凯迪·穆勒说:"一段时间以来,我们对传统的评价客户服务的方法不大满意。向管理部门提交的报告有偏差,因为报告里很少包括有问题但没有抱怨的客户,或那些只是勉强满意公司服务的客户。"他相信,真正衡量客户服务的标准必须基于和反映持卡人的见解。这就意味着要对公司控制程序进行彻底检查。第一项工作就是确定用户对公司的期望。对抱怨信件的分析指出了客户服务的三个重要特点:及时性、准确性和反应灵敏性。持卡者希望准时收到账单、快速处理地址变动、采取行动解决抱怨。

了解了客户期望,德吉信用卡公司质量保证人员开始建立控制客户服务质量的标准。他们所建立的 180 多个标准反映了诸如申请处理、信用卡发行、账单查询反应及账户服务费代理等服务项目的可接受的服务质量。这些标准都基于用户所期望的服务的及时性、准确性和反应灵敏性上,同时也考虑了其他一些因素。除了客户见解,服务质量标准还反映了公司竞争性、能力和一些经济因素。考虑了每一个因素后,适当的标准就成型了,所以开始实施控制服务质量的计划。

德吉信用卡公司计划实施效果很好,处理信用卡申请的时间由 35 天降到 15 天,更换信用卡从 15 天降到 2 天,回答用户查询时间从 16 天降到 10 天。这些改进给公司带来的潜在利润是巨大的。例如,办理新卡和更换旧卡节省的时间会给公司带来 1750 万美元的额外收入。另外,如果用户能及时收到信用卡,他们就不会使用竞争者的卡片了。

该质量控制计划潜在的收入和利润对公司还有其他的益处,该计划还使整个公司都注重客户期望，同时，各部门也都以自己的客户服务记录为骄傲。而且，每个雇员都对改进客户服务做出了贡献，使员工士气大增。每个雇员在为客户服务时，都认为自己是公司的一部分，是公司的代表。信用卡部客户服务质量控制计划的成功，使公司其他部门纷纷效仿。

思考题：

① 德吉信用卡公司控制客户服务质量的计划是前馈控制、反馈控制还是现场控制？

② 德吉信用卡公司对计划进行有效控制的因素有哪些？

③ 联系实际，谈谈公司将标准设立在经济可行的水平上，而不是最高可能的水平上。

案例 4. 华润公司预算体系

为了使华润的管理模式与集团股权复杂和业务繁多等具体情况相适应，华润建立了 6S 管理体系。6S 既是一个全面预算管理体系，也是一个多元化的信息管理系统。在利润中心行业分类和发展战略的基础上，推行全面预算管理，将发展战略细化为年度经营目标，并层层分解，落实到每个业务单元的日常经营上，借以进行过程控制。推行全面预算管理，可将竞争战略所要实现的中长期财务目标值，如营业额、利润、资产回报率等，通过预算层层分解成为年度指标、季度指标，最终落实到利润中心中的每个单位、每个人身上，确保战略目标的实现。全面预算以战略为导向，兼顾长期发展战略目标和短期业务经营目标，上下结合不断反复修正，成为保证战略实现的重要环节。在对待预算的态度上，公司强调过程的重要性。业绩结果与预算越接近，说明对市场和内部运营的把握越准确，说明该企业的专业判断力和专业化管理水平越高。

思考题：

① 华润预算控制体系的主要内容是什么？

② 华润预算控制体系有什么优缺点？

第十一章 创新

学习目标

随着经济的不断发展，客户需求不断变化，企业之间的竞争也日益激烈，如果不谋求创新，企业就会失去客户，落后挨打，更别论长期可持续发展。在这样的经营环境下，企业创新实践丰富发展了管理理论。本章从管理职能的角度，阐述创新的概念、方式和基本条件等管理创新的基本理论和基本技能。

- 知识点：

1. 掌握创新职能的含义；

2. 掌握技术创新的定义、决定因素和方式；

3. 掌握制度创新的定义；

4. 掌握管理创新的定义和类型；

5. 掌握创新活动的组织引导和风险管理。

- 技能点：

1. 运用创新思维去分析与处理实际管理中存在的问题；

2. 能够从创新的角度，认识和理解我国的经济改革。

引导案例 1：牛顿和万有引力的故事

1666 年的秋天，23 岁的牛顿还是剑桥大学圣三一学院三年级的学生。牛顿一直被这样的问题困惑：是什么力量驱使月球围绕地球转，地球围绕太阳转？为什么月球不会掉落到地球上？为什么地球不会掉落到太阳上？在英国北部林肯郡一个名叫乌尔斯索普的村庄里，发生了这样一件"小事"：一天傍晚，学习了一天的牛顿信步来到自家的苹果园里，坐在一棵苹果树下，欣赏着满园的果实。面对这美妙和谐的大自然，牛顿总是隐隐约约地感到，在神秘的自然界后面，一定有某种规律在支配着它的运动，可是这个规律是什么呢？苹果的阵阵幽香，不知不觉又使牛顿沉浸于天体运动之谜的思考之中。一个苹果恰好从树上落下来。这时候，他忽然想到，为什么苹果总是垂直落向地面呢？为什么苹果不向外侧或向上运动，而总是向着地球中心运动呢？无疑，这是地球向下拉着它，有一个向下的拉力作用在物体上，而且这个向下的拉力总和必须指向地球中心，而不是指向地球的其他部分。所以苹果总是垂直下落，或者总是朝向地球的中心。苹果向着地球，也可看成是地球向着苹果，物体和物体之间是相互朝着对方运动的。物体之间的作用力必须正比于它们的质量。这个力，就是我们后来所称的万有引力。

管理是企业永恒的主题，是企业发展的基石。组织、领导、控制等职能是保证计划目标的实现所不可能缺少的，从某种角度讲，它们是管理的"维持职能"，其任务是保证系统按预定的方向和规则进行。但是管理是在动态环境中生存的社会经济系统，仅维持是不够的，还必须不断调整系统活动的内容和目标，以适应环境变化的要求，这就需要发挥管理的创新职能。创新，是现代企业进步的原动力、是增强核心竞争能力、获得跨越式发展、实现持续成长的决定性因素。

第一节　创新概述

一、创新的定义

创新，最基本的定义就是创造新的事物。对创新概念，一般有狭义和广义两个层次的理解。广义理解的创新概念是指以现有的思维模式提出有别于常规或常人思路的见解为导向，利用现有的知识和物质，在特定的环境中，本着理想化需要或为满足社会需求，而改进或创造新的事物、方法、元素、路径、环境，并能获得一定有益效果的行为。创新活动的核心是"新"，它或者是产品的结构、性能和外部特征的变革，或者是造型设计、内容的表现形式和手段的创造，或者是内容的丰富和完善。因而，广义上的创新行为可以表现在技术、制度、组织机构、管理等不同的层面。狭义理解的创新概念立足于把技术和经济结合起来，即创新是一个从新思想的产生到产品的设计、试制、生产、营销和市场化等一系列活动。美国管理大师彼得·德鲁克在 20 世纪 50 年代首次把创新引进管理领域，他认为创新就是赋予资源以新的创造财富能力的行为。

从管理学意义上说，创新是指组织把新的管理要素或要素组合引入管理系统，形成一种创造性思维，从而更有效地实现组织目标的活动过程。

具体地说，创新包括以下五种情况。

（1）引进一种新产品，产品既包括有形的产品，也包括无形的产品。

（2）采用一种新的生产方法，就是在有关的制造部门中未曾采用过的方法。这种新的方法并不需要建立在新的科学发现基础之上，可以是商业上处理一种产品的新的方式。

（3）开辟一个新的市场，就是该产品进入以前不曾进入的市场，不管这个市场以前是否存在过。

（4）获得一种原材料或半成品的新的供给来源，不管这种来源是已经存在的，还是第一次创造出来的。

（5）实行一种新的企业组织形式，如造成一种垄断地位或打破一种垄断地位。

课间案例1：金门大桥"6+2"车道

美国旧金山的金门大桥横跨 1900 多米的金门海峡，连接北加利福尼亚与旧金山半岛，大桥建成通车后，大大节省了两地往来的时间。但是，新问题随之出现，由于出行车辆太多，金门大桥总会堵车。当地政府为堵车的问题迟迟不能解决感到头疼，如果筹资建第二座金门大桥，必定要耗资上亿美元，当地政府决定以重金 1000 万美元向社会征集解决方案。最终一个年轻人提出了一个方案：将原来传统的"4+4"车道改成"6+2"车道，即上午左边车道为 6

道，右边车道为 2 道；下午则相反，右边为 6 道，左边为 2 道。他的方案试行之后，困扰多时的堵车问题迎刃而解。同样是 8 条车道，"6+2"的效果明显优于"4+4"。当地政府付给了他奖金，并给予高度赞扬。

二、维持职能与创新职能的关系

作为管理的两个基本职能，维持与创新是相互联系、不可或缺的，有效的管理在于适度的维持与适度的创新的组合。维持是保证企业各项活动顺利进行的基本手段，也是企业中最常见的工作。企业管理的维持职能便是要严格地按预定的规划来检视和修正企业系统的运行，尽力避免各子系统之间的摩擦，或减少因摩擦而产生的结构内耗，以保证系统的有序性。

但是，仅有维持是不够的。企业作为一个社会经济系统，它是由众多要素构成的，它要不断地与外部发生物质、信息、能量的交换。而外部环境是在不断地发生变化的，这些变化必然会对企业的活动内容、活动形式和活动要素产生不同程度的影响；同时，企业内部的各种要素也是在不断发生变化的。企业内部某个或某些要素在特定时期的变化必然要引起企业内其他要素的连锁反应，从而对企业原有的目标、活动要素间的相互关系等产生一定的影响。企业若不及时根据内外变化的要求，适时进行局部或全局的调整，则可能被变化的环境所淘汰，或为改变了的内部要素所不容。这种为适应企业内外变化而进行的局部或全局的调整，便是企业管理的创新职能。

综上所述，作为企业管理的两个基本职能，维持与创新对企业的生存和发展都是非常重要的。它们相互联系、不可或缺，表现在以下几个方面。

（一）创新与维持在逻辑上表现为相互连接、互为延续的链条

创新是维持基础上的发展，而维持则是创新的逻辑延续；维持是为了实现创新的成果，而创新则是为更高层次的维持提供依托和框架。只有创新没有维持，系统会呈现无时无刻、无所不变的、无序的混乱状态；而只有维持没有创新，系统则缺乏活力，最终会被环境淘汰。卓越的管理是实现维持与创新最优组合的管理。

（二）有效的管理是实现维持与创新最优组合的管理

维持与创新在逻辑上的相互连接、互为延续的关系意味着两者在空间和时间上的分离。事实上，企业管理活动是维持与创新的相互融合。有效的管理就是要根据企业的结构维度和关联度来确定维持与创新的组合。过度维持会导致企业僵化和保守，抑制人能力的发展，也会忽视市场竞争和技术的变化，导致企业反应能力的下降，使企业失去发展机会；过度维持往往只是注重企业短期利益，忽视其企业长期发展战略。另外，过度创新和对创新的采纳消耗大量的物力、财力资源，并不能从创新收益中得到补偿；过度创新会导致企业规章制度权威性减弱、结构体系紊乱、专业化程度削弱；严重地过度创新还会导致企业凝聚力的下降，乃至企业的瓦解。

（三）维持与创新在目标和方向上的不同表现在其基本职能上的差异

就管理使命来说，创新是力图突破现状，率领所领导的企业抛弃一切不适宜的传统做法；而维持则致力于维持秩序和守业。在计划上，创新是确定企业未来的经营方向或目标，

包括愿景目标和实现愿景目标的战略；而维持一般是编制短期的、周密的计划方案和预算。在组织上，创新组织联合所有相关者，形成企业内外相互密切配合的关系网络；而维持一般是设计体现合理的工作分工和协作、汇报关系的结构体系，并配备合适的人员执行结构设计所规定的角色任务。在领导上，创新通过与所有能提供合作和帮助的人们进行大量的沟通交流，并提供有力的激励和鼓舞，率领大众朝着某个共同的方向前进；而维持借助于指挥、命令，通过上级对下级的指导、监督，使各层次、各部门的人员能按部就班地开展工作。在控制上，创新表现为尽量减少计划执行中的偏差，确保主要绩效指标的实现；而维持应因环境变化的需要而适时、适度地调整计划目标。总体上来说，维持与创新在风格上表现出较大的差异性。在企业中，一个管理者往往难以承担起两方面的角色任务。

课间案例2：解开绳结

公元 1202 年，铁木真和王汉联兵大战札木合取得胜利，札木合投降了王汉。那年秋天，铁木真率部来到了斡难河畔，河畔有一棵五人方能合抱的大树，大树上系着一个复杂的绳结。据蒙古传说，谁能解开这个绳结，谁就能成为蒙古之王。

每年，蒙古都会有很多人来解这个结。札木合来过，王汗也来过，可他们总是不知如何下手，这个结异常复杂，连绳头也看不到。铁木真仔细观察了这个绳结，他也找不到绳头。他想了一会儿，拔出剑来，将绳结一劈两半，然后对众人说道："这，就是我铁木真解开绳结的方式！"铁木真就是蒙古帝国可汗，尊号"成吉思汗"，世界史上杰出的政治家、军事家。

三、创新的特征

一般来说，创新具有以下特征。

（一）创造性

创造性是指创新所进行的活动，与其他活动相比，具有突破性的质的提高。也可以说，创新是一种创造性构思付诸实践的结果。创新的创造性首先表现在新产品、新工艺上，或是体现在产品、工艺的显著变化上；其次表现在企业组织结构、制度安排、管理方式等方面的创新上。这种创造性的特点就是敢于打破常规、把握规律的同时紧紧地抓住时代前进的趋势，勇于探索新路子。

（二）风险性

创新具有风险性，首先是因为创新的全过程需要大量的投入，这种投入能否顺利地实现价值补偿，受到来自技术、市场、制度、社会、政治等不确定因素的影响。其次是因为竞争过程的信息不对称，竞争者也在进行各种各样的创新，但其内容我们未必清楚，因而我们花费大量的时间、金钱、人力等资源研究出来的成果很可能对手已经抢先一步获得或早已超越这一阶段，从而使我们的成果失去意义。最后是创新计划本身作为一个决策，无法预见到许多未来的环境变化情况，故不可避免地带有风险性。

（三）高收益性

企业创新的目的是要增加企业的经济效益和社会效益，以促进企业发展。创新具有高收益性，这是因为在经济活动中高收益与高风险并存，创新活动也是如此。因而，尽管创新的成功率较低，但成功之后却可获得丰厚的利润。

（四）系统性和综合性

企业创新涉及战略、市场调查、预测、决策、研究开发、设计、安装、调试、生产、管理、营销等一系列活动。这一系列活动是一个完整的链条，其中任何一个环节出现失误都会影响整个企业的创新效果。同时，与经营过程息息相关的经营思想、管理体制、组织结构的状况也影响着整个企业的创新效果。所以，创新具有系统性和综合性。创新的系统性和综合性表现在创新是由许多人共同努力的结果，它通常是远见与技术的结合，需要众多参与人员的相互协调和相互作用，才能产生出系统的协同效应，使创新达到预期的目的。

（五）时机性

消费者的喜好处于不断变化之中，同时社会的整体技术水平也在不断提高，因而创新在不同方向具有不同的时机，甚至在同一方向也随着阶段性的不同具有不同的时机。因此，要求创新者在进行创新决策时，必须根据市场的发展趋势和社会的技术水平进行方向选择，并识别该方向的创新所处的阶段，选准切入点。

（六）适用性

创新是为了进步与发展，因而只有能够真正促使企业发展和进步的创新，才是真正意义上的创新。在这个意义上讲，创新并非越奇越好，而是以适用为准则。对一个企业来说，由于基础条件不同，历史背景不同，所处环境不同，经营战略不同，从而需要解决的问题和达到的目的不同。因而，不同的企业采取的创新方式也应该有所区别，要使创新满足本企业的适用需求。

课间案例3：创新思维

两个推销人员到一个岛屿上去推销鞋。一个推销员到了岛屿上之后，发现这个岛屿上每个人都是赤脚。他气馁了，没有穿鞋的，推销鞋怎么行，这个岛屿上是没有穿鞋的习惯的。马上发电报回去，打手机回去，鞋不要运来了，这个岛上没有销路的，每个人都不穿鞋的，这是第一个推销员。第二个推销员来了，看到同样的情况，感叹到，这个岛屿上的鞋的销售市场太大了，每一个人都不穿鞋啊，要是一个人穿一双鞋，不得了，那要销出多少双鞋出去，马上打电报，空运鞋来，赶快空运鞋。同样一个问题，你看，不同的思维得出的结论是不同的。

四、创新的过程

创新源自于知识发现、知识创造，离不开企业对知识资产的有效管理；它是新思想、新发明、新知识的商业化过程，不能独立于企业的商业战略和竞争环境而存在；它会引发并伴随着组织的变革，不能脱离组织结构、组织机制进行研究；它是组织有目的、有意识的活动，需要组织的事先规划；它是一个总体线性、局部反复性的周期过程，需要从创新过程和具体的创新阶段入手，才能得到全面和深入的理解。

创新的过程分为六个阶段：知识创造、技术开发、匹配、生产开发、市场开发和评估反馈。创新过程强调创新的选择能力、匹配能力、执行能力和评估能力，以及在知识创造和市场匹配阶段中思想发散和收敛的重要性，如图 11-1 所示。

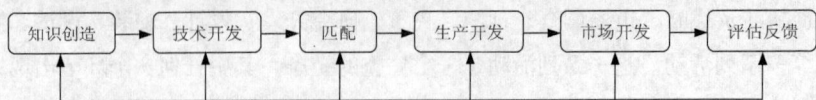

图 11-1　创新的过程

（一）知识创造阶段

知识创造阶段不是一个孤立的阶段，而是与整个创新过程相关，伴随整个创新过程始终的阶段。这个阶段可以分为两部分来看：第一，创新的初始阶段。企业在这个阶段广泛收集来自外部和内部的信息，对其进行加工处理，并结合知识共享和知识交流，使企业不断产生新的知识。在此过程中企业会意识到创新的存在，并发现组织或企业中的机会，最终将其显性化。第二，创新各个阶段所伴随的知识创造过程。由于创新是一个很复杂的过程，无论是在技术开发、生产开发还是在市场开发阶段，都会遇到各种难以预料的困难，因此企业对各个阶段需要认真评估，及时反馈和分析，通过知识创造解决难题，使创新能够顺利进行，这样才可能因此引发出新的系列产品。在这个阶段要特别强调的是知识创造是需要从思想发散走到思维收敛。因为组织中不同的员工往往会对问题有不同的看法，通过交流和不同观点的摩擦，新思想将不断增加，从而出现知识膨胀现象。但这种膨胀现象不是无止境的，因为企业在同一段时间，不能采用多种创新，只能选择最适合企业发展的一种或几种。所以在发散思维之后需要有收敛的过程，来整合不同的思想观点和创新方案。这一般是由企业的决策层通过一定的决策方式，在多个新机遇中选择最有效可行的方案。

（二）技术开发阶段

技术开发阶段是指企业把新思想、新构思转变为新的产品原型或样品的过程。具体而言，它是企业为开发新产品组织技术研究人员所进行的构思创意，研制产品原型或样品，对产品原型或样品进行测试、评价及筛选等工作的总称。但是对于很多企业来说，创新产品的产生并不是基于自主开发，而是将其他地方（如研究机构等）已经研制出的新技术结合自己的产品创造出来的。因此，技术开发阶段可以简化为新技术与企业产品设计的结合。企业需要在众多的新技术中，选择并采用最适合自身发展的技术，因此需要进入第三个阶段——匹配阶段。

（三）匹配阶段

随着信息技术的发展、新产品生命周期的缩减和市场需求的不断变化，创新的风险也不断增加。为了提升创新的成功率，除了正确的选择机遇外，还需要使企业的创新技术与市场需求、商业战略相匹配。如果创新产品缺少市场需求或与企业整个发展方向不一致，必然会导致创新的失败或使企业进入误区。

在这个阶段，企业需要对所有的技术创新和各种原型产品进行汇集，并将专家、技术人员及其他员工对各种创新的可行性分析进行汇总。在此基础上，企业的决策层才可能根据企业现阶段发展状况，根据匹配原理，制定合理的评价标准，对可行性技术创新方案或原型产品进行选择。

（四）生产开发阶段

生产开发是指企业把新的产品原型或样品转变为新产品的过程。它是企业在确定将要投放市场的产品原型或样品之后，即技术开发和匹配过程结束之后，到新产品正式投入批量生产之前而进行的调试、工艺流程设计、产品标准制定、工装及模具设计和制造、工作方法与劳动定额确定等一系列工作的总称。

（五）市场开发阶段

市场开发是指企业把新产品转变为市场上所需要的新产品的过程。实际上，从构思开始，企业就得考虑市场开发问题，它应该包括企业从构思开始，到新产品正式投放市场之前所做的市场调查与研究、市场测试与评价、制定市场营销计划以及最终的销售等各项工作。

（六）评估反馈阶段

评估能够帮助企业更好地认识顾客对自己产品的认可程度及产品给顾客带去的价值，从而帮助企业更好地做出预测和改进。由于创造顾客价值的能力取决于企业的知识创造能力、选择能力、匹配能力和执行能力，而每一个阶段的能力又取决于前一个阶段的能力表现，因此，企业不仅需要在一个创新过程的末期通过顾客进行反馈，还要在创新过程的每一个阶段进行反馈，必要时，重新执行上一个阶段，以确保每一个阶段的有效性。

以上六个过程中，从第一阶段到第二阶段，体现了组织的选择能力；从第二阶段到第四阶段体现了组织的匹配能力；第四阶段和第五阶段体现组织的执行能力；第六阶段体现了组织的评估能力。在整个创新过程中，知识创造和市场匹配是促发企业创新并实现成功创新的关键。

课间案例4：尼龙搭扣

1948年的一天，瑞士发明家乔治·梅斯特拉尔带着狗外出散步，回家发现自己裤腿上和狗身上都粘满了一种草籽。草籽粘在狗毛上很牢，要花一定工夫才能把草籽拉下来。乔治感到很奇怪，他运用了敏锐的观察力，用放大镜仔细观察这种草籽。终于发现，草籽的纤维与狗毛是交叉在一起的，他想，如果采用这两种形状的结构不就可以发明一个搭扣吗？ 8 年后，世界上第一个尼龙搭扣最终在梅斯特拉尔手上诞生。尼龙搭扣实际上是两条尼龙带，它们共同扮演苍耳的角色，其中一条涂有涂层，上有类似芒刺的小钩，另外一条的上面则是数千个小环，钩与环能够牢牢地粘在一起。

五、创新的策略

一般来说，根据创新程度的不同，创新策略可分为首创型创新、改仿型创新和模仿型创新三种。

（一）首创型创新

首创型创新是指观念上和结果上有根本突破的创新，通常是首次推出但对经济和社会发展产生重大影响的全新的产品、技术、管理方法和理论。首创型创新是创新度最高的一种创新活动。其基本特征在于首创。例如，率先推出全新的产品；率先开辟新的市场销售渠道；率先采用新的广告媒介；率先改变销售价格等，所有这些行为都可称为首创型创新。

对企业来说，进行首创型创新，可以开辟新的市场领域，提高企业的市场竞争力，获得高额利润。对处于市场领先地位的企业来说，要想保持自己的市场领先地位，也必须不断地进行首创型创新。首创型是一种高成本、高风险、高报酬的创新活动。由于市场需求的复杂性和市场环境的多变性，以及生产、技术、市场等方面的不确定性，使首创型创新活动具有较大的不确定性和风险性。另外，要开辟一个全新的市场，企业必须先进行大量的市场开发投资，包括市场调查、产品开发、设备更新、组织变动、人员培训、广告宣传等市场开发费用。当然，如果首创型创新获得成功，企业便会因此获得巨大的市场利益。

（二）改仿型创新

改仿型创新是指充分利用企业自身的实力和创新条件，对现有首创型创新进行再创新，从而提高首创型创新的市场适应性。改仿型创新的特征是低成本、低风险、高收益。

（三）模仿型创新

模仿型创新是创新度最低的一种创新活动，它既可以模仿首创者，也可以模仿改仿者，其创新之处仅表现在自己原有市场的发展和变化。一些缺乏首创能力和改仿能力的中小型企业可以采用模仿型创新策略。一般来说，模仿型创新承担的市场风险和创新成本都较小，但收益相对也较小。模仿型创新有利于创新的扩散，任何一个首创型或者改仿型企业，无论拥有多大的实力，也无法在一个较短的时间内占领所有的市场。因此，一旦市场上首创型创新或改仿型创新取得成功，一大批模仿者必然出现。

因此，企业在制定创新策略时，既要根据市场需求，又要联系本企业的特点，充分考虑各种创新条件的影响，选择适当的创新策略、时机和方式，及时进行创新，即适度创新。

引导案例2：三个和尚故事新说——制度创新、管理创新、技术创新

中国有一句老话，叫"一个和尚挑水吃，两个和尚抬水吃，三个和尚没水吃"。如今，这三个观点过时了，现在是"一个和尚没水吃，三个和尚水多得吃不完"。

有三个庙，这三个庙离河边都比较远。怎么解决吃水问题呢？

第一个庙，和尚挑水路比较长，一天挑一缸水就累了，不干了。于是三个和尚商量，咱们来个接力赛吧，每人挑一段路。第一个和尚从河边挑到半路停下来休息，第二个和尚继续挑，又转给第三个和尚，挑到缸里灌进去，空桶回来再接着挑，大家都不累，水很快就挑满了。这是协作的办法，也叫"制度创新"。

第二个庙，老和尚把三个徒弟都叫来，说我们立下了新的庙规，要引进竞争机制。三个和尚都去挑水，谁挑得多，晚上吃饭加一道菜；谁挑得少，吃白饭，没菜。三个和尚拼命去挑，一会儿水就挑满了。这个办法叫"管理创新"。

第三个庙，三个和尚商量，天天挑水太累，咱们想想办法。山上有竹子，把竹子砍下来连在一起，竹子中心是空的，然后买了一个辘轳。第一个和尚把一桶水摇上去，第二个和尚

专管倒水，第三个和尚在地上休息。三个人轮流换班，一会儿水就灌满了。这种方法叫"技术创新"。

由三个和尚没水喝，到三个和尚通过不同的办法达到共同目的，关键在于不局限于固有的思维，发扬了团结协作、良性竞争、开拓创新的精神。

第二节　创新职能的基本内容

任何社会系统都是一个由众多要素构成的，与外部环境不断发生物质、信息、能量交换的动态、开放的非平衡系统。而系统的外部环境是在不断发生变化的，这些变化必然会对系统的活动内容、活动形式和活动要素产生不同程度的影响；同时，系统内部的各种要素也是在不断发生变化的。系统若不及时根据内外环境条件变化的要求，适时进行局部或全局的调整，则可能被变化的环境条件所淘汰，或为改变了的内部要素所不容。这种为适应系统内外变化而进行的局部和全局的调整，便是创新。根据上述特点，我们从技术创新、制度创新以及管理创新三个层面分析创新的过程。

一、技术创新

（一）技术创新的含义

技术创新指生产技术的创新，包括开发新技术，或者将已有的技术进行应用创新。技术创新是企业创新的主要内容，主要表现在要素（材料及手段）创新、要素组合方法（工艺）创新以及要素组合成果（产品）创新等方面。

1. 要素（材料及手段）创新

要素创新包括材料创新和设备创新；要素组合创新包括生产工艺和生产过程的时空组织创新。如前几年，美国农产品过剩，农场主负债累累，政府补贴农业的财政负担沉重。堪萨斯、卡罗来纳等农业州的农民与大学合作，从环保角度，以农产品作原料生产工业产品，如用玉米生产一次性水杯、餐具和包装盒，从玉米中提取燃烧用的乙醇，从大豆中提取润滑油替代石油产品等，受到市场欢迎，政府决定给予减税和强制推行等支持。

2. 要素组合方法（工艺）创新

要素组合方法创新包括工艺路线创新和工艺装备创新等。工艺路线创新是生产方式思路的改变。例如，用精密铸造、精密锻造、粉末冶金代替金属切削生产复杂的机械零件，可大大缩短生产周期，降低成本。工艺装备创新的例子很多，如用计算机绣花机代替手工绣花、用数控机床代替手动操作机床等。

3. 要素组合成果（产品）创新

产品创新是企业技术创新的核心内容，包括品种创新、产品结构创新等。品种创新要求企业根据市场需求的变化和消费者偏好的转移及时调整企业的生产方向和生产结构，不断地开发出用户欢迎的适销的产品。产品结构创新是企业不断改变原有品种的基本性能，它要求企业对现在生产的各种产品进行改进和改造，找出更加合理的产品结构，从而具有更强的市场竞争力。

技术创新和产品创新既密切关系，又有所区别。技术创新可能带来但未必带来产品创新，产品创新可能需要但未必需要技术创新。一般来说，运用同样的技术可以生产不同的产品，生产同样的产品可以采用不同的技术。产品创新侧重于商业和设计行为，具有成果的特征，因而表现得更加外在；技术创新具有过程的特征，往往表现得更加内在。产品创新可能包含技术创新的成分，还可能包含商业创新和设计创新的成分。技术创新可能并不带来产品的改变，而仅带来成本降低、效率提高。另外，新技术的诞生往往可以带来全新的产品，技术研发往往对应于产品或者着眼于产品创新；而新的产品构想，往往需要新的技术才能实现。

（二）技术创新的决定因素

根据技术创新理论的代表人物莫尔顿·卡曼和南赛·施瓦茨的研究，决定技术创新的因素有三个。

1．竞争程度

竞争必然引起技术创新。竞争是一种优胜劣汰的机制，技术创新可以给企业带来降低成本、提高产品质量和经济效益的好处，帮助企业在竞争中占据优势。因此，每个企业只有不断进行技术创新，才能在竞争中击败对手，才得以生存和发展自己，以获得更大的超额利润。

2．企业规模

企业规模的大小从两方面影响技术创新的能力，因为技术创新需要一定的人力、物力和财力，并承担一定的风险。规模越大，这种能力越强。另外，企业规模的大小影响技术创新所开辟的市场前景的大小，一个企业规模越大，它在技术上的创新所开辟的市场也就越大。

3．垄断力量

垄断力量影响技术创新的持久性。垄断程度越高，垄断企业对市场的控制力就越强，别的企业难以进入该行业，也就无法模仿垄断企业的技术创新，垄断厂商技术创新得到的超额利润就越能持久。他们认为，"中等程度的竞争"即垄断竞争下的市场结构最有利于技术创新。在这种市场结构中，技术创新又可分为两类：一是垄断前景推动的技术创新，指企业由于预计能获得垄断利润而采取的技术创新；二是竞争前景推动的技术创新，指企业由于担心自己目前的产品可能被竞争对手模仿或在创新的条件下丧失利润而采取的技术创新。

课间案例 5：市场：技术创新的出发点

市场是检验技术创新成功与否的最终标准，是技术创新的归宿，同时也是技术创新的出发点。创建于 1987 年 12 月的浙江久立集团，其前身是湖州防火电缆厂和湖州不锈钢管厂，它是一家乡镇企业。随着 20 世纪 80 年代我国建筑业的发展以及对建筑物质量要求的不断上升，防火电缆成为一个很大的潜在市场。浙江久立集团公司董事长兼总经理周志江正是看准了市场，坚持着百年艰难的氧化镁矿物耐火电缆技术创新。

该集团于 1989 年与上海电缆研究所技术合作，联合开发氧化镁矿物绝缘电缆，即 MI 电缆，填补了国内空白。又于 1991 年与上海电缆研究所成立科研生产联合体，"八五"期间投入 4320 万元技改资金，扩建 MI 电缆生产线，生产各种系列氧化镁矿物防火电缆，其期望该产品可替代进口。在上海电缆研究所技术人员的帮助下，通过久立技术人员的不懈努力，产品终于开发成功，并通过了国内权威部门验证。其产品质量也达到同类进口产品水平，而产品价格却仅为同类进口产品的 1/8。但是，市场一直没有订单，资金却一直在投入。连续 5 年，公司每年投入 30 万元试制费用，加上技术转让费用 30 万元，直接投入研究开发费用 180 万元，再加上生产设备、厂房投资，该项目共占用资金几千万元。

技术创新工作的艰难不仅来自技术本身，更来自市场，在压力面前，周志江始终抱定一个信念：从国外建筑市场需求的现状和我国市场的发展趋势分析，防火电缆研究要发展。功夫不负有心人。1995 年开始，国内市场逐渐从观望转向实际需求，1996 年、1997 年市场订货连续上升，至 1997 年产值达 5000 万元，国内一些主要工程项目纷纷来函，来人订购氧化镁矿物防火电缆，一些国内重点工程项目如北京国际贸易中心、上海浦东东方明珠电视塔、《解放日报》新闻大楼、深圳商业中心、广州百货大楼、中国银行南京分行等项目，都采用了久立耐火电缆。久立人用顽强的毅力创新成功 MI 电缆，为企业创出了经济效益，填补了国内空白，节省了国家大量外汇。

技术创新之路确实不平坦，然而，只要看准市场、集思广益，坚持不懈地研究开发，开拓市场，必定能到达胜利的彼岸。

（三）技术创新的战略定位

一个企业面对自己的内部和外部环境，要想获得技术创新的成功，必须结合自身的特性、价值观、核心专长等，在为企业总战略服务的基础上给技术创新战略定位。这种定位不宜过于具体，以便使企业在动态的环境中游刃有余，克服刚性过多、缺乏灵活性的弊端。技术创新按其创新目的的不同来划分，可分为四种不同的定位。

1. 定位于低成本领先战略

一般要求企业本来就是成本领先者，除非一些小企业通过重大的技术变革使一个企业得以彻底改变其地位。低成本领先战略需要企业不断地注意产品的设计便于制造、先进设备的引进和具备较高的相对市场份额的低成本的分销系统。企业在确立以低成本领先战略为其技术创新目的时，必须围绕降低成本、简化工艺流程、进行相关产品开发和应用及先进设备创新、改进与引进上下工夫。企业要注重控制技术、产品技术、工艺技术，尽可能降低制造成本，生产标准化产品。总之，企业要降低生产成本，保持市场最低价，获得成本领先地位。

2. 定位于高差异战略（差异领先战略）

一般要求原材料购进质量好，产品性能好，有较好的工艺，具有独特的个性，满足顾客特殊需要，生产规模相对较小等，总之产品对消费者要有与众不同的价值感受。企业在确立以高差异战略（差异领先战略）为其技术创新目的时，则必须围绕优质原材购进，产品独特的工艺，产品独特的性能、功能、设计及包装上下工夫，注重工艺技术即尽量使产品工艺精细；注重产品技术即尽量设计具有独特风格、性能、功能的产品等，使顾客从产品中获得独特的价值感受、独特的消费享受。

3. 定位于先动战略

先动战略是指企业面对竞争对手，第一个采取行动方案，凭借其较强的研发能力，通过对新产品的革新与开发或改变游戏规则等而获得竞争优势。它要求企业具有较雄厚的资金和研发能力，对市场具有较强的洞察、反应能力。采取先动战略可以在产品技术、工艺技术、控制技术等某一技术或多个技术上进行突破与创新。

4. 定位于范围经济

范围经济是指企业通过对核心技术无形产品的拥有及其对有形产品的生产，形成一条创新链，进行一系列的产品研制与开发，获得规模经济，增强企业竞争力，为企业获得高额利润。采用这种创新要求企业在产品核心技术上进行研究与开发，同时注重产品技术的扩散与应用。在家电行业中如果攻克了制冷核心技术，则不仅可以将其技术应用于制冷家电，还可以应用于工业制冷设备，生产出一系列产品，形成一定的规模，产生范围经济。

课间案例6：科龙公司的技术创新

科龙公司生产的容声牌冰箱、科龙牌空调和三洋科龙牌冷柜享誉全国并出口海外。作为中国家电产业领头羊的科龙公司，为了应对国内外的竞争，科龙人采取的措施是加快自己的技术创新，提高产品的技术含量，提高产品的档次。科龙集团还成立了香港科龙发展有限公司，同时加快技术研发的步伐，加大对技术更新的投入等。

在激烈的市场竞争中，科龙人不断集中独特的技术，开发优质新产品、引导新潮流成为科龙精品的一大特色。例如，在国内，首创电子除臭旋转功能的是科龙容声冰箱；首先开发出无氟电冰箱，率先推出全自动除霜功能的是科龙容声冰箱；首家推出大圆弧门、太空流线型冰箱外观的是科龙容声冰箱等。

（四）技术创新的方式

实施技术创新的方式多种多样，总的来说有以下几种。

1. 自主创新

自主创新是指企业依靠自身的资源通过研究、探索产生技术突破，攻破技术难关，并在此基础上推动创新的后续环节，完成技术的商品化，获取商业利润，达到预期目标的创新活动。自主创新是一种先动行为，它可以是一种根本性的变革，也可以是一种渐进的改变，它是一种对领先企业较为适用的方式。它是领导行业发展、垄断市场、获得丰厚利润、实现成本领先战略的有效方法，同时也可达到获得高差异的目的，是带动我国经济发展的有效途径。企业要想在全球经济中占有一席之地，最终必须依靠自主创新。自主创新要求企业有很强的研发能力、较雄厚的经济实力及管理组织能力。它有投资大、周期长、风险大、收益大等特点。它一旦获得成功，就奠定了自身在行业中的领导地位。

2. 内部转移

一般而言，内部转移创新是一个企业或更多的是一个进行相关多元化发展的集团公司所采用的方法。当公司在某一个产品、某一个领域，特别是企业核心技术方面有所突破，形成某一技术在行业中领先时，它不仅可在某一范围内受益，还可以将技术转移到集团的子公司或其他领域而受益。各子公司或事业部分享技术创新成果，这样既可以形成集团公司在市场上的竞争整体实力，也分摊了在研发中昂贵的投资成本，降低研发费用。如一个集团公司在电冰箱的制造中突破了制冷技术，则不仅在电冰箱的生产中使技术在同行业中获得领先地位，得到丰厚的超额利润，而且可以把制冷技术转移到空调或者工业制冷技术上，在集团公司内共享研发成果。同时，研发费用也可以分摊到空调、工业制冷技术产品上，从而降低了研发成本，产生规模效益。

3. 学习/模仿

学习/模仿创新是指企业通过学习模仿率先创新者的创新思路和创新行为，吸取率先者成功的经验和失败的教训，引进、购买或反求破译率先者的核心技术秘密，实行对产品功能、生产工艺等发展与改进的一系列活动。它是一种跟进行为，是一种从渐进走向根本性变革的技术创新过程。它具有模仿跟随性、开拓性、资源投入的中间聚积性等特点。它通过注重创新链上的产品设计、工艺制造、批量生产、质量控制等中后续环节的投入，形成丰厚的技术积累，生产出在性能、质量、价格等方面富有竞争力的产品并率先创新企业竞争。学习/模仿创新是我国企业在研发技术相对落后的情况下，通向自主创新、面对国际化竞争的一种有效方式。学习/模仿创新可以通过技术的积累将知识和能力内化于企业组织结构之中，形成企业的一种重要的无形资源，提高企业的基础竞争力。

4. 合作/联盟

合作/联盟创新是指企业间或企业、科研机构、高等院校之间的联合创新行为。它通常以合作伙伴的共同利益为基础，以资源共享或优势互补为前提，有明确的合作目标、合作期限和合作规则，合作各方在技术创新的全过程或某些环节共同投入、共同参与、共享成果、共担风险。合作的成员之间可以是供需关系，也可以是相互竞争关系。它是在全球性技术竞争不断加剧、企业创新活动越来越复杂的情况下做出的必然选择。合作创新可以缩短创新时间，增强企业的研究能力，分散企业创新风险，它一般集中在高新技术产业。

5. 外购或购并

外购创新是指企业为了更加有效地建立和发挥核心专长，获得商业利润，提高企业在市场上的竞争能力，通过合法手段购买一个研究机构或另外企业的专利技术，建立自己的核心专长，获得市场竞争优势。购并创新则是通过购并一个企业，而获得这个企业的技术创新成果和能力。外购方式相对投资较少，掌握技术较快，有利于企业缩短研制周期，减少风险，缩小竞争中的差距。但外购的技术往往是别的企业已经采用的技术，它们会给企业开发的新产品带来一定的困难。并且，经常依赖外购来实现创新，容易使其内部创新能力减退。一般情况下，外购技术可以产生良好的短期回报，但在不知不觉中，企业会减少对新技术研究开发的投资，包括研发费用和人力的投入，特别是某些技术诀窍只有在研究开发的过程中才能学会。如果企业过分依赖技术外购，这势必影响企业的技术创新能力，从而最终损害企业的长远利益。

课间案例7：联想的技术研发

一是形成完善的研究开发体系。联想分别在美国硅谷、中国香港地区和北京设有研究开发中心。设在美国硅谷的研究中心，将其作为跟踪世界研究开发的窗口和引进新技术、新产品的前沿阵地，主要目的是用来捕捉世界范围内的新信息，在对技术信息的收集、整理、加工运用的基础上，开发出符合国内公司要求的新技术、新产品，并将开发出来的科技成果传输到中国香港，达到充分利用发达国家的先进技术和良好的研究开发环境为本国企业和国内的研究开发机构服务的目的。中国香港的研究开发中心负责新技术的实施、条件论证、前景分析和市场推广，然后再反馈到北京。北京的研究开发中心对立项的新技术进行整体设计并投入生产。这三个研究开发中心保证了联想与世界先进技术同步。二是积极进行国际合作。联想集团与因特尔、微软、惠普等国际知名企业建立了良好的战略合作关系，通过合作联想不仅学到了国外知名企业先进的管理经验，而且吸收了国际先进技术。三是建立了一套良好的人才培养、激励机制。靠这套机制，联想吸引了大量优秀的、具有进取精神的研究开发人才，为产品开发积累了人才。

二、制度创新

（一）制度创新的含义

制度是指一系列被制定出来的规则和程序，它旨在约束追求主体效用最大化的团体和个人行为。企业制度是指支持企业运行和发展的一系列规定、规范和行动准则的总和。它包括基本制度和具体制度两方面，基本制度规定企业的性质和方向，是带有根本性的制度；具体制度规范企业的行为，是指导企业和员工日常活动的行为规则。

所谓制度创新，就是引入一项新的制度安排来代替原来的制度。制度创新意味着对原有企业制度的否定，是一个破旧立新的过程。企业制度的发展过程也是企业制度的创新过程。

（二）制度创新的类型

制度创新是把思维创新、技术创新和组织创新活动制度化、规范化，同时又具有引导思维创新、技术创新和组织创新的功效。它是管理创新的最高层次，是管理创新实现的根本保证。现代企业制度创新主要包括以下三种创新。

1. 产权制度创新

产权制度，是指产权关系和产权规则结合而成的且能对产权关系实现有效的组合、调节和保护的制度安排。产权制度是企业制度的核心，它不仅决定着企业的性质和方向，而且影响着企业其他制度的制定及运行方式。产权制度的最主要功能在于降低交易费用，提高资源配置效率。建立归属清晰、权责明确、保护严格、流转顺畅的现代产权制度，是市场经济存在和发展的基础，是完善基本经济制度的内在要求。当前我国经济社会发展中出现的一些矛盾和问题，都直接或间接地涉及产权问题。建立健全现代产权制度，是实现国民经济持续快速健康发展和社会有序运行的重要制度保障。

2. 经营制度创新

经营制度是企业在生产经营活动中有关经营权归属及其行使条件的具体化描述，约束和规范企业所有部门及成员在日常生产经营的活动。合理、合法、符合企业当前发展要求的企业经营制度可以显著提升企业的整体运营效率，因此企业在不同的发展阶段应该适时解除旧的经营制度，而建立并施行与企业发展相适应的经营制度。经营制度的创新方向应该是不断寻求企业生产资料最有效的利用方式。

3. 管理制度创新

管理制度是对企业管理活动的制度安排，包括公司经营目的和观念、公司目标与战略、公司的管理组织以及各业务职能领域活动的规定（包括对材料、设备、人员及资料等各种要素的取得和使用的规定）等。

产权制度、经营制度、管理制度这三者之间的关系是错综复杂的（实践中相邻的两种制度之间的划分甚至很难界定）。一般来说，一定的产权制度决定了相应的经营制度。但是，在产权制度不变的情况下，企业具体的经营方式可以不断进行调整；同样，在经营制度不变时，具体的管理规则和方法也可以不断改进。而管理制度的改进当发展到一定程度，则会要求经营制度做相应的调整；经营制度的不断调整，则必然会引起产权制度的革命。因此，反过来，管理制度的变化会反作用于经营制度；经营制度的变化会反作用于产权制度。

制度创新的方向是不断调整和优化企业所有者、经营者、劳动者三者之间的关系，使各个方面的权力和利益得到充分的体现，使组织的各种成员的作用得到充分的发挥。

课间案例8：室外电梯

一家酒店因生意十分红火，业务量增大，原来安装的电梯已不够用，经理打算再增加一部新电梯。他们请来了专家，专家研究认为，唯一的办法是在每层楼都打个洞，直接安装新电梯。

就在专家们坐在酒店里商谈工程的细节的时候，他们的谈话恰巧被一位正在扫地的清洁工听到了。清洁工对他们随口说道："每层楼都打个洞，肯定会弄得尘土飞扬，到处乱七八糟。"

专家答道："这是难免的了，谁让酒店当初设计时没有想到多装一部电梯呢？"清洁工想了一会，说道："我要是你们，我就把电梯装在楼的外面。"

专家们听了清洁工的话陷入了沉思，但马上他们为清洁工的这一提议拍案叫绝。从此，建筑史上出现了一个新生事物——室外电梯。

三、管理创新

（一）管理创新的含义

管理是对组织的资源进行有效整合以达成组织既定目标与责任的动态创造性活动，相应的管理创新是指基于新的管理思想、原则和方法，改变企业的管理流程、业务运作流程和组织形式，以期更有效地达成组织的目标与责任。管理创新是创造一种新的更有效的资源整合范式，这种范式既可以是新的有效整合资源以达到企业目的和责任的全过程管理，也可以是新的具体资源整合及目标制定等方面的细节管理。管理创新至少可以包括下列五种情况：提出一种新经营思路并加以有效实施；创设一个新的组织机构并使之有效运转；提出一种新的管理方式方法；设计一种新的管理模式；进行一项制度的管理。

（二）管理创新的理论依据

要有效地进行管理创新，必须依照企业创新的特点和基本规律，因此，管理创新要依据以下基本理论。

1．企业本性论

追求利润最大化——企业是现代社会的经济主体，是社会政治、经济和文化生活的基本单元。现代社会是以企业为主宰的团体社会。企业没有利润，怎样体现自己的生命意义，又怎样追求自己的价值，这是企业进行管理创新首要和基本的理论依据。

2．管理本性论

企业本性论指明了企业生存的目标。怎样实现这一目标必须靠科学的管理。通过加强基础管理和专业管理，保证产品质量的提高、产量的增加、成本的下降和利润的增长，这是企业管理创新的又一依据。

3．员工本性论

员工本性论明确创造利润这一企业本性，认识到实现企业本性要靠科学的管理，根据市场和社会变化有效整合企业内部资源创造更高的生产率并不断满足市场需求，是管理创新的常新内容。但这还不够，还必须明确管理的主体。在构成企业的诸多要素中，人是最积极、最活跃的主体性要素，企业的一切运营活动必须靠人来实现。人是生产力的基本要素，又是管理的主体。这是企业活力的源泉所在，也是管理能否成功的关键。

4．国企特性论

国有企业是国有资产的运营载体，当前在国民经济中占有主导地位，是一种"特殊"的企业。政府要依靠和发挥国有经济的作用，通过国有企业实现宏观调控，与外资企业抗衡，稳定市场秩序，维护公开公平的市场竞争，保证经济社会发展目标的实现。改革只会改变国企承担社会目标的形式和某些内容，但绝不会改变其承担社会目标的职能，也不会改变经营者所面对的较之私人企业更多的管理难题。

课间案例9：温柔乞讨

从前，有位失明的男孩子，他坐在一栋大厦前的台阶上，脚边放着一个破帽子，他的手里举着一个牌子，上面写着——"我是一个瞎子，请你帮帮我。"

一个男子从他身旁走过，他看见帽子里只有很少的几枚硬币，于是掏出些钱放进他的帽子里。然后，他取出笔，在男孩手中的牌子反面写上一行字，让他把牌子反过来举着。没想到这样一改，很多人从男孩身边经过的人都投下了钱。下班时，那个男子再次从男孩身边走过时看见，他的帽子里面的钱已经满了。男孩听出了他的声音，问道："您是今天中午那个改我牌子的人吗？您在上面写了些什么？"

男子答道："我写的其实和你的实质一样，但我却用了不同的表达方式。我写的是：今天是美好的一天，我却看不到它。"

（三）管理创新的基本条件

为使管理创新能有效地进行，必须创造以下基本条件。

1．创新主体（企业家、管理者和企业员工）应具有良好的心智模式

创新主体是实现管理创新的关键。心智模式是指由于过去的经历、习惯、知识素养、价值观等形成的基本固定的思维认识方式和行为习惯。创新主体具有的心智模式：一是远见卓识，二是具有较好的文化素质和价值观。

2．创新主体应具有较强的能力结构

管理创新主体必须具备一定的能力才可能完成管理创新。创新管理主体应具有核心能力、必要能力和增效能力。核心能力突出地表现为创新能力；必要能力包括将创新转化为实际操作方案的能力和从事日常管理工作的各项能力；增效能力是控制协调、加快进展的各项能力。

3．企业应具备较好的基础管理条件

现代企业的基础管理主要是指一般的最基本的管理工作，如基础数据、技术档案、统计记录、信息收集归档、工作规则、岗位职责标准等。管理创新往往是在基础管理较好的基础上才有可能产生。因为只有基础管理好，才能提供许多必要且准确的信息、资料、规则等。这本身有助于管理创新的顺利进行。

4．企业应营造一个良好的管理创新氛围

创新主体能有创新意识，能有效发挥创新能力，与拥有一个良好的创新氛围有关。在良好的工作氛围下，人们思想活跃，新点子产生得多而快，而不好的氛围则可能导致人们思想僵化、思路堵塞、头脑空白。

5．管理创新应结合本企业的特点

现代企业之所以要进行管理上的创新，是为了更有效地整合本企业的资源以完成本企业的目标和任务。因此，这样的创新就不可能脱离本企业和本国的特点。在当前的国际市场中，短期内中国大部分企业的实力比西方企业弱，如果以刚对刚则会失败，若以太极拳的方式以柔克刚，则可能是中国企业走向世界的最佳方略。中国企业应充分发挥以"情、理、法"为一体的中国式管理制度的优势和特长。

6．管理创新应有创新目标

管理创新目标比一般目标更难确定，因为创新活动及创新目标具有更大的不确定性。尽管确定创新目标是一件困难的事情，但是如果没有一个恰当的目标则会浪费企业的资源，这本身又与管理的宗旨不符。

引导案例3：取缔余额宝风波

2014年2月21日，央视证券资讯频道执行总编辑兼首席新闻评论员钮文新发博文《取缔余额宝！》称："余额宝是卧在银行身上的'吸血鬼'，典型的'金融寄生虫'。"钮文新认为，余额宝冲击的是整个中国的经济安全。因为，当余额宝和其前端的货币基金将2%的收益放入自己兜里，而将4%～6%的收益分给成千上万的余额宝客户的时候，整个中国实体经济也就是最终的贷款客户，将成为这一成本的最终买单人。

对此，网友纷纷予以驳斥，余额宝只是一条金融系统中的鲶鱼而已，尽管由于第三方支付做个人金融业务处于三不管地界，仍然只是短期的监管套利，并没有在总量上影响到国家金融体系安全，更何况从近来腾讯微信给予支付宝的压力看，互联网公司同样不能免于被互联网颠覆的风险，没有必要急于对这些尚未深入金融市场的创新做出严格限制。

2月22日凌晨，支付宝官方发长微博《记一个难忘的周末》幽默回应。支付宝则表示，余额宝加上增利宝，一年的管理费是0.3%、托管费是0.08%、销售服务费是0.25%，利润只

为 0.63%，除此之外再无费用。并对"吸血鬼"一说加以调侃称，"老师您能别逗了吗？我查了下，2013 年上半年，16 家国内上市银行净利润总额达到 6191.7 亿元，全年起码翻一番，12 000 亿元吧？"

2 月 22 日，阿里小微金融服务集团首席战略官舒明称：即使与总规模约 10 万亿元的银行理财产品相比，货币市场基金也不到其总规模的 1/10。很难想象，规模如此之小的货币市场基金会对市场整体利率水平产生巨大的影响，会"严重干扰利率市场"。

2 月 23 日下午，《证券时报》记者对钮文新进行独家专访，他回应称，我质疑的不是余额宝，而是类似于余额宝的这样一种商业模式。银行才是"钱"的最终经营者，因为有贷款在经营链条上，各种风险都包含其中。所以可以说，余额宝这样的模式是一种"金融寄生虫"。

第三节　创新活动的组织引导和风险管理

管理者素质的核心是创新。创新的灵魂是观念创新，管理者必须紧跟时代步伐，抢抓机遇，大胆创新，不断创造和拥有更新的思想、更新的观念，不断增强企业核心技术优势，优化、调整企业内部资源配置，充分发掘企业内部潜力，增强竞争实力，促进企业的长远发展。企业只有在不断地创新中，才会走得更高、更远、更稳。

一、创新活动的组织引导

系统的管理者不仅要对自己的工作进行创新，而且更主要的是组织创新，为部属的创新提供条件、创造环境，有效地组织系统内部的创新。

（一）正确理解和扮演"管理者"的角色

管理人员往往是保守的，他们往往自觉或不自觉地扮演现有规章制度的守护神的角色。为了减少系统运行中的风险，防止大祸临头，他们往往对创新尝试中的失败吹毛求疵，随意惩罚在创新尝试中遭到失败的人，或轻易地奖励那些从不创新也从不冒险的人……在分析了前面的关于管理的维持与创新职能的作用后，再这样来狭隘地理解管理者的角色，显然是不行的。管理人员必须自觉地带头创新，并努力为组织成员提供和创造一个有利于创新的氛围与环境，积极鼓励、支持、引导组织成员不断进行创新。

（二）大力促进创新组织氛围的形成

促进创新的最好方法是大张旗鼓地宣传创新、鼓励创新、激发创新，树立"无功便是有过"的新观念，使每一个成员都能奋发向上，努力进取，跃跃欲试，大胆尝试。要造成一种人人谈创新、时时想创新、无处不创新的组织氛围，使那些无创新欲望或有创新欲望却无创造行动、从而无所作为者自己感觉到在组织中无立身之处，使每个人都认识到组织聘用自己的目的，不是要自己简单地用既定的方式重复那也许重复了许多次的操作，而是希望自己去探索新的方法、找出新的程序，只有不断地去探索、去尝试才有继续留在组织中的资格。

（三）制定有弹性的计划

创新意味着打破旧的规则，意味着时间和资源的计划外占用，因此，创新要求组织的计划必须具有弹性。创新需要思考，思考需要时间。把每个人的每个工作日都安排得非常紧凑，对每个人在每时每刻都实行"满负荷工作制"，则创新的许多机遇便不可能发现，创新的构想也无条件能产生。同时，创新需要尝试，而尝试需要物质条件和试验的场所。如果要求每个部门在任何时间都严格地制定和执行严密的计划，则创新会失去基地，而永无机会尝试的新构想，就只能留在人们的脑子里或图纸上，不可能给组织带来任何实际的效果。因此，为了使人们有时间去思考、有条件去尝试，组织制定的计划必须具有一定的弹性。

（四）正确地对待失败

创新的过程是一个充满着失败的过程。创新者应该认识到这一点，创新的组织者更应该认识到这一点。只有认识到失败是正常的，甚至是必须的，管理人员才可能允许失败，支持失败，甚至鼓励失败。当然，支持尝试，允许失败，并不意味着鼓励组织成员去马马虎虎地工作，而是希望创新者在失败中取得有用的教训，学到一点东西，变得更加明白，从而使下次失败到创新成功的路程缩短。

（五）建立合理的奖酬制度

要激发每个人的创新热情，还必须建立合理的评价和奖惩制度。创新的原始动机也许是个人的成就感、自我实现的需要，但是如果创新的努力不能得到组织或社会的承认，不能得到公正的评价和合理的奖酬，则持续创新的动力会渐渐削弱甚至消失。

课间案例 10：总统促销

从前，有位美国出版商，他的手中有一批滞销书，久久不能脱手。一天，他想出了一个主意。

他给总统寄去一本书，并三番五次地征求总统的意见。忙于政务的总统不堪其烦，于是便敷衍道："你这本书不错。"于是，他立刻打出一则广告："我处现有一本总统认为不错的好书，欲购从速。"人们蜂拥而至，书被抢购一空。

不久后，这位出版商又有批书卖不动了，他又给总统寄去一本书。这回，总统有心奚落他，便说道，"你这本书简直糟透了。"

出版商知道后，随即打出广告"本处现有一批总统先生认为糟透了的书，欲购从速。"结果，书又被人们抢购一空。

第三次，这位出版商又故技重演。这次，总统接受了前两次的教训，于是不置可否。这位出版商，灵机一动又打出一则广告："我处现有一本连我国总统也难以下结论的书，欲购从速。"结果书还是被抢购一空。

二、创新活动的风险管理

创新风险是指由于外部环境的不确定性或内部对创新过程难以有效控制而造成创新活动失败的可能性。在创新过程中，风险总是客观存在、不可避免的，风险可能会导致创新活动达不到预期目标。创新要敢于冒险，但这并不意味着盲目冒险。因此，企业必须建立有效的风险管理机制。

（一）降低合作创新风险

企业要从能力、责任、制度、技术和财务等方面对创新合作伙伴进行详尽的风险考核，选择发展稳健的合作者，降低合作创新的风险。在合作者的数量上，以精简为原则，尽量缩短合作链条，以减少合作创新中的不确定性。

（二）提高早期风险评估能力

加强企业对研发成果商业潜力的早期风险评估能力，或者与专业的风险评估机构进行合作，充分评价"流出"和"流入"企业的创意的潜在商业价值，从而避免造成损失。

（三）吸引企业内外创新人才

通过改善企业内部的人力资源管理方式、规范人事规章制度、建立合理的创新激励机制，保持对企业内外人才的吸引力、稳定企业内部研发组织结构、避免企业核心研发人员过多离职出走，从而避免企业内部创意流失。

（四）不断变革企业的商业模式

创新主要强调的是企业整合创新资源的能力，即"怎么卖胜过卖什么"。从本质上来说，创意与技术本身是没有任何价值的，它们的价值是由将其市场化的商业模式决定的。商业模式相当于中介机构，从而把技术领域和经济领域连接起来。一项普通的创意或技术配以非常先进的商业模式可能会比非常先进的创意或技术配以普通的商业模式更能创造价值。

（五）建立健全内部控制体系

明确企业内部管理层以及具体操作人员的职权和责任，实行严格的问责制。加强对创新的激励约束机制建设，建立足以监控、管理和报告创新产品交易风险的管理信息系统，实施全面的内部控制与稽核制度，有效发挥内部监管职能。

课间案例11：你替我搬

英国有一家大型图书馆要搬迁，由于该图书馆藏书量巨大，因而搬运成本算下来非常惊人。就在这时，有一个图书管理员想出了办法，那就是马上对读者们敞开借书，并延长还书日期，只要读者们增加相应押金，并把书还入新的地址。这一措施得到了采纳。结果，这个办法不但大大降低了图书搬运成本，还受到了读者们的欢迎。

快乐阅读

不值得定律

不值得定律最直观的表述是：不值得做的事情，就不值得做好。这个定律再简单不过了，但其重要性却时时被人们忽视遗忘。不值得定律反映人们的一种心理，一个人如果做的是一份自认为不值得做的事情，往往会保持冷嘲热讽，敷衍了事的态度，不仅成功率低，而且即使成功，也不觉得有多大的成就感。因此，对个人来说，应在多种可供选择的奋斗目标及价值观中挑选一种，然后为之奋斗。选择你所爱的，爱你所选择的，才可能激发我们的斗志，也可以心安理得。而对一个企业或组织来说，则要很好地分析员工的性格特性，合理分配工作，如让成就欲较强的职工单独或牵头完成具有一定风险和难度的工作，并在其完成时，给予及时的肯定和赞扬；让依附欲较强的职工，更多地参加某个团体工作；让权力欲较强的职工，担任一个与之能力相适应的主管。同时，要加强员工对企业目标的认同感，让员工感觉到自己所做的工作是值得的，这样才能激发职工的热情。

复习思考题

一、名词解释

1. 创新
2. 技术创新
3. 管理创新
4. 制度创新
5. 自主创新
6. 创新风险
7. 首创型创新
8. 改仿型创新
9. 模仿型创新
10. 目标创新

二、选择题

1. 以下不属于创新特征的是（　　）。
   A. 高风险性　　　　　B. 高回报率　　　　　C. 时效性　　　　　D. 非理性
2. 以下不属于创新思维的前提条件的是（　　）。
   A. 知识和经验的积累　　　　　　　　B. 客观压力
   C. 强烈的好奇心　　　　　　　　　　D. 求胜心
3. 企业创新的动力机制是（　　）。
   A. 为社会谋福利　　　　　　　　　　B. 效益最大化
   C. 制造高性能产品　　　　　　　　　D. 为民族工业发展做贡献
4. 从产品生产角度分析，以下不属于技术创新范围的是（　　）。
   A. 材料创新　　　　　B. 设备创新　　　　　C. 工艺创新　　　　　D. 物流创新
5. 企业成功的基础因素包括（　　）。
   A. 制度、组织　　　　　　　　　　　B. 人才、资本技术、信息
   C. 管理、营销、企业文化　　　　　　D. A、B 和 C

6. 企业创新一般包括以下几个领域：（　　　）。

    A. 组织创新、市场创新、管理创新、文化创新、制度创新

    B. 技术创新、制度创新、组织创新、市场创新、文化创新

    C. 技术创新、制度创新、组织创新、市场创新、管理创新

    D. 文化创新、制度创新、组织创新、市场创新、管理创新

7. 制度创新是一个（　　　）。

    A. 静态过程

    B. 从制度均衡到非均衡的过程

    C. 从非均衡到制度均衡的过程

    D. 制度均衡与非均衡交替出现的动态循环上升过程

8. 创新型公司要做到对员工放松控制，其基本形式是（　　　）。

    A. 给员工一定自由支配的时间　　　　　B. 给员工一定自由支配的资金

    C. 尽量避免多层审批　　　　　　　　　D. 给员工减少工作压力

9. 熊彼特认为经济增长和发展的"主发动机"是（　　　）。

    A. 管理　　　　　　　B. 营销　　　　　　　C. 创新　　　　　　　D. 人才

10. 维持与创新的关系是（　　　）。

    A. 维持是为了实现创新的成果　　　　　B. 创新是维持的逻辑延续

    C. 维持是创新基础上的发展　　　　　　D. 创新为更高层次的维持提供依托和框架

11. 以下行为中，不属于创新的是（　　　）。

    A. 海尔集团开发的小小神童洗衣机投入生产

    B. 长虹集团初次进入空调生产领域

    C. 福特公司在 20 世纪初采用流水线生产汽车

    D. 微软开始向用户提供视窗 2003 操作系统

12. 创新型组织往往会（　　　）。

    A. 更注重结果且避免风险　　　　　　　B. 更注重结果但接受风险

    C. 更注重手段且避免风险　　　　　　　D. 更注重手段但接受风险

13. 就有形的物质产品而言，产品创新不表现在（　　　）。

    A. 功能创新　　　　　B. 结构创新　　　　　C. 外观创新　　　　　D. 价格创新

14. 创新过程包括的阶段有（　　　）。

    A. 准备阶段　　　　　B. 寻找机会　　　　　C. 提出构想　　　　　D. 实施构想

15. 管理创新的内在原因主要有（　　　）。

    A. 物质利益的追求　　B. 创新心理需要　　C. 自我价值的实现　　D. 工作的责任感

16. 管理创新的领域包括（　　　）。

    A. 经营思路创新　　　B. 组织结构创新　　C. 管理方式方法创新　D. 管理模式创新

三、判断题

（　　　）1. 创新的本质是求异。

（　　　）2. 创新风险很低。

（　　）3. 创新是全方位提高企业素质的最有效的方式。

（　　）4. 创新能够促进企业的自我发展。

（　　）5. 创新必须打破习惯势力，不断注入新的管理思想和方法。

（　　）6. 创新是对原有秩序的一种破坏。

（　　）7. 创新中物质奖励胜于一切别的奖励。

（　　）8. 企业创新的动力机制主要是效益最大化。

（　　）9. 创新就是发明。

（　　）10. 创新是研究开发的雅称。

（　　）11. 对于任何企业来说，要想取得高额利润，必须不断进行首创型创新。

（　　）12. 模仿型创新者不用承担市场风险，市场开发成本低，因此模仿创新是想取得市场领先地位企业的首要选择。

（　　）13. 企业创新的基本思路是有计划和有步骤的放弃老产品，放弃正在过时的东西。

（　　）14. 麦克利兰认为，创新者的主要动机是对成就的追求以及创新成功后获得的心理上的满足。

（　　）15. 意外的成功往往可以揭示创新，而意外的失败则意味着无法进行创新。

四、简答题

1. 简述维持职能与创新职能的关系。

2. 简述创新的特征。

3. 简述创新的五种形式。

4. 简述决定技术创新的因素。

5. 简述如何提高管理创新能力。

6. 简述技术创新、制度创新与管理创新的关系。

五、论述题

1. 联系实际谈谈企业家为什么愿意投入大量的人力物力进行创新？如何进行有效创新？

2. 你认为创新才能是天生的吗？企业能通过培养来提高员工的创新能力吗？

3. 企业的创新与经济效益之间存在必然联系吗？为什么？

4. 联系实际谈谈管理者如何对创新活动进行组织引导。

5. 富有创新精神的文化使组织变得更有效吗？为什么？

六、案例分析题

案例1. 小天鹅的末日管理

无锡小天鹅始建于1958年。它从1978年中国第一台全自动洗衣机的诞生到2010年品牌价值达150.16亿元，成为世界上极少数能同时制造全自动波轮、滚筒、搅拌式全种类洗衣机的全球第三大洗衣机制造商。2012年，小天鹅推出国内首创、达国际先进水平的热泵干衣机、首台iAdd自动投放洗衣机、全球首台物联网自动投放洗衣机。可以说，作为中国洗衣机市场发展最早，也是唯一还处在市场领军行列的企业，小天鹅的发展成长史，就是一部中国洗衣机产业的创新做强史。几年来，无锡小天鹅在企业内部推行末日管理，以建立全球性的"横向比较"的信息体系手段，以全员化、立体化、规范化的营销管理体系为支柱，以强有力的人才开发机制为保证，从追求卓越到追求完善，小天鹅的危机意识已经成为全体员工的共同意识。

（1）竞争就是争取消费者。小天鹅运用特殊的比较法参与竞争，将传统的"纵比"改为"横比"，比出了危机。其一，与国际品牌相比，找出与世界水平的差距，争创国际名牌。其二，与国内同行比，学习兄弟企业的长处，保持国内领先。其三，与市场需求相比，目光紧紧锁住用户，把握市场命脉。其四，以己之短比人之长，努力避免骄傲自满，警钟长鸣。

（2）参与竞争就是提高市场占有率。市场占有率既是企业成功的条件，又是企业成功的标志。占有了市场就是争取了消费者。小天鹅认为，虽然企业出产的是产品、质量和信誉，但是给企业发了工资和奖金的却是广大消费者。今天的小天鹅不仅完成了这个观念上的转变，而且实现了按订单生产，成了"无仓库企业"。小天鹅又提出了"24小时365天运行才是真正的经营"的经营理念。小天鹅还实行双班制生产，推行24小时热线服务，进一步提高了小天鹅的市场控制应变能力和效率，确保了市场占有率。

（3）建立面对市场的全员化、立体化、规范化的营销管理体系。全员化就是多让职工参加营销。立体化就是企业内部在生产、科技、营销、人事方面面对市场发扬团队精神，参与市场竞争。规范化就是把行之有效的营销方式制度化，这包括以下内容。①小天鹅精神，"为国贡献、团结拼搏、进取敬业、全心服务、文明礼貌"②小天鹅的规范化管理：人事管理推行"职工就业规则"，对职工的权利义务做了明确详尽的规定。财务管理实行"裁决顺序和签字原则"，明确总经理、副总的权限，对公司的日常事件做了详细的规定。实行产品零库存制度，如果产品三天卖不掉，宁可停产。

（4）注重服务。小天鹅在服务上推行了"金奖产品信誉卡"的承诺，将服务监督权交给用户，把服务公约公布于众，坚持做到上门服务带一双鞋，进门两句话，带好三块布，做到四不准，五年保修，随叫随到，如有逾期甘愿受罚，并为用户办理了责任保险；同时，坚持"名品进名店"，还与全国经联会、贸联会、新联会、华联和交电系统的一百多家商界台柱子商场建立了正常友好的业务往来。

（5）实施名牌战略，扩大经营规模，提高竞争力。为实行自己的"旭日目标"，小天鹅的做法是：①与同行联盟。小天鹅只有波轮全自动，没有滚筒，也没有双缸，从这点上看，小天鹅要抢占市场份额，确实有难度，偏偏长春罗兰、宁波新乐有设备，有产品也乐于接受品牌，扩大批量，小天鹅紧紧抓住这个机遇，达到了双赢。②与相关产品联盟。洗衣机和洗衣粉休戚相关，小天鹅与广州宝洁建立了伙伴式的营销联盟，宝洁公司在自己生产的碧浪洗衣粉包装袋上印刷了一流产品推荐的字样，并表明了小天鹅的商标。小天鹅洗衣机在销售自己产品时分发宝洁公司的碧浪洗衣粉试用品。③与国外大公司联盟。小天鹅公司与德国西门子公司双方投资，组建了博西威家电公司有限公司生产滚筒洗衣机，又与松下公司合资生产了绿色冰箱，与MOTO NEC分别结盟成立实验室，使小天鹅的产品始终与世界先进技术保持同步。

思考题：

① 管理的创新职能在这个案例中体现在什么地方？

② 小天鹅的末日管理的最大特点是什么？

案例2. 裁员问题引起的冲突

超逸机械设备公司 2015 年上半年出现业绩下滑现象，利润比 2014 年减少近 50%，公司年底还有一笔银行贷款要还。在实行了两个月的节约计划失败后，超逸机械设备公司总经理李超向各部门经理和各生产厂长发出了紧急备忘录。备忘录要求各部门、各工厂严格控制经费支出，裁减百分之十的员工，裁员名单在一周内交总经理。并且规定全公司下半年一律不招新员工，现有员工暂停加薪。

第一分公司经理王毅看到备忘录后，急忙找到总经理询问："这份备忘录不适用于我们公司吧？我们公司完成的销售额超过预期的百分之十，利润也达到年初制定的目标。我们的合同订货量很大，需要增加销售人员和扩大生产能力，只有这样才能进一步为公司增加收入。为了总公司的利益，我们公司应免于裁员。哪个分公司亏损就让哪个分公司裁员，这才公平。"总经理回答，"这份备忘录也包括你们在内。如果我把你们公司排除在外，那么别的公司也都想作为特殊情况处理，这样一来公司的计划如何实现？我这次要采取强制性行动，以确保缩减开支计划的成功。"王毅正欲辩解，李超接着说："我知道你们公司业绩一直不错，但是，你要知道每一位厂长或经理都会对我讲同样的话，做同样的保证。现在，每个单位必须为公司的目标贡献一份力量，不管有多大的痛苦！况且，虽然你们一公司效益较好，但你要认识到，这是和公司其他单位提供资源及密切的协作分不开的。"

"无论你怎么讲，你的裁员指标会毁了我们一公司。所以，我不想解雇任何人。你要裁人就从我开始吧！"王毅说完，气冲冲地走了。李超坚持要推动公司裁员计划的落实，但李超知道王毅是一名不可多得的管理人才，不愿意王毅离开公司。李超开始有点为此感到犯难。

思考题：

① 李超有创新精神吗？为什么？

② 李超应该如何解决冲突？

案例3. 福特四缸汽车

美国著名的汽车之父福特，最初只生产两个缸汽车。有一天，福特告诉所有科研人员，他说："现在我要让你们研究生产四个缸的汽车。"科研人员听了说："不可能生产。""不管可能不可能，你们给我研究就是了。"研究了一年，科研人员说："报告老板，四个缸的汽车是不可能生产的。"福特气恼地说："你们这些蠢货，让你们研究，你们就继续研究，明年我要的还是四个缸汽车。"这些人要拿这个饭碗，就只好听话照做。到第二年年底，他们又说："报告老板，四个缸汽车确实是不可能生产出来的。"当时，福特真是大发雷霆，说："你们这些蠢货！明年再研制不出四个缸汽车，就把你们炒掉！谁再说不可能，就滚开！让我们一起思考，如何才能生产四个缸的汽车呢？"这些科研人员心里也很烦，可是没有办法，自己毕竟端老板的饭碗，只有继续。没想到第三个年头不到半年，四个缸汽车就研制出来了。后来，他问："不是不可能吗？为什么这半年就研制出来了？"有个组长说："报告老板，在原来意识中，我们不相信会产生四个缸的汽车。可是这半年，我们每个人都问自己一个问题，我们如何才能生产四个缸的汽车？"因为他们问对了问题，假如这样问"我何必要生产四个缸的汽车？"恐怕汽车工业史就要重写了。

思考题：

谈谈福特公司创新成功的原因。

案例4. 美国吉列公司的技术创新

吉列公司是以生产刀片为主导产品的公司，它的产品能打入国际市场并持续较长时间与它的技术创新的关系十分密切。1901年，麻省理工学院毕业的机械工程师尼克逊成为吉列的合伙人，开始生产很薄的非常锋利的刀片。因为这种产品可以实现顾客的反复购买，这正是他几年来梦寐以求的新产品。

公司在芝加哥物色了一家代销机构，并规定其安全刮胡刀套件（一支刀体和20片刀片）的售价为每套5美元。刀片每20片为一包，每包1美元。当年10月，首次广告提供30天退款保证，在《系统》杂志上刊登，至1903年年底，共售出51万套安全刀体和168万片刀片。在以后的10年中，公司继续以每年30万～40万套的销量出售安全刮胡刀，刀片的销售从45万包增加到7亿包。至1911年，公司的南波士顿厂雇用了1500个员工，三年后，由于尼克逊发明了全自动刀磨机，使其生产能力迅速增加。相比尼克逊以前发明的机器，这些新设备大大降低了生产成本并提高了刀片的质量。

原来的安全刮胡刀的专利权于1921年10月满期，当年5月，吉列就同时推出了两种新产品：一种按原价出售的新型改进吉列安全刮胡刀和另一种售价1美元的银朗安全刮胡刀。1923年公司再推出镀金刮胡刀，售价仍为1美元。当妇女盛行短发的时候，吉列又推出称为"得伯特"的女用安全刀，售价仅为79美分。1934年，公司又推出第一种单面安全刮胡刀和Probak Junior刀片，售价为4片10美分。1936年，公司推出了安全刀片系列以外的产品（即吉列无刷刮胡膏），售价为98美分。1938年秋，公司又推出吉列薄刀片，吉列电动刮胡刀也于当年圣诞节问世。公司仍然保持低价销售策略，但十分强调产品质量，以保持产品的信誉。公司采用了本企业研究的新工艺，以便在制造过程中严格保证刀片的质量。1920—1945年，公司没有推出新产品，这是由于战争的影响。尽管如此，公司的研究开发人员研制成了第一台双刃片分配机，改进了过去的包装工作。1964年公司的经营状况很好，其年销售额约为5.2亿美元，这时，吉列的名字已誉满全球。

第二次世界大战后，吉列公司开始实行对外兼并和内部创新，以便成为世界性的多样化经营企业。经过认真分析之后，公司于1948年决定扩大市场。同年购进托尼家用烫发器制造公司，1955年兼并在加利福尼亚生产圆珠笔和刮胡膏的梅特公司。1960年，公司又推出超级兰吉利刀片，即全世界第一种涂层刀片。1946年公司重新调整了产品组合，形成两大类产品并由两个事业部分管：吉列产品组合，负责刮胡刀产品和男用品；多样化产品组合，负责其他所有产品。自吉列产品组负责人吉格勒升任公司总经理后的10年是公司销售和产品发展最迅速的10年。在他领导下的前几年，公司连续推出盒式刮胡刀组、多笔尖圆珠笔、Hok-One刮胡膏、可调盒式刮胡刀、超级不锈钢刀片、增塑刀片、微孔笔和几种止汗剂等，这些产品的市场投放都取得了成功。

1971年，公司重新调整了产品组合和管理机构。这样，公司在20世纪70年代初期开发和营销了许多新产品，1974年以前公司一半以上的销售额来自近5年内的新产品。安全刮胡刀部在推出Tracn型刮胡刀系列之后，其产品迅速成为市场上的最畅销品，继而又推出女用Daisy削发刀及男用Good News刮胡刀。保健用品部也营销了多种新产品，如柠檬洗发精、无碱洗发精等。1972年进入个人用具市场，如开发和营销Max手提式烘发机。

思考题：

① 吉列公司技术创新的源泉是什么？

② 你从吉列公司的技术创新中受到何种启发？

第十二章　当代管理理论应用的热点课题

近年来随着经济与社会的发展进步，管理学理论不断发展和丰富，新兴的管理学理论在企业经营实践中得到广泛的应用并接受检验。本章有所选择地给大家介绍一些当代管理理论应用的热点问题：目标管理、战略管理、危机管理、标杆管理、学习型组织。

- 知识点：
1. 掌握目标管理法的概念及其应用程序；
2. 理解战略管理的概念及其应用；
3. 掌握危机管理的概念、原则及其应用步骤；
4. 掌握标杆管理的概念及其应用；
5. 理解学习型组织的内涵及其五项修炼。

- 技能点：
1. 理解并能掌握目标管理的实际应用；
2. 运用战略管理知识分析实际管理问题；
3. 学会企业遭遇危机的化解方法；
4. 掌握标杆管理的实施应用；
5. 掌握学习型组织的创建过程。

第一节　目标管理

一、目标管理的定义

20 世纪 50 年代，美国著名管理大师彼得·德鲁克在《管理的实践》一书中，首先提出了"目标管理和自我控制"的主张，认为企业的目的和任务必须化为目标，企业的各级主管必须通过这些目标对下级进行领导，以此来达到企业的总目标。

目标管理是指使管理活动围绕和服务于目标中心，以分解和执行目标为手段、以圆满实现目标为宗旨的一种管理方法。这是由下级与上司共同决定具体的绩效目标，并且定期检查完成目标进展情况的一种管理方式，目的是将组织的整体目标逐级转化为下属单位和个人的子目标，形成一个完整的目标考评体系，并以此来提高组织绩效。

二、目标管理的特点

目标管理指导思想上是以 Y 理论为基础的，即认为在目标明确的条件下，人们能够对自己负责。它与传统管理方式相比有鲜明的特点，可概括为以下四点。

（一）重视人的因素

目标管理是一种参与的、民主的、自我控制的管理制度，也是一种把个人需求与组织目标结合起来的管理制度。在这一制度下，上级与下级的关系是平等、尊重、依赖、支持，下级在承诺目标和被授权之后是自觉、自主和自治的。

（二）建立目标体系

目标管理通过专门设计的过程，将组织的整体目标逐级分解，转换为各单位、各员工的分目标。从组织目标到经营单位目标，再到部门目标，最后到个人目标。在目标分解过程中，权、责、利三者已经明确，而且相互对称。这些目标方向一致，环环相扣，相互配合，形成协调统一的目标体系。只有每位员工完成了自己的分目标，整个企业的总目标才有完成的希望。

（三）以自我管理为中心，强调自我评价

目标管理是员工参与管理的一种形式，由上下级共同商定，依次确定各种目标。目标管理的基本精神是以自我管理为中心。目标的实施，由目标责任者自我进行，通过自身监督与衡量，不断修正自己的行为，以达到目标的实现。目标管理强调自我对工作中的成绩、不足、错误进行对照总结，经常自检自查，不断提高效益。

（四）重视工作成果

目标管理以制定目标为起点，以目标完成情况的考核为终结。工作成果是评定目标完成程度的标准，也是人事考核和奖评的依据，它是评价管理工作绩效的唯一标志。至于完成目标的具体过程、途径和方法，上级并不过多干预。所以，在目标管理制度下，监督的成分很少，而控制目标实现的能力却很强。

三、目标管理的应用

目标管理产生以后，一些具有标杆作用的著名大企业的采用效果突出，引起诸多企业的兴趣，越来越多的企业尝试应用。一般来说，目标管理法应用的基本过程如下。

（一）建立一套完整的目标体系

实行目标管理，首先要建立一套完整的目标体系。这项工作总是从企业的最高主管部门开始的，然后由上而下地逐级确定目标。上下级的目标之间通常是一种"目的—手段"的关系；某一级的目标，需要用一定的手段来实现，这些手段就成为下一级的次目标，按级顺推下去，直到作业层的作业目标，从而构成一种锁链式的目标体系。

（二）实现目标过程的管理

目标管理重视结果，强调自主，自治和自觉。目标既定，主管人员就应放手把权力交给下级成员，而自己去抓重点的综合性管理。完成目标主要靠执行者的自我控制。上级的管理应主要表现在指导、协助，首先进行定期检查，利用双方经常接触的机会和信息反馈渠道自然地进行；其次要向下级通报进度，便于互相协调；再次要帮助下级解决工作中出现的困难问题，当出现意外、不可预测事件严重影响组织目标实现时，也可以通过一定的程序，修改原定的目标。

（三）测定与评价所取得的成果

对各级目标的完成情况，要事先规定出期限，定期进行检查。检查的依据就是事先确定的目标。达到预定的期限后，下级首先进行自我评估，提交书面报告；然后上下级一起考核目标完成情况，决定奖惩；同时讨论下一阶段目标，开始新循环。如果目标没有完成，应分析原因总结教训，切忌相互指责，以保持相互信任的气氛。

四、目标管理的评价

彼得·德鲁克曾表示，目标管理只是一个管理工具，并非包治百病的灵丹妙药，它只有在企业真正知道自己的目标时才会发生作用，但百分之九十的情况是，企业并不真正知道自己的目标是什么。因此，目标管理虽然在全世界产生很大影响，但实施中也出现许多问题。因此，必须客观分析企业的优劣势，才能扬长避短，收到实效。

（一）目标管理的优点

（1）目标管理对组织内易于度量和分解的目标会带来良好的绩效。对于那些在技术上具有可分性的工作，由于责任、任务明确目标管理常常会起到立竿见影的效果，而对于技术不可分的团队工作则难以实施目标管理。

（2）目标管理有助于改进组织结构的职责分工。由于组织目标的成果和责任力图划归一个职位或部门，容易发现授权不足与职责不清等缺陷。

（3）目标管理启发了自觉，调动了员工的主动性、积极性、创造性。由于强调自我控制，自我调节，将个人利益和组织利益紧密联系起来，因而提高了士气。

（4）目标管理促进意见交流和相互了解，有助于改善人际关系。

（二）目标管理的缺点

在实际操作中，目标管理也存在许多明显的缺点，主要表现在以下4点。

（1）目标难以制定。组织内的许多目标难以定量化、具体化；许多团队工作在技术上不可解；组织环境的可变因素越来越多，变化越来越快，组织的内部活动日益复杂，使组织活动的不确定性越来越大。这些都使得组织的许多活动制定数量化目标是很困难的。

（2）目标管理的哲学假设不一定都存在。Y 理论对于人类的动机做了过分乐观的假设，实际中的人是有"机会主义本性"的，尤其在监督不力的情况下。因此许多情况下，目标管理所要求的承诺、自觉、自治气氛难以形成。

（3）目标商定可能增加管理成本。目标商定要上下沟通、统一思想是很费时间的；每个单位、个人都关注自身目标的完成，很可能忽略了相互协作和组织目标的实现，滋长本位主义、临时观点和急功近利倾向。

（4）有时奖惩不一定都能和目标成果相配合，也很难保证公正性，从而削弱了目标管理的效果。

课间案例 1：OEC 管理法

海尔集团于 1989 年创造了 OEC 管理法（Overall Every Control and Clear），意思为全方位优化管理法，OEC 管理法也可表示为：日事日毕 日清日高，即每天的工作每天完成，每天工作要清理并要每天有所提高。OEC 管理法成为海尔文化的一个组成部分。

OEC 管理法由三个体系构成：目标体系→日清体系→激励机制。

首先确立目标；日清是完成目标的基础工作；日清的结果必须与正负激励挂钩才有效。

这实际上是一个目标管理体系，总目标是"日高"，即企业管理水平和企业综合素质水平以及员工个人素质持续提高，而其基础是"日清"，即使得企业日常工作的每一件事都达到有序状态和受控状态。达到"日高"的目的和巩固"日清"的基础又是通过在每天的日常工作中，全面控制企业里每个人、每件事的具体行为过程而达到的。

目标有如技术、经济、质量、管理等各方面的目标，不同的部门其核心目标是不同的，有量化的指标，也有不可量化的指标，如生产部门，其主要标准就是一些量化指标，而如办公室等职能部门，其主要衡量标准应在于注重工作水平的提高，多数为不可量化指标。目标的制定要讲科学又要讲实际，可量化的应使其量化，不可以量化来表示的，便不要强求使其量化。目标的设定都要围绕着一个中心，即使企业取得最佳经济效益为总目标。

第二节　战略管理

一、战略管理的含义

战略管理的奠基人安索夫，1976 年出版的《从战略规划到战略管理》一书中首次提出"企业战略管理"，他认为：企业的战略管理是指将企业的日常业务决策同长期计划决策相结合而形成的一系列经营管理业务。

对一个企业来说，战略是为了实现企业的总目标对所要采取的行动方针和资源使用方向的一种总体规划。战略管理是指企业确定其使命，根据内外部环境设定企业的战略目标，为保证目标的实现和实施过程的合理性，依靠企业内部能力在实施过程中进行控制的一个动态管理过程。

二、战略管理的特点

（一）战略管理具有全局性

企业的战略管理是以企业的全局为对象，根据企业总体发展的需要而制定的。它所管理的是企业的总体活动，所追求的是企业的总体效果。虽然这种管理也包括企业的局部活动，但是这些局部活动是作为总体活动的有机组成在战略管理中出现的。具体地说，战略管理不是强调企业某一事业部或某一职能部门的重要性，而是通过制定企业的使命、目标和战略来协调企业各部门自身的表现，以及它们对实现企业使命、目标、战略的贡献大小。这样也就使战略管理具有综合性和系统性的特点。

（二）企业的高层管理人员是战略管理的主体

由于战略决策涉及一个企业活动的各个方面，虽然它也需要企业上、下层管理者和全体员工的参与和支持，但企业的最高层管理人员介入战略决策是非常重要的。这不仅是由于他们能够统观企业全局，了解企业的全面情况，而且更重要的是他们具有对战略实施所需资源进行分配的权力。

（三）战略管理涉及企业大量资源的配置问题

企业的资源，包括人力资源、实体财产和资金，这些资源或者在企业内部进行调整，或者从企业外部来筹集。在任何一种情况下，战略决策都需要在相当长的一段时间内致力于一系列的活动，而实施这些活动需要有大量的资源作为保证。因此，这就需要为保证战略目标的实现，对企业的资源进行统筹规划，合理配置。

（四）战略管理从时间上来说具有长远性

战略管理中的战略决策是对企业未来较长时期（5年以上）内，就企业如何生存和发展等进行统筹规划。虽然这种决策以企业外部环境和内部条件的当前情况为出发点，并且对企业当前的生产经营活动有指导、限制作用，但是这一切是为了更长远的发展，是长期发展的起步。从这一点上来说，战略管理也是面向未来的管理，战略决策要以经理人员所期望或预测将要发生的情况为基础。在迅速变化和竞争性的环境中，企业要取得成功必须对未来的变化采取预应性的态势，这就需要企业做出长期性的战略计划。

（五）战略管理需要考虑企业外部环境中的诸多因素

现今的企业都存在于一个开放的系统中，它们影响着这些因素，但更通常地是受这些不能由企业自身控制的因素所影响。因此，在未来竞争的环境中，企业要使自己占据有利地位并取得竞争优势，就必须考虑与其相关的因素，这包括竞争者、顾客、资金供给者、政府等外部因素，以使企业的行为适应不断变化中的外部力量，企业能够继续生存下去。

三、战略管理的过程

从战略管理内容看，战略管理包括三大阶段，即战略设计、战略实施和战略评估。

（一）战略设计

战略设计是战略管理的基础与核心，确认一个企业的外界机会和威胁，确定企业内部的强项和弱势，建立一个长远目标，形成可供选择的几种战略和选择可操作的战略方针。战略设计问题包括决定一个企业什么样的业务要拓展，什么样的业务将放弃，如何有效地利用现有的资源，是否扩大业务或多种经营，是否进入国际市场，是否要兼并企业或举办合资企业，以及如何避免被竞争对手吞并等。

（二）战略实施

战略实施是战略管理的第二个阶段，通常称为战略管理的行动阶段。战略实施要求一个企业建立一个年度目标，制定相应的政策，激励雇员和有效调配资源，以保证建立的战略能够实施。战略实施包括制定出战略支撑文化，创造一个有效的机构组织，调整市场，准备预算，开发和利用信息支持系统并调动每一位雇员参与战略实施的积极性。

（三）战略评估

战略评估是战略管理中最后一个阶段。评估战略规划，是在战略实施过程中不断修改变化着的目标，因为外部和内部环境的因素通常是要改变的。评估工作包括，回顾和评价外部和内部的因素，作为战略方针选择的基础，判断战略实施的成绩和争取正确的行动解决实施过程中所出现的未曾预料的各种问题。

战略管理的三个阶段，相辅相成，融为一体，战略设计是战略实施的基础，战略实施又是战略评估的依据，而战略评估反过来又为战略设计和实施提供经验和教训。三个阶段的系统设计和有效衔接，可以保证企业取得整体效益和最佳结果。

四、战略选择

所谓战略选择，就是要确定企业应采取的战略类型。从根本上说，企业战略的基本类型主要有以下三种。

（一）总成本领先战略

这种战略的主导思想是以低成本取得行业中的领先地位。要求坚决建立起大规模的高效生产设施，利用经验曲线全力以赴降低成本，尽量压缩各项管理费用。尽管质量、服务以及其他方面不容忽视，但贯穿于整个战略之中的是单位产品成本低于竞争对手。

成本领先的优势有利于建立起行业壁垒，有利于企业采取灵活的订价策略，将竞争对手排挤出市场。为了成功地实施成本领先战略，所选择的市场必须对某类产品有稳定、持久和大量的需求，产品的设计要便于制造和生产，要广泛地推行标准化、通用化和系列化。

（二）差异化战略

所谓差异化战略就是使企业在行业中别具一格，具有独特性，并且利用有意识形成的差异化，建立起差异竞争优势，以形成对"入侵者"的行业壁垒，并利用差异化带来的较高的边际利润补偿因追求差别化而增加的成本。

（三）专一化战略

这类战略是主攻某个特殊的细分市场或某一种特殊的产品。这一战略依据的前提是：企业业务的专一化能够以更高的效率、更好的效果为某一狭窄的战略对象服务，从而在某一方面或某一点上超过那些有较宽业务范围的竞争对手。

课间案例 2：科尔—麦克基公司：致命的战略失误

1929 年，大萧条悄悄地逼近美国。詹姆斯·安德森和罗伯特·科尔的钻探公司就是在这样一个时期诞生的。它最初的财富是两台蒸汽钻塔和三只炼油炉，安德森负责钻探的设备，科尔负责寻觅钻探合同，在菲利浦石油公司 2 万美元的资助下，公司得以生存下来并有所发展，顺利挺过了大萧条。1937 年美国又一次出现经济衰退，油价下跌。公司没有搞勘探的资金了。公司董事们意识到需要有能力过人的管理人员方能将勘探和开采业务抓起来，提高效益。他们愿意出高薪聘请菲利浦公司的人才来经营公司。麦克基是菲利浦公司的主任地质学家。在他的领导下，公司第一次有了重大发现，即发现了阿肯色州的麦格诺里亚油田，投产后的利润提供了继续扩大再生产的急需资金。作风稳健、经营石油产业功夫老到的麦克基，成了公司的灵魂人物，1946 年公司改称科尔—麦克基石油工业公司，麦克基升任公司总裁。

第二次世界大战以后，美国对能源的需求惊人地增加，一年消耗的油料相当于战前全世界的年消耗量。公司顺应了这种趋势，在开发能源方面创下了很多个"第一"，其中它在路易斯安那州海域离岸 18 公里处建了世界第一座海上商业性油井，标志着全美海上钻探业的兴起。

科尔—麦克基石油工业公司开启了多元化经营之路，在向"全能能源公司"目标迈进之时，科尔—麦克基公司始终重视其基本产业石油业务的发展。它先后收购了深岩石油有限公司、卡托石油及润滑液公司和三角形炼油厂等一系列拥有相当实力的产销企业。为了处理国内及海外钻探业务，麦克基还组建了环球钻探有限公司。

不过，公司能在竞争异常激烈的能源工业界屹立不倒，很大程度上靠的是石油产品的革新。1959 年公司研制的旋转式钻头钻出了全国最深的垂直式油井；第二年它又建成了世界最大的海底钻探系统；第三年在俄克拉荷马城建造了新的科研中心。它与美国钾碱及化工公司的合并标志着公司在化工领域站稳了脚跟，科尔—麦克基公司一跃成为美国化工产品的主要生产厂家。

作为核燃料的主要生产厂家，科尔—麦克基公司从事核能生产 8 大步骤中的 6 道工序，包括勘探、采矿、粉碎、将铀氧化物转化为六氟化铀、六氟化物重新固结成团、化合出燃料分子等。

不久，石油工业出现重大变故，石油输出国组织将原油价格调高许多倍，美国公众被迫接受汽油、能源价格暴涨的现实。这给了能源公司很好的机遇。尽管石油产品利润增高，政府又鼓励勘探开采原油，科尔—麦克基公司却不断滑向了其他领域，不再是海上勘探石油的旗手。此时迪安·麦克基策动公司进行了结构改革，力图增强公司在更趋复杂多变的世界市场上的竞争实力。公司还组建了两家分公司：科尔—麦克基煤炭公司和核能公司。

科尔—麦克基公司于五六十年代在核能、化工等领域着实风光了一番，但 1974 年的家喻户晓的"卡伦·锡尔克伍德案"暴露出公司在进行核能生产时的疏忽草率，公司的信誉受到严重损害。公司 1981 年收入尚有 2.11 亿美元，两年后跌到 1.18 亿美元。在这个关头，弗兰克·麦克法森换下了迪安·麦克基出任科尔—麦克基公司董事长。麦克法森采取了一系列变革措施，包括裁撤某些能源企业，集中公司的财力和人力，搞重点突破。他先是卖掉了钾碱矿，又卖掉铀加工厂，使公司着力于振兴油气勘探，在化工和煤炭上也做了些投资。麦克法森任期内公司仍未摆脱环境问题的困扰，它被指控在全国七个地方造成了间接的污染。这些指控的调查旷日持久，让公司"出了不少血"。公司最终吸取了深刻的教训，增强了环保的责任心，开始注重未来发展中的环保规划问题。

多元化之路成就了科尔—麦克基公司，但公司的根本问题是过度地多样化，企图成为"全能能源公司"的目标也过于远大，使本来精明过人的公司决策者头晕目眩，把公司塑造成一个四不像，成为零零散散的能源企业的联合体，其经营范围包括铀、钍的开采、粉碎和加工；化工；煤炭；石油钻探、提炼；汽油零售；木材生产。就像一个人的精力是有限的一样，一家企业的实力也是有一定限度的。如果硬要超越这个限度去追求"大而全"的目标，企业必然会陷于泥潭。

第三节　危机管理

一、危机管理的含义

危机是指一种使组织遭受严重损失或面临严重损失威胁的突发事件。这种突发事件在很短时间内波及很广的社会层面，对企业或品牌会产生恶劣影响。为使企业在危机中生存，并将危机所造成的损害降至最低限度，决策者必须在有限的时间内，做出关键性决策和具体的危机应对措施。

危机管理一般是指组织为应对各种危机情境所进行的规划决策、动态调整、化解处理及员工培训等活动过程，其目的在于消除或降低危机所带来的威胁和损失。危机管理也称为危机沟通管理，加强信息的披露与公众的沟通，争取公众的谅解与支持是危机管理的基本对策。

二、危机管理的要素

（一）危机监测

危机管理的首要一环是对危机进行监测，在企业顺利发展时期，企业就应该有强烈的危机意识和危机应变的心理准备，建立一套危机管理机制，对危机进行检测。企业越是风平浪静的时刻越应该重视危机监测，在平静的背后往往隐藏着杀机。

（二）危机预警

许多危机在爆发之前都会出现某些征兆，危机管理关注的不仅是危机爆发后各种危害的处理，而且要建立危机警戒线。企业在危机到来之前，把一些可以避免的危机消灭在萌芽之中，对于另一些不可避免的危机通过预警系统能够及时得到解决。这样，企业才能从容不迫地应对危机带来的挑战，把企业的损失减少到最低限度。

（三）危机决策

企业在进行实际调查的基础上，制定正确的危机决策。决策要根据危机产生的来龙去脉，拟定出几种应对方案，并对几种可行方案进行对比优缺点后，选择出最佳方案。并且，应对方案定位要准确，推行要迅速。

（四）危机处理

首先，企业确认危机。确认危机包括将危机归类、收集与危机相关信息、确认危机程度、找出危机产生的具体原因、辨认危机影响的范围和影响的程度及后果。其次，控制危机。控制危机需要根据确认的某种危机后，遏止危机的扩散使其不影响其他事物，紧急控制如同救火刻不容缓。最后，处理危机。在处理危机中，关键的是速度。危机发生后，企业一定要迅速做出反应，能够及时、有效地将危机决策运用到实际中化解危机，可以避免危机给企业造成更为严重的损失。

三、危机管理的原则

在危机管理中，企业如何反应迅速，及时有效地解决危机？这是我们企业在危机管理实践中应当掌握的重要方面，我们称之为危机管理原则。

（一）制度化原则

在企业生产经营过程中，危机发生的具体时间、地点、规模、具体态势和影响程度，是难以完全预测的。这种突发事件往往在很短时间内对企业或品牌会产生严重的负面影响。因此，企业内部应该有制度化、系统化的关于危机管理和灾难恢复的业务流程和组织机构。或许，这些流程在平时不起作用，但是危机发生时会及时启动并有效运转，对危机的处理发挥重要作用。因此，企业应建立成文的危机管理制度、有效的组织管理机制、成熟的危机管理培训制度，逐步提高危机管理的快速反应能力。

（二）诚信形象原则

企业的诚信形象，是企业的生命线。矫正形象、塑造形象是企业危机管理的基本思路。在危机管理的全过程中，企业要努力减少对企业诚信形象带来的损失，争取公众的谅解和信任。只要顾客或社会公众是由于使用了本企业的产品而受到了伤害，企业就应立即在第一时间向社会公众公开道歉以示诚意，并且给受害者相应的物质补偿。对于那些确实存在问题的产品应该不惜代价迅速收回，并改进企业的产品或服务，以尽力挽回影响，以赢得消费者的信任和忠诚，维护企业的诚信形象。

（三）信息应用原则

伴随着科学技术的迅速发展，以及信息技术和通信技术越来越普遍地被应用于政府和企业管理，良好的管理信息系统对企业危机管理的作用也日益明显。在当前这样的信息社会中，企业只有持续获得准确、及时、新鲜的信息资料，才能保证自己的生存和发展。预防危机必须建立高度灵敏、准确的信息监测系统，随时搜集各方面的信息，及时加以分析和处理，从而把隐患消灭在萌芽状态。在危机处理时，信息系统有助于有效诊断危机原因、及时汇总和传达相关信息，并有助于企业各部门统一口径，协调作业，及时采取补救的措施。

（四）预防为主原则

防患于未然永远是危机管理最基本和最重要的要求。危机管理的重点应放在危机发生前的预防，建立一套规范、全面的危机管理预警系统是必要的。现实中，危机的发生具有多种前兆，几乎所有的危机都是可以通过预防来化解的。危机的前兆主要表现在产品、服务等存在缺陷、企业高层管理人员大量流失、企业负债过高长期依赖银行贷款、企业销售额连续下降和企业连续多年亏损等。因此，企业要从危机征兆中透视企业存在的危机，企业越早认识到存在的威胁，越早采取适当的行动，越可能控制住危机的发展。

（五）领导重视与参与原则

企业高层的直接参与和领导是有效解决危机的重要措施。危机处理工作对内涉及从后勤、生产、营销到财务、法律、人事等各个部门，对外不仅需要与政府和媒体打交道，还要与消费者、客户、供应商、渠道商、股东、债权银行、工会等方方面面进行沟通。如果没有企业高层领导的统一指挥协调，很难想象企业在与这么多部门沟通时能做到口径一致、步调一致、协作支持并快速行动。因此，企业应组建企业危机管理领导小组，担任危机领导小组组长的一般应该是企业一把手，或者是具备足够决策权的高层领导。

（六）快速反应原则

危机的解决，速度是关键。当危机发生时，企业与当事人应当冷静下来，采取有效的措施，隔离危机，要在第一时间查出原因，找准危机的根源，以便迅速、快捷地消除公众的疑虑。同时，企业必须以最快的速度启动危机应变计划并立刻制定相应的对策。如果是内因就要下狠心处置相应的责任人，给舆论和受害者一个合理的交代；如果是外因要及时调整企业战略目标，重新考虑企业发展方向。在危机发生后要时刻同新闻媒体保持密切的联系，借助公证、权威性的机构来帮助解决危机，承担起给予公众精神和物质的补偿责任，做好恢复企业经营状况的事后管理，从而迅速有效地解决企业危机。

（七）及时沟通原则

沟通是危机管理的中心内容。如果企业发生危机，及时与企业员工、媒体、相关企业组织、股东、消费者、产品销售商、政府部门等利益相关者的沟通是企业不可或缺的工作。沟通对危机带来的负面影响有最好的化解作用。企业必须树立强烈的沟通意识，及时将事件发生的真相、处理进展传达给公众，以正视听，杜绝谣言、流言，稳定公众情绪，争取社会舆论的支持。

（八）创新求变原则

现在人类社会已经进入知识经济时代，创新求变已日益成为企业发展的核心因素。危机处理既要充分借鉴成功的处理经验，也要根据危机的实际情况，尤其要借助新技术、新信息和新思维，进行大胆创新。企业危机意外性、破坏性、紧迫性的特点，更需要企业采取超常规的创新手段处理危机。

四、危机管理的过程

虽然危机具有偶然性，但是危机管理的过程主要包括以下几个方面。

（一）做好危机预防工作

预防危机是危机管理的首要环节。如果企业管理人员有敏锐的洞察力，根据日常收集到的各方面信息，能够及时采取有效的防范措施，完全可以避免危机的发生或使危机造成的损害和影响尽可能减少到最小程度。

一是组织要树立强烈的危机意识，对员工进行危机管理教育，开展危机管理培训。二是建立危机预警系统。预防危机必须建立高度灵敏、准确的预警系统。信息监测是预警的核心，随时搜集各方面的信息，及时加以分析和处理，把隐患消灭在萌芽状态。三是建立危机管理机构。这是企业危机管理有效进行的组织保证，不仅这是处理危机时必不可少的组织环节，而且在日常危机管理中也非常重要的。四是制定危机管理计划。企业应该根据可能发生的不同类型的危机制定一整套危机管理计划，明确怎样防止危机爆发，一旦危机爆发立即做出针对性反应等。

（二）果断处理危机

如果危机已经发生，第一时间建立危机处理专门机构，由企业最高负责人担任总负责人，对危机事件进行调查，危机调查一般侧重调查下列内容：第一，危机事件（突发事件）的基本情况。包括事件发生的时间、地点、原因、事件、周围的环境等。第二，事件的现状和发展趋势。包括事态的目前状况、是否还在发展、朝什么方向发展、已经采取了什么危机处理措施、这些措施的实施效果等。第三，事件产生的原因和影响、包括引发事件的原因，人员伤亡情况，损坏的财产种类、数量及价值，事件涉及的范围以及在舆论上、经济上、社会上甚至政治上会带来什么影响等。第四，查明导致事件发生的当事人与责任人。特别要关注是否存在故意破坏行为，这样有助于了解事件的真相与性质。第五，查明事件涉及的公众对象。包括直接与间接的受害者，与事件有直接和间接关系的组织和个人，与企业有利害关系的部门和个人，与事件的处理有关的部门及新闻界、舆论界的人士等，还要与事件的见证人保持密切的联系。

对危机事件进行调查、提交了调查报告后，企业应及时会同有关部门，进行分析、决策，针对不同公众确定相应的对策，制定消除危机影响的处理方案。企业会同有关部门制定出对策后，就要积极组织力量，实施既定的解决危机、消除影响的活动方案，这是危机管理工作的中心环节。

（三）危机的善后工作

危机的善后工作主要是消除危机处理后遗留问题和影响。危机发生后，企业形象受到了影响，公众对企业会非常敏感，要靠一系列危机善后管理工作来消除影响。对危机管理工作进行全面的评价，包括对预警系统的组织和工作程序、危机处理计划、危机决策等各方面的评价，要详尽地列出危机管理工作中存在的各种问题。多数危机的爆发与企业管理不善有关，通过总结评估提出改正措施，责成有关部门逐项落实，完善危机管理内容。危机给企业制造了另外一种环境，企业管理者要善于利用危机探索经营的新路子，进行重大改革。这样，危机可能会给企业带来商机。

总之，危机并不等同于企业失败，危机之中往往孕育着转机。危机管理是一门艺术，是企业发展战略中的一项长期规划。企业在不断谋求技术、市场、管理和组织制度等一系列创新的同时，应将危机管理创新放到重要的位置上。一个企业在危机管理上的成败能够显示出它的整体素质和综合实力。成功的企业不仅能够妥善处理危机，甚至可能化危机为商机。

课间案例 3：美国强生公司泰诺药片中毒事件

1982 年 9 月，美国芝加哥地区发生有人服用含氰化物的泰诺药片中毒死亡的严重事故，一开始死亡人数只有 3 人，后来却传全美各地死亡人数高达 250 人。其影响迅速扩散到全国各地，调查显示有 94% 的消费者知道泰诺中毒事件。事件发生后，在首席执行官吉姆·博克的领导下，强生公司迅速采取了一系列有效措施。首先，强生公司立即抽调大批人马对所有药片进行检验。经过公司各部门的联合调查，在全部 800 万片药剂的检验中，发现所有受污染的药片只源于一批药，总计不超过 75 片，并且全部在芝加哥地区，不会对全美其他地区有丝毫影响，而最终的死亡人数也确定为 7 人，但强生公司仍然按照公司最高危机方案原则，即"在遇到危机时，公司应首先考虑公众和消费者利益"，不惜花巨资在最短时间内向各大药店收回了所有的数百万瓶这种药，并花 50 万美元向有关的医生、医院和经销商发出警报。

对此《华尔街日报》报道说："强生公司选择了一种自己承担巨大损失而使他人免受伤害的做法。如果昧着良心干，强生将会遇到很大的麻烦。"泰诺危机管理案例成功的关键是因为强生公司有一个"做最坏打算的危机管理方案"。该计划的重点是首先考虑公众和消费者利益，这一信条最终拯救了强生公司的信誉。事故发生前，泰诺在美国成人止痛药市场中占有 35% 的份额，年销售额高达 4.5 亿美元，占强生公司总利润的 15%。事故发生后，泰诺的市场份额曾一度下降。当强生公司得知事态已稳定，并且向药片投毒的疯子已被拘留时，并没有将产品马上投入市场。当时美国政府和芝加哥等地的地方政府正在制定新的药品安全法，要求药品生产企业采用"无污染包装"。强生公司看准了这一机会，立即率先响应新规定，结果在价值 12 亿美元的止痛片市场上挤走了它的竞争对手，仅用 5 个月的时间就夺回了原市场份额的 70%。

强生处理这一危机管理案例的作法成功地向公众传达了企业的社会责任感，受到了消费者的欢迎和认可。强生还因此获得了美国公关协会颁发的银钻奖。原本一场"灭顶之灾"竟然奇迹般的为强生迎来了更高的声誉，这归功于强生在危机管理中高超的技巧。

第四节　标杆管理

标杆管理起源于 20 世纪 70 年代末 80 年代初，在美国学习日本的运动中，开辟标杆管理先河的是施乐公司，后经美国生产力与质量中心系统化和规范化。标杆管理法是现代西方发达国家企业管理活动中支持企业不断改进和获得竞争优势的最重要的管理方式之一，通常西方管理学界将其与企业再造、战略联盟一起并称为 20 世纪 90 年代三大管理方法。

标杆管理方法较好地体现了现代知识管理中追求竞争优势的本质特性，因此具有巨大的实效性和广泛的适用性。如今，标杆管理已经在市场营销、成本管理、人力资源管理、新产品开发、教育部门管理等各个方面得到广泛的应用。

一、标杆管理的概念

标杆管理的概念可界定为：一个企业不断寻找和研究同行一流公司的最佳实践，并以此为基准与本企业进行比较、分析、判断，从而使本企业得到不断改进，创造优秀业绩的良性循环过程。其核心是向业内或业外的最优秀的企业学习。通过学习，企业重新思考和改进经营实践，创造自己的最佳实践，这实际上是模仿创新的过程。

标杆管理是站在全行业、甚至更广阔的全球视野上寻找基准，突破了企业的职能分工界限和企业性质与行业局限，它重视实际经验，强调具体的环节、界面和流程，因而更具有特色。同时，标杆管理也是一种直接的、中断式的渐进的管理方法，其思想是企业的业务、流程、环节都可以解剖、分解和细化。企业可以根据需要，或者寻找整体最佳实践，或者发掘优秀"片段"进行标杆比较，或者先学习"片段"再学习"整体"，或者先从"整体"把握方向，再从"片段"具体分步实施。

二、标杆管理的要素

标杆管理的要素是界定标杆管理定义、分类和程序的基础。标杆管理主要有以下三个要素：

（1）标杆管理实施者，即发起和实施标杆管理的组织。

（2）标杆伙伴，也称标杆对象，即定为"标杆"被学习借鉴的组织，是任何乐于通过与标准管理实施者进行信息和资料交换，而开展合作的内外部组织或单位。

（3）标杆管理项目，也称标杆管理内容，即存在不足，通过标杆管理向他人学习借鉴以谋求提高的领域。

三、标杆管理的类型

企业根据标杆伙伴选择的不同，通常可将标杆管理分为五大类。

（一）内部标杆管理

标杆伙伴是组织内部其他单位或部门，主要适用于大型多部门的企业集团或跨国公司。由于不涉及商业秘密的泄露和其他利益冲突等问题，容易取得标杆伙伴的配合，简单易行。另外，通过展开内部标杆管理，还可以促进内部沟通和培养学习气氛。但是其缺点在于视野狭隘，不易找到最佳实践，很难实现创新性突破。

（二）竞争性标杆管理

标杆伙伴是行业内部直接竞争对手。由于同行业竞争者之间的产品结构和产业流程相似，面临的市场机会相当，竞争对手的作业方式会直接影响企业的目标市场，因此竞争对手的信息对于企业在进行策略分析及市场定位有很大的帮助，收集的资料具有高度相关性和可比性。但正因为标杆伙伴是直接竞争对手，信息具有高度商业敏感性，难以取得竞争对手的积极配合，获得真正有用或是准确的资料，从而极有可能使标杆管理流于形式或者失败。

（三）非竞争性标杆管理

标杆伙伴是同行业非直接竞争对手，即那些由于地理位置不同等原因虽处同行业但不存在直接竞争关系的企业。非竞争性标杆管理在一定程度上克服了竞争性标杆管理资料收集和合作困难的弊端，继承了竞争性标杆管理信息相关性强和可比性强的优点。但可能由于地理位置等原因而造成资料收集成本增大。

（四）功能性标杆管理

标杆伙伴是不同行业但拥有相同或相似功能、流程的企业。其理论基础是任何行业均存在一些相同或相似的功能或流程，如物流、人力资源管理、营销手段等。跨行业选择标杆伙伴，双方没有直接的利害冲突，更加容易取得对方的配合；另外可以跳出行业的框框约束，视野开阔，随时掌握最新经营方式，成为强中之强。但是投入较大，信息相关性较差，最佳实践需要较为复杂的调整转换过程，实施较为困难。

（五）通用性标杆管理

标杆伙伴是不同行业具有不同功能、流程的组织，即看起来完全不同的组织。其理论基础是：即使完全不同的行业、功能、流程也会存在相同或相似的核心思想和共通之处。从完全不同的组织学习和借鉴会最大限度地开阔视野，突破创新，从而使企业绩效实现跳跃性的增长，大大提高企业的竞争能力，这是最具创造性的学习。而其信息相关性更差，企业需要更加复杂的学习、调整和转换过程才能在本企业成功实施学到的最佳实践，因此困难更大。

企业最好的选择就是根据需要实施综合标杆管理，即将各种标杆管理方式根据企业自身条件和标杆管理项目的要求相结合，取长补短，以取得高效的标杆管理。

四、标杆管理的应用

标杆管理具体的实施本步骤是指以下一个完整的内外部综合程序，通常分五步。

（一）计划

实施标杆管理的企业首先组建项目小组，担当发起和管理整个标杆管理流程的责任；明确标杆管理的目标；通过对组织的衡量评估，确定标杆项目；选择标杆伙伴；制定数据收集计划，如设置调查问卷，安排参观访问，充分了解标杆伙伴并及时沟通；开发测评方案，为标杆管理项目赋值以便于衡量比较。

（二）内部数据收集与分析

其主要工作包括收集并分析内部公开发表的信息；遴选内部标杆管理合作伙伴；通过内部访谈和调查，收集内部一手研究资料；通过内部标杆管理，可以为进一步实施外部标杆管理提供资料和基础。

（三）外部数据收集与分析

其主要工作有收集外部公开发表的信息；通过调查和实地访问收集外部一手研究资料；分析收集的有关最佳实践的数据，与自身绩效计量进行相互比较，提出最终标杆管理报告。

标杆管理报告揭示标杆管理过程的关键收获，以及对最佳实践调整、转换、创新的见解和建议。

（四）实施与调整

这一步是前几步的归宿和目标之所在。根据标杆管理报告，确认正确的纠正性行动方案，制定详细实施计划，在组织内部实施最佳实践，并不断对实施结果进行监控和评估，及时做出调整，以最终达到增强企业竞争优势的目的。

（五）持续改进

标杆管理是持续的管理过程，不是一次性行为。因此，为便于以后继续实施标杆管理，企业应维护好标杆管理数据库，制定和实施持续的绩效改进计划，以利于企业不断学习和提高。

总之，要想更好地学习标杆企业的先进的管理经验，要结合自身企业的实际情况，灵活运用，不断创新，切忌照抄照搬。

课间案例4：美孚石油公司的标杆管理

1992年，美孚公司向4 000多名客户询问他们的需要，其结果令公司很惊奇。只有20%的人关心价格，而80%的人关心的都是服务。他们一而再、再而三地要求同样三件事情：他们需要乐于助人的友好的加油站服务人员，他们希望能够得到快捷的服务，他们希望自己对美孚的忠诚能得到一些认可。而调查的结论得出：客户基本上都不喜欢加油站的服务。因此，美孚公司着手考虑如何才能使加油变成一个愉快的体验，成为一个顾客会记住的经历。

于是美孚公司成立了三支团队运用标杆管理来改变客户不满意的情况。

微笑团队将把提供优异客户服务而著称的公司作为标杆；速度团队将能够快速完成服务而著称的公司作为标杆；安抚团队将致力于客户忠诚而著称的公司作为标杆。

速度团队认为：如果被称为"公路勇士"的那部分客户需要快速服务，最好以那些在速度方面是全世界榜样的公司作为标杆。在他们心中，代表速度的群体之一就是赛车队。速度团队找到了Penske公司，它在美国"Indy500"汽车大赛中以快捷方便的加油服务而闻名。他们去观看了赛车活动，也参观了车队总部。当速度团队成员在离开时，有了许多关于他们加油站服务的想法。

例如，关于快速通道的设置。如果在加油站的外线上，修建我们的停靠点，这是专门为满足被称为公路勇士的人们需要尽可能快速进出所设计的。他们注意到Indy500大赛中，短暂停留处的人员、赛车手、教练之间的电子头套耳机的使用。他们由此得到灵感，我们也可以在加油站使用耳机，可以让我们的服务员带着耳机与商店的人对话，让商店的服务员提前准备好顾客所要的食物、饮料及零钱，就可以大大加快服务的速度。另外，Pensek车队成员看上去就像一直团队、是因为他们穿着统一的制服。速度团队认为，如果我们的服务人员也统一制服，打着领带，客户就会认为我们很专业。

微笑小组锁定了丽嘉-卡尔顿酒店作为温馨服务的标杆。丽嘉-卡尔顿酒店号称全美最温馨的酒店，那里的服务人员总保持招牌般的甜蜜微笑，因此获得了不寻常的顾客满意度。美孚的微笑小组观察到，丽嘉-卡尔顿酒店对所有新员工进行了广泛的指导和培训，使员工们深深铭记：自己的使命就是照顾客人，使客人舒适。小组的斯威尼说："丽嘉的确独一无二，因为我们在现场学习过程中实际上都变成了其中的一部分。在休息时，我准备帮助某位入住旅客提包。我实际上活在他们的信条中。这就是我们真正要应用到自己的业务中的东西，即那种在公司里，你能很好地服务你的客户而带来的自豪。那就是丽嘉真正给我们的魔力。在我们的服务站，没有任何理由可以解释为什么我们不能有同样的自豪，不能有与丽嘉-卡尔顿酒店一样的客户服务。"

全美公认的回头客大王是"家庭仓库"公司。安抚小组于是把它作为标杆。他们从"家庭仓库"公司学到：公司中最重要的人是直接与客户打交道的人。没有致力于工作的员工，你就不可能得到终身客户。这意味着要把时间和精力投入如何雇佣和训练员工上。而过去在美孚公司，那些销售公司产品，与客户打交道的一线员工传统上被认为是公司里最无足轻重的人。

安抚小组的调查改变了美孚公司以往的观念，现在领导者认为自己的角色就是支持这些一线员工，使他们能够把出色的服务和微笑传递给公司的客户，传递到公司以外。

美孚在经过标杆管理之后，他们的顾客一到加油站，迎接他的是服务员真诚的微笑与问候。所有服务员都穿着整洁的制服，打着领带，配有电子头套耳机，以便能及时地将顾客的需求传递到便利店的出纳那里。希望得到快速服务的顾客可以开进站外的特设通道中，只需要几分钟，他们就可以完成洗车和收费的全部流程。这样做的结果是：加油站的平均年收入增长了10%。

美孚石油公司通过贯彻标杆管理法，收获颇丰，企业绩效得到明显改善。

第五节　学习型组织

美国麻省理工大学斯隆管理学院教授彼得·圣吉在《第五项修炼》一书中提出学习型组织管理观念，认为企业应建立学习型组织，其含义为面临剧烈的外在环境，组织应力求精简、扁平化、弹性化、终生学习、不断自我组织再造，以维持竞争力。

一、学习型组织的概念

学习型组织是一个能熟练地创造、获取和传递知识的组织，同时也要善于修正自身的行为，以适应新的知识和见解。当今世界上所有的企业，不论遵循什么理论进行管理，主要有两种类型：一种是等级权力控制型；另一种是非等级权力控制型，即学习型企业。

学习型组织不存在单一的模型，它是关于组织的概念和雇员作用的一种态度或理念，是用一种新的思维方式对组织的思考。在学习型组织中，每个人都要参与识别和解决问题，使组织能够进行不断的尝试，改善和提高它的能力。学习型组织的基本价值在于解决问题，与之相对的传统组织设计的着眼点是效率。在学习型组织内，雇员参加问题的识别，这意味着要懂得顾客的需要。雇员还要解决问题，这意味着要以一种独特的方式将一切综合起来考虑以满足顾客的需要。因此，组织通过确定新的需要并满足这些需要来提高其价值。它常常是通过新的观念和信息而不是物质的产品来实现价值的提高。

二、学习型组织的特点

（一）学习型组织的基础是团结、协调及和谐

组织学习普遍存在"学习智障"，个体自我保护心理必然造成团体成员间相互猜忌，这种所谓"办公室政治"导致了高智商个体，组织群体反而效率低下。从这个意义上说，班子的团结，组织上下协调以及群体环境的民主、和谐是建构学习型组织的基础。

（二）学习型组织的核心是在组织内部建立完善的"自学习机制"

组织成员在工作中学习，在学习中工作，学习成为工作新的形式。

（三）学习型组织的精神是学习、思考和创新

此处学习是团体学习、全员学习，思考是系统、非线性的思考，创新是观念、制度、方法及管理等多方面的更新。

（四）学习型组织的关键特征是系统思考

只有站在系统的角度认识系统，认识系统的环境，才能避免陷入系统动力的旋涡里不能自拔。

（五）组织学习的基础是团队学习

团队是现代组织中学习的基本单位。许多组织不乏就是组织现状、前景的热烈辩论，但团队学习依靠的是深度汇谈，而不是辩论。深度汇谈是一个团队的所有成员，摊出心中的假设，而进入真正一起思考的能力。深度汇谈的目的是一起思考，得出比个人思考更正确、更好的结论；而辩论是每个人都试图用自己的观点说服别人同意的过程。

三、创建学习型组织的意义

（一）学习型组织解决了传统企业组织的缺陷

传统企业组织的主要问题是分工、竞争、冲突、独立，降低了组织整体的力量，更为重要的是传统组织注意力仅关注于眼前细枝末节的问题，而忽视了长远的、根本的、结构性的问题，这使得组织的生命力在急剧变化的世界面前显得十分脆弱。学习型组织理论分析了传统组织的这些缺陷，并开出了医治的"良方"："五项修炼"。

（二）学习型组织为组织创新提供了一种操作性比较强的技术手段

学习型组织提供的每一项修炼都由许多具体方法组成，这些方法简便易学，此外，圣吉和他的助手还借助系统思考软件创建起实验室，帮助企业管理者在其中尝试各种可能的构想、策略和意境的变化及种种可能的搭配。

（三）学习型组织理论解决了企业生命活力问题

它实际上还涉及企业中人的活力问题，在学习型组织中，人们能够充分发挥生命的潜能，创造出超乎寻常的成果，从而由真正的学习体悟出工作的意义，追求心灵的成长与自我

实现，并与世界产生一体感。

（四）学习型组织有助于提升企业的核心竞争力

过去讲的企业竞争力是指人才的竞争，学习型组织理论讲的企业竞争力是指企业的学习力。在知识经济时代，获取知识和应用知识的能力将成为竞争能力高低的关键。一个组织只有通过不断学习，拓展与外界信息交流的深度和广度，才能立于不败之地。人们可以运用学习型组织的基本理念，去开发各自所置身的组织创造未来的潜能，反省当前存在于整个社会的种种学习障碍，使整个社会早日向学习型社会迈进。或许，这才是学习型组织所产生的更深远的影响。

尽管学习型组织的前景十分迷人，但如果把他视为一贴万灵药则是危险的。事实上，学习型组织的缔造不应是最终目的，重要的是通过迈向学习型组织的种种努力，引导一种不断创新、不断进步的新观念，从而使组织日新月异，不断创造未来。

四、学习型组织的创建过程

彼得·圣吉在《第五项修炼》中指出，学习型组织的建立与发展需要具备五项新技术，并把这五项新技术称为五项修炼，被管理界称为圣吉模型。第一项是自我超越，第二项是改善心智模式，第三项是建立共同愿景，第四项是团队学习，第五项是系统思考。

（一）自我超越

通过学习扩展自身的能力，从而获取最理想的结果，创造一种组织环境，激励组织成员发展自我，追求自己选择的目标。自我超越是一项关注个人成长的修炼。追求自我超越，是学习不断厘清并加深个人的真正愿望，集中精力，培养耐心，并客观地观察现实；是鼓励人们做事要精益求精，努力实现心灵深处的愿望。它是学习型组织的精神基础。不断"自我超越"的人，能够不断实现他们内心深处最想实现的愿望。组织整体对学习的意愿与能力是基于个别成员对学习的意愿与能力。

（二）改变心智模式

心智模式是指那些深深固结于人们心中，影响人们认知周围世界，以及采取行动的许多假设、成见和印象，是思想的定势反映。心智模式不仅决定我们如何认知世界，也影响我们如何采取行动。不同的心智模式，导致不同的行为方式。当我们的心智模式与认知事物发展的情况相符时，就能有效地指导行动；反之，当我们的心智模式与认知事物发展的情况不相符，就会使自己好的构想无法实现。所以，我们要保留心智模式中科学的部分，纠正不科学的部分，以取得好的成果。在组织中，心智模式具有多方面的体现，对心智模式的检视是学习型组织的重要工具。

（三）建立共同愿景

共同愿景是集体成员共同勾勒出为之奋斗的将来，确定原则和指导方法，从而在集体中建立起一种奉献精神。它是组织中全体成员的个人愿景的整合，是能成为员工心中愿望的远景，它遍及组织全面的活动，并使各种不同的活动融会起来。建立共同愿景的核心工作，就是设计和发展出持续的工作流程，使组织中不同阶层岗位上的人们都可以由衷地说出他们最关心的事情，同时高级主管和其他人也都能听到他们所说的话。

（四）团队学习

在现代组织中，学习的基本单位是团队而不是个人，其目的是使团队智商大于个人智商，使个人成长速度更快，从而激发群体的智慧。团队学习的关键是要克服个人的心理障碍，使每个人都能真实地谈出自己心中的设想，真正做到一起学习和思考。团队学习同时强调终身学习、全员学习、全过程学习，提倡工作学习化、学习工作化。团队学习的修炼，是指改变交谈和集体思考的技巧，从而发展出超出成员才能总和的集体智慧和能力。

（五）系统思考

系统思考是五项修炼的核心，是指对影响系统行为的力量和相互关系进行思考的方式，也是用以描述和理解这种力量和关系的语言。这一项修炼让我们知道如何更有效地改变系统，如何行动才能和世界的自然及经济发展的过程保持一致。

学习是心灵的正向转换，企业如果能够顺利导入学习型组织，不仅能够达致更高的组织绩效，更能够带动组织的生命力。

课间案例 5：中国第一个学习型组织——联想集团

联想集团，2014 年世界 500 强排名 286 位，1984 年由中国科学院计算所投资 20 万元，11 名科研人员创立。从 1996 年开始，联想电脑销量一直位居中国国内市场首位。2004 年，联想集团收购 IBM PC 事业部，2013 年，联想电脑销售量升居世界第一，营业额达 340 亿美元，成为全球最大的 PC 生产厂商。2014 年联想集团成立四个新的、相对独立的的业务集团，分别是 PC 业务集团、移动业务集团、企业级业务集团、云服务业务集团。

一、极富特色的组织学习活动

联想的成功原因是多方面的，但不可忽视的一点是，联想具有极富特色的组织学习实践，使得联想能顺应环境的变化，及时调整组织结构、管理方式，从而健康成长。联想集团存在以下几种组织学习方式。

1. 从合作中学习

早期，联想从与惠普（HP）的合作中学到了市场运作、渠道建设与管理方法，学到了企业管理经验，对联想成功地跨越成长中的管理障碍大有裨益；现在，联想积极开展国际、国内技术合作，与计算机界众多知名公司，如英特尔（Intel）、微软、惠普、东芝等，保持着良好的合作关系，并从与众多国际大公司的合作中受益匪浅。因此，我们有理由说：联想是一个非常善于从合作中学习的公司。

首先，联想把向合作伙伴学习作为实现自己战略目标的重要一环。其次，虽然联想进行合作的着眼点是为了实现自己的承诺："把世界最先进的技术，最快捷地以最便宜的价格提供给中国用户"，但更深层次的含义则在于弥补自身的不足。同时，在每一次合作中，联想都能做到以我为主，积极消化、吸收国际最先进技术，学习国际性大公司在技术、产品开发、生产管理、组织管理以及市场运作等多方面的管理经验和科学方法，并能创造性地加以运用，带动自身管理水平的不断提高。

2. 向他人学习

除了能从合作伙伴那里学到东西之外，联想还是一个非常有心的"学习者"，善于从竞争对手、本行业或其他行业优秀企业等各种途径学习。

置身于商战的潮头，联想领略了太多酸甜苦辣，他们学会了"跳出画面看画"，学会了"照镜子"，懂得了"前车之辙，后车之鉴"的道理。因此，联想不仅经常反思、总结自己的成败得失，而且特别关注别人的成功与失败。从别人的失败中学习，就像为联想打了"预防针"，提高了公司的免疫力。积极向同行优秀企业学习，"边打边学"，积累了大量经验。放远眼光，善于向不同行业的企业学习。例如，联想电脑公司在向著名家电企业海尔集团学习的基础上，提出了"五心服务"的口号，极大地拓宽了服务范围，改善了服务质量，在计算机界刮起了一股"服务热"。

3. 向顾客学习

联想电脑公司于 1997 年 10 月首家推出对方付费电话热线咨询服务，它能够解决联想电脑售前的机型、售价以及售后服务内容等用户常见的问题。联想热线开通了一个联想与用户相连的窗口，每天都有上万位用户打进热线，咨询有关电脑售前、售后的各种问题。联想热线既接进来，也打出去，经常主动电话回访用户，了解市场需求，发现问题，并将用户无序的问题综合归纳，以求对电脑市场的重要问题有的放矢，对症下药。在联想系统集成公司，回访用户、了解用户的需求，不仅是一种服务，更成为联想学习市场，获取市场信息的重要手段。

4. 从自己的经验中学习

联想人善于总结，不仅总结"联想是什么"（指的是过去做的工作和取得的成功），而且总结"联想为什么"（主要是总结出规律性的管理经验，用以指导以后的工作，为今后的发展打下基础）。在十几年的发展过程中，联想成功地总结出了"贸、工、技三级跳"的发展道路，总结出了一个目标、三步走、五条战略路线、六大事业等经验，总结出了建班子、带队伍、定战略的"管理三要素"的理论。这些成功经验都是善于总结的联想人在市场的摸爬滚打、风风雨雨中总结出的宝贵精神财富。有了这些严谨细致的成果总结，联想完成了起步、助跑等阶段，同时，也必将迎来起跳、腾飞的辉煌。我们可以毫不夸张地说，善于总结是联想成功的真正秘诀。

二、组织学习机制

在不断向别人、向自己的经验学习的同时，联想在组织内部也形成了几种朴素但行之有效的组织学习机制，包括开会、教育与培训、议事制度委员会与工作小组等。

1. 开会

联想从来就是以爱开会而出名。联想的会也有很多名堂：有统一思想、振奋精神的誓师会；有回顾过去、展望未来的总结会；有征求意见；探讨工作的研讨会；有协调会、工作会等。通过开会，不仅能统一思想、贯彻精神，而且还能交流经验，集思广益，提高决策的科学性。例如，联想科技公司是千个特殊的企业样体；整合后还保持着事业部的架构。

教育与培训是统一思想、提高骨干队伍素质的主要手段，同时又是个人学习的重要方式。联想注重全员、全方位、全过程的教育培训，截至目前已初步建成较完善的教育培训体系：从新员工"入模子"培训，接受联想企业文化的熏陶，到高级干部研讨班及管理培训班；从专业技能培训到理论务虚研讨，每年都坚持不懈地搞，并且不断将其健全、完善，力求搞出实效。通过教育与培训，联想已经培养了一支稳定的、高素质的，对企业目标、企业文化有着强烈认同感和归属感的核心员工队伍，造就了一批善于建班子、定战略、带队伍并忠实于联想事业的"领导人物"，为企业实现长远的发展目标奠定了坚实的人才和组织基础。与此同时，联想员工适应岗位的能力不断增强，个人素质不断提高，这为员工个人成长提供了强有力的支持。

3. 领导班子议事制度

为了建立起一个强有力的领导班子，提高领导班子的战斗力，同时加强信息交流，提高决策的科学性，联想在总结公司内有效领导集体的工作经验基础上，有意识地在公司内推行良好的领导班子议事制度，包括：每周一次总经理晨会，通报日常工作，部署安排工作，主要解决具体问题；每月两次总经理例会，通报、分析经营中的重大问题和情况，决策发展中的重大问题；每季一次总经理沙龙，研讨未来发展战略和公司重大组织管理问题。

三、组织学习保证与促进机制

除了以上几种学习机制以外，联想集团内部还存在一些组织学习保证与促进机制，有力地配合了组织学习活动，其内容如下。

1. "鸵鸟理论"：学习的理论基础

联想之所以能虚心学习，原因在于联想集团总裁柳传志有一个很有趣的"鸵鸟理论"：当两只鸡一样大的时候，人家肯定觉得你比他小；当你是只火鸡，人家是只小鸡时，你觉得自己大得不得了，而人家才会认为咱俩一样大；只有你是只鸵鸟时，小鸡才会承认你比他大。提出"鸵鸟理论"是为了提醒自己要有自知之明，千万不要把自己的力量估计得过高。你想取得竞争优势，就得比别人有非常明显的优势才行。正是有了"鸵鸟理论"做指导，联想才不自高自大，才会经常看到自己的短处，发现别人的长处，并努力学习过来，取长补短，使自己不断得到提升。

2. 建立共同愿景

自创办之初，联想就抱定了"要把联想办成一个长久的、有规模的高技术企业"的信念，并逐渐为自己定下了更清晰的目标：到 2010 年力争进入世界 500 强。现在，这个目标已深深根植于每个联想员工的内心深处，它就像一盏明亮的灯，指引着全体联想员工奋勇前进。同时，柳传志总裁也有着独特的魅力，能够把大家凝聚起来，指引大家向着目标前进。因此，建立共同愿景是联想成功进行组织学习的第一步。

3. 企业文化认同

企业文化认同对于维护整体、保持战斗力具有重要作用。因此，公司采取了几种行之有效的措施来保证员工对企业文化的认同，增强企业的凝聚力。首先，新员工在进入联想之后都要接受"入模子"，培训，深入了解联想的历史、现状，接受企业文化的熏陶。其次，联想人善于通过开会来统一思想，贯彻企业文化和经营理念、决策准则。通过这些朴素而行之有效的措施，联想已形成稳定的企业文化和一支稳固的核心员工队伍。

4. 领导以身作则

一个成熟的领导者本身就应该是一个好的学习者。领导以身作则可以在公司内培养起良好的学习风气，从而带动整个组织进行学习。联想在企业内部大力倡导进行"班子建设"，不仅把"建班子"列为"管理三要素"之一，而且制定推广了领导班子议事制度与决策机制。这些措施既有利于保证决策的科学性，防止个别人独断专行，又有利于发扬民主，增进团结，促进管理者之间的信息交流，从而保证领导班子的战斗力，同时也是组织学习的重要机制。

5. 及时调整组织结构

在科技、社会日新月异的今天，企业要想生存和发展，就必须根据内外环境的变化，及时调整组织结构，绝不能因循守旧，故步自封。在短短十几年时间里，联想的组织结构变了好几茬：从大船结构到舰队模式；从众多的事业部到整合为六大子公司；从北京联想、香港联想分而治之到统一平台，再到联想与神州数码的分拆……联想几乎每年都在变。但经过几次"折腾"，联想已经摆脱了大多数民营企业小作坊式的经营模式，走向大集团、正规化、协同作战的现代企业管理模式。通过调整，联想不断打破阻碍自己发展的"瓶颈"，从而不断走向成熟。

这种调整，更多地是为了适应市场环境变化和公司发展的需要，但客观上也起到了促进组织学习的作用。

6. 人员流动

伴随着组织结构调整而来的是公司人员的频繁流动。在联想集团内，人员流动一般有以下几种情况：一是为培养后备干部而进行的工作轮换；二是在人岗不相称的情况下，称职的要么给更大的舞台，更重的职责，要么尝试新的岗位，不称职者降职；三是由于现工作环境不适合或组织业务发展需要而进行的调整。通过人员流动，不仅可以提高人才的适应性，增长才干，而且可以发现人的潜能，以做到人尽其才，发挥每位员工的聪明才智。除此之外，伴随着人员流动，知识可以在组织内流动，提高组织学习的效果。

7. 建立健全管理制度

在不断调整组织结构的基础上，联想也在不断积累经验，建章立制，力争完善组织管理，堵塞漏洞，提高效率。自业务整合之后，联想又在摸索适合自己发展的管理制度、组织方式和激励方式，如推广岗位责任制、领导与下属面谈制度、领导班子议事制度、改革薪酬制度，建立全员培训制度等。它们也构成了组织学习顺利进行的必要保证。

8. 信息的收集、传播与利用

联想的成功也离不开广泛搜集信息、充分利用信息和促进信息在组织内的传播。联想集团广泛收集外部信息，促进信息传播，目前，公司正在大力推进办公自动化和管理信息系统的建设，方便员工内部沟通，促进知识的传播与利用。

快乐阅读

半截蜡烛

第二次世界大战期间，法国有一位家庭妇女，叫伯诺德夫人。她身边只有两个幼小的孩子，为把德国强盗赶出自己的祖国，一家三口人都参加了秘密情报的传递工作。

伯诺德夫人的任务是把收到的绝密情报藏好，等自己的军队派人前来取走。为了情报的安全，她想了许多办法，但始终放心不下。最后，她终于想到了一个绝妙的主意——把装着情报的小金属管藏在半截蜡烛中，然后把它插在一个烛台上。由于蜡烛摆在显眼的桌子上，反而没有引起前来搜查的德军的怀疑。

一天晚上，屋里闯进了三个德国军官。他们坐下后，一个中尉顺手点燃了藏有情报的蜡烛，放到少校军官面前。伯诺德夫人知道，万一蜡烛燃烧到金属管会自动熄灭，秘密就会暴露，情报站就会遭到破坏，同时也意味着自己一家三口生命的结束。她看着两个脸色苍白的孩子，急忙从厨房取出一盏油灯放在桌上，"瞧，先生们，这盏灯亮些。"说着，轻轻把蜡烛吹熄。一场危机似乎过去了。

轻松的心情没有持续多久，那位中尉又把冒着青烟的烛芯重新点燃。"晚上这么黑，多点支小蜡烛也好嘛。"他说。时间一分一秒地过去。这时候，大儿子杰克慢慢地站起来，"天真冷，我到柴房去搬些柴来生个火吧。"说着，伸手端起烛台朝门口走去，屋子顿时暗了许多。中尉快步赶上前，厉声喝道："你不用蜡烛就不行吗？"然后一把夺回烛台。孩子是懂事的，他知道，厄运即将到来了。在斗争的关键时刻，他从容地搬回一捆木柴，生了火，默默地坐着。烛焰摇曳，发出微弱的光。此时此刻，它仿佛成了屋子里最可怕的东西。伯诺德夫人的心提到了嗓子眼儿上，她似乎感到德军那几双恶狼般的眼睛正盯在越来越短的蜡烛上。

突然，小女儿杰奎琳娇声地对德国人说道："司令官先生，天晚了，楼上黑，我可以拿一盏灯上楼睡觉吗？"少校瞧了瞧这位可爱的小姑娘，说："当然可以。我家也有一个你这么大的小女儿。"杰奎琳镇定地把烛台端起来，向几位军官道过晚安，上楼去了。就在她踏上最后一级楼梯时，蜡烛熄灭了。

复习思考题

一、名词解释

1. 目标管理
2. 战略管理
3. 标杆管理
4. 危机管理
5. 学习型组织
6. 总成本领先战略

7. 差异化战略

8. 专一化战略

二、选择题

1. 目标管理概念的最初提出者是（   ）。

    A. 亨利·莱文森   B. 彼得·德鲁克   C. 西蒙   D. 泰罗

2. 下列不是目标应有的特质的是（   ）。

    A. 有挑战性   B. 易于量度

    C. 订下完成期限   D. 与企业运作无关

3. 下列正确描述了目标与计划的区别的是（   ）。

    A. 目标是如何利用资源，计划是管理素质的标准

    B. 目标是组织未来实现的状况，计划是如何运用资源及怎样行动以实现目标

    C. 目标是实现计划的蓝本，计划是目标的一部分

    D. 计划是实现目标的方案，目标是运用资源的方案

4. 目标定量化的影响是（   ）。

    A. 目标考核的途径   B. 往往会损失组织运行的一些效率

    C. 有利于组织活动的控制   D. 会给成员的奖惩带来很多方便

5. 设置目标一般要求（   ）。

    A. 目标的数量不宜太大

    B. 如有可能，也应明示所期望的质量和为实现目标的计划成本

    C. 能促使个人和职业上的成长和发展，对员工具有挑战性

    D. 能适时地向员工反馈目标完成情况

6. 目标管理强调的是（   ）。

    A. 方法论   B. 工作进度安排

    C. 管理者和员工的活动   D. 以成果为目标的管理

7. 目标管理的一个主要优点是（   ）。

    A. 减少了书面工作   B. 为产品组合制定目标

    C. 把目标的制定和个人的激励联系了起来   D. 为组织制定目标

8. 某企业的目标是追求尽可能大的长期利润，下面可能削弱这一目标的是（   ）。

    A. 资助教育事业

    B. 提高销售人员的提成比例，以迅速提高销售量

    C. 调整组织结构以适应管理信息系统的建立

    D. 增加职工工资和福利待遇

9. 目标的特征主要有（   ）。

    A. 层次性   B. 科学性   C. 多样性   D. 可考核性

    E. 富有挑战性

10. 目标管理的优点有（   ）。

    A. 有利于提高管理水平   B. 有利于调动人的积极性、责任心

    C. 灵活　　　　　　　　　　　　　　D. 有利于长期目标的实现

    E. 有利于暴露组织中的缺陷

11. "目标就是路标，确定目标如同识别北极星"这句话主要说明了目标（　　　）方面的作用。

    A. 指明方向　　　　B. 提供标准　　　　C. 激励因素　　　　D. 管理基准

12. 危机管理的要素包括（　　　）。

    A. 危机监测　　　　B. 危机预警　　　　C. 危机决策　　　　D. 危机处理

13. 危机处理的过程包括（　　　）。

    A. 危机预警　　　　B. 确认危机　　　　C. 控制危机　　　　D. 处理危机

14. 美国施乐公司的后勤仓储部门首创的计划方法是（　　　）。

    A. 标杆瞄准法　　　B. 零基预算法　　　C. 滚动计划法　　　D. 投入产出法

15. 标杆管理的要素有（　　　）。

    A. 标杆管理实施者　B. 标杆管理设计者　C. 标杆伙伴　　　　D. 标杆管理项目

16. 在危机处理中，关键的是（　　　）。

    A. 经济效益　　　　B. 处理速度　　　　C. 企业形象　　　　D. 信息处理

17. "学习型组织"理论的代表人物是（　　　）。

    A. 杰克·韦尔奇　　B. 彼得·圣吉　　　C. 爱默生　　　　　D. 斯隆

18. 学习型组织的学习是（　　　）。

    A. 终身学习　　　　B. 全员学习　　　　C. 全过程学习　　　D. 团队学习

三、判断题

（　　　）1. 组织一定时期的目标应当为其所有的计划指明方向。

（　　　）2. 为实现组织目标，计划工作要设法使组织内部形成始终如一、协调的组织宗旨。

（　　　）3. 目标管理的一个目的是让下属在目标制定过程中参与进来，并明确组织期待他们完成什么工作。

（　　　）4. 只有在效益高、目标正确的前提下，才能产生效率；反之，目标错误，效益越高，则效率越差。

（　　　）5. 目标并不决定未来，但它们是动员组织中各种资源和力量去创造未来的手段。

（　　　）6. 目标管理是一个全面的管理系统，既重视结果又重视过程。

（　　　）7. OEC 管理法的核心，就是目标管理。

（　　　）8. 危机处理首先将危机归类。收集与危机相关信息确认危机程度以及找出危机产生的具体原因，辨认危机影响的范围和影响的程度及后果。

（　　　）9. 末日管理的核心就是危机管理。

（　　　）10. 加强信息的披露与公众的沟通，争取公众的谅解与支持是危机管理的基本对策。

（　　　）11. 在危机处理中，关键的是速度。

（　　）12. 企业面对动态变化的经营环境，应该有居安思危的危机意识，尽可能做好危机预防工作，防止危机发生。

（　　）13. 矫正形象、塑造形象是企业危机管理的基本思路。

（　　）14. 防患于未然永远是危机管理最基本和最重要的要求。

（　　）15. 企业发生危机时，必须树立强烈的沟通意识，及时将事件发生的真相、处理进展传达给公众，以正视听，杜绝谣言、流言，稳定公众情绪，争取社会舆论的支持。

（　　）16. 危机包括危险和机会，成功的企业不仅能够妥善处理危机，甚至可能化危机为商机。

（　　）17. 一个企业在危机管理上的成败能够显示出它的整体素质和综合实力。

（　　）18. 功能性标杆管理的标杆伙伴是不同行业但拥有相同或相似功能、流程的企业。

（　　）19. 通用性标杆管理的标杆伙伴是不同行业具有不同功能、流程的组织，即看起来完全不同的组织。

（　　）20. 学习型组织理论的基础是团结、协调及和谐。

（　　）21. 学习型组织理论的核心是在组织内部建立完善的"自学习机制"。

（　　）22. 学习型组织的关键特征是系统思考。

（　　）23. 在学习型组织中，团队是最基本的学习单位，组织的所有目标都是直接或间接地通过团队的努力来达到的。

（　　）24. 学习型组织结构是扁平的，即从最上面的决策层到最下面的操作层，中间相隔层次极少。它尽最大可能将决策权向组织结构的下层移动，让最下层单位拥有充分的自主权，并对产生的结果负责。

四、简答题

1. 简述目标的激励作用。
2. 简述危机管理应遵循的原则。
3. 简述如何做好危机预防工作。
4. 简述危机管理的类型及其处理方法。
5. 简述五种不同类型的标杆管理标杆伙伴的选择有什么不同。
6. 学习型组织有什么特点？
7. 简述创建学习型组织的意义。
8. 简述学习型组织理论的主要内容。

五、论述题

1. 试述目标管理的基本活动过程。
2. 论述战略管理有什么特点。
3. 危机管理有哪些有效对策？
4. 论述危机管理的过程。
5. 论述学习型组织创建的步骤。
6. 结合本企业实际，论述创建学习型组织有何重要意义。

六、案例分析题

案例 1. 目标的激励作用

国外曾有人做过这样一次实验。组织三组人，让他们沿着公路向 10 千米以外的村庄步行前进。第一组不知道去的村庄叫什么名字，也不知道有多远，只告诉他们跟着向导走就行了。结果这个组刚走了两三千米时就有人叫苦，走到一半，就有人抱怨，有的人甚至再也不肯走了，越往后人的情绪越低。第二组知道去哪个村庄，也知道它有多远，但路边没有里程碑，人们只凭经验估计需要走两个小时左右。这个组走到一半时开始有人叫苦，走到 3/4 的路程时，大家情绪低落了，觉得疲惫不堪，路程太远了。当有人说快到了的时候，大家又都振作起来，加快了脚步。第三组不仅知道路程有多远，去的村庄叫什么名字，而且路边每千米都有一个里程碑。人们一路走一路留心看里程碑，每看到一个里程碑，大家心里便有一阵小小的快乐。当他们走了五千米之后，没再看到一个里程碑，便爆发一阵欢呼声。这个组的情绪一直很高。走了七八千米之后，大家确实累了，但他们不仅不叫苦，反而开怀大声唱歌、说笑。最后两千米，他们情绪越来越高，因为他们知道胜利就在眼前了。

思考题：

请谈谈企业管理中目标的激励作用。

案例 2. 宏大集团公司的目标管理

宏大集团公司是一家拥有 20 家子公司和分公司的大型集团企业，集团公司对分公司的管理方式是独立经营、集中核算。有一位分公司的张经理最近听了关于目标管理的讲座，很受启发和鼓舞，计划在分公司内推行目标管理。在一次部门经理会议上他详细叙述了这种方法的实际应用与发展情况，指出了在公司推行这种方法的好处，提出计划在公司实施目标管理，并要求下属人员考虑他的建议。一段时间后，在又一次部门经理会议上，大家对实施目标管理进行了讨论。财务经理提出，集团总公司对分公司下一年的目标没有明确指示，生产经理也提出，总公司对分公司的目标也无明确要求，分公司要做什么也不清楚等。听到这些后，张经理说："这些都无关紧要，不会影响我们实施目标管理。其实，目标没什么神秘的，我们分公司计划明年的销售额达到 500 万元，税后利润达到 8%，投资收益率达到 15%，正在进行的新产品项目很快就能投产，我们以后还会有更进一步的明确目标，如年底前完成我们的新市场开发工作，保持员工流动率在 15%以下……"。张经理越说越兴奋，"下个月，你们每个人要把这些目标转换成自己部门可考核的目标，并能用数字表达，这些数字加起来就构成我们分公司的总目标了。"部门经理听到这里，对自己的领导提出这些可考核的目标及如此明确和自信的陈述感到惊讶，一时无语。

思考题：

① 什么是目标管理？其特点是什么？

② 张经理设置目标的方法是否妥当？你认为应该如何做？

案例 3. "埃克森·瓦尔迪兹"号油轮漏油事故

1989 年 3 月 24 日，美国埃克森公司的一艘巨型油轮在阿拉斯加州美、加交界的威廉王子湾附近触礁，原油泄出达 800 多万加仑，在海面上形成一条宽约 1 千米、长达 800 千米的漂油带。事故发生地点是一个原来风景如画的地方，盛产鱼类，海豚海豹成群。事故发生后，礁石上沾满一层黑乎乎的油污，不少鱼类死亡，附近海域的水产业受到很大损失，纯净的生态环境遭受巨大的破坏。这是一起人为事故，船长痛饮伏特加之后昏昏大睡，掌舵的三副未能及时转弯，致使油轮一头撞上暗礁——一处众所周知的暗礁。

这是世界上代价最昂贵的海事事故。志愿者们涌向瓦尔迪兹，用温和的肥皂泡擦拭海獭和野鸭，却只能眼睁睁看着它们死去。埃克森公司动用了大量金钱来安抚小镇居民，雇佣渔民清洗沙滩的油污。很快，公司便宣称这一曾经纯净原始的地区的大部分已经恢复；而事实上，这里的生物还在不断死去。科学家们估计，溢油事故发生后，短短数天，便有多达 25 万只的海鸟死亡。

事后，埃克森公司却无动于衷，既不彻底调查事故原因，也不及时采取有效措施清理泄漏的原油，更不向美、加当地政府道歉，致使事态进一步恶化，污染区越来越大。到了 3 月 28 日，原油泄漏量已达 1000 多万加仑，造成美国历史上最大的一起原油泄漏事故。

美、加当地政府，环保组织，新闻界对埃克森公司这种置公众利益于不顾的恶劣态度十分气愤，群起而攻之，发起了一场"反埃克森运动"。事件惊动了总统，总统于当日派出运输部长、环保局局长等高级官员组织特别工作组，前往阿拉斯加进行调查。

调查表明：造成这起恶性事故的原因是船长玩忽职守，擅离岗位。美国公关界对此事件高度重视，他们一面分析"埃克森"原油泄漏事件中公关失败的原因，一面提醒企业经理们要从中吸取教训。英国公关协会会员、公关学者卢卡斯泽威斯教授对这一公关危机进行了系统分析，指出埃克森公司犯了以下错误：反应迟钝；企图逃脱自己的责任；事先毫无准备，既无计划也无行动；对地方当局傲慢无理；自以为控制了事态发展；不接受任何解决意见；存在侥幸心理；信息系统失控；忽视了能够赢得公众同情和支持的机会；错误地估计了事故规模；丝毫没有自责感。

思考题：

① 危机管理的关键是什么？

② 埃克森公司在处理漏油危机时有哪些失误？

案例 4. 联华超市的战略管理

联华超市初创于 1991 年 5 月，迄今为止已经历了三个不同的发展阶段：1991—1995 年的初创时期；1996—1997 年的调整阶段；1998 年至今的重组扩张阶段。联华超市在 1997 年有 30 家连锁门店、24 亿元销售额，到 2000 年月 11 月底有 950 家网点和 100 亿元销售额。公司以低成本运行和目标管理为核心，在资本运作、市场拓展、技术进步等方面取得了领先优势，成为全国连锁超市中的"领头羊"。公司在最初发展中就十分注重资本运作模式的选择，其最初门店的建立是银行贷款及政府贴息的结果，走的是一条负债经营的发展道路。1996 年通过资本投资，建立控股联合合资子公司，在原先的直营店的基础上不断扩张。1997 年改制，正式组建"联华超市有限公司"并引进 8000 多万元人民币，吸引了诸如"三菱"等国际跨国公司参股。同年，与法国"家乐福"合资，在上海市区、郊县和苏、浙地区组建数个联华控股合资子公司，1999 年又与南京的长江超市资产重组，连锁规模迅速扩大，公司规模呈几何级增长。除全力巩固发展标准食品型超市，联华还积极探索超市多业态发展的思路，开设了大型超市、超市大卖场，还将便利店发展视为主力业态的延伸。

联华未来的发展思路是继续以提升资本运作水平和提高资产经营能力为着眼点，在市区以合资收购方法扩大规模优势，尤其是加快和加大便利店的资本扩张力度，巩固业态领先地位。在郊县通过对现有合资公司的资产重组，确保其郊县的规模优势。在市外积极与当地合作伙伴进行战略联盟，发挥互补的效应，迅速确立区域相对优势。"顾客第一"是联华的经营理念。注重个性化的经营特色是联华得以快速发展的关键。以政府"菜篮子"工程为机遇，建立全国性的生鲜食品基地、采购网和加工配送中心；与科研单位合作，生产制作绿色食品、营养食品。各类食品 19 类 1200 品种。 在品牌经营中，以贴近日常消费的生活用品为切入点，以同样的品质、不同的价格为核心，通过工商联手、定牌监制的方式，开发联华牌日用纸制品和小商品等系列。品牌战略不仅推动了规模经营，又扩大了无形资产，形成了整体优势。

思考题：

① 联华超市在战略管理上注重了哪些因素？为什么？

② 根据联华的实践，你能大致描述联华超市采取的战略吗？在采取这一战略时，联华凭借的是哪些优势？可能会遇到哪些问题？

案例5. 施乐公司的标杆管理

1976 年以后，一直保持着世界复印机市场实际垄断地位的施乐遇到了国内外，特别是日本竞争者的全方位挑战，如佳能、NEC 等公司以施乐的成本价销售产品且能够获利，产品开发周期、开发人员也比施乐短或少50%，于是施乐的市场份额从82%直线下降到35%。

面对竞争威胁，施乐公司从生产成本、周期时间、营销成本、零售价格等领域中，找出一些明确的衡量标准或项目，然后将施乐公司在这些项目的表现，与佳能等主要的竞争对手进行比较，找出了其中的差距，弄清了这些公司的运作机理，全面调整了经营战略、战术，改进了业务流程，很快收到了成效，把失去的市场份额重新夺了回来。

在提高交付订货的工作水平和处理低值货品浪费大的问题上，同样应用标杆管理方法，以交付速度比施乐快 3 倍的比恩公司为标杆，并选择 14 个经营同类产品的公司逐一考察，找出了问题的症结并采取措施，使仓储成本下降了 10%，年节省低值品费用数千万美元。

思考题：

① 什么是标杆管理？ 标杆管理有几种类型？

② 运用标杆管理基本理论分析施乐公司成功的经验。

案例6. 科利华公司建立学习型组织的实践

科利华公司是一家小型的软件开发公司。该公司在管理中，倡导学习型组织管理模式，具体体现在以下几个方面。

（1）通过各类培训为员工创造不断学习和交流的机会。例如，内训大会。公司每年定期举行两次全体员工的内训大会，内容包括公司的状况、项目知识、行业、专业知识层面上的分析和共享。内训结束后要做出总结。新员工进入公司时，都会接受包括公司文化、经营理念、规章制度以及专业知识的培训。每次内训的材料均会成为最新版本的公司入职培训教材。

（2）促进探讨和对话。对公司的一个专题项目组织专题研讨，研讨中没有上下级界限，所有与会人员都可以畅所欲言。这种"头脑风暴"的结果会产生一个切实可行的"行动计划"。诸如此类的探讨和对话在各部门随处可见。

（3）鼓励共同合作和团队学习，建立学习共享系统。管理团队成员除了定期参加各项会议外，还随时随地进行沟通与交流，团队任何人在任何地点的任何感悟，均在第一时间做到共享。

（4）学习共享系统的沟通形式是无限的。公司鼓励部门内部和部门之间在餐桌上、电话中、各类公司会议上、聚会上交流。当然，最多的是用电子邮件的形式进行沟通，每天工作的第一件事一定是：接收电子邮件。公司定期举行各部门的"新知、问题、方案"会议。只要没有重要任务，所有人均自觉地出席，这是公司员工获取行业知识、传播、分析的定期途径。而外地和出差的员工同样可以在第二天"知识邮件"中进行共享。公司为了鼓励大家系统进行学习，专门在公司的局域网上设立了"知识银行"的站点，每个人随时随地均可以向"银行"支出和存入所需的各类知识。

（5）促使成员迈向共同远景。公司强调员工的发展与企业的发展远景是一致的。员工为了适应公司的发展应和公司的发展远景保持一致，自觉加强自己各方面的学习来不断增强自身的核心竞争力。例如，平时、周末到公司加班，补充养分等都是平常的事情，而自费进修、培训更是蔚然成风。

（6）提倡一专多能，考核学习能力。每位员工都是多项任务的执行者，公司自上而下均强调每位员工在掌握核心技能之外，尽量主动掌握"生存"的其他技能。

思考题：

① 什么是学习型组织？学习型组织有什么特点？

② 科利华公司通过以上过程可以建立学习型组织吗？为什么？

参考文献

[1] [美] 雷恩, 贝德安. 管理思想史 [M]. 北京: 中国人民大学出版社, 2012.

[2] [美] 克瑞尼. 管理学原理 [M]. 北京: 清华大学出版社, 2012.

[3] [美] 斯蒂芬·P. 罗宾斯. 管理学 (第九版) [M]. 北京: 中国人民大学出版社, 2003.

[4] 龚俊恒. 德鲁克管理思想大全集 [M]. 北京: 中国华侨出版社, 2011.

[5] 李华, 胡奇英. 预测与决策教程 [M]. 北京: 机械工业出版社, 2012.

[6] 张桂喜, 马立平. 预测与决策概论 [M]. 北京: 首都经济贸易大学出版社, 2013.

[7] 余世维. 有效沟通 [M]. 北京: 北京联合出版公司, 2012.

[8] [美] 戴尔·卡耐基. 卡耐基沟通的艺术与处世智慧 [M]. 北京: 中国华侨出版社, 2012.

[9] [美] 博恩·崔西. 激励 [M]. 北京: 机械工业出版社, 2014.

[10] 张丽娜, 张凤梅. 沟通协调能力 [M]. 北京: 人民出版社, 2005.

[11] 史克学, 张喜琴. 沟通人生: 现代人际交往艺术. 北京: 中国国际广播出版社, 2003.

[12] [美] 罗斯·杰伊. 沟通七绝招 [M]. 北京: 社会科学文献出版社, 2003.

[13] 金锡万. 管理创新与应用 [M]. 北京: 经济管理出版社, 2003.

[14] 刘峰. 管理创新与领导艺术 [M]. 北京: 北京大学出版社, 2006.

[15] 周健临. 管理学教程 [M]. 上海: 上海财经大学出版社, 2002.

[16] 周三多等. 管理学——原理与方法 (第六版) [M]. 上海: 复旦大学出版社, 2014.

[17] 周三多. 管理学: 教与学引导 [M]. 上海: 复旦大学出版社, 2005.

[18] 王春利, 李大伟. 管理学基础 [M]. 北京: 首都经济贸易大学出版社, 2001.

[19] 甘华鸣. 管理创新速成 [M]. 北京: 企业管理出版社, 2003.

[20] 方振邦, 鲍春雷. 管理学原理 [M]. 北京: 中国人民大学出版社, 2014.

[21] 暴丽艳, 林冬辉等. 管理学原理 [M]. 北京: 清华大学出版社, 2010.

[22] 汤石章. 管理学原理 [M]. 上海: 上海交通大学出版社, 2012.

[23] 黄津孚. 现代企业管理原理 (第四版) [M]. 北京: 首都经济贸易大学出版社, 2002.

[24] 许庆瑞. 管理学 [M]. 北京: 高等教育出版社, 2001.

[25] 杨杜. 现代管理理论 [M]. 北京: 中国人民大学出版社, 2001.

[26] 王利平. 管理学原理 [M]. 北京: 中国人民大学出版社, 2003

[27] 单凤儒. 管理学基础 [M]. 北京: 高等教育出版社, 2003.

[28] [美] 迈克尔·波特. 竞争优势 [M]. 北京: 华夏出版社, 1997.

[29] [美] 迈克尔·波特. 竞争战略 [M]. 北京: 华夏出版社, 1997.

[30] 陈忠卫, 王晶晶. 企业战略管理 [M]. 北京: 中国统计出版社, 2001

[31] [美] 汤普森. 战略管理 [M]. 北京: 机械工业出版社, 2011.

[32] 陈传明, 邹益民. 管理学原理 [M]. 南京: 南京大学出版社, 2001.

[33] [美] 哈罗德·孔茨, 海因茨·韦里克. 管理学 (第九版) [M]. 北京: 经济科学出版

社，1993.

[34] [美] 斯蒂芬·P. 罗宾斯. 组织行为学（第七版）[M]. 北京：中国人民大学出版社，
2002.

[35] [美] F. X. 贝尔等. 企业管理学 [M]. 上海：复旦大学出版社，1998.

[36] 董速建，董群惠. 现代企业管理 [M]. 北京：经济管理出版社，2002.

[37] 李启明. 现代企业管理 [M]. 北京：高等教育出版社，2004.

[38] 宋远方，成栋. 管理信息系统 [M]. 北京：中国人民大学出版社，2000.

[39] 罗锐韧. 哈佛管理全集 [M]. 北京：企业管理出版社，1999.

[40] 陈荣秋. 生产与运作管理 [M]. 北京：高等教育出版社，1999.

[41] [美] P. F. 德鲁克. 有效管理者 [M]. 北京：中国财政经济出版社，1988.

[42] [美] 彼得·圣吉. 第五项修炼——学习型组织的艺术与实务 [M]. 上海三联出版社，
2000.

[43] 王世良. 生产与运作管理教程——理论、方法、案例 [M]. 杭州：浙江大学出版社，
2002.

[44] [美] 弗雷德·R. 戴维. 战略管理（第八版）[M]. 北京：经济科学出版社，2001.

[45] [美] 戴维. 战略管理：概念与案例 [M]. 北京：中国人民大学出版社，2012.

[46] 杨文士，张雁. 管理学原理 [M]. 北京：中国人民大学出版社，1994.

[47] 马仁杰，王荣科，左雪梅. 管理学原理 [M]. 北京：人民邮电出版社，2013.

[48] 刘刚. 危机管理 [M]. 北京：中国人民大学出版社，2013.

[49] 李联五. 标杆管理 [M]. 北京：石油工业出版社，2011.

[50] 熊卫平. 危机管理：理论、实务、案例 [M]. 杭州：浙江大学出版社，2012.